“十四五”高等职业教育城市轨道交通运营管理专业系列教材

编审委员会

中国交通教育研究会城市轨道交通专业课程教材
与资源建设专项课题（GDYB202317）研究成果

“十四五”高等职业教育城市轨道交通运营管理专业系列教材

城市轨道交通通信与信号

马小娟　孙雪亮◎主　编
祁文洁　闫福刚　李丹丹◎副主编

CHENGSHI GUIDAO JIAOTONG TONGXIN YU XINHAO

中国铁道出版社有限公司
CHINA RAILWAY PUBLISHING HOUSE CO., LTD.

内 容 简 介

本书为“十四五”高等职业教育城市轨道交通运营管理专业系列教材之一，全面系统地介绍城市轨道交通通信与信号系统的设备组成、工作原理、作用功能、操作应用等，包括城市轨道交通通信与信号系统初识、城市轨道交通信号基础设备认知与操作、城市轨道交通联锁系统认知与操作、城市轨道交通列车自动控制系统认知与操作、城市轨道交通通信系统认知与应用五个项目。

本书采用“项目导向、任务驱动”的项目化课程教学模式设计每一个教学任务，并融入现场的应用案例，任务下设有学习目标、任务描述、相关知识、任务实施、任务评价、知识拓展等环节，还配有任务工单、动画、练习题等资源，以使学生更容易理解和掌握。

本书适合作为高等职业教育城市轨道交通运营管理专业、城市轨道交通通信信号技术专业的教材，也可作为从事城市轨道交通运营指挥和通信信号维护等工作的工程技术人员的参考书。

图书在版编目(CIP)数据

城市轨道交通通信与信号 / 马小娟，孙雪亮主编. 北京 : 中国铁道出版社有限公司, 2025. 1. --（“十四五”高等职业教育城市轨道交通运营管理专业系列教材）.

ISBN 978-7-113-31873-4

Ⅰ. U239.5

中国国家版本馆 CIP 数据核字第 2025VL2797 号

书　　名：城市轨道交通通信与信号

作　　者：马小娟　孙雪亮

策　　划：张松涛　　**编辑部电话：**(010)83527746

责任编辑：张松涛　徐盼欣

封面设计：刘　颖

责任校对：刘　畅

责任印制：赵星辰

出版发行：中国铁道出版社有限公司(100054，北京市西城区右安门西街8号)

网　　址：https://www.tdpress.com/51eds

印　　刷：天津嘉恒印务有限公司

版　　次：2025年1月第1版　2025年1月第1次印刷

开　　本：787 mm×1 092 mm　1/16　**印张：**16.5　**字数：**432千

书　　号：ISBN 978-7-113-31873-4

定　　价：59.00元

前　言

党的二十大报告指出："建设现代化产业体系。坚持把发展经济的着力点放在实体经济上，推进新型工业化，加快建设制造强国、质量强国、航天强国、交通强国、网络强国、数字中国。"同时指出："加快发展方式绿色转型。推动经济社会发展绿色化、低碳化是实现高质量发展的关键环节。加快推动产业结构、能源结构、交通运输结构等调整优化。"

城市轨道交通具有大容量、集约高效、节能环保等突出优点，是城市公共交通系统的骨干，也是城市综合交通运输体系的重要组成部分，对城市发展起着支撑和引领作用。交通运输部发布的2024年城市轨道交通运营数据速报显示，截至2024年12月31日，31个省（自治区、直辖市）和新疆生产建设兵团共有54个城市开通运营城市轨道交通线路325条，运营里程10 945.6 km，车站6 324座。"交通强国、城轨担当"，作为城市的"大动脉"，城市轨道交通正朝着智慧城轨、绿色城轨方向发展。

城市轨道交通通信信号技术是轨道交通智能化发展的关键核心技术，信号和通信系统是整个城市轨道交通运营的"大脑与神经"，在城市轨道交通自动化运行、保障行车安全、提高运营效率等方面起着重要作用。为了适应我国城市轨道交通的快速发展对运营指挥、通信信号维护等专业技术技能人才培养的需要，积极响应社会各界对城市轨道交通相关知识的关心和探求，编写了本书。

本书以《国家职业教育改革实施方案》为指导，以国家专业教学标准为依据，深化产教融合、校企合作，秉承"以学习者为中心"的教学理念，紧跟行业企业新技术、新理念、新设备、新规范的发展要求，选取全国目前较先进、较典型的通信与信号系统进行编写。在教材编写的同时进行数字教学资源的同步开发，以二维码技术实现教材的立体化，并配套在线课程，登录智慧职教MOOC学院搜索"城市轨道交通通信与信号"即可访问，以适应线上线下结合教学模式改革。

本书实施"岗课赛证"融通，采用"项目导向、任务驱动"的项目化课程教学模式设计每一个教学任务，通过岗位职业能力分析，提出任务的知识目标、能力目标和素质目标，融入"1+X"城市轨道交通站务职业技能等级证书考核以及全国职业院校技能大赛城轨智能运输等各类技能大赛竞赛标准，突出职业教育特色，围绕职业能力的形成组织内容。

本书落实立德树人的根本任务，基于职业教育培养高素质技术技能人才的要求，把思想价值引领贯穿课程教学全过程，与企业协同，结合实际工作案例分析，深刻挖掘专业知识体系本身所蕴含的思政元素，循序渐进培养学生对行业的热爱，提升学生精准快速处理突发事件的职业素养，提升规范作业、安全作业的工作意识，培养学生具有持续追踪行业前沿技术的职业习惯,培养学生尊重乘客、服务乘客的服务意识,并在对行业快速发展的认知中融入爱国主义教育,在任务实施过程中培养安全意识、规范意识与协作意识。

本书共五个项目,各项目根据典型工作过程分成若干任务,任务下设有学习目标、任务描述、相关知识、任务实施、任务评价、知识拓展等环节。本书的学时安排,根据实训条件的情况而定,建议不少于64学时,具体见下表。

项目名称	主要内容	建议学时
项目一　城市轨道交通通信与信号系统初识	信号系统的作用、特点、组成和发展,通信系统的作用、特点、组成和发展	4
项目二　城市轨道交通信号基础设备认知与操作	继电器的基本原理、分类和应用,信号机的设置原则、显示意义和类型,转辙机的结构、功能和类型,轨道占用检测设备的组成、作用、工作原理,应答器的分类、结构和工作原理等	20
项目三　城市轨道交通联锁系统认知与操作	联锁的基本内容、关系,联锁图表的识读,计算机联锁设备的功能、结构、设备组成,计算机联锁的操作办理列车进路等	12
项目四　城市轨道交通列车自动控制系统认知与操作	列控系统的结构、功能、运用模式及不同的驾驶方式,列车自动监控系统的作用、组成、基本操作,列车自动防护系统的作用、组成、功能、基本操作,列车自动驾驶系统的作用、组成、功能、基本操作等	12
项目五　城市轨道交通通信系统认知与应用	电话系统的结构和组成,无线调度系统的结构、操作,视频监视系统的结构组成、控制、设置与维护,广播系统的结构及操作使用,乘客信息系统的结构与组成,时钟系统的结构、组成及配置	16

由于城市轨道交通通信与信号系统的制式纷杂,且各具特色,各地各校在组织学习时,可根据实际需要予以选用和适当补充。

本书由天津交通职业学院马小娟、北京神州高铁轨道交通科技有限公司孙雪亮任主编;天津交通职业学院祁文洁、闫福刚,天津铁道职业技术学院李丹丹任副主编。参加本书编写的还有天津交通职业学院高峰、张迎等。具体编写分工如下:马小娟编写项目二、项目三的任务一和任务二;孙雪亮编写项目一;祁文洁编写项目四;闫福刚编写项目三的任务三和任务四、项目五的任务一和任务二;李丹丹编写项目五的任务三和任务四;高峰编写项目五的任务五;张迎编写项目五的任务六。

在本书编写过程中,参考了有关文献与资料,在此向其作者表示衷心的感谢!同时,在编写过程中得到了北京神州高铁轨道交通科技有限公司、天津轨道交通运营集团有限公司的大力支持,在此表示衷心的感谢!

由于编者水平有限,书中难免有疏漏和不妥之处,恳请广大读者批评指正,以不断提高本书质量,为我国轨道交通事业的发展尽绵薄之力。

编　者

2024年12月

目　录

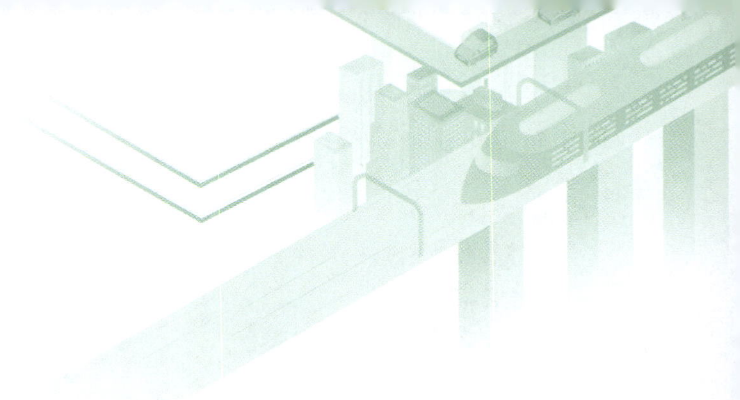

项目一

城市轨道交通通信与信号系统初识

项目描述

城市轨道交通具有运量大、速度快、安全、准点、保护环境、节约能源和节约用地等特点，优先发展以轨道交通为主的城市公共交通系统成为解决城市交通拥堵、空气污染等问题的有效途径，也为城市的综合发展提供了重要支撑。城市轨道交通通信和信号系统是整个城市轨道交通运营的大脑与神经系统，具有不可替代的作用。通过学习本项目，学生可以了解城市轨道交通信号和通信系统的特点、作用和组成，能初步识别信号设备和通信设备，分析信号系统和通信系统的应用场景，通过了解我国城市轨道交通信号和通信系统技术发展，激发爱国情怀和民族自豪感。

思维导图

- 城市轨道交通通信与信号系统初识
  - 初识城市轨道交通信号系统
    - 城市轨道交通信号系统的作用
    - 城市轨道交通信号系统的特点
    - 城市轨道交通信号系统的组成
    - 我国城市轨道交通信号系统的发展
  - 初识城市轨道交通通信系统
    - 城市轨道交通通信系统的作用
    - 城市轨道交通通信系统的组成
    - 城市轨道交通通信系统的要求
    - 我国城市轨道交通通信系统的发展

任务一　初识城市轨道交通信号系统

学习目标

知识目标

1. 了解我国城市轨道交通信号系统的发展历程。
2. 熟悉城市轨道交通信号系统的作用和组成。

能力目标

能够初步识别信号系统的设备。

素质目标

激发爱国情感和民族自豪感。

任务描述

城市轨道交通信号系统通过信号设备给线路和列车发送命令，指挥列车按照规定速度运行、进站上下客等作业。随着城市轨道交通网的逐步扩大，信号系统在保证行车安全前提下，在提高运输效率、改善和行车有关的技术人员作业条件等方面起到至关重要的作用。通过学习本任务，学生可以了解我国城市轨道交通信号的发展史，对城市轨道交通信号系统的组成和作用形成整体认知，为正确应用和操作相关设备打下基础。

相关知识

一、城市轨道交通信号系统的作用

视频

城市轨道交通信号系统

城市轨道交通信号系统是城市轨道交通最重要的设备之一，利用列车和轨道设备之间的通信进行交通管理和基础设施控制。它不仅保证列车运行的安全，防止列车追尾、正向和侧向撞车及超速等安全事故的发生，同时能够在有限的建设规模下，通过小编组、大密度，实现最大限度地发挥线路的运输能力，提高列车速度、运输效率和服务质量，还能够通过现代化的设备大大降低工作人员的劳动强度、降低运营成本等。可以说，信号系统是城市轨道交通的中枢系统，指挥着列车安全、正点、有序地运行。

二、城市轨道交通信号系统的特点

城市轨道交通信号系统基本沿袭传统铁路的制式，但由于其自身的特点，与传统铁路信号系统又有一定的区别，以速度控制为基础的列车自动控制系统已成为城市轨道交通信号的共同选择。其特点如下：

1. 具有完善的列车速度监控功能

城市轨道交通所承担的客运量巨大，对行车间隔的要求远高于传统铁路，最小行车间隔达到 90 s 以下，因此对列车运行速度监控的要求极高。

2. 联锁关系较简单但技术要求较高

城市轨道交通的大多数车站没有配线、不设道岔，甚至不设地面信号机，仅在少数有岔站及车辆段才会设置地面信号机，故联锁设备的监控对象远少于传统铁路车站的监控对象，联锁关系相对简单。城市轨道交通信号自动控制系统最大的特点就是把联锁关系和列车自动防护(automatic train protection，ATP)功能结合在一起，同时还包含自动折返、自动进路、紧急关闭及扣车等特殊功能，增加了技术难度。

3. 车辆段独立采用联锁设备

城市轨道交通的车辆段功能类似于传统铁路区段站的功能，包括列车编解、接发列车和频繁的调车作业，线路、道岔、信号设备均较多，一般独立采用一套联锁设备。

4. 自动化水平高

由于城市轨道交通的线路里程短，站间距离短，列车种类较少，行车规律性很强，因此它的信号系统中通常包含自动排列进路和运行自动调整的功能,自动化程度高,人工介入极少。

三、城市轨道交通信号系统的组成

传统的轨道交通信号系统通过设置在地面的色灯信号机来传递不同的行车信息和命令,这种信号模式依赖司机对列车进行速度控制和调整。随着经济的发展,特别是城市发展带来的城市人口快速增长,对城市轨道交通的运载能力提出了更高的要求,即在保证安全的前提下要逐渐缩短列车的行车间隔、提高列车速度。现在的城市轨道交通信号系统已经发展成一个以信号机、转辙机等设备为基础,以联锁系统进行集中控制,以列车自动控制(automatic train control,ATC)系统为核心的综合自动化系统。其系统组成如图 1-1 所示。

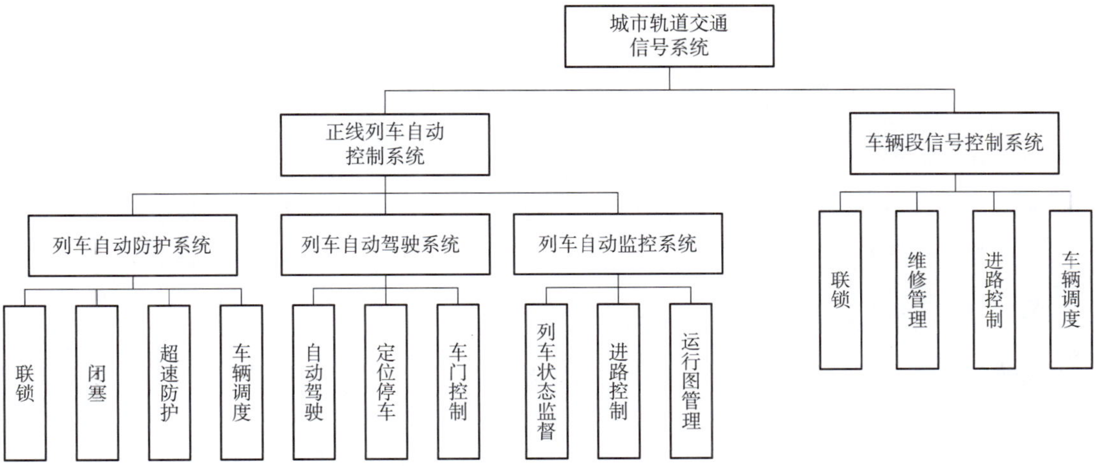

图 1-1 城市轨道交通信号系统组成

1. 城市轨道交通信号基础设备

城市轨道交通信号基础设备主要包括信号机、转辙机、轨道电路、计轴器、应答器等,设置于轨道沿线,用于完成轨道交通列车运行控制、信息采集等。

2. 计算机联锁系统

计算机联锁系统是利用计算机对车站作业人员的操作命令及现场表示的信息进行逻辑运算,从而实现对信号机及道岔等轨旁信号基础设备进行集中控制,使其达到相互制约的车站联锁设备。它是一种由计算机及其他一些电子、电磁器件组成的具有“故障—安全”性能的实时控制系统。联锁系统使现场信号机、转辙机、轨道电路等室外设备形成一定的相互制约关系。

3. 列车自动控制系统

列车自动控制(ATC)系统包含列车自动防护(ATP)系统、列车自动驾驶(automatic train operation,ATO)系统和列车自动监控(automatic train supervision,ATS)系统三个子系统。

ATP 系统的主要功能是:实现列车的速度监督和超速防护,通过实时的测速和测距保证列车在安全的速度下行驶,必要时给出各种信号提醒,甚至自动启动紧急制动,同时还能对列车进行安全性停车点防护、列车车门控制,在列车不能停稳时不允许列车运动等。ATP 系统主要负责列车运行安全,是 ATC 系统最重要的部分。

ATO 系统的主要功能是:完成列车自动运行,进行列车速度调节和进站定点停车,控制车门和站台门,接受控制中心的运行调度命令,实现扣车、跳停等。通过 ATO 系统,可以使列车处于最佳的运行状态,提高列车的正点率和乘客的舒适度。

ATS 系统的主要功能是:在 ATP、ATO 系统的支持下完成对列车状态的监督和控制,包括进路的控制、运行图的管理、运行调整、仿真培训、乘客向导等,它是整个城市轨道交通系统的运营核心。

各子系统间相互联系,通过信息交换网络构成闭环系统,实现地面控制与车上控制结合、现地控制与中央控制结合,构成一个以安全设备为基础,集行车指挥、运行调整及列车驾驶自动化等功能于一体的列车自动控制系统。

4. 车辆段信号控制系统

车辆段的联锁设备用以实现车辆段的进路控制,并通过 ATS 车辆段分机与行车指挥中心交换信息。车辆段联锁设备前期采用 6502(继电式)电气集中联锁,近年来均采用计算机联锁。先进的车辆段信号控制系统的特点是信号一体化,包括联锁系统、进路控制设备、接近通知、终端安全防护和车次号传输设备等。这些设备由局域网联接并经过光缆与调度中心相通。列车的整备、维修与运行相互衔接成一个整体,保证了城市轨道交通的高效率和低成本。

车辆段内的试车线通常设置若干段与正线相同的 ATP 轨道电路和 ATO 地面设备以用于对车载 ATC 设备进行静态试验和动态试验。在车辆段停车库,一般还设有日检/月检设备,用来对列车进行上线前的常规检测。

四、我国城市轨道交通信号系统的发展

我国城市轨道交通信号系统的发展大致可以分为以下阶段:

1. 自主研发阶段

该阶段主要是我国自己研发设备。我国的城市轨道交通信号系统是随北京地铁的兴建而起步的。伴随着北京地铁的建设,我国自主研制的具有完全知识产权的信号系统首先被应用在北京地铁 1 号线一期工程。当时的主要设备是自动闭塞、调度集中、列车自动驾驶和继电联锁。20 世纪 70 年代,结合北京地铁 1 号线二期工程,又相继研发了 ATP 和 ATO 等列车自动控制系统,以实现列车行车指挥和运行的自动化。虽然该系统的研制接近国际先进水平,但由于当时我国的电子工业整体水平比较落后,系统的可靠性达不到运营的要求,自动驾驶、调度集中等功能很难正常使用。调度集中设备在 1984 年进行了大修,又继续使用到 1996 年,而列车自动驾驶从 1969 年起在北京地铁 1 号线一期线路试用四年,因性能不够稳定而未能得到全面使用和推广。

2. 设备改造阶段

该阶段主要是对早期设备的改造和 ATO 的研制。20 世纪 80 年代,北京地铁 1 号线一期工程苹果园到复兴门段进行技术改造。1986 年,北京地铁研制出了一套列车信号系统,并用这套系统替换了全部列车信号,从而提高了车载设备的可靠性。1990 年对环线调度集中设备进行改造,研制计算机调度集中系统,并于 1993 年开通使用。计算机调度集中的控制中心计算机系统由一主多从的分布式微机网络构成,主机为待机方式。除主机外,又按功能划分为六个工作站。车站计算机系统采取主、从设备方式工作,通道构成方式为二主机各自享有四线式独立通道并共用接口。1998 年对北京地铁环线的车载设备进行改造,自主研发了 ATP 车载系统,该设备极大地提高了列车运行的安全性,也在一定程度上降低了操作人员的工作强度。

3. 快速发展阶段

进入 21 世纪以来,城市轨道交通蓬勃发展,信号系统也开始快速发展,这时北京、上海、广州、重庆、南京等新建的城市轨道交通项目相继引入法国阿尔卡特公司、美国 US&S 公司、德国西门

子、法国阿尔斯通等先进的信号系统设备。这些设备的引入，大大缩短了行车间隔，提高了运输的效率和安全程度，但也带来了造价昂贵、后期更新维护耗资巨大等问题。返修渠道不畅，备件不能保证，维修十分困难，制式混杂，给路网的扩张也带来麻烦。

从 1999 年，我国开始推行国产化策略，充分借鉴国外的先进技术，并研制开发出具有自主知识产权的城市轨道交通相关技术，进行本土化的生产制造，从而提升中国城市轨道交通行业的技术水平，以逐步降低对国外产品的依赖程度。具有代表性的线路是大连快速轨道 3 号线，该线路的信号系统为全国产化信号系统，包括调度集中控制系统、列车自动防护及计算机联锁系统、试车线信号系统、道口信号系统、车辆段计算机联锁系统。

4. 新发展阶段

城市轨道交通信号系统的新发展阶段以信号系统的国产化和智慧化为主要特征。城市轨道交通信号系统的第五代产品——基于车车通信的列车控制系统已由我国信号企业研发成功。基于车车通信的列控系统以车载移动体为核心，实现列车运行控制，突破基于通信的列车自动控制(communication based train control，CBTC)系统基于进路的控车模式，通过双向、大容量、高速度的车地无线通信、多传感器融合列车测速定位、列车自主协同移动闭塞控制技术，依靠自身感知、自主决策实现智能运行控制。

5G 作为新型基建的底层技术，为整个信息基础设施带来革命性升级，给城市轨道交通体系智能化转型带来新的基础能力。在地铁行车组织、大客流疏导、突发事件应急处理等方面创新应用，构建城市轨道交通智慧运营、智慧服务和智慧维保的综合运营服务体系。

笔记栏

任务实施

任务工单见表 1-1。

表 1-1　任务工单

<table>
<tr><th colspan="2">任务一　初识城市轨道交通信号系统</th></tr>
<tr><td colspan="2">姓名：　　　　　　　　班级：　　　　　　　　日期：</td></tr>
<tr><td colspan="2">团队成员及分工：</td></tr>
<tr><td>任务目标</td><td>1. 了解城市轨道交通信号系统的构成。
2. 识别城市轨道交通信号系统主要设备</td></tr>
<tr><td>任务内容</td><td>学习城市轨道交通信号系统的构成，以小组为单位深入实训中心识别城市轨道交通信号设备，通过网络查询和实地考察调研所在城市某一条轨道交通线路信号系统的组成</td></tr>
<tr><td>引导问题</td><td>1. 城市轨道交通信号系统由哪些部分组成？

2. 城市轨道交通信号设备安装在哪些区域？

</td></tr>
<tr><td colspan="2">【训练】
1. 拍摄实训中心城市轨道交通信号设备，并做好记录，填入表 1 中。</td></tr>
</table>

表 1

序号	信号设备名称	设 备 照 片

2. 调研某条线路信号设备组成，并做好记录，填入表2中。

表2

序号	主要设备	作　用

任务评价

任务评价见表1-2。

表1-2　任务评价

<table>
<tr><td colspan="4">任务一　初识城市轨道交通信号系统</td><td colspan="4">日期：</td></tr>
<tr><td colspan="2">姓名：</td><td>班级：</td><td colspan="2">学号：</td><td colspan="3" rowspan="3">教师签名：</td></tr>
<tr><td colspan="2">自评：□熟练　□不熟练</td><td>互评：□熟练　□不熟练</td><td colspan="2">师评：□合格　□不合格</td></tr>
<tr><td colspan="2">日期：</td><td>日期：</td><td colspan="2">日期：</td></tr>
<tr><td colspan="8">评分细则</td></tr>
<tr><td>序号</td><td>评分项</td><td colspan="2">得分条件</td><td>分值</td><td>自评</td><td>互评</td><td>师评</td></tr>
<tr><td>1</td><td>接受任务</td><td colspan="2">明确工作任务，理解本次任务在后续课程学习中的重要程度</td><td>5</td><td></td><td></td><td></td></tr>
<tr><td>2</td><td>知识评价</td><td colspan="2">本次任务前需要掌握的知识程度</td><td>25</td><td></td><td></td><td></td></tr>
<tr><td rowspan="2">3</td><td rowspan="2">能力评价</td><td colspan="2">能根据要求完成主要信号设备的设置，记录完整</td><td>20</td><td></td><td></td><td></td></tr>
<tr><td colspan="2">能根据要求完成线路信号设备调研，记录完整</td><td>20</td><td></td><td></td><td></td></tr>
<tr><td rowspan="4">4</td><td rowspan="4">素养评价</td><td colspan="2">工作计划性强，小组活动组织安排得当</td><td>5</td><td></td><td></td><td></td></tr>
<tr><td colspan="2">团队合作能力强，善于沟通合作</td><td>5</td><td></td><td></td><td></td></tr>
<tr><td colspan="2">积极参与课堂活动，自主学习能力强</td><td>5</td><td></td><td></td><td></td></tr>
<tr><td colspan="2">对我国轨道交通信号技术发展具有较强的认同感</td><td>5</td><td></td><td></td><td></td></tr>
<tr><td rowspan="2">5</td><td rowspan="2">评价反馈</td><td colspan="2">学生能以小组评价方式组织客观评价</td><td>5</td><td></td><td></td><td></td></tr>
<tr><td colspan="2">对学生在任务实施过程中发现问题，进行小组审议后及时反馈</td><td>5</td><td></td><td></td><td></td></tr>
<tr><td colspan="4">合　计</td><td>100</td><td></td><td></td><td></td></tr>
</table>

巩固与练习

一、填空题

现在城市轨道交通信号系统是以________为核心，包含________、________和________三个子系统。

二、简答题

1. 简述城市轨道交通信号系统的组成。
2. 简述城市轨道交通信号系统的作用。

知识拓展

“信号人”砥砺前行，信号控制系统走向国产化

信号控制系统是轨道交通的“大脑”。20 世纪 60 年代，中国第一代信号人提出了自主开发中国轨道交通信号系统的理念，但是由于当时的技术条件不完善，而且缺乏大量顶级的相关技术人才支持，自主开发中国轨道交通信号系统很难实现。改革开放的关键时期，中国对轨道交通的建设需求日益强烈，第二代信号人逐渐成熟。2002 年，第三代信号人开始了对国产地铁信号系统 CBTC 系统的研发。经过不懈努力，2008 年底，自主化 CBTC 系统工程样机的研制工作完成，并且成功在北京亦庄地铁线路上首次实现了技术的应用化。

从 1960 年第一次提出信号自主可控的希望，到今天时间已经过去了 60 多年。如今，在中华大地上，无数条搭载着中国自主研发的信号系统的列车正在呼啸疾驰，中国轨道交通信号系统自主可控也真正得到了实现。目前，第四代全自动运行系统（fully automatic operation，FAO）已经达到国际水平，第五代基于车车通信的列车控制系统（vehicle-vehicle based train control system，VBTC）实现落地应用，第六代自主虚拟编组运行系统（autonomous virtual coupling operation system，AVCOS）研发国际领先，目前已经逐步实现从“跟跑”到“并跑”再到“领跑”的转变。

任务二 初识城市轨道交通通信系统

学习目标

知识目标

1. 了解城市轨道交通通信系统的发展。
2. 掌握城市轨道交通通信系统的组成和作用。

能力目标

能够正确识别不同的通信子系统。

素质目标

树立创新思维和创新意识。

任务描述

城市轨道交通通信设备是实现运输集中统一指挥、行车调度自动化的必备工具和手段，它会将各种控制、调度指令通过通信系统向下传送，并在列车、车站与车辆段将票务、客运流量、列车/

设备运行状态监控画面等信息向上传送。通过学习本任务，学生可以对城市轨道交通通信系统的组成和作用形成初步认知，能够分辨不同的通信子系统，为正确使用相关设备打下基础。

相关知识

一、城市轨道交通通信系统的作用

视频

城市轨道交通通信系统

城市轨道交通通信系统是指挥列车运行、公务联络和传递各种信息，实现运输集中统一指挥、行车调度自动化，提高运行效率的必备工具与手段，是保证列车安全、快速、高效运行不可缺少的综合通信系统。

城市轨道通信系统与信号系统共同完成行车调度指挥，并为城轨的其他各子系统提供信息传输通道和标准时间信号。此外，通信系统是城市轨道交通内部公务联络的主要通道，使构成城市轨道交通内部的各个子系统能够紧密联系，以提高整个系统的运行效率。当然，通信系统也是城市轨道交通内外联系的通道。城市轨道通信系统在发生灾害、事故或恐怖活动的情况下，是进行应急处理、抢险救灾和反恐的主要手段。

综上，在正常情况下，通信系统能为运营管理、指挥、监控等提供通信联络的手段，为乘客提供周密的服务；在突发灾害、事故或恐怖活动的情况下，能够集中通信资源，保证有足够的容量以满足应急处理、抢险救灾的特殊通信需求。

二、城市轨道交通通信系统的组成

城市轨道交通通信系统允许运营、管理及维修人员或其他系统设备通过它来传输语音、数据、图像等电信号，实现一定距离内的通信。这些通信的服务范围包括运营控制中心、车站、车辆段、隧道及列车。通信系统不是单一的子系统，而是多个独立子系统的组合。城市轨道交通通信系统按其用途来分，主要包括传输系统、电话系统、无线调度系统、广播系统、视频监控系统、乘客信息系统、时钟系统和电源系统等，如图 1-2 所示。

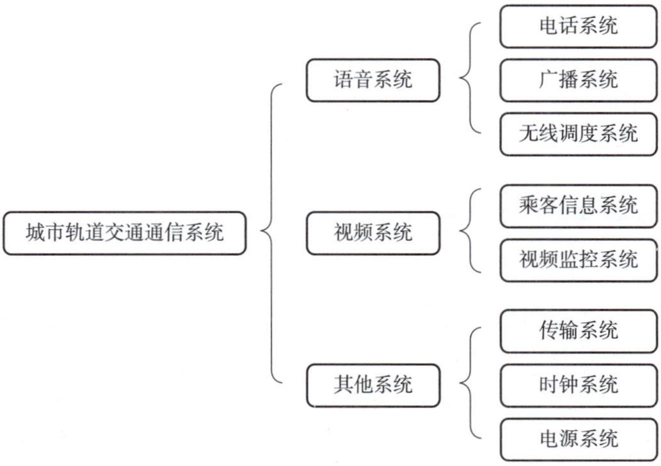

图 1-2　城市轨道交通通信系统组成

1. 传输系统

传输系统是城市轨道交通通信系统的基础，是系统各站点与中心以及站与站之间的信息传输通道，是不同线路之间信息交换的通道。城市轨道交通传输网要求具有高可靠性和丰富的业务接口。

2. 电话系统

电话系统分为公务电话和专用电话，主要为运营及维修服务，是行车调度员和车站（车辆段）值班员指挥列车运行和维护人员指导使用人员操作设备的重要通信工具，是为列车运营、电力供应、日常维修、防灾救护提供指挥手段的专用有线通信系统。

3. 无线调度系统

无线调度系统主要解决固定人员（调度员、值班员）与流动人员（司机、站务、维修人员与列检人员等）及其相互之间的通话及数据传输问题。无线调度系统是调度员与司机通信的唯一手段，也是移动作业人员、抢险人员实现通信的重要手段。

4. 广播系统

广播系统是城市轨道交通运行组织的辅助通信系统。平时主要向乘客广播，通知列车到站、离站、线路换乘、时间表变更、列车误点、安全状况，播放音乐改善站厅、站台、列车车厢的候车和乘车环境；遇突发或紧急情况时，进行防灾广播，组织指挥事故抢险，提高应急响应能力；在办公区、站台、站厅、运用库、段内道岔群附近、人行道，对运营人员进行广播，发布有关通知信息，要求各岗位协同配合工作。

5. 视频监控系统

视频监控系统是城市轨道交通的现场监控系统，用于运营控制中心调度管理人员、车站值班员、站台管理人员和司机实时监控车站客流、列车出入站、乘客上下车，以提高运营组织管理效率，保证列车安全、正点，同时借助车站和中心录像进行安全及事故取证。

6. 乘客信息系统

乘客信息系统的主要功能是通过显示终端及时为车站和列车上的乘客提供列车导乘信息，同时也可提供时间、天气预报、新闻及广告等其他信息。

7. 时钟系统

时钟系统是为准时运营、服务乘客、统一全线设备标准时间而设置的，该系统采用全球定位系统标准时间信息。

8. 电源系统

城市轨道交通通信的电源系统必须是供电设备独立并具有集中监控管理的系统。通信电源系统应保证对通信设备不间断、无瞬变地供电，以满足通信设备对电源的要求。

三、城市轨道交通通信系统的要求

（1）在行车组织方面，通信系统应能保证将各车站的客流情况、工作状况、线路上各列车的运行状况等信息准确、迅速地传输到控制中心，同时将控制中心发布的调度指挥命令与控制信号及时、可靠地传送至各个车站及行进中的列车上。通信系统将各车站的客流量、沿线列车的运行状况等信息及时地传送到调度所，并将调度所发布的各项调度命令以及各种控制信号传送至各个车站的执行部门和机构，从而使轨道交通系统的运行始终处于有条不紊的良好状态。

（2）在城市轨道交通运行的组织管理方面，通信系统应能保证各部门之间和上下级之间有着畅通、有效且可靠的信息交流与联系。

（3）在对外联络方面，通信系统应能保证本系统与外部系统之间便捷、畅通的联系。

（4）在可靠性方面，通信系统的主要设备和模块应具有自检功能，并采取适当的冗余配置，故障时能自动切换和报警，控制中心可监测和采集各车站设备运行和检测的结果。

四、我国城市轨道交通通信系统的发展

我国城市轨道交通通信系统的建设始于北京地铁1号线的一期工程，当时是边研究、边设计、边投产、边安装的，70%以上的设备属于试验性产品。在通信业务上只考虑了单一模拟制，一律采用语音实线传输，设备统一为机电式，设备组网基本上是分散多址封闭型状态，通信手段只有有线一种方式。虽然1981年建成150 MHz调频、三话路、数话兼容、异频、双工电台，但是面对巨大沉重的运输任务，在联动上显现出很多不协调、不适应的局限性。但这一阶段的探索为我国大规模发展城市轨道交通提供了可供参考的实践经验。

20世纪90年代初，为了满足地铁安全、大容量、快捷运营的要求，必须更换陈旧、损耗重、质量低劣、故障频繁的设备，增加通信设备容量，扩大通信能力，提高通信的安全保障，建立光纤传输系统，光电复用，电视图像和文字、数据和传真兼容，有线和无线立体通信的多种业务的一体化网络。但是，这个阶段的设备仍然存在故障多、性能不稳定、设备功能不完善的状况。

进入21世纪，随着现代通信技术的快速发展和城市轨道交通的大规模兴建，通信系统也进入了快速发展期。光纤通信的发展为城市轨道交通的通信奠定了基础，光纤通信是通信传输的主要方式。光纤通信技术是以光信号作为信息载体，以光纤作为传输介质的通信技术。在光纤通信系统中，因光波频率极高以及光纤介质损耗极低，故而光纤通信的容量极大，要比微波等通信方式带宽大上几十倍。

随着5G、物联网等通信技术和图像、人工智能（artificial intelligence，AI）等视觉技术的发展和应用，通过计算机图像分析视觉的技术可对图片或视频进行检测、分类、识别，提高视频分析准确率，通过高速率、低时延的网络与地铁综合监控平台进行联动。未来城市轨道交通通信系统将形成一个功能强大的、一体化的、智慧化的集语音、文字、图像等多种媒体综合的系统。

思考：城市轨道交通信号系统与通信系统之间有关联吗？

车站、区间、列车控制及行车调度指挥自动化的一体化，使通信、信号系统相互融合，冲破了功能单一、控制分散、通信与信号相对独立的传统技术理念，推动了通信、信号技术向数字化、智能化、网络化和一体化的方向发展。

笔记栏

任务实施

任务工单见表 1-3。

表 1-3　任务工单

<table>
<tr><td colspan="2">任务二　初识城市轨道交通通信系统</td></tr>
<tr><td colspan="2">姓名：　　　　　　　　班级：　　　　　　　　日期：</td></tr>
<tr><td colspan="2">团队成员及分工：</td></tr>
<tr><td>任务目标</td><td>1. 了解城市轨道交通通信系统的组成。
2. 识别城市轨道交通信号系统主要设备</td></tr>
<tr><td>任务内容</td><td>学习城市轨道交通通信系统的构成，以小组为单位深入实训中心识别城市轨道交通通信设备，通过网络查询和实地考察调研某一条轨道交通线路的通信系统组成</td></tr>
<tr><td>引导问题</td><td>1. 城市轨道交通通信系统由哪些子系统组成？

2. 城市轨道交通通信系统的设备布置在哪些区域？

</td></tr>
<tr><td colspan="2">【训练】
1. 拍摄实训中心城市轨道交通通信设备，并做好记录，填入表 1 中。</td></tr>
</table>

表 1

序号	通信设备名称	设 备 照 片

2. 调研某条线路通信系统组成，并做好记录，填入表2中。

表 2

序号	主要设备	作　用

任务评价

任务评价见表1-4。

表 1-4　任务评价

<table>
<tr><td colspan="4">任务二　初识城市轨道交通通信系统</td><td colspan="3">日期：</td></tr>
<tr><td colspan="2">姓名：</td><td>班级：</td><td colspan="2">学号：</td><td colspan="2" rowspan="3">教师签名：</td></tr>
<tr><td colspan="2">自评：□熟练　□不熟练</td><td>互评：□熟练　□不熟练</td><td colspan="2">师评：□合格　□不合格</td></tr>
<tr><td colspan="2">日期：</td><td>日期：</td><td colspan="2">日期：</td></tr>
<tr><td colspan="7">评分细则</td></tr>
<tr><td>序号</td><td>评分项</td><td>得分条件</td><td>分值</td><td>自评</td><td>互评</td><td>师评</td></tr>
<tr><td>1</td><td>接受任务</td><td>明确工作任务，理解本次任务在后续课程学习中的重要程度</td><td>5</td><td></td><td></td><td></td></tr>
<tr><td>2</td><td>知识评价</td><td>本次任务前需要掌握的知识程度</td><td>25</td><td></td><td></td><td></td></tr>
<tr><td rowspan="2">3</td><td rowspan="2">能力评价</td><td>能根据要求完成主要通信设备的设置，记录完整</td><td>20</td><td></td><td></td><td></td></tr>
<tr><td>能根据要求完成线路通信设备调研，记录完整</td><td>20</td><td></td><td></td><td></td></tr>
<tr><td rowspan="4">4</td><td rowspan="4">素养评价</td><td>工作计划性强，小组活动组织安排得当</td><td>5</td><td></td><td></td><td></td></tr>
<tr><td>团队合作能力强，善于沟通合作</td><td>5</td><td></td><td></td><td></td></tr>
<tr><td>积极参与课堂活动，自主学习能力强</td><td>5</td><td></td><td></td><td></td></tr>
<tr><td>对我国轨道交通通信技术发展具有较强的认同感</td><td>5</td><td></td><td></td><td></td></tr>
<tr><td rowspan="2">5</td><td rowspan="2">评价反馈</td><td>学生能以小组评价方式组织客观评价</td><td>5</td><td></td><td></td><td></td></tr>
<tr><td>对学生在任务实施过程中发现问题，进行小组审议后及时反馈</td><td>5</td><td></td><td></td><td></td></tr>
<tr><td colspan="3">合　计</td><td>100</td><td></td><td></td><td></td></tr>
</table>

巩固与练习

一、填空题

城市轨道交通通信系统是一个集________、________、________等多种媒体于一身的综合一体化系统。

二、简答题

1. 简述城市轨道交通通信系统的作用。
2. 城市轨道交通通信系统包括哪些主要子系统？

知识拓展

通信技术发展为城市轨道交通带来变革

“十四五”期间，轨道交通科技发展将不断满足城市轨道交通建设、运营、维护、应急处置等全生命周期的需求，大力推进轨道交通与新一代智能技术的融合，应用人工智能、云计算、大数据、物联网、区块链等新兴信息技术，全面感知、深度互联和智能融合乘客、设施、设备、环境等实体信息，在轨道交通各个环节提高科技水平，实现智能化、互联互通、节能环保、安全可靠和高舒适度。

在智能化的浪潮下，我国城市轨道交通车站和列车正逐步实现智能化管理。智能车站通过引入人工智能、物联网等技术，实现了对车站客流、设备状态等信息的实时监测和智能分析，从而优化车站运营组织，提升乘客出行体验。

除了上述技术装备外，我国还在城市轨道交通的其他领域进行了积极探索和创新。例如，在列车运行安全方面，通过研发和应用智能安防系统、列车故障自动诊断等技术，确保了列车的安全运行和乘客的人身安全。

我国城市轨道交通新技术的发展正处于一个关键时期。通过推动车站、列车的智能化发展，普及和推广现有技术，以及促进列车自动控制系统、定位系统等技术装备的发展，我们可以期待一个更加安全、稳定、准时的城市轨道交通系统。这不仅将极大提升乘客的出行体验，还将有力推动城市的可持续发展。

城市轨道交通运行中，通信系统是非常重要的一环，为了更好地促进城市轨道交通通信系统发展，需要不断加强国内对先进通信技术的研发，降低城市轨道交通通信系统故障发生率，做到“安全出行，绿色未来”。

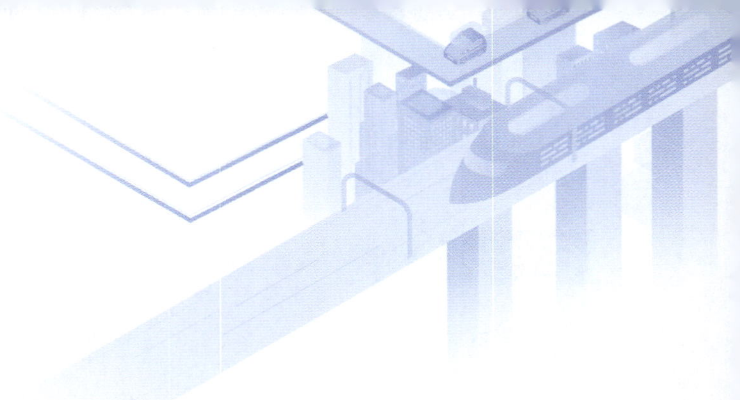

项目二

城市轨道交通信号基础设备认知与操作

项目描述

城市轨道交通信号基础设备主要包括继电器、信号机、转辙机、轨道占用检测设备、应答器等，它们是城市轨道交通信号系统的重要基础设备。这些设备主要安装于轨旁，数量多、分布广，其运用质量和可靠性是信号系统正常运行和充分发挥效能的保证。通过学习本项目，学生可以掌握信号基础设备的结构组成、工作原理、功能应用等，能够对信号设备的状态进行识别，能根据流程对设备进行基本的操作，在此基础上培养规范操作、安全生产的责任意识和一丝不苟、精益求精的劳动精神。

思维导图

- 城市轨道交通信号基础设备认知与操作
  - 认识继电器
    - 继电器的基本原理
    - 继电器的作用
    - 继电器的分类
    - 安全型继电器
    - 继电器的应用
  - 认识信号机
    - 信号机的设置
    - 信号机的显示意义
    - 信号机的类型
  - 认识与操作转辙机
    - 道岔
    - 转辙机的作用
    - 转辙机的操纵和闭锁
    - 转辙机的结构及工作原理
    - 手摇道岔作业流程
  - 认识轨道占用检测设备
    - 轨道电路
    - 计轴器
    - 轨道区段的划分
  - 认识应答器
    - 应答器的分类
    - 应答器系统的组成
    - 应答器的工作原理
    - 应答器报文读写

任务一 认识继电器

学习目标

知识目标

1. 掌握常见安全型继电器的应用及工作原理。
2. 掌握继电器在信号系统中的作用。
3. 了解“故障—安全”原则的基本要求，掌握继电电路的“故障—安全”特性。

能力目标

1. 能根据外观、编号等区分不同继电器。
2. 能正确判别继电器插座的触点编号。

素质目标

具备安全生产大于天的责任意识。

任务描述

继电器是自动控制系统中常用的器件，它用于接通和断开电路，用以发布控制命令和反映设备状态，以构成自动控制和远程控制电路。各个领域的自动控制无一不采用继电器。在城市轨道交通信号技术中也广泛采用继电器。通过学习本任务，学生可以掌握信号系统中常用继电器的结构特点，了解继电器在轨道交通信号系统中的重要作用，能够识别不同类型的继电器，为开展行车组织工作打下基础。

相关知识

继电器是一种电磁开关，能以较小的电信号控制执行电路中的大功率设备，是实现自动控制和远程控制的重要设备。轨道交通信号技术中广泛采用的继电器称为信号继电器(在信号系统中可简称继电器)，是轨道交通信号中的重要部件。它无论作为继电式信号系统的核心部件，还是作为电子式或计算机式信号系统的接口部件，都发挥着重要的作用。继电器的动作的可靠性直接影响到信号系统的可靠性和安全性。图 2-1 所示为继电器组合架以及安装其中的继电器。

(a) 继电器组合架　　(b) 继电器

图 2-1　继电器组合架及继电器

一、继电器的基本原理

继电器类型有很多，一般由电磁系统和触点系统两大部分组成，如图 2-2 所示。其中，电磁系统由线圈、固定的铁芯、轭铁以及可动的衔铁等组成，是继电器用来接受和反映输入物理量性质的系统机构；触点系统由动接点和静接点构成，是继电器的执行机构，用来实现控制。

视频

继电器的结构及工作原理

继电器的基本工作原理如下：

当线圈中通入一定电流时，根据电磁原理，线圈因电流而产生磁性，使得衔铁被吸向铁芯。当线圈中没有足够的电流或断电时，衔铁由于重力作用而被释放。衔铁上的动接点随着衔铁的动作而与静触点接通或断开，从而实现对其他设备的控制。

如图 2-3 所示，给线圈中通以一定数值的电流后，在衔铁和铁芯之间就产生一定数量的磁通，铁芯对衔铁就产生了吸引力。当电流增大到一定值，吸引力增大到能克服衔铁向铁芯运动的阻力时，衔铁就被吸向铁芯。由衔铁带动的动接点也随之动作，与动合接点（也称前接点）接通，此状态称为继电器励磁吸起。吸引力随电流的减小而减小，当吸引力减小到不足以克服阻力时落下（称为释放），衔铁带动动接点与前接点断开，与动断接点（也称后接点）接通，此状态称为继电器失磁落下。

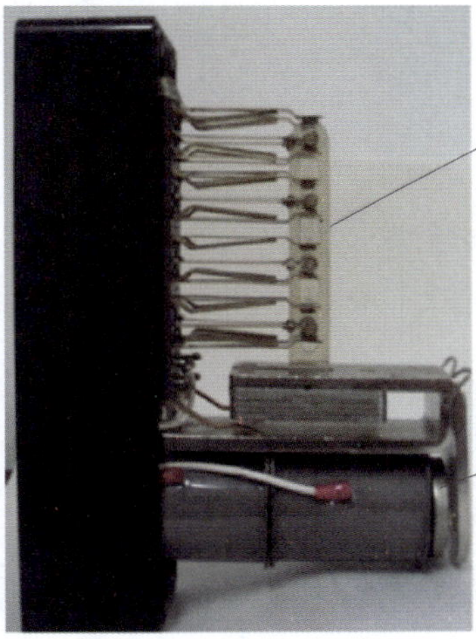

图 2-2　继电器的结构组成

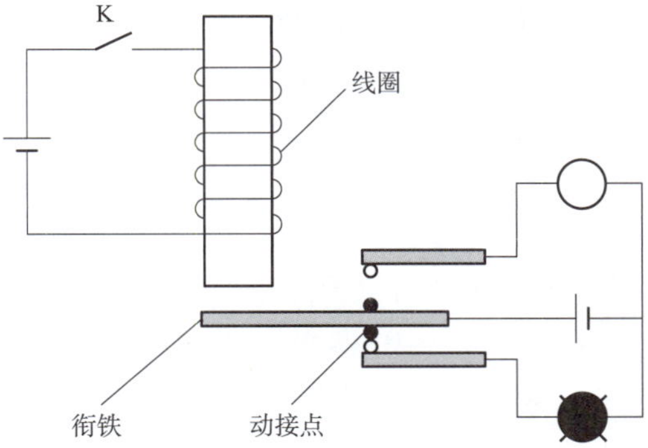

图 2-3　继电器的工作原理

二、继电器的作用

继电器能够以极小的电信号控制执行电路中相当大的对象，能够控制数个对象和数个回路，也能控制远距离的对象，有着良好的开关性能，可利用它的接点通、断电路，构成各种控制和表示电路。闭合阻抗小、断开阻抗大，有“故障—安全”性能，能控制多回路、抗雷击性能强、无噪声、温度影响小等。在以继电技术构成的系统中大量使用，在以电子元件和微机构成的系统中作为接口部件，将系统主机与信号机、轨道电路、转辙机等执行部件结合起来。

目前，轨道交通信号系统设备中，继电器的作用主要表现在以下几个方面：

（1）表示功能。利用不同继电器表示线路的占用和空闲、信号的开放和关闭、道岔是否在规定位置、区间是否闭塞等状态。

（2）驱动功能。目前轨道交通信号设备中主要被控对象是信号机和转辙机，不论采用继电器联锁还是计算机联锁,均利用继电器控制相应设备。

三、继电器的分类

1. 按动作原理分类

(1)电磁继电器。电磁继电器是利用电流通过线圈产生的磁场来实现动作的继电器。信号设备中使用的大多数是这类继电器。

(2)感应继电器。感应继电器是利用电流通过线圈产生的交流磁场与其翼板转动而动作的继电器。例如,相敏轨道电路所使用的交流二元继电器。

2. 按动作电流分类

(1)直流继电器。直流继电器是由直流电源供电的继电器。轨道交通中使用的大部分信号继电器都是直流继电器。

(2)交流继电器。交流继电器是由交流电源供电的继电器。例如,信号机灯丝转换继电器、用于信号机灯泡主、副灯丝转换的灯丝转换继电器等。

3. 按动作时间分类

(1)正常动作继电器。正常动作继电器衔铁动作时间为0.1~0.3 s,大部分信号继电器属于此范围。

(2)缓动继电器。缓动继电器包括缓吸和缓放两种,衔铁动作时间大于0.3 s。

(3)速动继电器。衔铁动作时间小于0.1 s。

4. 按工作可靠程度分类

(1)安全型继电器。安全型继电器依靠自身结构满足系统的安全要求,主要靠重力缓放衔铁。

(2)非安全型继电器。非安全型继电器断电后依靠弹力保证继电器落下,又称弹力式继电器。

四、安全型继电器

城市轨道交通信号系统大多使用安全型继电器,以确保设备具有“故障—安全”特性。安全型继电器一般为电磁继电器,可采用直流电也可采用交流电,根据需要还可使继电器具有缓动功能。

安全型继电器其典型结构为无极继电器,是直流24 V系列的重力式直流电磁继电器,其他各型继电器由无极继电器派生。因此,绝大部分零件都能通用,如图2-4所示。

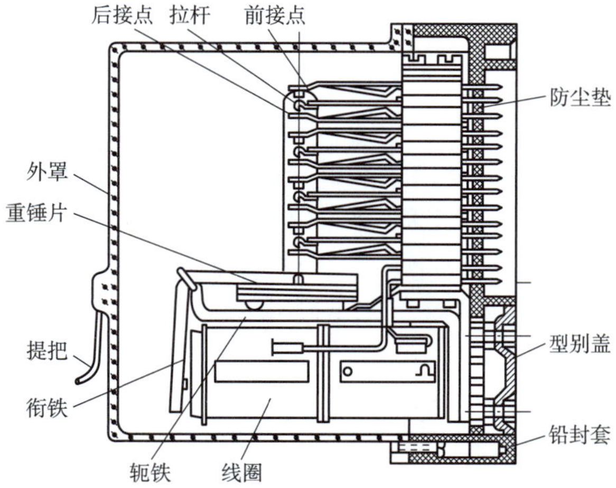

图2-4 插入式无极继电器结构示意图

1. 安全型继电器的特点

所谓安全型继电器是指它的结构必须符合“故障—安全”原则。“故障—安全”原则是轨道交通信号设备必须遵循的原则，当系统任何部分发生故障时，应确保系统的输出导向安全状态。处于禁止运行状态的故障有利于行车安全，称为安全侧故障；处于允许运行状态的故障可能危及行车安全，称为危险侧故障。发生安全侧故障的可能性远远大于发生危险侧故障的可能性。在故障情况下使前接点闭合的概率远小于后接点闭合的概率，这样，就可以用前接点代表危险侧信息，用后接点代表安全侧信息。

2. 安全型继电器的类型及应用

1）无极继电器

视频

安全型继电器

继电器使用直流电，同时继电器的动作与通入线圈的电流方向无关，故称直流无极继电器。我国轨道交通信号中应用较多的是 AX 系列继电器，它是直流 24 V 系列的重力式直流电磁继电器，其基本结构属于直流无极继电器。

无极继电器由电磁系统和接点系统两大部分组成。电磁系统包括线圈、铁芯、轭铁和衔铁。直流无极继电器电磁系统的结构如图 2-5 所示。图中 δ 表示气隙大小，Φ 表示磁通的大小。当给线圈通电时，Φ 会变大，磁力会大于重锤片的重力，使得衔铁被吸起。

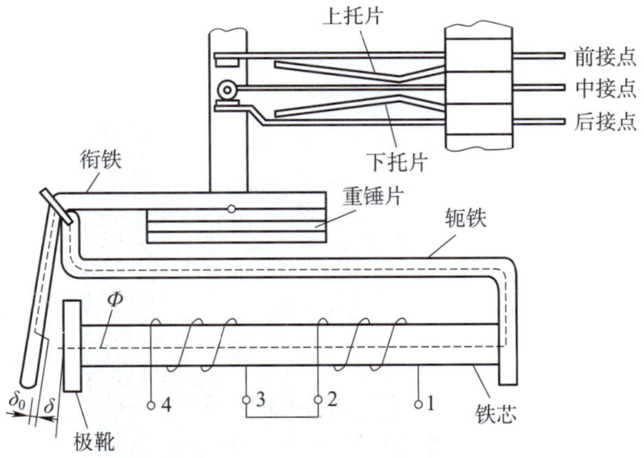

图 2-5　无极继电器的电磁系统

在线圈上加上直流电压后，线圈中的电流使铁芯磁化，在铁芯内产生工作磁通，由于磁通的作用，铁芯与衔铁间产生电磁吸引力，当电磁吸力大到足以克服机械负载的阻力时，衔铁即与铁芯吸合。此时衔铁通过拉杆带动动接点运动，使后接点断开，前接点闭合。

当线圈中的电流减小时，铁芯中的磁通按一定规律随之减小，吸引力也随着减小。当电流减小到一定值时，它所产生的吸引力小于机械力时，衔铁离开铁芯，被释放。此时拉杆带动动接点运动，使前接点断开，后接点闭合。

2）整流式继电器

整流式继电器用于交流电路中，其电磁系统、触点系统、动作原理与直流无极继电器基本相同，它是在直流无极继电器的基础上，在接点组上方安装由四个二极管组成桥式整流电路，将交流电源整流后输入继电器线圈，如图 2-6 所示。整流式继电器工作时会发出响声，造成噪声污染。

3）有极继电器

有极继电器根据线圈中电流极性不同而具有定位和反位两种稳定状态，这两种稳定状态在线圈中电流消失后，仍能继续保持，故又称极性保持继电器。它的特点是磁系统中增加了永久磁钢。在线圈中通以规定极性的电流时，继电器吸起，断电后仍保持在吸起位置；通以反方向电流时，继电器打落，断电后保持在打落位置。

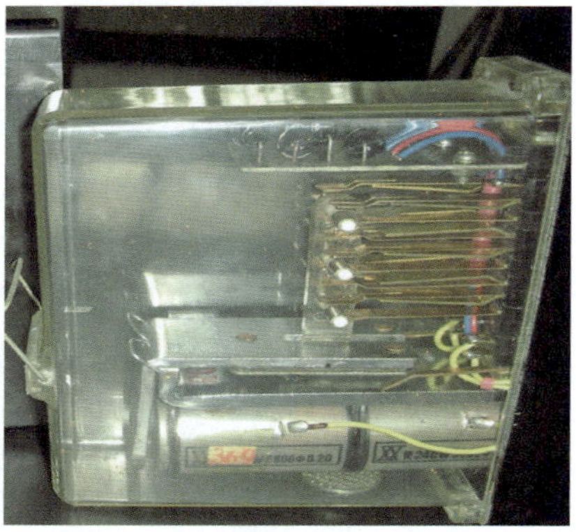

（a）整流式继电器

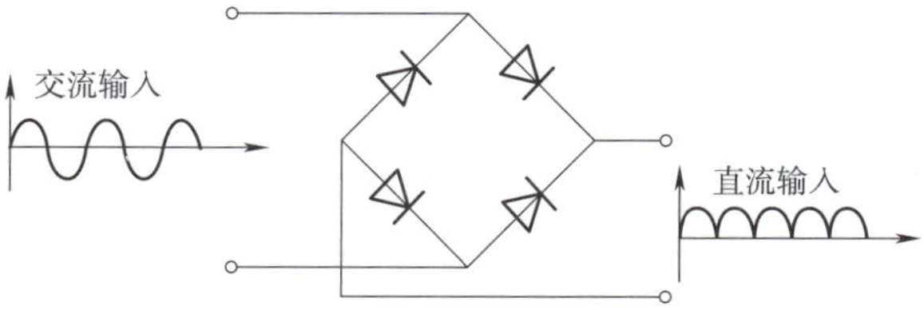

（b）桥式整流电路

图 2-6　整流式继电器及其桥式整流电路

有极继电器的磁路结构与无极继电器基本相同，不同的只是用一块端部呈刃形的长条形永久磁钢代替无极继电器的部分轭铁，磁钢与轭铁间用螺钉连接，如图 2-7 所示。

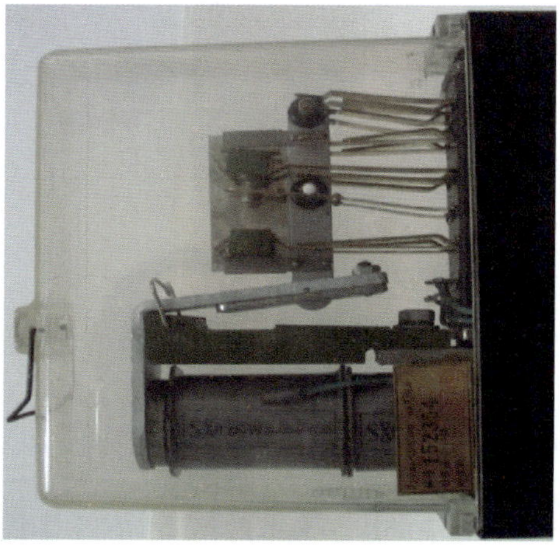

图 2-7　有极继电器实物图

有极继电器衔铁位置的定位、反位规定为：衔铁与铁芯极靴之间的间隙最小时（即吸起状态）的位置规定为定位，此时闭合的接点称为定位接点（相当于前接点）；衔铁与铁芯极靴之间的间隙最大时（即打落状态）的位置规定为反位，此时闭合的接点称为反位接点（相当于后接点）。

4）偏极继电器

偏极继电器是为了满足信号电路中鉴别电流极性的需要而设计的。它与无极继电器不同，衔铁的吸起与线圈中电流的极性有关，只有通过规定方向的电流时，衔铁才会被吸起，电流方向与要求的方向相反时，衔铁不动作。衔铁靠电磁力吸起，断电后立即落下。

偏极继电器的两组线圈串联使用，接线方式与无极继电器相同。其触点系统与无极继电器完全相同，具有八组触点。偏极继电器一般用在道岔表示电路中。

5)交流二元二位继电器

二元指有两个互相独立又互相作用的交变电磁系统;二位指继电器有吸起和落下两种状态。根据频率不同,交流二元二位继电器分为 25 Hz 和 50 Hz 两种。

交流二元二位继电器结构如图 2-8 和图 2-9 所示,其由电磁系统、翼板、接点等主要部件组成。

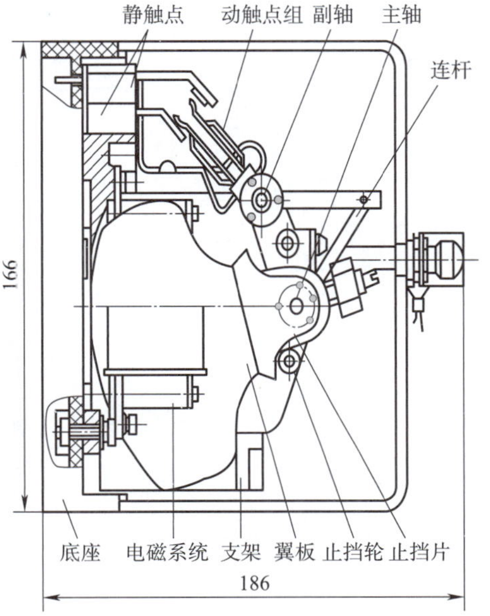

图 2-8　交流二元二位继电器结构示意图(单位:mm)

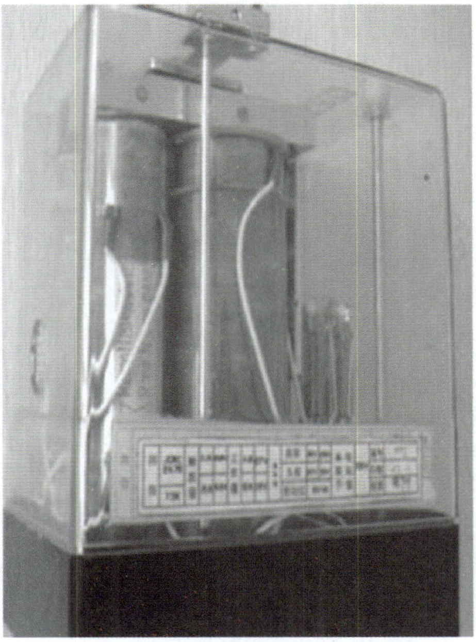

图 2-9　交流二元二位继电器

电磁系统包括局部电磁系统和轨道电磁系统。局部电磁系统由局部铁芯和局部线圈组成。轨道电磁系统由轨道铁芯和轨道线圈组成。

翼板是将电磁系统的能量转换为机械能的关键部件。翼板由 1.2 mm 厚的铝板冲裁而成,安装在主轴上。翼片尾端安装有重锤螺母,对翼板起平衡作用。在翼板一侧的主轴上还安装一块 2.0 mm 厚由钢板制成的止挡片,与轴成一整体,使翼板转至上、下极端位置时受到限制。

动接点固定在副轴上,主轴通过连杆带动副轴上的动杆单元使动接点动作。

当局部线圈和轨道线圈中分别通以一定相位差的交流电流时,在局部线圈磁通和轨道线圈磁通作用两个作用力。只要在两个磁通相差 90°,那么两个力是同方向的。当局部磁通超前轨道磁通 90°时,在翼板上得到正方向转矩,接通前接点;反之使后接点更加闭合。如果仅在任一线圈通电,或两线圈接入同一电源,则翼板均不能产生转矩而动作,这就是二元二位继电器所具有的可靠的相位选择性,由此可解决轨端绝缘破损的防护问题。

如有其他频率的电压加在轨道线圈上,这时在一个周期内所产生的转矩力的平均值为零。即轨道线圈混入干扰电流与固定的 50 Hz 局部电流相作用,翼板不产生转矩,不能使继电器误动。同时,由于翼板的惯性较大,使继电器缓动,跟不上转矩力变化的速率,因此使继电器保持原来的位置而不致误动。

城市轨道交通以往使用 50 Hz 二元二位继电器作为 50 Hz 相敏轨道电路中的轨道继电器。它们具有可靠的频率选择性和相位选择性,对于轨端绝缘破损和不平衡造成的干扰能可靠地防护。另外，还有动作灵活的翼板转动系统、紧固的整体结构，不仅经久耐用，而且便于维修。

3. 安全型继电器的型号表示法

安全型继电器型号用汉字拼音字母和数字表示，字母表示继电器种类，数字表示线圈的电阻值（单位 Ω），例如 JWJXC-H $\frac{125}{0.44}$ 中，J 表示继电器，W 表示无极，J 表示加强接点（普通接点不标），X 表示信号继电器，C 表示插入（非插入式不标），H 表示缓放（非缓放不标），125 表示前圈电阻值，0.44 表示后圈电阻值。继电器型号的文字符号含义见表 2-1。

表 2-1　继电器型号的文字符号含义

代号	含义		代号	含义	
	安全型	其他类型		安全型	其他类型
A	—	安全	R	—	—
B	—	半导体	S	—	时间、灯丝、双门
C	插入	插入、传输、差动	T	—	通用、弹力
D	—	动态	W	无极	—
DB	单闭磁	—	X	信号	—
H	缓放	缓放	Y	有极	信号、小型
J	继电器，加强接点	继电器、加强接点、交流	Z	整流	整流、转换
P	偏极	—			

五、继电器的应用

1. 继电器的文字符号

继电器一般根据它的主要用途和功能来命名。为了便于标记，继电器符号用汉语拼音字头或英文单词的缩写来表示，例如按钮继电器表示为 AJ，信号继电器表示为 XJ。在一个控制系统中会用到许多继电器，同一作用和功能的继电器也不止一个，应注意名称的区别。

同一个继电器的线圈和接点必须用该继电器的名称符号来标记，以免互相混淆。同一个继电器的各接点组还需用其编号注明，以防重复使用。

2. 继电器的定位

继电器有吸起状态和落下状态两个状态。电路图中继电器呈现的状态称为通常状态（简称常态），或称为定位状态。在城市轨道交通信号系统中遵循以下原则来规定定位状态。

（1）继电器的定位状态应与设备的定位状态相一致，信号布置图中所反映的设备状态约定为设备的定位状态。例如，一般信号机以关闭为定位状态，道岔以开通定位为定位状态，轨道电路以空闲为定位状态。

（2）根据“故障—安全”原则，继电器的落下状态必须与设备的安全侧相一致。例如，信号继电器的落下应与信号关闭相一致，轨道继电器落下应与轨道电路占用相一致。这样，才能实现电路发生断线故障时导向安全侧。

根据以上两条原则就可确定继电器的定位状态。在电路图中，凡以吸起为定位状态的继电器，其线圈和接点处均以“↑”符号标记；凡以落下为定位状态的继电器，其线圈和接点处均以“↓”符号标记。

3. 继电器图形符号

在继电电路中，涉及继电器线圈和接点组，它们的图形符号分别见表2-2和表2-3，这些图形符号反映了继电器的某些特性。表中的接点图形符号有工程图用和原理图用两种。工程图符号能准确表达接点的状态，且不致因笔误而造成误解，所以工程图必须采用工程图用符号。原理图用于设计草图和教学。

表2-2　继电器线圈的图形符号

序号	符　号	名　称	序号	符　号	名　称
1		无极继电器	6		有极加强继电器
2	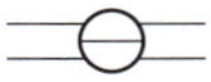	无极继电器（两线圈分接）	7		偏极继电器
3		无极缓放继电器	8		整流式继电器
4		无极加强继电器	9		交流继电器
5		有极继电器	10	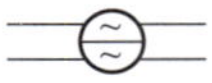	交流二元继电器

在继电器线圈符号上要注明其定位状态的箭头和线圈端子号。

对于继电器的前接点和后接点，只需标出其接点组号，而不必详细标明动接点、前接点、后接点号。

而对于有极继电器，因无法用箭头表示其状态，所以必须标明其接点号，如111表示动接点，112表示定位接点，113表示反位接点，百分数1是为了区别于其他继电器而增加的，代表有极继电器，第二位1代表第一组接点。

表2-3　继电器接点的图形符号

序号	符　号		名　称	说　明
	标准图形	简化图形		
1	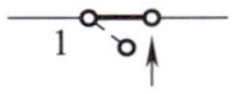	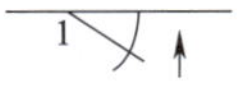	前接点闭合	
2	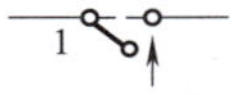		后接点断开	
3	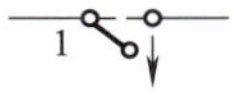		前接点断开	

续表

序号	符号		名称	说明
	标准图形	简化图形		
4	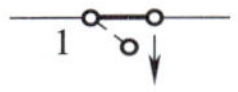		后接点闭合	
5	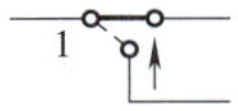		前、后接点组	前接点闭合 后接点断开
	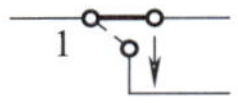	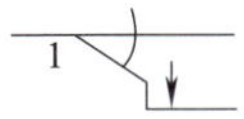		前接点断开 后接点闭合
6	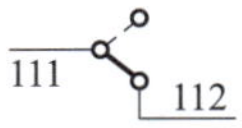	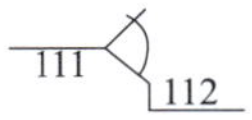	极性定位接点闭合	
7	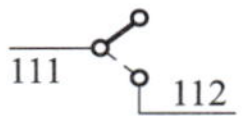	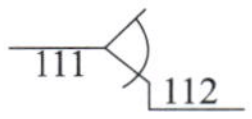	极性定位接点断开	
8	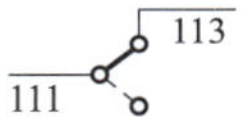		极性反位接点闭合	
9	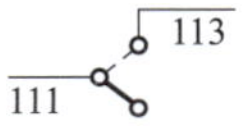	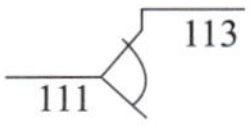	极性反位接点断开	
10	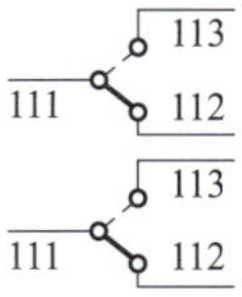	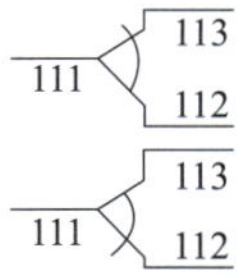	极性定、反位接点组	定位接点闭合 反位接点断开
				定位接点断开 反位接点闭合

思考：随着电子技术的迅速发展，电子器件也可以实现自动控制、远程控制等功能，为什么继电器在轨道交通信号领域仍起重要作用？

“故障—安全”是轨道交通信号设备必须遵循的原则，当系统任何部分发生故障时，应确保系统的输出导向安全状态。随着电子技术的迅速发展，电子器件尤其是计算机以其速度快、体积小、容量大、功能强等技术优势，在相当大程度上逐渐取代继电器构成自动控制和远程控制系统，使技术水准大幅提高。但与电子器件相比，继电器具有“故障—安全”性能，因此，现在以及在未来一定时期内，继电器在轨道交通信号领域仍将起着重要作用。

任务实施

任务工单见表 2-4。

表 2-4　任务工单

<table>
<tr><td colspan="2">任务一　认识继电器</td></tr>
<tr><td colspan="2">姓名：　　　　　　　　班级：　　　　　　　　日期：</td></tr>
<tr><td colspan="2">团队成员及分工：</td></tr>
<tr><td>任务目标</td><td>1. 掌握继电器型号的含义。
2. 掌握继电器的结构特点</td></tr>
<tr><td>任务内容</td><td>根据继电器结构特点及型号表示区分不同类型安全继电器</td></tr>
<tr><td>引导问题</td><td>城市轨道交通信号系统中常用的安全型继电器有哪几种类型?
______
______
______</td></tr>
<tr><td colspan="2">【训练】
对继电器组合架中继电器类型进行识别，并记录继电器的编号和型号，写出相应继电器的特点，填入表 1 中。</td></tr>
</table>

表 1

序号	继电器编号	所属类型	型号	结 构 特 点
1				
2				
3				
4				
5				
6				
7				

任务评价

任务评价见表 2-5。

表 2-5　任务评价

任务一　认识继电器			日期:			
姓名:		班级:	学号:		教师签名:	
自评:□熟练　□不熟练		互评:□熟练　□不熟练	师评:□合格　□不合格			
日期:		日期:	日期:			
评分细则						
序号	评分项	得分条件	分值	自评	互评	师评
1	接受任务	明确工作任务,理解继电器在轨道交通信号系统中的重要作用	5			
2	知识评价	本次任务前需要掌握的知识程度	25			
3	能力评价	根据要求完成所有类型继电器的识别,并正确记录型号	20			
		能对继电器的结构特点进行正确描述	20			
4	素养评价	工作计划性强,小组活动组织安排得当	5			
		团队合作能力强,善于沟通合作	5			
		积极参与课堂活动,自主学习能力强	5			
		理解“故障—安全”原则,清晰认识到安全生产大于天	5			
5	评价反馈	学生能以小组评价方式组织客观评价	5			
		对学生在任务实施过程中发现问题,进行小组审议后及时反馈	5			
合　计			100			

巩固与练习

一、填空题

电磁继电器的结构如图 2-10 所示,其中 A 是________,B 是________,C 是________。它利用________对衔铁的吸放,代替开关去控制电路的通断。

二、简答题

1. 继电器的基本原理是什么?继电器在信号系统中有哪些应用?

2. 有极继电器有哪些特点?简述其工作原理。

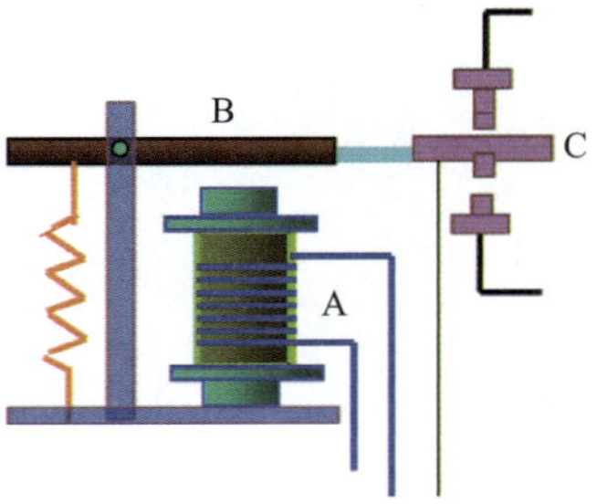

图 2-10　电磁继电器的结构

知识拓展

继电器基本电路

根据继电器接点在电路中的连接方式,继电电路可分为串联、并联和串并联三种基本形式。

串联电路指继电器接点串联连接的电路,其功能是实现逻辑“与”的运算。图 2-11 所示为一串联电路，三个接点必须同时闭合才能使继电器 DJ 吸起。从逻辑功能来看，接点在电路中的串接顺序是任意的，而且动接点是否接向电源也是任意的。但从工程角度出发，应考虑接点的有效使用，如 AJ 的后接点可用在其他电路中。

由几个继电器接点并联连接的电路称为并联电路，它的功能是实现逻辑“或”运算。图 2-12 所示为三个接点并联的例子，其中任一个接点闭合都会使继电器 DJ 吸起。从工程角度看，也要考虑接点组的有效利用。

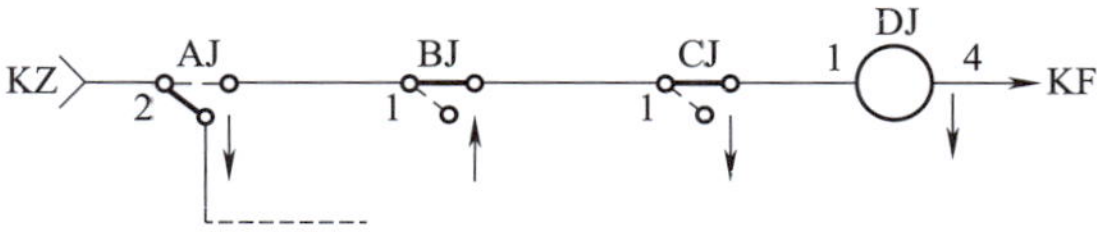

图 2-11　继电器串联电路

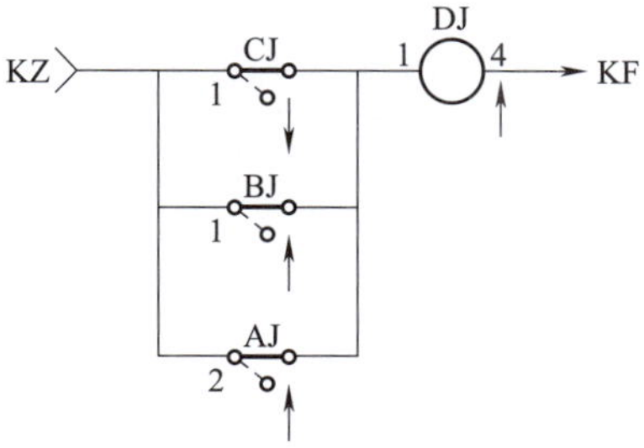

图 2-12　继电器并联电路

根据逻辑功能的要求，在电路中有些接点串联，有些是并联，这类电路称为串并联电路，如图 2-13 所示。

在继电器构成的控制系统中，常需要将某一动作记录下来为以后的过程做准备。例如，图 2-14 所示的按钮继电器电路，按下自复式按钮 A 后，继电器 AJ 经过励磁电路吸起。但松开按钮后，继电器就不能保持吸起。为此，增加由自身前接点构成的电路，使按钮松开后，继电器不落下。这条由自身前接点构成的电路称为自闭电路。有了自闭电路后继电器就有了记忆功能。当然，当它完成任务后，就必须由表示该任务完成的继电器接点使其复原。

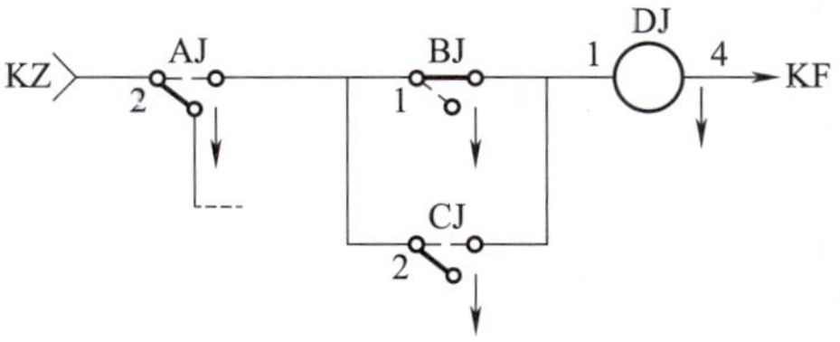

图 2-13　串并联电路

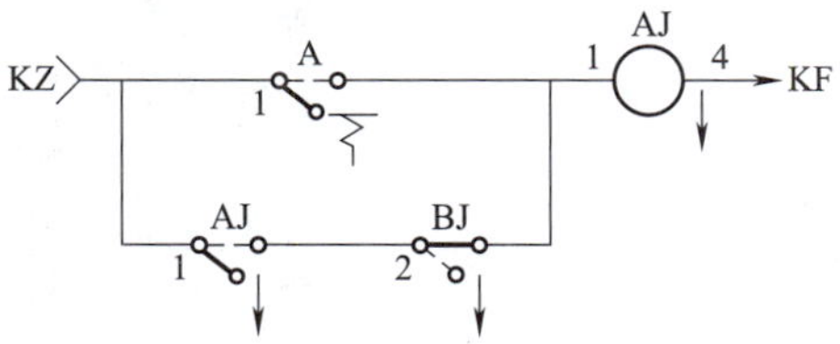

图 2-14　自闭电路

任务二　认识信号机

学习目标

知识目标

1. 了解信号机的种类。
2. 掌握各种信号机的作用和显示。
3. 掌握正线信号机、车辆段信号机的设置要求。

能力目标

1. 能够判别信号显示的意义。

2. 能够识别不同类型的信号机。

素质目标

树立低碳环保的理念。

任务描述

城市轨道交通列车在轨道上行驶也需要遵从一定的信号指挥，为了保证列车安全行驶，提高运输效率，设有多种信号用来指挥列车的行车作业。城市轨道交通信号主要有地面固定信号、车载信号、轨旁指示标志和手信号等。信号机是重要的轨旁信号设备，是以不同的灯光颜色显示、数量显示或灯光配列作为有效视觉信号凭证，指挥列车正常行驶。通过学习本任务，学生可以掌握城市轨道交通信号机的设置及其显示意义，能够判别信号显示的意义，为开展行车组织工作打下基础。

相关知识

一、信号机的设置

城市轨道交通采用色灯信号机，以其显示灯光的颜色、数目和亮灯的状态来表示信号。不同的信号显示表示不同的行车方式、行车速度等信息内容。

1. 设置原则

1）设于列车运行方向右侧

城市轨道交通采用右侧行车制，其轨旁信号机设于列车运行方向的右侧，在地下部分一般安装在隧道壁上。特殊情况（如因设备限界、其他建筑物或线路条件等影响）可设于列车运行方向的左侧或其他位置，如图 2-15 所示。

图 2-15　安装在隧道壁上的固定信号机

2）不得侵入设备限界

设备限界是用以限制设备安装的控制线，信号机不得侵入设备限界。对于正线信号机和通行超限货物列车的站线信号机，限界所属轨道中心至信号机突出边缘距离为 2 440 mm，站线信号机为 2 150 mm，在曲线线路上，应按有关规定进行加宽。

3）信号机柱的选择

信号机有高柱和矮柱两种类型，高柱信号机的机构安装在钢筋混凝土信号机柱上，如图 2-16 所示，矮柱信号机的机构安装在信号机水泥基础上，如图 2-17 所示。高柱信号机具有显示距离远、观察位置明确等优点，因此，车辆段的进段、出段信号机（以及停车场的进场、出场信号机）均采用高柱信号机。而其他信号机由于对显示距离要求不远，以及隧道内安装空间有限，一般采用矮柱信号机。

图 2-16　高柱信号机

图 2-17　矮柱信号机

2. 正线信号机的设置

城市轨道交通目前自动化程度比较高，信号系统主要采用列车自动控制系统，决定了列车运行必须以车载信号作为主体信号，地面信号只有在车载信号出现故障的情况下才作为备用模式起作用。

城市轨道交通有的车站设有道岔，有的车站仅有两条正线，因此应根据各站设备具体情况设置信号机。一般只有在具有折返功能车站（中间折返站和终端折返站）的道岔区域才设置地面信号机。常用的正线信号机有防护信号机、阻挡信号机，有的城市轨道交通根据需要选择设置进站信号机、出站信号机、预告信号机、通过信号机等。

1）防护信号机

在正线道岔岔前和岔后适当地点设置防护信号机，防护道岔区段作业安全。一般采用三显示机构，自上而下灯位依次为黄、绿、红。正线上防护信号机用 X、F 等命名，数字序号作为下标，下行咽喉编为单号，上行咽喉编为双号，从站外向站内顺序编号，如图 2-18 中的 X_2、X_4、X_6、X_8。

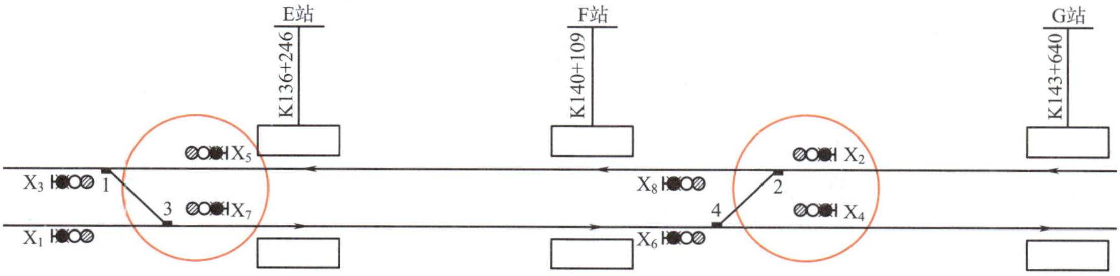

图 2-18　防护信号机的设置图

2)阻挡信号机

在线路尽头处设置阻挡信号机,表示列车停车位置。阻挡信号机采用单显示机构,只有一个红灯。当阻挡信号机显示红灯时,列车应在距信号机至少 10 m 的安全距离前停下,如图 2-19 中的 A 站的 X_9、X_{11}。

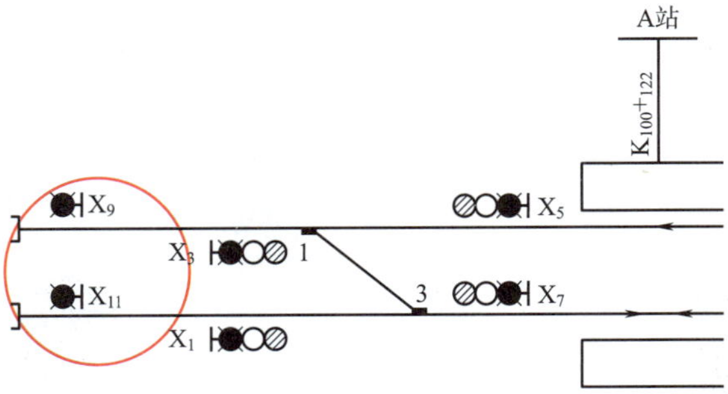

图2-19 阻挡信号机的设置图

3)进站信号机

进站信号机设置在车站入口外方适当距离,用于防护车站内作业安全。进站信号机显示一个红色灯光表示不准列车越过信号机进入站内,显示一个绿色灯光表示允许列车按规定速度越过信号机进入站内。其命名是按列车运行方向,如 X(下行)、S(上行)加数字表示。

4)出站信号机

出站信号机设置在车站出口,即列车由车站向区间发车处前方,指示列车能否由车站进入区间。出站信号机显示一个红灯表示不允许列车出站,显示一个绿灯表示允许列车出发进入区间。其命名采用列车运行方向右下角加股道号,如 X_1、S_5 等。

5)预告信号机

将主体信号机的信号显示状态提前告诉司机,其灯光配列与主体信号相同。预告信号机命名第一字母为 Y,后面缀主体信号机编号。

6)通过信号机

采用列车自动控制(ATC)系统的城市轨道交通,自动闭塞通过信号机已经失去主体信号的作用,一般在区间不设置通过信号机。为便于驾驶员在列车自动防护(ATP)设备发生故障时控制列车运行,可以根据需要在区间设置通过信号机。采用红、绿两显示机构。

3. 车辆段信号机的设置

在车辆段设置的信号机主要有进、出段信号机和调车信号机。

1)进段信号机

车辆段入口转换轨外方设置进段信号机,指示车辆是否可以进入段内,如图 2-20 中的 SJ_1、SJ_2。进段信号机显示及灯光配列可与防护信号机相同,也可采用双机构。

2)出段信号机

车辆段出口处设置出段信号机,指示是否可以进入正线运行,如图 2-21 中 SC_1、SC_2,其显示及灯光配列可与防护信号机相同。

3)调车信号机

装设在经常进行调车作业的线路上,用来指示机车进行调车作业。采用白、蓝两显示机构。其编号从列车到达方向顺序编号,上行咽喉用单数,下行咽喉用双数。

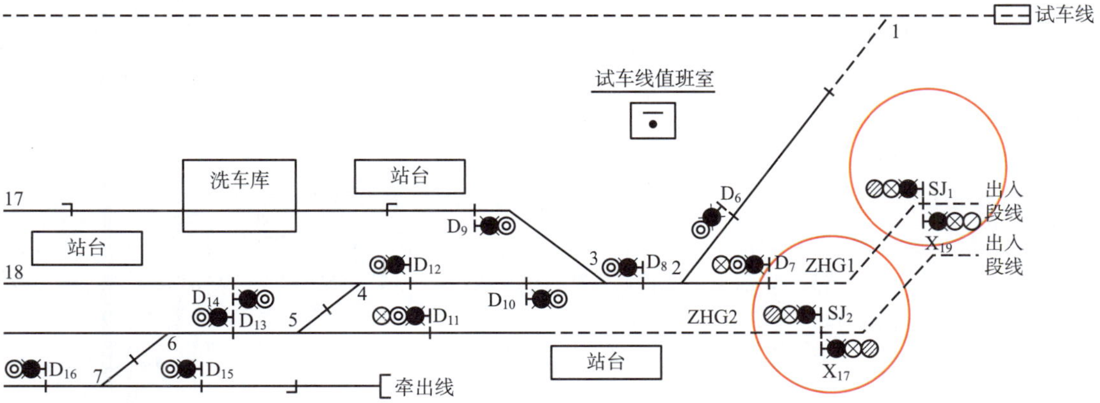

图 2-20　进段信号机

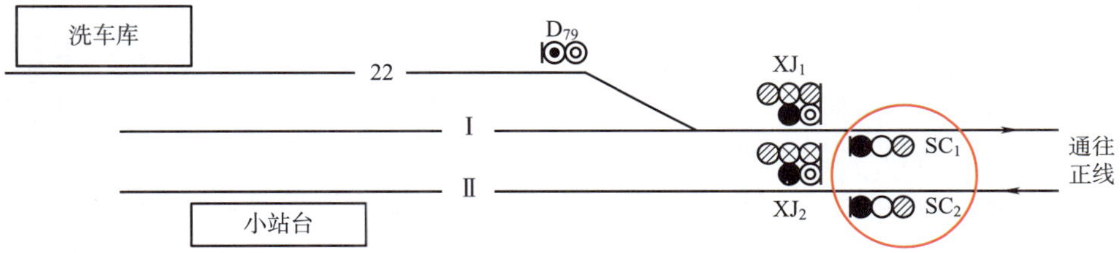

图 2-21　出段信号机

思考：城市轨道交通的自动化程度比较高，列车的运行主要取决于地面信号机的显示吗？

城市轨道交通的自动化程度比较高，一般采用地面信号显示与车载信号系统相结合、以车载信号系统为主的运用方式，列车的运行速度不取决于地面信号机的显示，地面信号只起辅助作用。

二、信号机的显示意义

1. 信号机的显示颜色

信号机基本上采用灯光颜色特征和灯光数目特征组合的显示方式，个别情况下采用闪光特征，并以信号机的外形来辅助区别一些特定的含义。

1）基本颜色

红色：停车信号，禁止越过该信号机（信号熄灭或显示不明时，也应视为停车信号）。

绿色：允许信号，信号处于正常开放状态，可按规定速度通过该信号机。

黄色：允许信号，信号处于有限开放状态，要求列车注意或减速运行。

2）辅助色

月白色：用于指示调车作业时，表示允许越过该信号机调车；用于指示正线列车作业时，同时显示一个红灯信号，构成引导信号，表示准许列车越过显示红灯的信号机，并随时准备停车。

蓝色：用于调车信号机，表示禁止越过该信号机调车。

我国城市轨道交通的信号系统没有对地面信号的显示方式和显示意义进行统一规定，因此信号显示存在一定差异,例如,有的城市轨道交通公司采用一个红色灯光和一个黄色的灯光构成引导信号,准许列车在该信号机前不停车,但是必须按照规定的速度小于 25 km/h 缓慢驶入,并随时准备停车。信号机上同时点亮的基本灯光,原则上不能超过两个(进路表示器等附加灯光除外)。

2. 各种信号机灯光配列

防护信号机,一般采用三显示机构,自上而下灯位颜色为黄、绿、红。

阻挡信号机,一般采用单显示机构,为一个红灯,也可采用二显示机构,将绿灯封闭。

进站信号机、出站信号机,灯光配列可同防护信号机,一般采用黄、绿、红三显示机构,也可采用红、绿二显示机构。

进段信号机,灯光配列可同防护信号机,亦可采用双机构(两个二显示)带引导机构,自上而下灯位颜色为黄色、绿色、红色、黄色、月白色。

出段信号机,灯光配列可同防护信号机,亦可采用红、绿,带调车白灯。

调车信号机,一般采用二显示机构,自上而下灯位颜色为月白、蓝(或红)。

通过信号机,其通过信号机为三显示机构,自上而下灯位颜色为黄、绿、红。

3. 信号机显示的要求

信号机关闭时机:调车信号机在调车车列全部通过该信号机自动关闭,其他信号机都在列车第一轮对越过该信号机后自动关闭。

停车信号:地面信号机点亮红色信号,地面信号机灭灯、显示不明或不正确,车载信号显示的目标速度为[0],手信号员使用红色手信号来展示停车手信号,任何人高举双手或任何物件用力摇动都是停车信号。在非运营时间内所有地面信号,必须保持为停车信号,除非正在进行信号调试,工程车或特别列车需要通过进路区段,不可开放信号机,除非已刊登在行车通告上。

三、信号机的类型

色灯信号机的机构有单机构(单显示、二显示、三显示)、双机构(四显示、五显示,还可以带引导信号、容许信号机构和进路表示器)。根据信号机结构的不同,色灯信号机可分为透镜式信号机和 LED 信号机。

1. 透镜式信号机

透镜式信号机机构的每个灯位由透镜组、灯泡、灯座及遮檐组成,如图 2-22 所示。透镜组装在镜架框上,由两块带棱凸透镜组成,其中内侧透镜为有色带棱外凸透镜,外侧透镜为无色带棱内凸透镜。使用带棱透镜的原因是它比不带棱透镜轻且较薄,光线通过时损失少,使用两块透镜可以缩短焦距,提高光源利用率,增加射出平行光的强度。信号机显示颜色取决于内透镜,可根据需要选用不同颜色。

2. LED 信号机

LED 信号机一般由铝合金机构、发光盘、点灯装置、报警单元组成。LED 信号机的发光盘采用发光二极管制成的信号灯光源,如图 2-23 所示。点灯装置用于为发光盘提供电源。有些类型 LED 信号机的发光盘,例如 XSZ 型的发光盘,可以与现有信号灯变压器直接配合使用,而大多数发光盘需要通过点灯装置将现有信号电源转化为 12 V 直流电以驱动。报警单元的功能是当发光盘发光二极管损坏数量超过总数的 30% 时,以及主、备电源有一路发生故障时,产生报警条件发出报警。有些类型 LED 信号机的发光盘本身集成了报警功能,有些类型 LED 信号机专门设置有独立的报警单元。

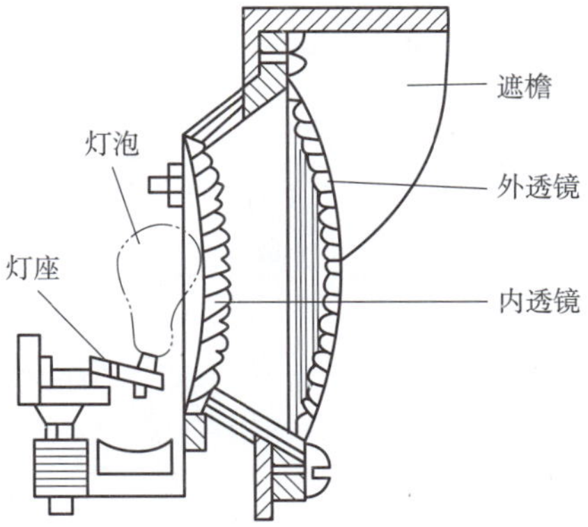

图 2-22　透镜式色灯信号机

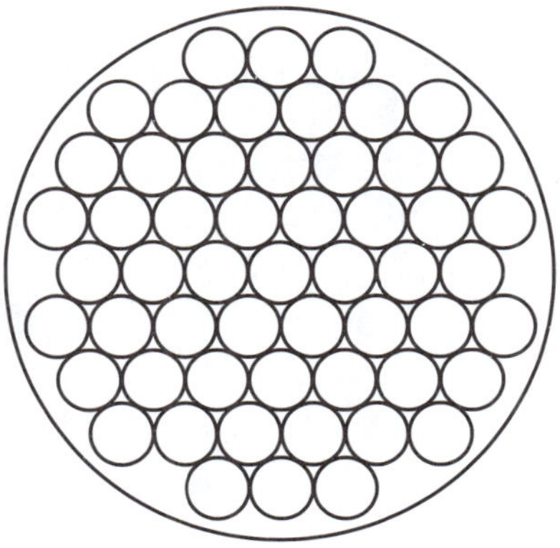

图 2-23　LED 信号机

与透镜式色灯信号机相比,LED 信号机有以下特点:

(1)可靠性。高发光盘是用上百只发光二极管和数十条支路组成,使用中即使个别发光二极管或支路发生故障也不会影响信号正常显示,这在一定程度减少了信号灯丝双断等故障,提高了信号显示的可靠性。

(2)寿命长。发光二极管使用寿命可达 10^5 h,是信号灯泡的 100 倍,有利于实现免维修。

(3)节省能源。传统信号灯泡功率为 25 W,发光盘的功率不足信号灯泡的 1/2,考虑到城市轨道交通信号长时间亮灯的特点,采用 LED 信号机对于节省能源具有显著效果。

(4)聚焦稳定。发光盘的聚焦状态在设计和生产中已经确定,并能够始终保持良好的聚焦状态,不需要现场调整,给安装和使用带来方便。

(5)无冲击电流。发光二极管自身特点使得信号机在点灯过程中没有信号灯泡冷丝状态的冲击电流,有利于延长供电装置使用寿命。

任务实施

任务工单见表2-6。

表2-6　任务工单

任务二　认识信号机		
姓名：	班级：	日期：
团队成员及分工：		

任务目标	1. 掌握城市轨道交通正线有关信号机设置原则。 2. 掌握城市轨道交通正线有关信号机显示方式及显示意义
任务内容	作为车站行车值班员，需要了解辖区内信号设备的运行状态，以小组为单位按照提供的线路图，设计有关信号机的布置，能够指出有关作业过程中相关信号显示意义及信号显示与有关道岔位置的关系
引导问题	1. 正线和车辆段一般设置哪些信号机？ 2. 城市轨道交通信号平面图中常用颜色及信号机的图形符号见表1。

表1

名　称	符　号	名　称	符　号
红色灯光		空灯位	
黄色灯光		稳定绿灯	
绿色灯光		稳定红灯	
蓝色灯光		高柱信号	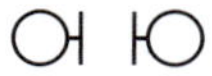
月白色灯光		矮型信号	

3. 信号机的命名规则

正线信号机的命名主要有以下几种形式：

(1)按顺序编号的命名方式。X表示信号机，后面的数字为信号机序号，例如X_1、X_2。

(2)按信号机功能的命名方式。例如F_3、Z_5，F表示防护信号机，Z表示阻拦信号机，XJ和XC表示下行进站、下行出站信号机，SJ和SC表示上行进站、上行出站信号机，调车信号机以D表示。

(3)按XYYZZ形式的命名方式。例如X1001、S1004，其中X和S分别表示下行和上行，10表示车站编号，01和04表示该车站信号机顺序编号，其中下行线为单号，上行线为双号。

(4)信号机顺序编号规则。对于字母后的数字顺序号，有两种编码规则，一般上行线编为双号，下行线编为单号，由站外向站内顺序编号。或者上行咽喉(即上行列车到达端)为双号，下行咽喉(即下行列车到达端)为单号，从段外向段内顺序编号。

【训练】

识读下面的信号设备平面布局图，指出都设置了哪些类型的信号机，记录信号机的类型、设置位置，说明其不同灯光显示的意义，并按照一般命名规则为相应信号机命名，填入表2中。

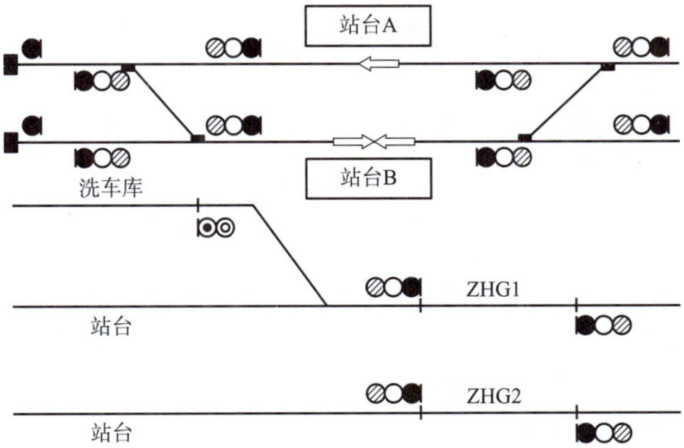

表2

序号	信号机编号	功能类型	设置位置	显 示 意 义
1				
2				
3				
4				
5				
6				
7				

任务评价

任务评价见表 2-7。

表 2-7　任务评价

任务二　认识信号机			日期：			
姓名：		班级：	学号：		教师签名：	
自评：□熟练　□不熟练		互评：□熟练　□不熟练	师评：□合格　□不合格			
日期：		日期：	日期：			
评分细则						
序号	评分项	得分条件	分值	自评	互评	师评
1	接受任务	明确工作任务，理解信号机在轨道交通中的重要作用	5			
2	知识评价	本次任务前需要掌握的知识程度	20			
3	能力评价	能根据要求完成主要信号机的识读	15			
		能根据要求完成主要信号机的编号	15			
		能分辨不同信号显示的意义	15			
4	素养评价	工作计划性强，小组活动组织安排得当	5			
		团队合作能力强，善于沟通合作	5			
		积极参与课堂活动，自主学习能力强	5			
		能理解轨道交通低碳环保的发展理念	5			
5	评价反馈	学生能以小组评价方式组织客观评价	5			
		对学生在任务实施过程中发现问题，进行小组审议后及时反馈	5			
合　计			100			

巩固与练习

一、选择题

1. 正线防护信号机（　　）灯位表示进路中道岔开通直股，允许列车越过。

A. 月白　　B. 蓝　　C. 绿　　D. 黄

2. 一般用（　　）作为引导信号，允许列车以不高于 25 km/h 越过该架信号机，并随时准备停车。

A. 黄灯　　B. 绿灯　　C. 红灯　　D. 黄 + 红

二、简答题

1. 正线常用的信号机有哪些？

2. 车辆段设置哪些信号机？

知识拓展

信号表示器

地面信号除了信号机，还有一些传达附加意义的信号表示器，用以表示某些与行车有关设备的位置和状态，或表示信号显示的某些附加意义的信号机具。和信号机不同的是，信号表示器没有防护意义。例如，进路表示器设在出站信号机以及发车进路兼出站信号机上，指示发车进路开通的方向。城市轨道交通车站一般不设进站信号机和出站信号机，但在正向出站方向的站台侧，在列车停车位置前方的适当地点要设置发车指示器，其功能为指示列车停站时间结束，如图 2-24 和图 2-25 所示。

图 2-24　进路表示器

图 2-25　发车表示器

视 频

发车表示器

任务三　认识与操作转辙机

学习目标

知识目标

1. 了解转辙机的分类。
2. 掌握道岔的结构。
3. 掌握转辙机的作用及基本结构。

能力目标

1. 能判别道岔开通的方向。
2. 能够完成手摇道岔作业。

素质目标

理解工匠精神的内涵，培养规范操作、一丝不苟的工匠精神。

任务描述

道岔的转换和锁闭是关系行车安全的关键。转辙机是道岔控制系统的执行机构，它是道岔动作的动力部分，通过杆件做直线运动从而拉动尖轨位移，改变道岔位置，并给出道岔状态表示。由转辙机转换和锁闭道岔，易于集中操纵，实现自动化。转辙机对保证行车安全、提高运行效率、改善行车人员劳动条件等起着非常重要的作用。

通过本任务学习，学生可以判断道岔的状态，能够通过转辙机完成手摇道岔作业，达到城市轨道交通服务员国家职业技能标准中城市轨道交通行车值班员岗位(中级工)部分技能要求。

相关知识

一、道岔

城市轨道交通车辆在运行过程中,常常需要由一条线路转入另一条线路,或越过其他线路,这就需要设置线路的连接与交叉设备,即道岔。由于道岔具有数量多、使用寿命短、限制列车速度、行车安全性低等特点,因此与曲线、接头并称为轨道的三大薄弱环节。

1. 道岔的结构

视频

道岔的结构

道岔由转辙部分、连接部分和辙叉部分组成,如图 2-26 所示。

(1)转辙部分。转辙部分由尖轨、基本轨、连接杆及转辙机组成。

(2)连接部分。连接部分由导曲线轨和直轨组成,它将转辙部分和辙叉部分连成一组完整的道岔。

(3)辙叉部分。辙叉部分由岔心、翼轨和护轨等组成。

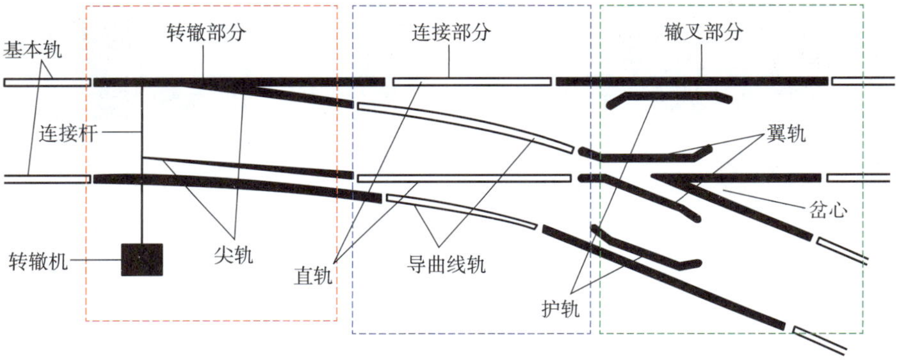

图 2-26　道岔结构示意图

2. 道岔的分类

道岔的基本形式有三种,即线路的连接、交叉、连接与交叉的组合。常用的线路连接有各种类型的单式道岔和复式道岔;交叉有直交叉和菱形交叉;连接与交叉的组合有交分道岔和交叉渡线等,如图 2-27 所示。

(a)单开道岔(左开道岔)

(b)单开道岔(右开道岔)

图 2-27　不同类型的道岔

（c）双开道岔

（d）三开道岔

（e）交分道岔

（f）渡线

图 2-27　不同类型的道岔(续)

城市轨道交通中最常见的道岔类型是单开道岔,数量占各类道岔总数的 90% 以上。其主线为直线,站在道岔前端面向尖轨,侧线向左分支的道岔称为左开道岔,侧线向右分支的道岔称为右开道岔。

3. 道岔的号数

一般以道岔号数代表道岔各部主要尺寸。辙叉心所形成的角称为辙叉角 α。道岔号数 N 习惯上用辙叉角的余切表示,即 $N=\cot\alpha$。

城市轨道交通线路常用的标准道岔有 7 号、9 号、12 号,正线及折返线上一般采用 9 号道岔,车辆段多采用 7 号道岔。为了行车安全平稳,列车过岔速度应有一定的限制,表 2-8 为道岔侧向允许通过速度。道岔号越大,辙叉角越小,列车通过速度越大;反之道岔号越小,辙叉角越大,列车通过速度越小。

表 2-8　道岔侧向允许通过速度

道 岔 号	7	9	12
速度/(km/h)	25	30	50

4. 道岔的位置

道岔是两条线路汇合处的转辙线路,道岔的位置是指道岔的尖轨与基本轨密贴后道岔所开通的线路状态。当道岔密贴后,岔前基本轨与直股线路开通,称道岔开通直向位置;当道岔密贴后，岔前基本轨与弯股线路开通，称道岔开通侧向位置。

为了便于完成与道岔有关的设计和检查，对道岔的定位和反位进行了规定。规定道岔经常保持向某一线路开通的位置称为“定位”，向另一线路开通的位置称为“反位”。定位和反位一般由车站根据行车安全、工作方便和科学管理等需要规定，原则上是通往直向方向的为定位。

思考：1. 如图2-28所示，为什么说道岔是轨道交通最薄弱环节之一？

从两翼轨最窄处到辙叉心实际尖端之间，存在着一段轨线中断的空隙，称为辙叉的有害空间。当机车车辆通过辙叉有害空间时，轮缘有走错辙叉槽而引起脱轨的可能。

道岔的尖轨尖端称为岔尖。当列车迎着岔尖运行时，这组道岔称为对向道岔。对向道岔决定列车的去向，如果位置不对，将使列车进入异线，造成列车冲突，后果非常严重。当列车顺着岔尖运行时，这组道岔称为顺向道岔。顺向道岔虽然不决定列车的去向，但如果位置不对，也将造成道岔挤岔，甚至有发生列车颠覆的危险。

2. 如图2-29所示，判断道岔开通在定位还是反位？

图2-28　道岔的有害空间

图2-29　道岔

无论道岔在定位还是在反位，尖轨和基本轨之间都必须满足道岔的密贴标准。检查道岔密贴时，应在对应道岔第一连接杆处用厚度为4 mm、宽度为20 mm的检查锤或钢板夹在尖轨与基本轨之间，这时道岔不应该锁闭。

如果道岔既未开通直向线路也未开通侧向线路，也就是既不在定位也不在反位，或者不满足密贴标准，则称该道岔为四开状态。因此，道岔不仅仅有定位和反位两个位置，还可能有非正常的第三个无表示的位置——四开。

视频

转辙机的作用

二、转辙机的作用

转辙机是道岔控制的执行机构，它对于保证行车安全、提高行车效率有着非常重要的作用。在集中联锁设备中，转辙机的作用是接收到命令后带动道岔转换，其主要功能为转换道岔、锁闭道岔、表示道岔和监督道岔。

1. 转换道岔

根据操作要求，将道岔转换至定位或者反位。要求转辙机应具有足够大的拉力，带动尖轨做直线往返运动；当尖轨受阻不能转换到底时，应随时通过操作使尖轨恢复原位。

2. 锁闭道岔

道岔转换至规定位置而且密贴后，自动实行机械锁闭，防止外力改变道岔位置。当尖轨和基本轨不密贴时，不应进行锁闭；一旦锁闭，不应由于车辆通过道岔时的振动而错误解锁。

3. 表示道岔

当道岔尖轨与基本轨密贴后，正确反映道岔位置，并给出相应表示。

4. 监督道岔

发生挤岔以及道岔长时间处于四开状态时，及时发出报警；道岔被挤后，在未修复前不应再使道岔转换。

通常一组道岔由一台转辙机牵引，如正线采用的 9 号道岔和车场线采用的 7 号道岔。如果正线上采用的是 12 号道岔，一般需要两点牵引，即一组道岔需两台转辙机牵引。

三、转辙机的操纵和锁闭

1. 操纵方式

转辙机有电动转换和人工转换两种方式。设备正常时运行操作人员利用操作终端上的有关按钮进行集中操作。信号系统因故障无法排列进路时，或由于设备故障不能通过 ATS 工作站对道岔进行转换位置时，需要使用手摇方式转换道岔。手摇转辙机时，先用钥匙打开遮断器盖，露出手摇把插孔，插入手摇把，摇动规定圈数使道岔转换至所需位置。

2. 锁闭方式

对道岔实施锁闭指的是将列车正在经过，或已发出指令允许列车经过（如办理好进路）的道岔进行固定，防止道岔错误转换。道岔的锁闭方式有电气锁闭和机械锁闭两种形式。电气锁闭是利用继电器触点等断开转辙机电路，确保列车占用，或已发出指令允许列车经过时，不会由于误操作导致道岔转换。机械锁闭是当道岔转换到位后利用转辙机的内锁闭或外锁闭装置自动实现的，用于确保列车运行时尖轨与基本轨保持密贴。当设备故障时，需人工利用钩锁器等设备对道岔尖轨实施锁闭，以保证行车安全。

四、转辙机的结构及工作原理

目前，我国城市轨道交通正线一般使用 ZD（J）9 型交流转辙机，车辆段和停车场通常使用 ZD6 型电动转辙机。

1. ZD（J）9 型电动转辙机

ZD（J）9 型系列电动转辙机是一种能适应交、直流电源的新型转辙机。它有着安全可靠的机内锁闭功能，因此既可适用于联动内锁道岔，又可适用于分动外锁道岔，既适用于单点牵引，又适用于多点牵引，安装时，既能角钢安装，又能托板安装。城市轨道交通正线以及车辆段试车线使用 ZD（J）9 型交流转辙机。

ZD（J）9 电转机主要由电动减速器、摩擦联结器、滚珠丝杠、接点组、动作杆、左右锁闭（表示）杆、安全开关等零部件组成，如图 2-30 所示。结构采用模块化设计，便于维护和维修。

电动机接通电源后，电机上的小齿轮通过齿轮箱中的传动齿轮进行两级减速把动力传递到摩擦联结器的齿轮上。通过摩擦联结器中的内外摩擦片的摩擦作用，齿轮的旋转运动传递到滚珠丝杠上。滚珠丝杠把传动齿轮的旋转运动转换成与丝杠联结的推板套的水平运动。推板套水平运动，推动安装在动作杆上的锁块，在锁闭铁的辅助下使动作杆水平运动，完成道岔的锁闭功能。

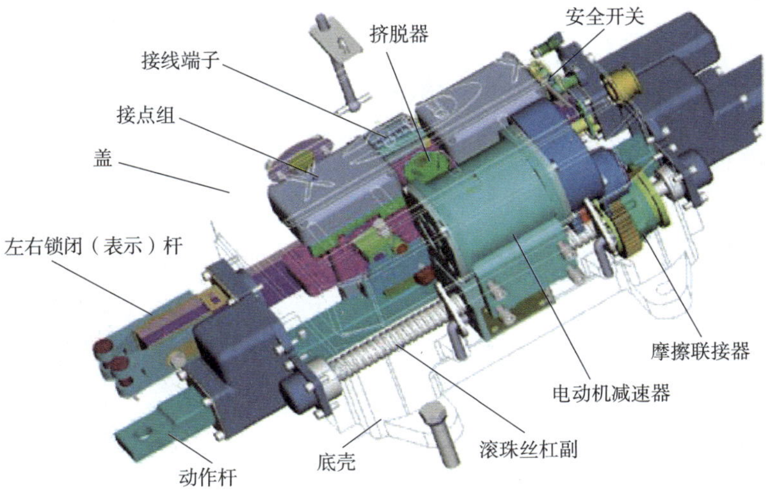

（a）结构图

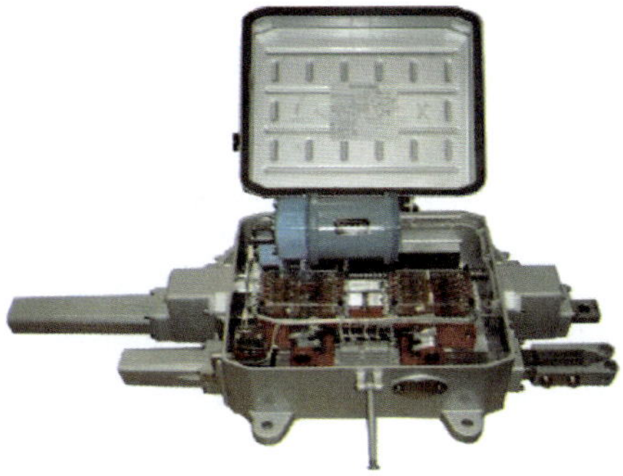

（b）实物图

图 2-30 ZD(J)9 型转辙机的结构与实物图

2. ZD6 型电动转辙机

ZD6 型电动转辙机由电动机、减速器、摩擦联结器、主轴、锁闭齿轮、齿条块、动作杆、自动开闭器、表示杆、移位接触器、外壳等组成，如图 2-31 所示。

（1）电动机。电动机是电动转辙机的动力源，要求具有足够的功率，以获得必要的转矩和转速。电动机要有较大的起动转矩，以克服尖轨与滑床板之间的摩擦。

（2）减速器。减速器的作用是把电动机高速旋转的转速降下来，以获得较大的转矩，从而带动道岔转换。

（3）摩擦联结器。摩擦联结器是保护电动机和吸收转动惯量的联结装置。当道岔因故转不到规定位置时，电动机的电路不能断开，防止电动机因突然停转而使电流过大损坏电动机，摩擦联结器会通过摩擦空转消耗电动机的动能。

（4）主轴。主要由主轴套、滚针轴承、止挡栓等组成。主轴的一端与启动片联结，另一端与锁闭齿轮联结。当启动片转动时，主轴随之转动，主轴带动锁闭齿轮转动。主轴上的止挡栓用来限制主轴的转角，使锁闭齿轮和齿条块达到规定的锁闭角，使整机动作协调。

（5）转换锁闭装置。转换锁闭装置由锁闭齿轮、齿条块、动作杆组成，用来把旋转运动改变为直线运动，以带动道岔尖轨位移，并最后完成内部锁闭。

（6）自动开闭器。自动开闭器用来及时、正确反映道岔尖轨位置。自动开闭器通过表示杆与尖轨连接，表示杆随尖轨移动。只有当尖轨密贴并锁闭后，才能接通道岔表示电路，并断开道岔的转换电路。

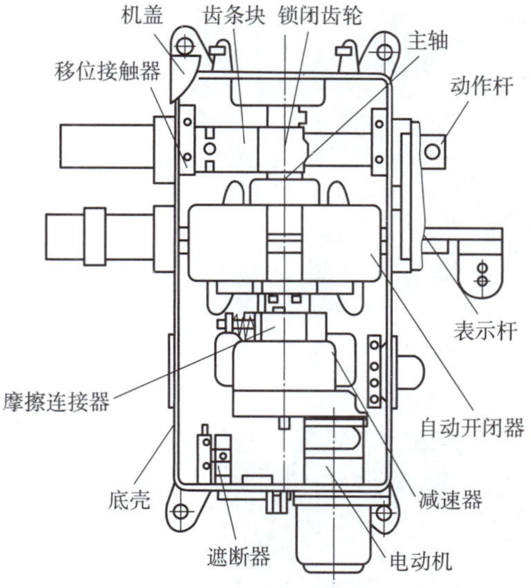

（a）结构图

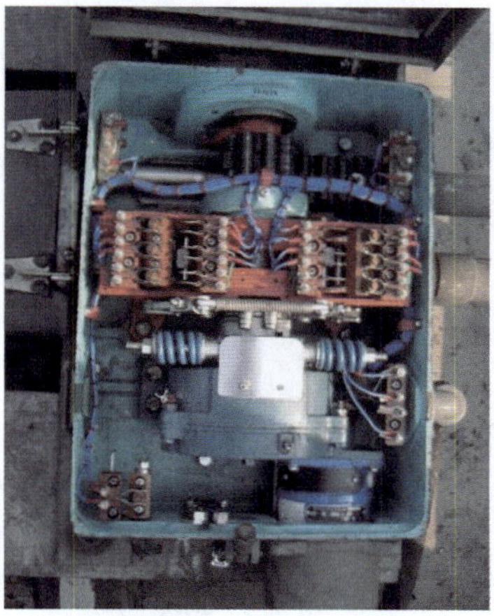

（b）实物图1

（c）实物图2

图 2-31　ZD6 型转辙机的结构与实物图

（7）表示杆。表示杆属于从动部件，它与道岔的表示调整杆相连接，随道岔动作而动作。表示杆主要用来检查尖轨是否密贴，以及道岔是在定位还是在反位。

（8）移位接触器。移位接触器用于监督挤切销受损状态，道岔被挤或挤切销折断时，断开道岔表示，并接通挤岔报警电路。

（9）遮断器。遮断器位于电动机一侧，用于断开电动机的电路。只有打开遮断器，才能插入手摇把人工转换道岔，或者打开机盖进行检修。

五、手摇道岔作业流程

1. 下线作业前准备工作

（1）向行调或车辆段/停车场调度员要点，取得同意并设好防护后方可下线路。在进入隧道进行人工排列进路、手摇道岔前，须向行调申请，待行调允许后方可进入隧道。

（2）车站值班员和站务员两人携带工具：信号灯、红闪灯、手摇把、盖孔板钥匙、钩锁器、扳手、对讲机、手电筒等，进入线路区间的人员必须穿着绝缘鞋、荧光衣，戴手套，如图 2-32 所示。

图 2-32　手摇道岔前所需要携带的物品

（3）进入前必须在作业区域设置红闪灯进行防护，如图 2-33 所示。

图 2-33　红闪灯

2. 手摇道岔六部曲

手摇道岔六部曲见表 2-9。

表 2-9　手摇道岔六部曲

步骤	作业内容	操作要点	作业标准
一看	看道岔开通位置是否正确，是否需要改变开通位置；是否有钩锁器；尖轨与轨道间的空隙是否有异物	1. 人工排列进路必须遵循“从远到近”的原则，从离列车最远的道岔开始。 2. 确认时手指道岔尖轨处确认该副道岔开通位置，口呼道岔位置“ ××× 道岔开通 × 位”。 3. 双人确认位置是否需要摇动道岔。 如下图所示 	须做到迅速、准确，认真确认道岔状态。 须做到沉着、冷静、认真、准确，话语清晰

续表

步骤	作业内容	操作要点	作业标准
二开	打开遮断器挂锁	1. 利用转辙机钥匙打开转辙机卡板，并向上扳动卡板。 2. 打开手摇把插孔螺母板。 两种型号操作方式见下图  ZD6型转辙机 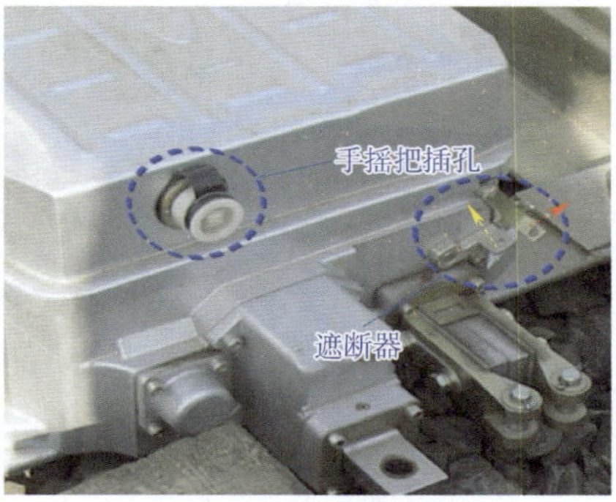 ZD（J）9型转辙机	须做到迅速、准确
三摇	将摇把插入插孔，手摇摇把将道岔转换至需要的位置	1. 双手水平握住手摇把旋杆，水平插入转辙孔同时左右转动手摇把杆，直到手摇把杆前端的方孔与转辙孔内的方柱套牢。 2. 插入手摇把，顺时针旋转手摇把时尖轨向离开转辙机方向运动；逆时针旋转手摇把时尖轨向转辙机方向运动。 3. 不断旋转手摇把，直至听到“咔嚓”落槽声才能停止 	须做到迅速、准确，顺时针方向为反位，逆时针方向为定位，保持速度，切忌速度过快/过慢
四确认	确认开通位置是否正确，检查尖轨是否密贴，开通“定位”或“反位”，另一人应答确认	1. 确认开通方向的人员在听到“咔嚓”落槽声，且摇动道岔的人员汇报道岔摇动完毕后开始确认工作。 2. 检查检查尖轨与基本轨之间的密贴情况，尖轨与基本轨之间的缝隙要求小于4 mm。	须做到迅速、准确，认真确认道岔状态，发现问题及时更正

续表

步骤	作业内容	操作要点	作业标准
四确认	确认开通位置是否正确，检查尖轨是否密贴，开通“定位”或“反位”，另一人应答确认	3. 检查完毕后，面向尖轨手指密贴处大声确认“道岔开通右(左)位，尖轨密贴”。 4. 手摇道岔人员复诵“道岔开通定(反)位，尖轨密贴”  	须做到迅速、准确，认真确认道岔状态，发现问题及时更正
五加锁	双人确认道岔位置正确后，用钩锁器锁定尖轨(视运营情况而定是否需要加锁)	1. 确认人员使用钩锁器在道岔的两个连接杆之间钩锁住密贴位置。 2. 拧紧钩锁器后左右摇动钩锁器，若能摇动则再次拧紧，直到无法摇动则加锁 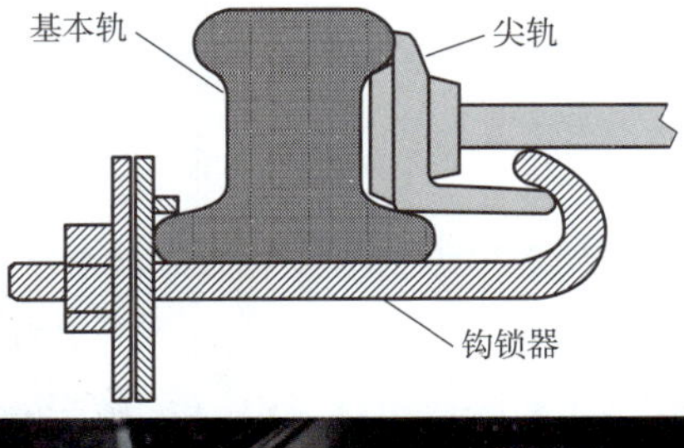 	须做到认真、迅速、准确，操作到位；钥匙进行单一保管，由道岔加锁人负责保管

续表

步骤	作业内容	操作要点	作业标准
五加锁	双人确认道岔位置正确后，用钩锁器锁定尖轨（视运营情况而定是否需要加锁）		须做到认真、迅速、准确，操作到位；钥匙进行单一保管，由道岔加锁人负责保管
六汇报	向车站综控室汇报道岔开通位置及加锁情况	1. 确认道岔加锁完毕后，摇道岔人员使用对讲机或隧道电话向车控室报告该道岔现在开通的位置，“×××道岔开通左（右）位，尖轨密贴，加锁完毕。” 2. 汇报完成后，必须收拾好所有携带的物品到安全位置。 3. 所有进路上的道岔摇动到正确位置后，人员撤离到安全位置才能向车控室汇报，得到车控室同意后才能向列车司机显示手信号 	须做到认真、迅速、准确，不漏项、不遗失物品；须做到沉着、冷静、认真、准确，报告时话语清晰

思考：手摇道岔（见图 2-34）作业时为什么要打开遮断器？

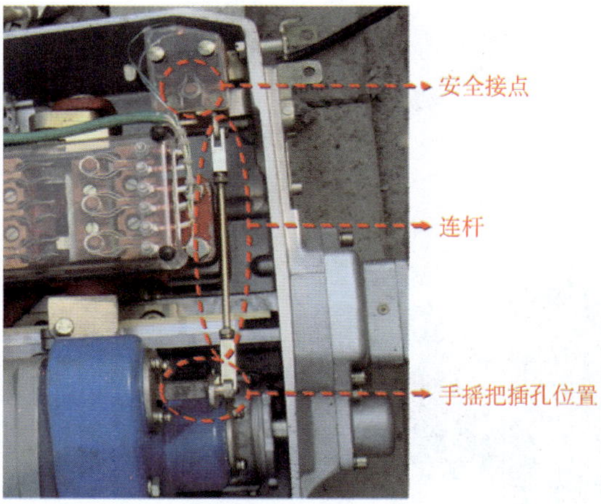

图 2-34　手摇道岔

不打开遮断器，安全接点不会断开，挡板也会挡住手摇把插孔。在工作前一定要有安全意识。如果在操作过程中突然通电，会导致触电或者手摇把回弹。

任务实施

任务工单见表 2-10 和表 2-11。

表 2-10　任务工单 1

任务三(1)　认识转辙机	
姓名： 班级： 日期：	
团队成员及分工：	
任务目标	1. 掌握转辙机的作用。 2. 了解 ZD6 型转辙机内部结构和各部件的作用。
任务内容	作为车站行车值班员，需要了解辖区内信号设备的运行状态，以小组为单位打开利用虚拟仿真实训系统和实际转辙机设备，识别转辙机内部结构并描述各部件的作用
引导问题	转辙机的作用有哪些？

【训练】

小组对照实际设备识别转辙机内部结构，并填写完成表 1 中各模块的名称功能。教师操纵转辙机动作，观察转辙机牵引尖轨转换的过程。

表 1

序号	结构图示	结构名称	功　能
1			
2			

续表

序号	结 构 图 示	结构名称	功　　能
3			
4	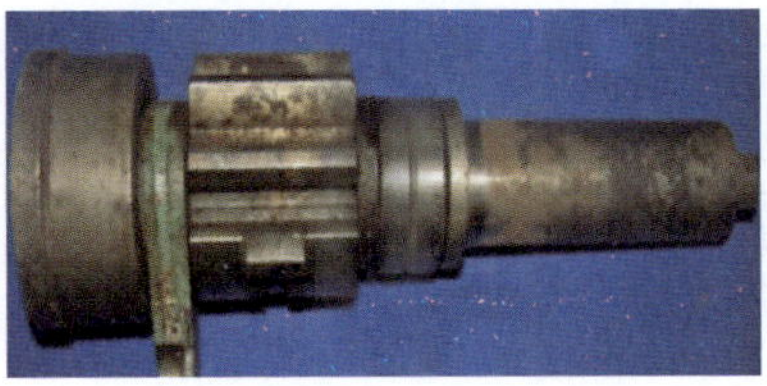		
5			
6			
7	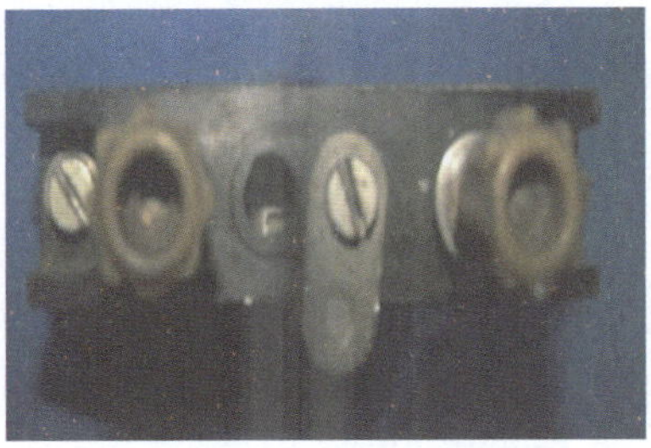		

表 2-11　任务工单 2

任务三(2)　操作转辙机		
姓名：	班级：	日期：
团队成员及分工：		
任务目标	1. 能够熟练完成手摇道岔的操作。 2. 掌握关于手摇道岔的有关规定。 3. 培养严谨认真的作业意识	
任务内容	利用道岔实训设备，3 人一组，分别扮演行车调度员、车站值班员、站务员，完成手摇道岔作业	
引导问题	1. 道岔的操纵形式有哪些？ 2. 何种情况下需要手摇道岔？ 3. 如何判断道岔开通定位、反位？	
任务实施	小组完成手摇道岔作业，并记录存在的问题。	

【训练】

将手摇道岔作业完成的情况，填写在表 1 中。

表 1

序号	训练任务		训练标准	训练结果	训练说明
1	接收命令	接车控室进路布置命令后复诵	复诵完整，用语标准	□合格 □不合格	
2	准备工作	接令后携带有关备品	无漏项	□合格 □不合格	
3	进入轨行区	进入轨行区前请示行调（或通过车控室请示）	请示后穿戴防护用具，进入轨行区	□合格 □不合格	
4	手摇道岔	一看：看道岔开通位置是否正确，是否需要改变位置	到达所摇道岔位置向车控室汇报，正确放置红闪灯扣，正确判断道岔开通位置，检查道岔辙岔心及道岔区轨面上、道岔尖轨与基本轨之间空隙是否有异物	□合格 □不合格	
5		二开：打开盖孔板及钩锁器的锁，拆下钩锁器	如有钩锁器拆下钩锁器就开始转换道岔；快速准确打开遮断器	□合格 □不合格	

续表

序号	训练任务		训练标准	训练结果	训练说明
6	手摇道岔	三摇：摇道岔转向所需的位置，在听到“咔嚓”的落槽声后停止	手摇把熟练插入手摇把孔扣，转动方向正确；听到“咔嚓”落槽声；口呼确认	□合格 □不合格	
7		四确认：手指尖轨：“尖轨密贴开通×位”，并共同确认	双人确认开通位置，确认尖轨是否密贴，用语标准，动作正确	□合格 □不合格	
8		五加锁：确认道岔位置开通正确后，用钩锁器锁定道岔尖轨	正确加钩锁器	□合格 □不合格	
9		六汇报：向车控室（或行调）汇报道岔开通位置正确	“由远及近”汇报道岔号码、道岔开通的位置、是否加锁等	□合格 □不合格	
10	线路出清	线路出清后向车控室（或行调）汇报	撤除红闪灯，现场人员、物品出清，汇报及时	□合格 □不合格	
11	外在表现	站姿，精神状态，相互配合	精神饱满，相互配合默契	□合格 □不合格	

任务评价

任务评价见表2-12。

表2-12　任务评价

<table>
<tr><td colspan="3">任务三　认识与操作转辙机</td><td colspan="4">日期：</td></tr>
<tr><td colspan="2">姓名：</td><td>班级：</td><td colspan="2">学号：</td><td colspan="2" rowspan="3">教师签名：</td></tr>
<tr><td colspan="2">自评：□熟练　□不熟练</td><td>互评：□熟练　□不熟练</td><td colspan="2">师评：□合格　□不合格</td></tr>
<tr><td colspan="2">日期：</td><td>日期：</td><td colspan="2">日期：</td></tr>
<tr><td colspan="7">评分细则</td></tr>
<tr><td>序号</td><td>评分项</td><td>得分条件</td><td>分值</td><td>自评</td><td>互评</td><td>师评</td></tr>
<tr><td>1</td><td>接受任务</td><td>明确工作任务，理解手摇道岔作业在未来工作中的重要性</td><td>5</td><td></td><td></td><td></td></tr>
<tr><td>2</td><td>知识评价</td><td>本次任务前需要掌握的知识程度</td><td>20</td><td></td><td></td><td></td></tr>
<tr><td rowspan="2">3</td><td rowspan="2">能力评价</td><td>能正确识别转辙机内部结构模块</td><td>15</td><td></td><td></td><td></td></tr>
<tr><td>能根据流程熟练完成手摇道岔作业</td><td>30</td><td></td><td></td><td></td></tr>
<tr><td rowspan="4">4</td><td rowspan="4">素养评价</td><td>工作计划性强，小组活动组织安排得当</td><td>5</td><td></td><td></td><td></td></tr>
<tr><td>团队合作能力强，善于沟通合作</td><td>5</td><td></td><td></td><td></td></tr>
<tr><td>积极参与课堂活动，自主学习能力强</td><td>5</td><td></td><td></td><td></td></tr>
<tr><td>能根据流程规范操作、一丝不苟</td><td>5</td><td></td><td></td><td></td></tr>
<tr><td rowspan="2">5</td><td rowspan="2">评价反馈</td><td>学生能以小组评价方式组织客观评价</td><td>5</td><td></td><td></td><td></td></tr>
<tr><td>对学生在任务实施过程中发现问题，进行小组审议后及时反馈</td><td>5</td><td></td><td></td><td></td></tr>
<tr><td colspan="3">合　计</td><td>100</td><td></td><td></td><td></td></tr>
</table>

巩固与练习

一、填空题

1. 城市轨道交通一版在正线使用________号道岔，车辆段使用________号道岔。
2. 道岔是由________、________和________组成。
3. 手摇道岔的六个步骤是________、________、________、________、________和________。

二、简答题

1. 转辙机的作用有哪些？
2. 简要说明有哪几种操纵道岔的方式。

知识拓展

“一点不差，差一点也不行”的小东精神

小东站是中国铁路沈阳局集团有限公司高新线上的一个四等小站，它连续保持安全生产70余载，曾荣获全国五一劳动奖状、全国青年文明号等荣誉400余项。涌现出的先进典型，曾作为铁路的代表，受到多位国家领导人的亲切接见。到底是什么让这样一个四等小站历经70余载，安全生产始终如磐石，成为中国铁路的一面旗帜呢？这背后的精神密码便是“一点不差，差一点也不行”的小东精神（见图2-35）。

图2-35　小东精神宣传图

1948年12月1日，小东站恢复运营。当时的铁路行车设备十分落后，转换道岔完全靠手扳，转辙器横竖两个拉刀口必须要对准，差一点也落不到位，很容易造成道岔尖轨与基本轨不密贴。扳道员刘国全每个班都要把自己负责的设备擦拭一遍，精心维护。工作十年间，他从未出现过任何差错，大家送给他一个实至名归的称号“刘安全”。

在一次全站职工大会上，站长让他谈谈多年来的工作体会和经验，他憨厚地一笑，红着脸说：“我可有啥说的，就是扳道时一压到底，横竖两个拉刀口对准，保证一点也不能差，差一点也不中呗！”看似随口说出来的，但这个随口并不随意，他说出了对安全作业的体会，道出了安全生产的普遍规律。大家都觉得这句话说得又实在又在理，齐声叫好。后来，经过小东站干部职工的不断领悟和实践，形成了“一点不差，差一点也不行”的小东精神。

70余载的岁月中，以“忠诚、严细、自觉、精业、为先”为基本内涵的小东精神历经社会巨变、技术更迭，却始终不过时，在一代代铁路人薪火相传的实践中不断丰富发展，成为中国铁路的一面

旗帜。"一点不差、差一点也不行"绝不是一句简单的话，它是职业素养，职业精神，职业道德的高度浓缩和坚守实践，是不忘使命的初心所在。我们要自觉养成"一点不差"的习惯，筑牢"差一点也不行"的信念，将小东精神赓续传承，发扬光大。

任务四　认识轨道占用检测设备

学习目标

知识目标

1. 掌握轨道电路的作用和基本原理。
2. 掌握计轴器的作用和基本原理。
3. 掌握轨道区段的名称及范围。

能力目标

1. 能够根据轨道电路的状态判断轨道的占用。
2. 能够根据计轴器的状态判断轨道的出清。

素质目标

1. 培养主动分析问题、解决问题的意识。
2. 培养安全意识、责任意识。

任务描述

因为轨道的特殊性，同一轨道区段同一时间只能有一辆列车占用，所以在列车运行中需要时刻监督轨道的占用情况。轨道电路和计轴器就是检测轨道区段是否有列车占用的设备。通过学习本任务，学生可以掌握轨道电路、计轴器的结构和基本原理，能够判别轨道的占用和出清状态，为开展行车组织工作打下基础。

相关知识

一、轨道电路

1. 组成

轨道电路是以铁路线路的两根钢轨作为导体，两端加以机械绝缘（或电器绝缘），接上送电和受电设备构成的电路。最简单的轨道电路如图 2-36 所示。轨道电路由钢轨线路、钢轨绝缘、轨端接续线、引接线、轨道电源及轨道继电器等主要元件组成。

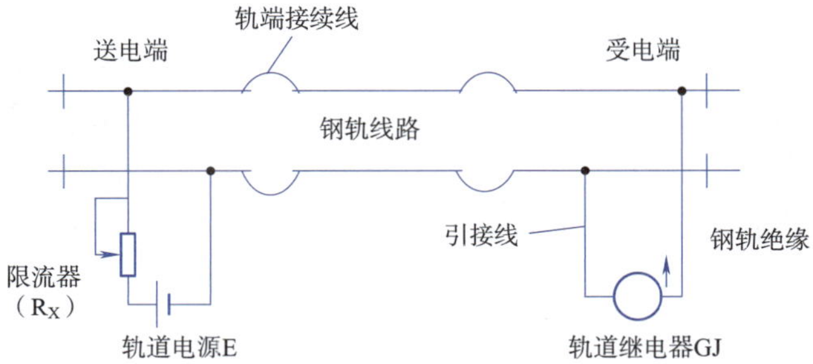

图 2-36　轨道电路

轨道交通系统的两根钢轨是传输轨道电流的导体。在两节钢轨的接头处，为了减少钢轨与钢轨夹板间的接触电阻，用接续线连接。

钢轨绝缘安装在相邻两个轨道电路衔接处，以保证相邻轨道电路在电气上的可靠隔离。

轨道电路的送电设备设在送电端，由轨道电源 E 和限流电阻 R_X 组成。限流电阻的作是保护电源不致因过负荷而损坏，同时保证列车占用轨道电路时，轨道继电器可靠落下。

接收设备设在受电端，一般采用继电器，称为轨道继电器，由它来接收轨道电路的信号电流，用于反映轨道电路范围内有无列车、车辆占用和钢轨是否完整。当轨道继电器中有足电流时，轨道继电器吸起，继电器前接点和中接点闭合；当轨道继电器电流不足或者无电流时，轨道继电器落下，继电器后接点和中接点闭合。

2. 作用

1）监督列车占用

轨道电路的第一个作用是监督列车对轨道区段的占用，检测列车所占用的轨道区段。由轨道电路来检测该轨道区段是否空闲，为开放信号、建立进路、锁闭或解锁进路、构成闭塞提供依据；还利用轨道电路的占用，自动关闭信号，从而把信号显示与列车运行结合起来。整个轨道系统路网依适当距离区分成许多闭塞区间，各闭塞区间以轨道绝缘接头区隔，形成一独立轨道电路，各区间的起始点皆设有信号机，当列车进入闭塞区间后，轨道电路立即反应，并传达本区间已有列车通行、禁止其他列车进入的信息至信号机，此时位于区间入口的信号机立即显示险阻禁行的信息。

2）传递行车信息

轨道电路的第二个作用是传递行车信息。例如，在自动闭塞区段，利用轨道电路中传递不同的频率来反映先行列车的位置，决定各个闭塞分区防护信号机的显示，为列车前行提供行车命令；又如，城市轨道交通的 ATP 子系统中，利用轨道电路中传递的行车信息，为列车运行自动控制系统直接提供控制列车运行所需要的先行列车的位置、运行前方信号机状态和线路条件等有关信息，以决定列车运行的目标速度，控制列车在当前的运行速度下是否停车或减速，所以轨道电路也作为传递行车信息的通道。

视频

轨道电路

3. 工作原理

轨道电路的两端分别设有送电端和轨道继电器，当轨道继电器中有电流时，轨道继电器吸起，继电器前接点和中接点闭合，当轨道继电器没有电流时，轨道继电器落下，后接点和中接点闭合，如图 2-37 所示。

当轨道电路内钢轨完整，没有列车占用轨道时，继电器吸起，表示轨道电路空闲。此为轨道电路的调整状态，如图 2-38 所示。

当轨道被列车占用，轨道电路被轮对分路，由于轮对电阻远小于轨道继电器线圈的电阻，流经轨道继电器的电流大大减小，轨道继电器落下，表示轨道电路被占用，此为轨道电路的分路状态，如图 2-39 所示。

轨道电路的钢轨在某处断裂，此时轨道继电器中无电流，继电器落下，中接点与后接点接通，此为断轨状态，满足故障导向安全设计技术要求，如图 2-40 所示。

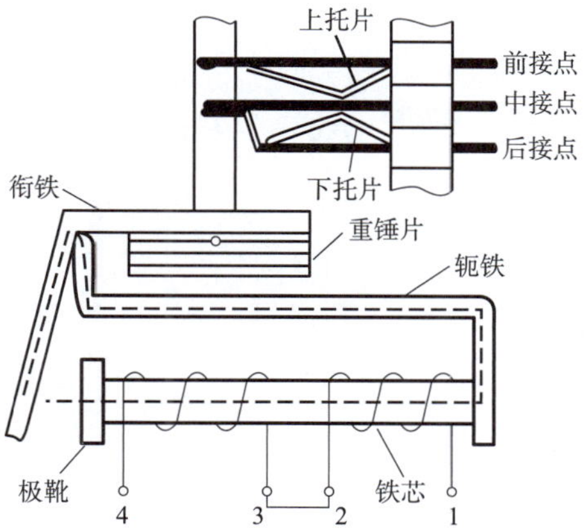

1、2—前线圈接点；3、4—后线圈接点。

图 2-37　轨道继电器

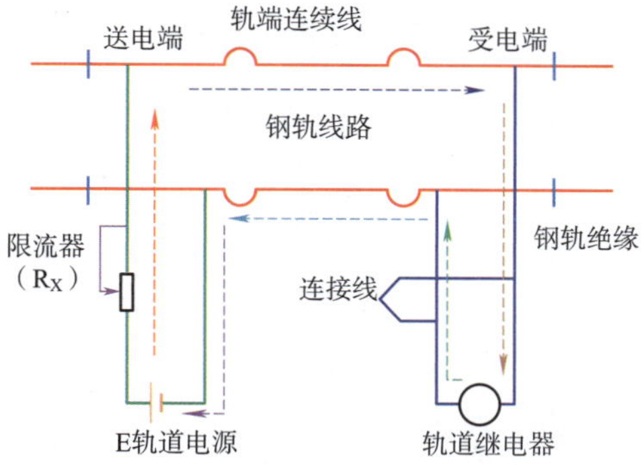

图 2-38　轨道电路调整状态

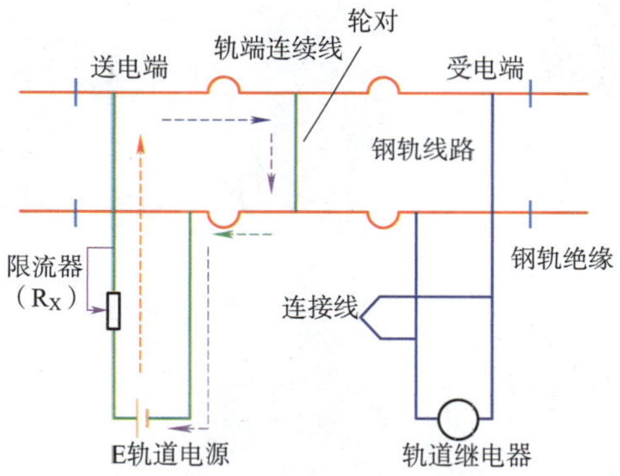

图 2-39　轨道电路分路状态

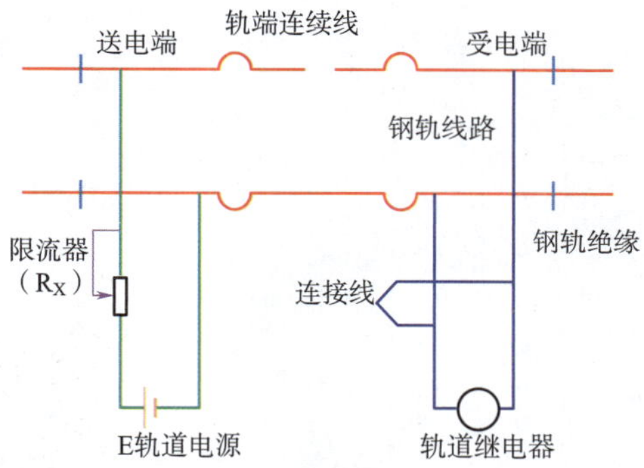

图 2-40　轨道电路断轨状态

二、计轴器

计轴器用于实时监测轨道区段的状态，其作用与轨道电路类似，通过比较列车驶入或驶出轨道区段计轴点的车轴数来监督列车占用。它不受轨道线路、道床状况的影响，在基于通信的列车自动控制系统（CBTC）城市轨道交通线路无线设备故障时用计轴器检查列车位置，构成“降级”信号。

视 频

计轴器

1. 计轴器组成

计轴系统主要由室内计轴主机、室外计轴点，以及连接室内设备和室外设备的计轴电缆组成，如图 2-41 所示。

计轴传感器是计轴器的室外基础设备，其作用是将机车、车辆通过的车轴数转换成电脉冲信号。早期使用的传感器一般是机械式，目前一般采用电磁式。电磁式传感器由磁头、发送器、接收器三部分组成。磁头有一个发送线圈和一个接收线圈，分别装在钢轨的两侧。发送器向磁头的发送线圈馈送较高频率的电流，使其周围产生交变磁场，并通过空气、钢轨、扣件等不同介质环链到磁头的接收线圈，感应出交流电压。车轴通过磁头时，车轮的屏蔽作用和轮缘的扩散作用，使环链到磁头的接收线圈的磁通量发生变化，并使感应电压显著降低。接收器将这个变化的感应电压转换成车轴电脉冲信号。计轴传感器结构如图 2-42 所示。

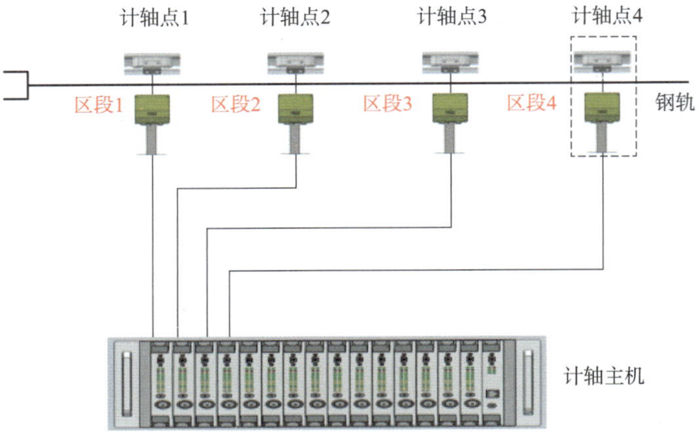

图 2-41　计轴系统结构示意图

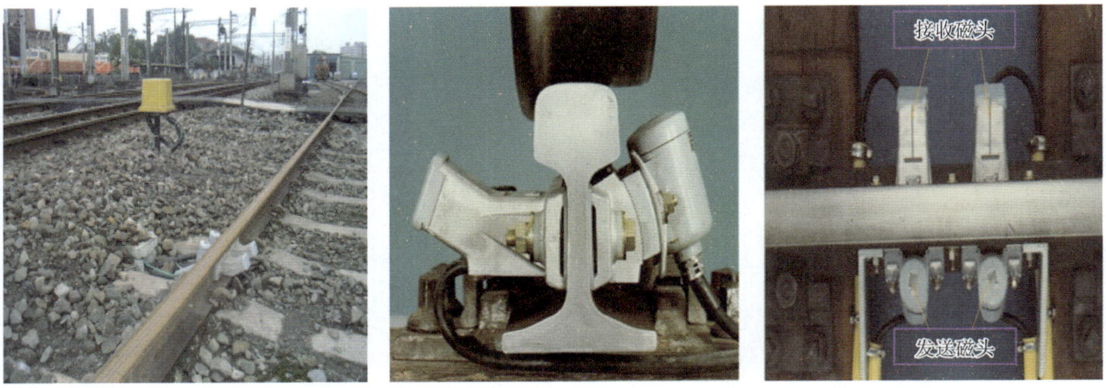

图 2-42　计轴传感器

室外的计轴电子连接盒(俗称黄帽子)向轨道传感器的发送磁头发送频率为 32. 768 kHz 的一定功率的信号,以推动发送磁头产生交变磁场;将接收磁头中感应的信号电压经过选频、放大、滤波、整形、鉴相等预处理,再进行电-光转换,由光缆送至室内计轴主机处理,如图 2-43 所示。

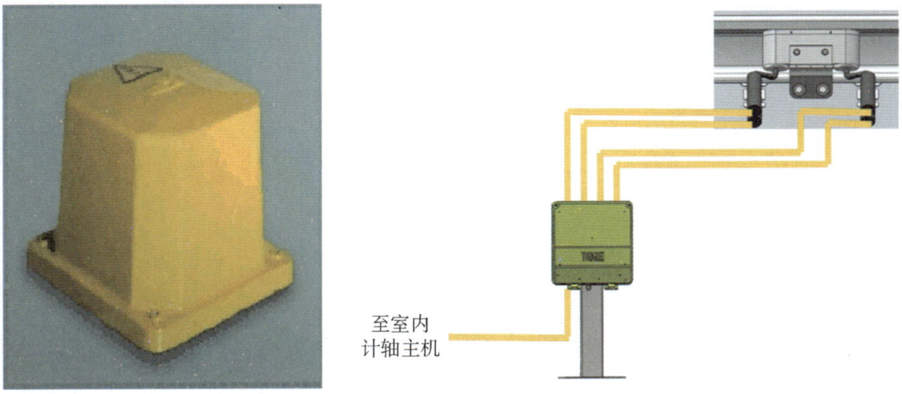

图 2-43　计轴电子连接盒

计轴主机通过主机传感器接收板接收由室外发送的计数器信息，并将之传送至主机的中央处理器（central processing unit，CPU）进行处理，通过计算给予区段是占用还是空闲的判定，同时控制室内轨道继电器的吸起和落下，实现区段的检测和锁闭功能，如图 2-44 所示。

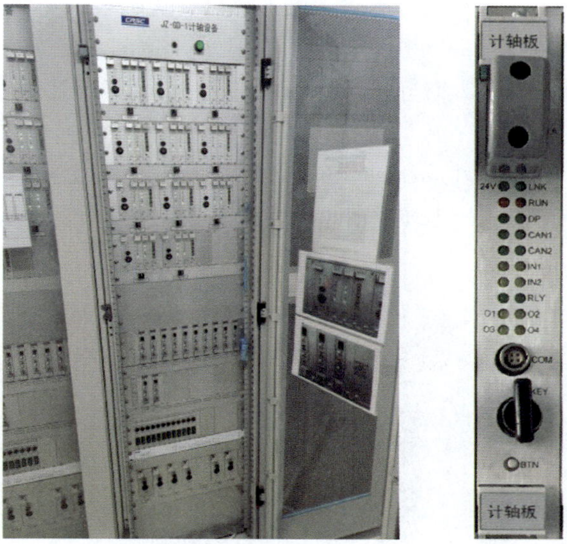

（a）计轴设备　　（b）计轴板

图 2-44　计轴主机

2. 工作原理

计轴设备利用轨道传感器、计数器来记录和比较驶入和驶出轨道区段的轴数，以此确定轨道区段的占用或空闲。如图 2-45 所示，在区间始端和末端各有一组传感器，当车轮进入始端轨道传感器作用区时，传感器发出电脉冲信号给计数器，开始计轴进行加轴运算，当车轮进入末端轨道传感器作用区时，传感器同样发出电脉冲给计数器，进行减轴运算，如果计数器为 0，表明此时区间无车，如果不为 0，则表明此时区间有车占用。

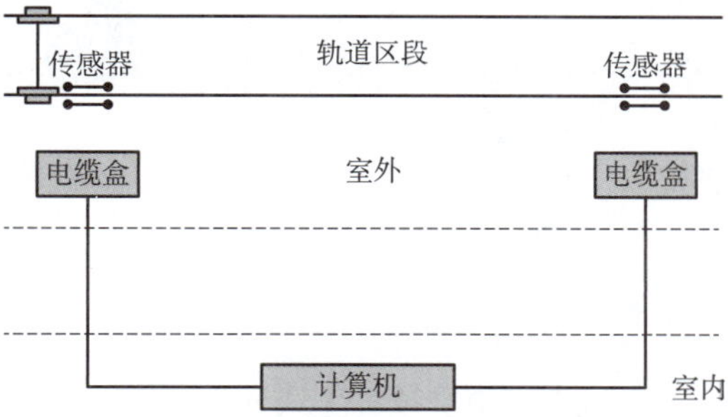

图 2-45　计轴器工作原理

计数列车轮轴经过轨道传感器的轴数和检测列车轮轴运行方向，这是计轴器应具备的基本功能。如果列车沿一个方向经过轨道传感器时，有可能停在轨道传感器上，过后，如果列车又沿同一方向继续运行，计轴器在原来所计轴数的基础上进行累加计数；如果列车沿相反方向运行，则计轴器在原计轴数的基础上进行累减计数。列车一旦压上轨道传感器，计轴器开始计轴，则使计轴继电器落下，以此表示区间占用。只有在轨道区段入口、出口计轴器所计轴数相减为零时，才能使计轴继电器吸起，以表示区间空闲。

一个计轴点有两个发送磁头和两个接收磁头，发送磁头 T_1、T_2 和接收磁头 R_1、R_2 分别相互对应，以鉴别列车运行方向。

3. 计轴复位

计轴容易受掉电、电磁干扰、磁头划过金属物等干扰。因受扰，计数器的轴数往往出现差错导致系统故障，此时，需要人工操作进行计轴复位。所谓复位，即让计轴的轴数清零，同时计轴轨道区段为出清状态(GJ 吸起),实际上计轴复位是一个安全作业程序,在计轴系统故障状态下使用。在车控室内,计轴复位按钮盘上设置计轴复位按钮,由车站值班员按压计轴复位按钮,计轴主机采集到计轴复位按钮的按下状态后,进行相应的处理。

计轴系统提供预复位、直接复位等方式。城市轨道交通一般采用预复位的方式。地铁多推荐采用预复位方式,在计轴过程中出现问题时,将一段计轴区间的状态复位为“零”,该计轴区段仍显示占用,当首列沿着此计轴方向行驶的列车(要求低速)通过该计轴后,计轴设备就会提供计轴区段出清空闲的显示。

预复位在车控室综合后备盘(integrated backup panel,IBP 盘)上操作。同时按下计轴总预复零按钮和对应区段的黄色复零按钮,如图 2-46 所示。区段进入预复位状态,待列车越过该区段后,光带消失,操作完成。

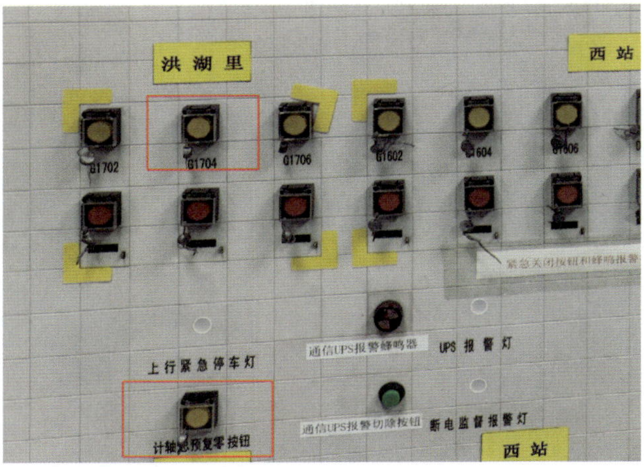

图 2-46　车控室 IBP 盘

三、轨道区段的划分

在城市轨道交通的正线和车辆段(停车场),需要采用钢轨绝缘或计轴磁头把线路划分成互不干扰的独立单元,每个轨道单元称为轨道区段。轨道要划分为许多区段,以保证轨道线路可靠工作,排列平行进路的需要和便于车站作业。

1. 轨道区段划分的原则

(1)信号机的内外方应划分为不同的区段。

(2)凡是能平行运行的进路,应用钢轨绝缘或计轴磁头将它们隔开,形成不同的轨道区段。

(3)在一个轨道区段内,道岔原则上不超过三组。否则,道岔组数过多,轨道电路难以调整。

(4)有时为了提高咽喉区使用效率,把轨道区段适当划短,使道岔能及时解锁,允许排列其他进路。

思考:道岔区段轨道电路的分界绝缘安装位置有没有特殊要求?

道岔区段轨道电路的分界绝缘应安装在道岔警冲标(警告停车列车不准越过的标志)内方,距离警冲标不小于3.5 m的地方。因为当列车或车辆的车轮停在警冲标内方的轨道电路区段内时,若分界绝缘与警冲标的距离小于3.5 m,则其车钩及车身边缘可能侵入邻线的建筑接近限界,危及邻线上通过列车的安全，这是不允许的。若实在不能满足此要求，则该绝缘节称侵限绝缘。当相邻两组道岔警冲标之间的距离不足 7 m 时，其中间安装的分界绝缘也称侵限绝缘。如图 2-47 所示，侵限绝缘在信号设备平面图上以圆圈表示。无论电务作业或工务作业，在确认作业影响范围时，都必须考虑有无侵界绝缘，并采取相应的防护措施。

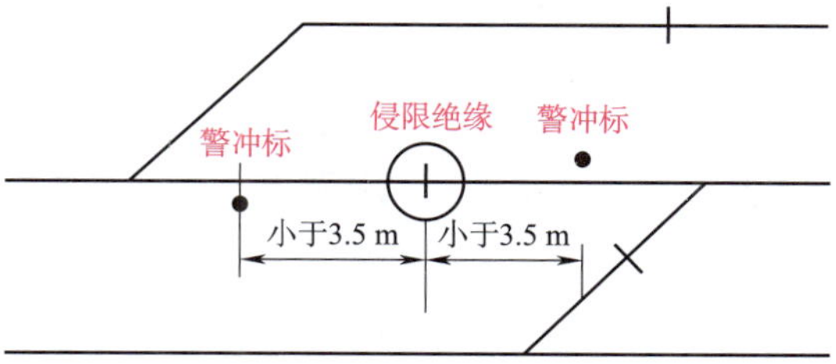

图 2-47　侵限绝缘

2. 轨道区段的命名

为了方便作业和管理需求，每个轨道区段都应有相应的名称。对于由轨道区段的命名在道岔区段和无岔区段方法不同。

（1）道岔区段命名。道岔区段主要根据道岔编号来命名。

轨道电路区段中只包含一组道岔的，采用其所包含的道岔编号来命名，如图 2-48 中 D_{22} 和 D_{18} 之间的轨道区段命名为 12DG。

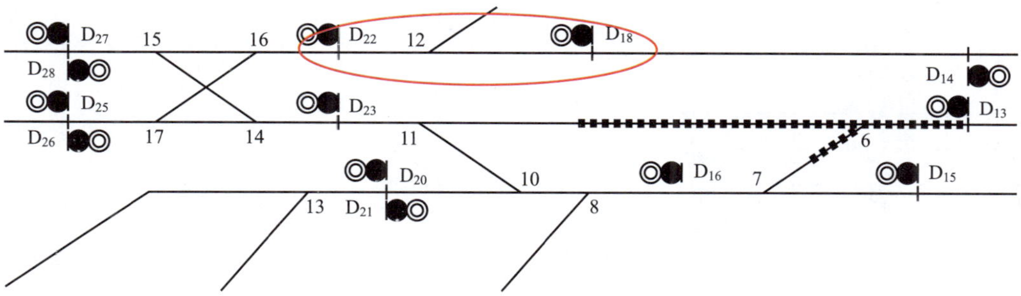

图 2-48　轨道区段

轨道电路区段中包含两组道岔的，采用编号连缀来命名，如图 2-49 中 D_{27} 和 D_{22} 之间轨道区段包含 15 号和 16 号两组道岔，命名为 15-16DG。

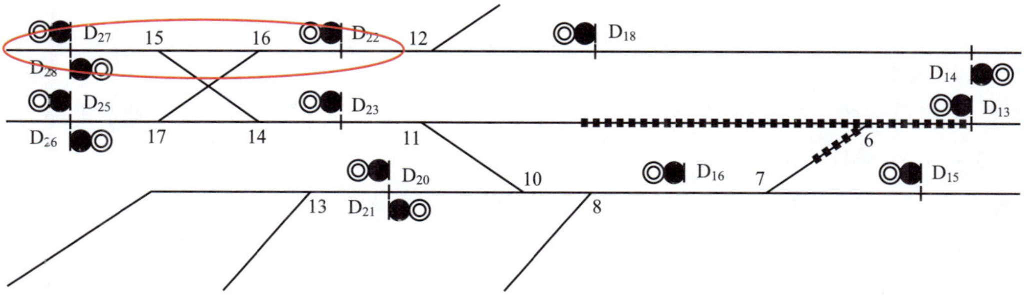

图 2-49　轨道区段

轨道电路区段中若包含三组道岔，则以两端的道岔编号连缀来命名，如图 2-50 中包含了 8、

10、18 号三组道岔，命名为 8-18DG。

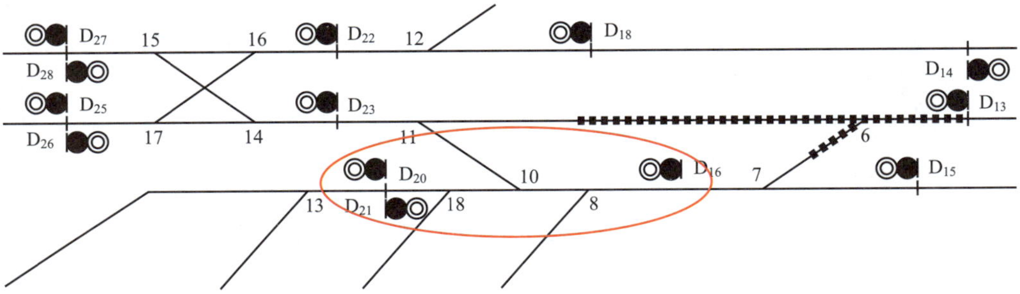

图 2-50　轨道区段

(2)无岔区段命名。对于股道，以股道号命名。例如，停车线股道轨道电路，按照股道编号命名，一般停车线划分为两个轨道区段，可停放两列车。图 2-51 中 1 道的两个轨道区段分别称为 1A、1B。

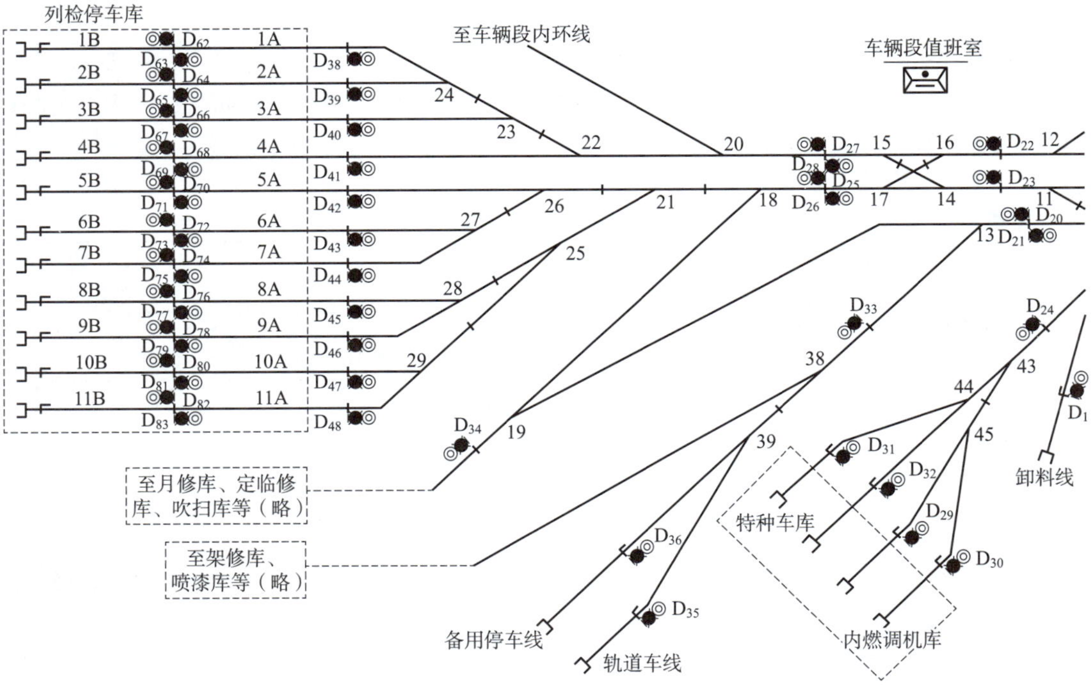

图 2-51　车辆段信号平面布局图

进、出段口处的无岔区段，根据其功能等命名，如图 2-52 中进、出车辆段处的轨道电路为转换轨，分别命名为 ZHG1、ZHG2。

牵出线、机车出入库线、专用线等处调车信号机外方的接近区段，用在调车信号机名称后加 G 表示。例如，图 2-53 中牵出线 D_{15} 信号机前方的轨道电路为 $D_{15}G$。

差置调车信号机之间的无岔区段，以两端相邻的道岔编号写成分数形式加 WG 来表示，如图 2-54 中 D_{10} 与 D_{12} 间的无岔区段命名为 3/4WG。

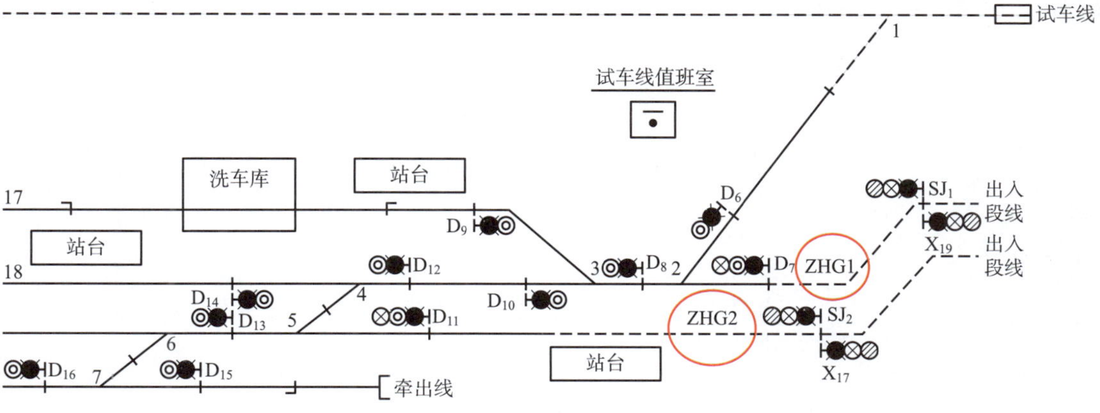

图 2-52　轨道区段

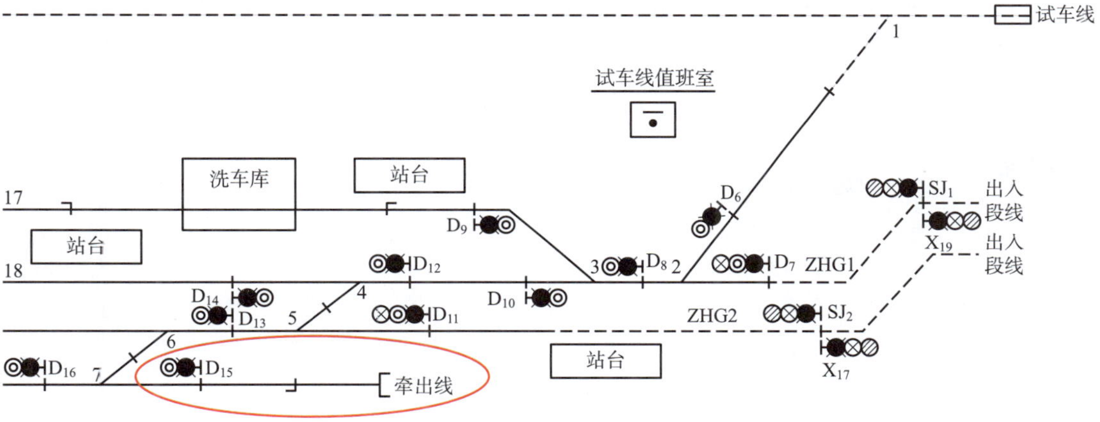

图 2-53　轨道区段

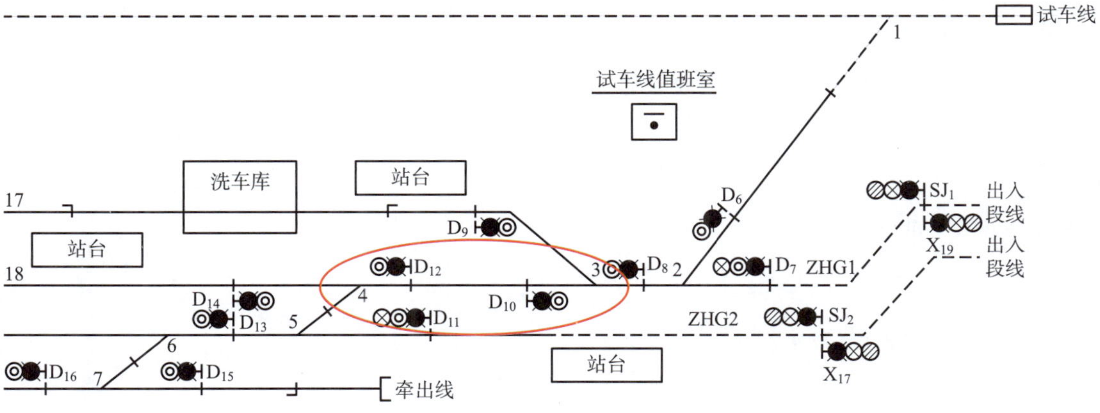

图 2-54　轨道区段

任务实施

任务工单见表2-13。

表2-13　任务工单

任务四　认识轨道占用检测设备		
姓名：	班级：	日期：
团队成员及分工：		
任务目标	1. 掌握计轴器的工作原理，能通过IBP盘进行计轴预复位操作。 2. 掌握轨道区段的划分和命名规则	
任务内容	作为车站行车值班员，需要对辖区内信号设备的运行状态，目前显示计数系统故障，请确定根据需要人工操作进行计轴预复位	
引导问题	1. 轨道区段划分的原则有哪些？ ________________ ________________ ________________ ________________ 2. 如何判断轨道区段的状态？ ________________ ________________ ________________ ________________	

【训练】

小组配合在实训中心车控室完成预复位工作，填入表1中。

表1

序号	训练任务	训练标准	训练结果	训练说明
1	向行调确认需要复位的区段为非占用区段	复诵完整，用语标准。得到行调确认后方可进行复位操作	□合格 □不合格	
2	在车控室IBP盘上操作	按钮选择正确，操作熟练	□合格 □不合格	
3	在车控室ATS关注预复位区段状态	区段进入预复位状态，能识别相应区段光带显示状态	□合格 □不合格	
4	第一辆车辆通过再次确认ATS关注预复位区段状态	区段进入出清状态，能识别相应区段光带显示状态	□合格 □不合格	

任务评价

任务评价见表2-14。

表2-14　任务评价

<table>
<tr><td colspan="6">任务四　认识轨道占用检测设备</td><td colspan="3">日期：</td></tr>
<tr><td colspan="3">姓名：</td><td colspan="2">班级：</td><td colspan="2">学号：</td><td colspan="2" rowspan="3">教师签名：</td></tr>
<tr><td colspan="3">自评：□熟练　□不熟练</td><td colspan="2">互评：□熟练　□不熟练</td><td colspan="2">师评：□合格　□不合格</td></tr>
<tr><td colspan="3">日期：</td><td colspan="2">日期：</td><td colspan="2">日期：</td></tr>
<tr><td colspan="9">评 分 细 则</td></tr>
<tr><td>序号</td><td>评分项</td><td colspan="3">得 分 条 件</td><td>分值</td><td>自评</td><td>互评</td><td>师评</td></tr>
<tr><td>1</td><td>接受任务</td><td colspan="3">明确工作任务，理解轨道占用检测设备在行车组织中的重要性</td><td>5</td><td></td><td></td><td></td></tr>
<tr><td>2</td><td>知识评价</td><td colspan="3">本次任务前需要掌握的知识程度</td><td>25</td><td></td><td></td><td></td></tr>
<tr><td rowspan="2">3</td><td rowspan="2">能力评价</td><td colspan="3">能对相应轨道区段进行正确命名</td><td>20</td><td></td><td></td><td></td></tr>
<tr><td colspan="3">能通过 IBP 盘进行计轴预复位</td><td>20</td><td></td><td></td><td></td></tr>
<tr><td rowspan="4">4</td><td rowspan="4">素养评价</td><td colspan="3">工作计划性强，小组活动组织安排得当</td><td>5</td><td></td><td></td><td></td></tr>
<tr><td colspan="3">团队合作能力强，善于沟通合作</td><td>5</td><td></td><td></td><td></td></tr>
<tr><td colspan="3">积极参与课堂活动，自主学习能力强</td><td>5</td><td></td><td></td><td></td></tr>
<tr><td colspan="3">能根据流程规范操作、一丝不苟</td><td>5</td><td></td><td></td><td></td></tr>
<tr><td rowspan="2">5</td><td rowspan="2">评价反馈</td><td colspan="3">学生能以小组评价方式组织客观评价</td><td>5</td><td></td><td></td><td></td></tr>
<tr><td colspan="3">对学生在任务实施过程中发现问题，进行小组审议后及时反馈</td><td>5</td><td></td><td></td><td></td></tr>
<tr><td colspan="5">合　　计</td><td>100</td><td></td><td></td><td></td></tr>
</table>

巩固与练习

一、填空题

1. 轨道电路的作用有________和________。

2. 轨道电路的基本工作状态有________、________和断轨状态。

二、简答题

简述计轴器的工作原理。

知识拓展

轨道电路的常见故障

1. 分路不良

轨道区段有车占用时，有关轨道继电器不落下，控制台或显示器相对应的区段不显示红色光带。分路不良对车站作业的影响主要体现在安全方面，即由于不能利用轨道继电器检查出轨道区段有车占用而有可能造成安全隐患。

（1）当线路出现分路不良的现象时，列车行驶至该区段后，轨道电路不显示红光带，在车站计算机或调度终端不能监控列车的运行状态，系统不能检测到该段轨道电路被列车占用。

（2）当后续列车接近有列车占用且出现轨道电路分路不良的区段时，列车检测不到前方轨道有列车占用，不会减速停车，极易造成列车追尾事故的发生。

（3）若分路不良的区段为岔区，当后续列车接近时，系统将自动扳动道岔，排列进路，造成道岔上的列车脱轨或颠覆。

发现分路不良问题后，必须及时报告相关部门，严格执行有关要求，认真确认列车位置，锁闭有关道岔，确保列车运行和调车作业安全。分路不良同样会影响作业效率，由于不能可靠地分路有关轨道区段，会造成列车进出车辆段过程中，进路不能正常解锁，控制台上遗留有“白光带”，需人工操作才能解锁有关区段；在区间，会造成车次号丢失，通过车站计算机或调度终端上能监控列车的运行状态。

2. 红光带

造成这种故障的主要原因有轨道电路送电电压低、道床潮湿肮脏使得漏泄电流大、轨道电路有断线或断轨情况等。显示“红光带”的区段相当于有列车占用，因此发生“红光带”故障主要影响车站及区间的行车效率，部分行车安全需依靠人工保障，有关工作人员必须严格执行非正常情况下的作业办法。

（1）将故障地点和故障现象通知信号维修人员，并及时联系，确认故障原因及恢复时间。

（2）列车司机在行车调度员的授权下，及时转换驾驶模式，确保列车运行安全。

（3）车站有关工作人员按照行车调度员指示，及时转换道岔，开放信号。

故障修复后，应及时通知受影响的车站和有关在线列车司机及时恢复正常运行模式。

任务五 认识应答器

学习目标

知识目标

1. 掌握应答器的作用和基本原理。
2. 掌握应答器的分类。

能力目标

能够识别不同类型的应答器。

素质目标

感受我国城市轨道交通新技术发展，培养科学思维、创新意识。

任务描述

随着列车运行速度不断提高，应答器设备成为高速列车控制系统中的重要基础设备，也是信号系统引入的新设备。应答器主要在特定地点向列车发送有用的数据。通过学习本任务，学生可以掌握应答器的结构和基本原理，能够分辨不同类型的应答器，为开展行车组织工作打下基础。

相关知识

在城市轨道交通列车自动控制系统中，应答器的应用很普遍，它最早出现在上海轨道交通1

号线，这种应答器实现了列车在车站的程序定位停车控制。近年来，我国其他城市轨道交通系统为了检测列车在线路上的精确位置，也大量采用了应答器。

一、应答器的分类

应答器是一种利用电磁原理，在特定地点以报文形式实现地面与车载设备间高速数据传输的设备，如图 2-55 所示。应答器用于向列车控制系统传送线路基本参数、线路速度、特殊定位、列车运行目标数据、临时限速、车站进路等固定和实时可变的信息。

应答器分为有源应答器和无源应答器两种。

无源应答器没有外接电源供电，平时处于静止休眠状态，当列车经过无源应答器上方时，地面应答器接收到车载天线传递的载频能量，获得电能量，使地面应答器中的信号发生器工作。该种应答器包含的信息包括公里标、线路坡度、固定限速等各种固定不变的数据信息。

有源应答器连接轨旁电子单元（lineside electronic unit，LEU），数据报文可以随外部控制条件的改变产生变化。LEU 从联锁系统提取轨旁信息，再将信息编码后传送给有源应答器。例如，设置于地面信号机旁的应答器可将信号机的显示状态传输给列车。

二、应答器系统的组成

应答器系统是列车控制系统的重要组成部分，由车载设备和地面设备两部分组成。车载设备包括车载查询器主机和车载应答器天线。地面设备由应答器和 LEU 组成，其中 LEU 用于控制有源应答器。

1. 地面设备

（1）无源应答器：无源应答器存储固定信息，当列车经过无源应答器上方时，无源应答器接收到车载天线发射的电磁能量后，将其转换成电能，使地面应答器中的电子电路工作，把存储在地面应答器中的数据循环发送出去，直至电能消失（即车载天线已经离去）。平常处于休眠状态。

（2）有源应答器：有源应答器通过电缆与 LEU 连接，可实时发送 LEU 传送的数据报文，如图 2-56 所示。当列车经过有源应答器上方时，有源应答器接收到车载天线发射的电磁能量后，将其转换成电能，使地面应答器中发射电路工作，将 LEU 传输给有源应答器的数据循环实时发送出去，直至电能消失（即车载天线已经离去）。平常处于休眠状态。

图 2-55　无源应答器

图 2-56　有源应答器

（3）轨旁电子单元：简称 LEU，是一种数据采集与处理单元，根据外界变化的条件，选择存储在 LEU 中的其中一条报文传送给地面有源应答器进行发送，或将外部发送的应答器报文直接向有源应答器传送。

2. 车载设备

1）车载查询器主机

车载查询器主机检查、校验、解码和传送接收到的报文，并选择激活位于列车两端任一天线，与列车控制系统进行双向数据传输，并具有自检和诊断功能。不同厂家的产品，其结构配置稍有不同。以西门子公司产品为例进行讲解。如图 2-57 所示，查询器主机包括电源板、发送器、接收器、解码板、通信板等。

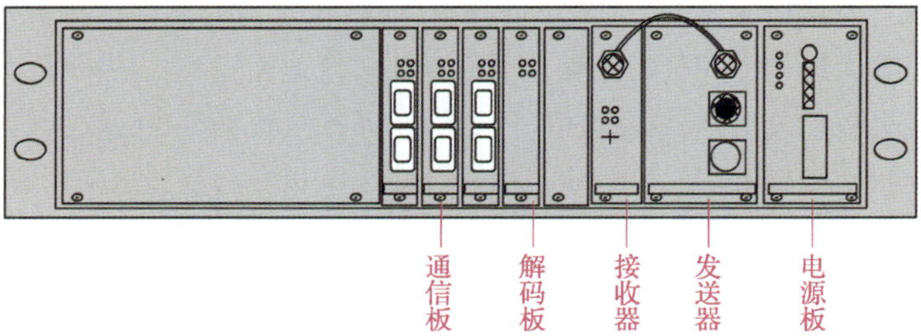

图 2-57　车载查询器主机面板

电源板将机车 110 V 电源转换为车载查询器天线所需的 +24 V 和 +5 V 电源。

发送器能产生 27.095 MHz 的能量信号，经由天线电缆传送给车载查询器天线，并可以接收从车载查询器天线返回的应答器数据信号，再将接收到的数据信号传送给接收器。

接收器能接收发送器传来的数据信号，并进行解调，然后发送给解码板。接收器同时还可以监测接收器和天线的工作状态。

解码板接收来自接收器的报文数据，并对报文数据进行解码，然后将用户报文和相关状态信息发送给通信板，同时将解码板工作状态信息发给通信板。

通信板接收解码板的报文和状态数据，同时还与 ATP 进行通信，并将相关工作状态信息发送给 ATP。

2）车载查询器天线

车载查询器天线位于列车底部，如图 2-58 所示，距轨道 180～300 mm。当高频电流流过天线的导体时，该导体周围空间会产生电场与磁场。电磁场能离开导体向空间传播，形成辐射场。当地面应答器被激活后，应答器发射另一个高频信号，在其电磁波传播的方向，天线会产生感应电动势，此时与天线相连接的接收设备会产生高频电流。接收效果除取决于电波强弱外，还取决于天线方向、接收设备匹配情况等。查询器天线的外壳需由硬塑料保护，以防异物撞坏。

图 2-58　车载应答器天线

思考：当有源应答器与 LEU 通信故障时，有源应答器还能工作吗？

当有源应答器与 LEU 通信故障时，有源应答器变为无源应答器工作模式，发送存储固定信息(默认报文)。

三、应答器的工作原理

视频

应答器

在列车运行过程中，车载应答器主机通过车载天线不断向地面发送 27 MHz 能量，车载天线经过应答器上方，应答器耦合线圈感应到 27 MHz 的磁场，能量接收电路将其转化为电能，从而建立起应答器工作所需的电源，应答器开始工作。应答器被激活后向车载天线发送 4.23 MHz 上行链路信号。应答器信息接收单元对上行链路信号进行处理得到应答器报文内容，然后将报文信息传输给 ATP 或 ATO，如图 2-59 所示。

对于有源应答器，LEU 接入联锁主机，联锁根据轨旁设备状态(信号机、道岔、计轴器)和进路办理信息，选取点式级别下的运行授权，以报文的形式通过 LEU 发送至地面有源应答器，供车载上的应答器天线接收，应答器接收天线通过馈线发送到车载应答器信息接收单元，应答器信息接收单元负责将信号解析后进行数据转换处理。

四、应答器报文读写

应答器报文进行读写操作涉及专门的设备和软件。应答器报文读写工具是应答器设备的辅助设备，用于对应答器进行报文安全写入和可靠读取。便携式应答器报文器因其具有操作简单、携带方便、低功耗等特点，成为新一代的应答器检测仪器，如图 2-60 所示。

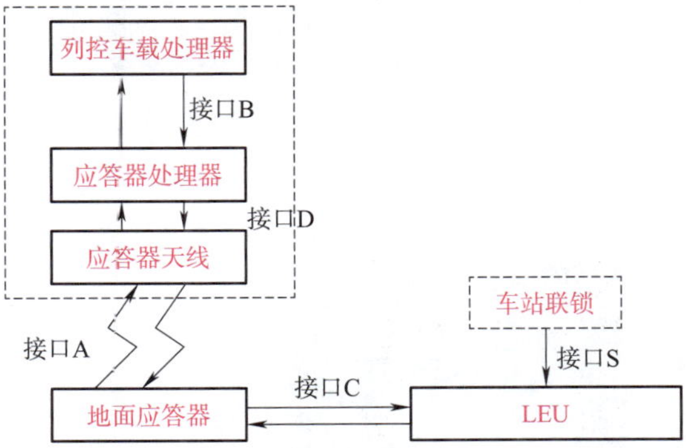

图 2-59　应答器的工作原理

图 2-60　便携式应答器报文读写器

操作流程：

应答器报文读写机主机(BP)开机为长按电源键 3～5 s，STATUS 指示灯开始闪烁，表示主机开机成功。手持设备按下电源键即可开机，然后输入账号和密码，单击登录，登录后手持设备(personal digital assistant，PDA)将自动连接主机。界面出现 BP 编号，此时可以进行读写报文操作，如图 2-61 所示。

确保主机和手持设备处于连接成功的状态下，如图 2-62 所示。

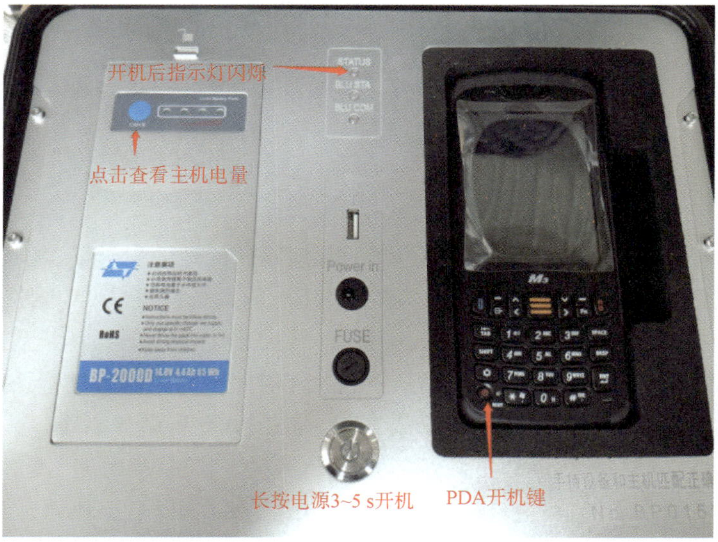

图 2-61　应答器报文读写器开机

将手持设备取出后,将 BP 主机打开后放置在应答器上方,保持其位置居中,如图 2-63 所示。

图 2-62　应答器报文读写器链接状态

图 2-63　应答器报文读写器主机放置

通过单击手持设备界面读取报文,或进行报文写入,如图 2-64 所示。

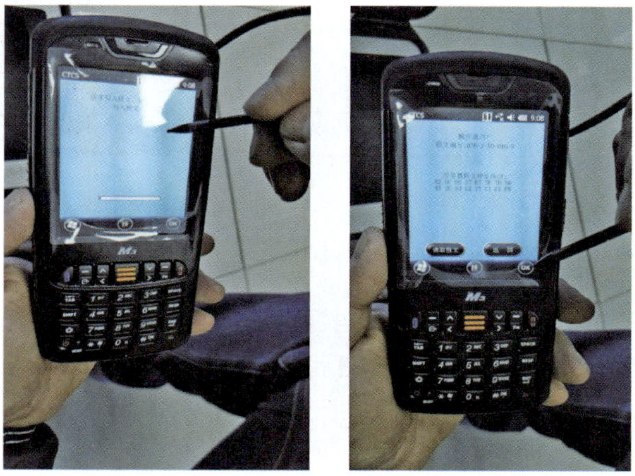

图 2-64　读写报文

任务实施

任务工单见表2-15。

表2-15　任务工单

任务五　认识应答器			
姓名：	班级：	日期：	
团队成员及分工：			
任务目标	1. 掌握应答器的工作原理。 2. 能够利用报文读写器识读应答器中的信息		
任务内容	作为车站行车值班员，需要对辖区内信号设备的运行状态，以小组为单位按照提供的操作说明，利用手持报文读写器对应答器中的信息进行读取		
引导问题	应答器的工作原理是什么？ ________________ ________________ ________________		

【训练】

1. 以小组为单位进入轨行区，通过外观识别不同类型应答器。
2. 按照操作流程，利用应答器报文读写机读取不同应答器中的信息，填入表1中。

表1

序号	训练任务	训练标准	训练结果	训练说明
1	接收命令	接车控室命令后复诵，复诵完整，用语标准	□合格 □不合格	
2	准备工作	接令后携带有关备品	□合格 □不合格	
3	进入轨行区	穿戴防护用具	□合格 □不合格	
4	读写机主机开机	STATUS 指示灯开始闪烁	□合格 □不合格	
5	手持设备开机	开机后输入账号和密码进行登录	□合格 □不合格	
6	确认连接状态	界面出现 BP 编号	□合格 □不合格	
7	放置读写机主机开机	放置在应答器上方，保持其位置居中	□合格 □不合格	
8	应答器报文读取	正确读取并记录完整	□合格 □不合格	

3. 记录读取报文信息,填入表2中。

表2

应答器编号	应答器类型	报文信息

任务评价

任务评价见表2-16。

表2-16　任务评价

<table>
<tr><td colspan="3">任务五　认识应答器</td><td colspan="4">日期:</td></tr>
<tr><td colspan="2">姓名:</td><td>班级:</td><td colspan="2">学号:</td><td colspan="2" rowspan="3">教师签名:</td></tr>
<tr><td colspan="2">自评:□熟练　□不熟练</td><td>互评:□熟练　□不熟练</td><td colspan="2">师评:□合格　□不合格</td></tr>
<tr><td colspan="2">日期:</td><td>日期:</td><td colspan="2">日期:</td></tr>
<tr><td colspan="7">评分细则</td></tr>
<tr><td>序号</td><td>评分项</td><td>得分条件</td><td>分值</td><td>自评</td><td>互评</td><td>师评</td></tr>
<tr><td>1</td><td>接受任务</td><td>明确工作任务,理解应答器在列车自动控制中的重要作用</td><td>5</td><td></td><td></td><td></td></tr>
<tr><td>2</td><td>知识评价</td><td>本次任务前需要掌握的知识程度</td><td>25</td><td></td><td></td><td></td></tr>
<tr><td rowspan="2">3</td><td rowspan="2">能力评价</td><td>能够通过外观识别有源应答器和无源应答器</td><td>20</td><td></td><td></td><td></td></tr>
<tr><td>能够通过设备完成应答器报文的读取</td><td>20</td><td></td><td></td><td></td></tr>
<tr><td rowspan="4">4</td><td rowspan="4">素养评价</td><td>工作计划性强,小组活动组织安排得当</td><td>5</td><td></td><td></td><td></td></tr>
<tr><td>团队合作能力强,善于沟通合作</td><td>5</td><td></td><td></td><td></td></tr>
<tr><td>积极参与课堂活动,自主学习能力强</td><td>5</td><td></td><td></td><td></td></tr>
<tr><td>能根据流程规范操作、一丝不苟</td><td>5</td><td></td><td></td><td></td></tr>
<tr><td rowspan="2">5</td><td rowspan="2">评价反馈</td><td>学生能以小组评价方式组织客观评价</td><td>5</td><td></td><td></td><td></td></tr>
<tr><td>对学生在任务实施过程中发现问题,进行小组审议后及时反馈</td><td>5</td><td></td><td></td><td></td></tr>
<tr><td colspan="3">合　计</td><td>100</td><td></td><td></td><td></td></tr>
</table>

巩固与练习

一、填空题

1. 应答器是车辆处于________运行情况下执行________的设备。
2. 应答器分为________和________两种类型。

二、简答题

简述应答器的功能。

知识拓展

应答器设置原则

应答器可以单个设置，也可以按编组形式设置，组内每个应答器均发送一组报文，由报文组合定义该应答器组的信息含义，如图 2-65 所示。例如，在 CBTC 系统中，在线路入口处设置两个距离固定的应答器，它们构成一组“初始化”应答器，不仅可以识别列车的运行方向和所在位置，而且可以计算“轮径”补偿值，校正距离定位的误差。

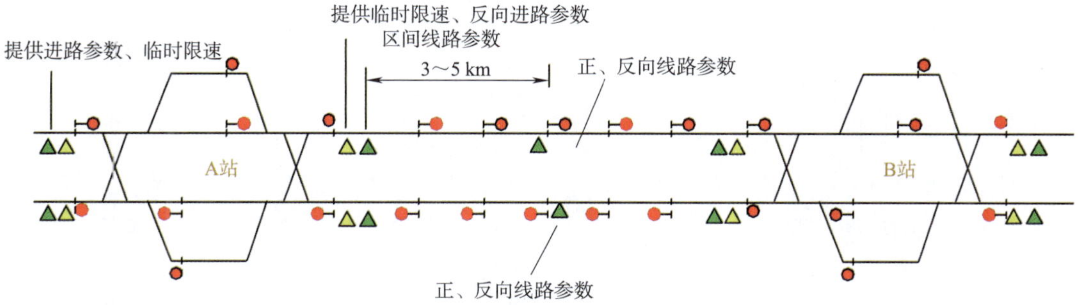

图 2-65　应答器设置示意图

进站信号机处设置有源应答器和无源应答器。有源应答器在接车进路建立后，进站应答器发送相应的接车进路信息和临时限速信息；无源应答器提供反向线路参数。

车站出站口处设置无源应答器和有源应答器。无源应答器提供前方一定距离内的线路参数等信息；有源应答器提供前方一定距离内的临时限速等信息。出站信号机处（含股道）原则上不设置应答器。

区间间隔 3 ~ 5 km 设置一个无源应答器，分别提供正向前方一定距离内的线路参数及定位信息，原则上设置在闭塞分区分界处。

根据需要可设置特殊用途的无源应答器（如中国列车运行控制系统级间转换等）。

ATP 车载设备可通过成对的应答器识别运行方向。

应答器的正线线路参数应交叉覆盖，实现信息冗余。

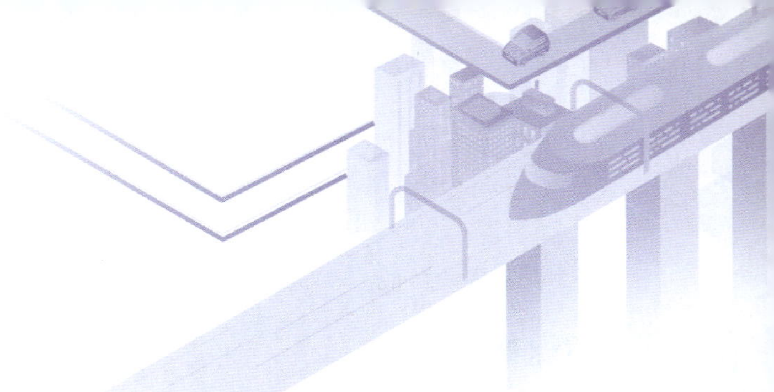

项目三

城市轨道交通联锁系统认知与操作

项目描述

联锁是保证行车安全的重要技术措施，广义的联锁泛指各种信号设备所存在的相互制约关系；狭义的联锁，即一般所说的联锁，专指车站信号设备之间的制约关系，为保证行车安全，联锁关系必须十分严密。

通过学习本项目，学生可以掌握联锁的基本概念、功能、联锁关系、设备组成，在此基础上，能够独立编制联锁控区的联锁表，按照行车调度员和车站值班员的岗位工作流程，完成联锁的操作。在此过程中，培养安全至上的责任意识，提高岗位认同感和标准作业的工作素养，激发自主创新的意识，提高应急处置能力。

思维导图

- 城市轨道交通联锁系统
  - 识别联锁关系
    - 联锁的基本概念
    - 联锁内容
    - 联锁关系
  - 识读联锁图表
    - 联锁区站场平面图
    - 联锁表的编制内容
    - 车站联锁表
  - 认识联锁设备
    - 计算机联锁系统功能
    - 计算机联锁系统结构
    - 计算机联锁系统设备组成
    - 计算机联锁系统的冗余结构
  - 操作联锁工作站
    - 联锁工作站屏幕显示
    - 现地控制工作站操作

任务一　识别联锁关系

学习目标

知识目标

1. 掌握联锁的概念。
2. 掌握城轨联锁的基本功能。
3. 掌握正线进路的种类。

能力目标

1. 能够找到多列车进路的监控区段。
2. 能找到进路的侧面防护元素。
3. 能找到进路的敌对进路。

素质目标

培养安全至上的工作意识。

任务描述

在城市轨道交通车站内，为了保证列车在进路上的安全，有效地利用站内线路高效率地指挥行车和调车，以改善行车人员的劳动条件，并利用机械、电气自动控制和远程控制计算机等技术和设备，使车站范围内的信号机、进路和进路上的道岔相互具有制约关系，这种关系称为联锁。通过学习本任务，学生可以掌握联锁的进路类型、联锁关系和联锁内容，能够准确找出进路的保护区段、侧面防护、敌对进路和抵触进路。

相关知识

一、联锁的基本概念

1. 联锁的概念

车站内有许多线路，它们通过道岔连接。列车和调车车列在站内运行所经过的径路，称为进路。道岔不同的开通方向可以构成不同的进路，列车和调车车列必须依据信号的开放而通过进路，即每条进路必须由相应的信号机来防护。如进路上道岔的位置不正确，或已有车占用，或敌对进路已建立，有关的信号机就不能开放；信号开放后，其所防护的进路不能变动，即此时该进路上的道岔不能再转换。信号、道岔、进路之间的这种相互制约的关系，称为联锁关系，简称联锁。

将道岔、进路和信号机用电气方式集中控制与监督，并实现彼此之间联锁关系的设备称为电气集中联锁设备，用继电器实现联锁关系的技术称为继电集中联锁，电气集中联锁把全部道岔、进路和信号集中起来控制和监督，在一定程度上实现了站/段内行车指挥的自动控制，能准确及时地反映现场行车情况，大大提高了行车安全程度和作业效率，并且极大地改善了行车人员的劳动条件。电气集中联锁具有操作简便、办理迅速、表示完善、安全可靠等一系列优点。计算机联锁系统是基于6502电气集中联锁逻辑，以计算机技术为核心，采用通信技术、可靠性与容错技术以及“故障—安全”技术实现联锁关系的实时控制系统。

2. 正线进路的种类

列车进路由进路防护信号机防护，单列车在进路中的运行安全则由列车自动防护（ATP）系统负责，这为城市轨道交通高密度行车提供了前提和安全保障。在设计中，ATP 与计算机联锁功能的结合使计算机联锁的功能得到了加强。根据城市轨道交通运营特点，正线进路分类如图 3-1 所示。

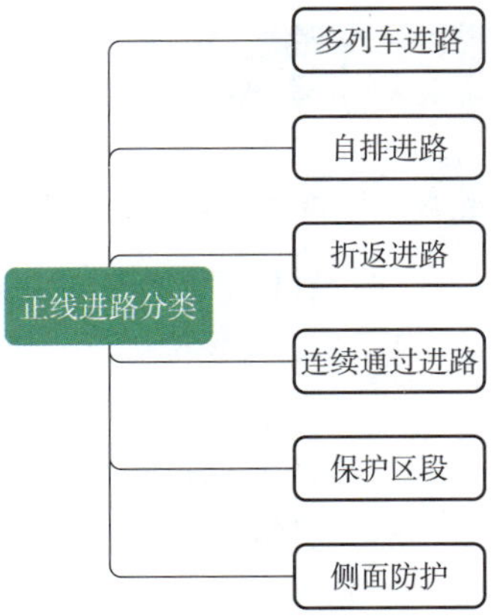

图 3-1　正线进路分类

1）多列车进路

进路分为单列车进路和多列车进路，这主要是因为城市轨道交通的运行间隔小，车流密度大，列车的运行安全由 ATP 系统保护，所以在一条进路中允许出现多列列车同时运行。在地铁信号系统中信号机的开放不检查全部区段，只检查一部分区段，这些被检查的区段称为监控区段，保证列车通过这些区段后能自动将运行模式转为 SM 模式（sport mode，ATP 监督人工驾驶模式）或 ATO 自动驾驶模式。列车之间的追踪保护就由 ATP 列车自动保护系统来防护，由 ATP 保证列车前后之间的距离，防止出现列车追尾现象。

（1）监控区段。在铁路上，信号机开放前必须检查所防护进路的所有区段空闲，而在装备准移动闭塞的城市轨道交通中，开放信号机前联锁设备不需检查全部区段，只要检查部分区段，这些被检查的区段称为监控区段。监控区段即排列进路时信号机开放所必须空闲的区段。监控区段选择的原则主要有以下两个：

无岔进路，通常在始端信号机后方选择一定数量的轨道区段，这些轨道区段的长度足够使列车驶入该进路时其驾驶模式能从 RM 模式（限制人工驾驶模式）转换到 SM 模式（ATP 监督人工驾驶模式）或 ATO 模式（ATP 监督自动驾驶模式），通常选择两段轨道电路。

有岔进路，通常从始端信号机后方轨道区段开始一直到最后一个道岔区段再加一个轨道区段，如果该轨道区段不能摆下一列车，则需要增加其后的一个轨道区段作为监控区段。

（2）多列车进路。如图 3-2 和图 3-3 所示，$S_1 \rightarrow S_2$ 为多列车进路，只要监控区段空闲，以 S_1 为始端的进路便可以排出，S_1 信号开放。

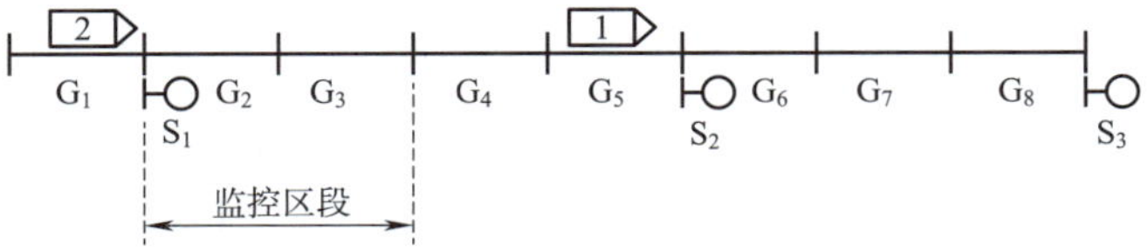

图 3-2　无岔进路监控区段

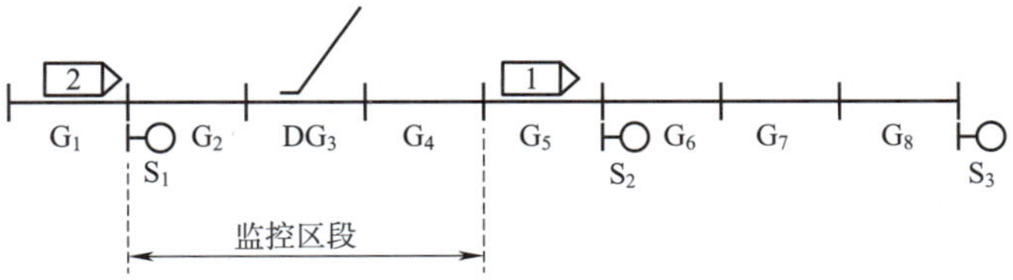

图 3-3　有岔进路监控区段

列车 1 通过 G_2、G_3 以后，这两个轨道电路正常解锁，这时可以排列第二条进路 $S_1 \rightarrow S_2$，S_1 开放绿灯信号。如果列车 1 继续前进，则通过区段 G_4、G_5 后这两个区段不解锁，只有在列车 2 通过全部进路后才解锁。

列车 1 通过 G_2、G_3、G_4 以后，这两个轨道电路正常解锁，这时可以排列第二条进路 $S_1 \rightarrow S_2$，S_1 开放绿灯信号。如果列车 1 继续前进，则通过区段 G_5 后这个区段不解锁，只有在列车 2 通过全部进路后才解锁。

多列车进路排出后，如果进路中有列车运行，则人工取消进路时只能取消最后一次排列的进路至前行列车所在位置的进路，其余进路等前行列车通过以后才能解锁。人工取消多列车进路的前提是进路的第 1 个轨道电路必须空闲。例如，第 2 条进路排列后又要取消，只能取消从始端信号机 S_1 到列车 1 之间的进路，其余的进路会在列车 1 通过后自动解锁。

2）自排进路

列车自动监控（ATS）系统是一种基于自动化控制的列车信号系统，通过信号机、轨道电路等设备来控制列车的运行和安全间隔。而进路自动排列功能则是在列车进站或接近站台时，系统能够自动设定好进站的轨道和信号，并确保列车的安全停车和发车。这一功能通过自动化的逻辑控制和数据交换，可以实现列车的自动调度和排列，减少人为操作的失误和提高运行的效率。

目前共有两种自动控制进路方式：自排进路和追踪进路。

（1）自排进路。也称 ATS 的自动列车进路，ATS 按照运行图，根据列车的车次号，结合列车的运行位置，发送排列进路的命令给联锁系统，自动排列进路。

（2）追踪进路。追踪进路是联锁系统本身的一种自动排列进路功能。这种进路的防护信号机具有自动信号属性。当列车接近信号机，占用触发区段（触发区段是指列车占用该区段时引起进路排列的区段、触发区段可能是信号机前方第 1 个接近区段，也可能是第 2 个接近区段，触发区段根据线路布置和通过能力而定）时列车运行所要通过的进路自动排出。

当信号机被预定具有进路追踪功能时，对其规定的进路命令便通过接近表示自动产生，调用命令被存储，一直到信号机开放为止，接近表示将由触发轨道区段占用而触发。

当信号机接通自动追踪进路时，可以实行人工操作。若接收到接近表示之前已人工排列了一条进路，则自动调用的进路被拒绝，重复排列进路也不能被存储。

假如排列的进路被人工解锁，则该信号机的自动追踪进路也会被切断。

防护自动进路的信号机必须具有自动属性，具备进路追踪功能。若调度员或值班员将该架信号机设置为自动信号，在 ATS 显示界面中该架信号机前方会出现黄色箭头，表示此信号机由普通信号变为自动信号。自动信号平时点亮禁止灯光（红灯），当列车占用该信号机的触发区段时，联锁系统会自动排列进路，将自动信号机允许灯光点亮。当列车驶入信号机内方时，信号机点亮禁止灯光（红灯），如图 3-4 所示，X_{5C} 是一架自动信号机。

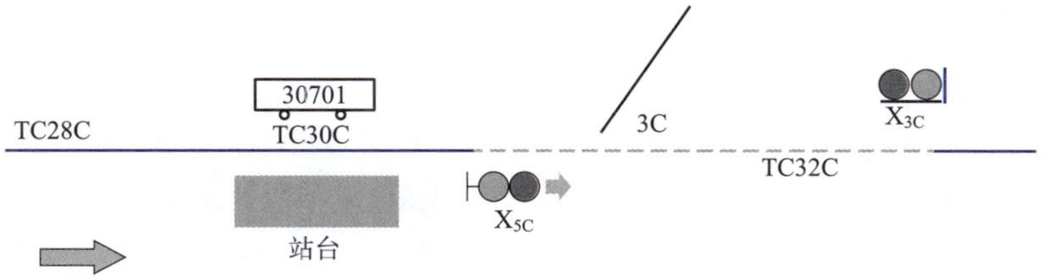

图 3-4　追踪进路

当列车进入 X_{5C} 信号机的触发区段（TC30C）时，联锁系统根据列车的目的地号自动排列进路。信号机图标前带有黄色箭头（图 3-4 中浅灰色），表示该信号机是自动信号。绿色光带（图 3-4 中虚线所示）表示进路在锁闭状态。图 3-4 中车次号为 30701 的列车占用 X_{5C} 信号机的触发区段，触发联锁系统，自动排列出始端为 X_{5C}、终端为 X_{3C} 的一条进路。

朝向站台区域的信号机能够作为引导信号机，对于可作为引导信号机的信号机，在 ATS 显示界面中其图标的上方或下方会标有横线。当该架信号机所防护的进路中道岔或轨道电路出现故障，无法给出正确状态表示时，可由值班员人工检查并确定设备状态，进而开放引导信号，将列车接入车站。引导信号为红灯加白灯。要求司机在看到引导信号显示时必须慢速前进，时刻注意前方进路情况。图 3-4 中的 X_{3C} 是一架具有引导功能的引导信号机。值得注意的是，为了保证行车安全，只有联锁集中站的值班员能够开放本站的引导信号。

3）折返进路

列车折返进路作为一般进路纳入进路表。通常折返进路可以由联锁系统根据折返模式自动排列进路，也可以由人工手动排列进路。折返进路包含两条基本进路。如图 3-5 所示，当列车进入终端站，旅客全部下车后，列车需要由现在运行方向的正线进入另一个运行方向的正线继续运行。图 3-5 中列车的转线经过两条进路，首先列车经过始端为 X_{7K} 终端为 X_{1K} 的进路，进入折返线，再由 X_{1K} 到 X_{5K} 的进路进入正线继续运行。

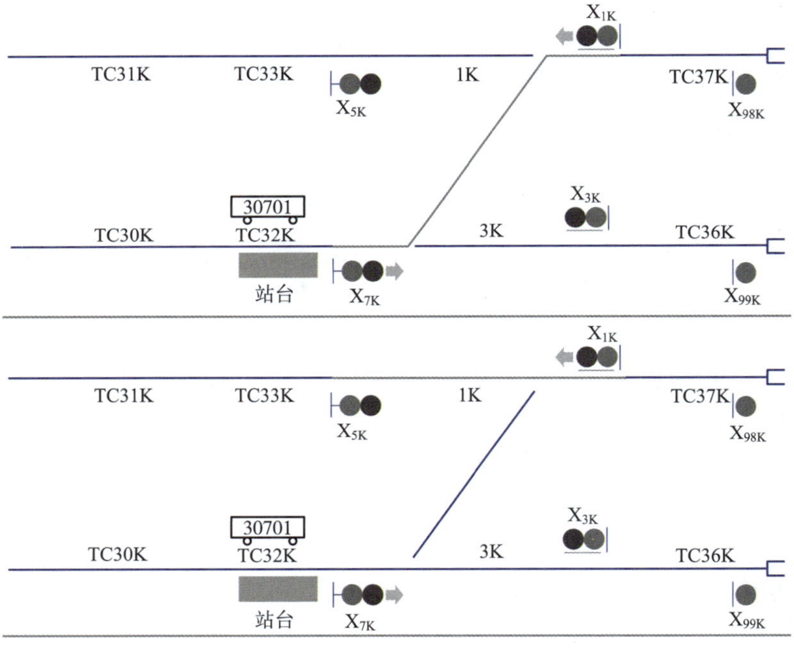

图 3-5　折返进路

4）连续通过进路

连续通过进路也是由联锁系统自动排列的进路。当信号机被设置为连续通过信号时，该信号机防护的进路将被自动排列出来，在 ATS 显示界面上，该架信号机图标的前方会出现绿色箭头（图 3-6 中浅灰色），见图 3-6 中 X_{7F} 的显示。连续通过信号机平时点亮允许灯光（绿灯），其所防护的进路处于锁闭状态。当列车进入信号机内方时，信号自动关闭，显示禁止灯光（红灯）。一旦列车离开该进路，则该进路自动锁闭并使连续通过信号机再次开放允许灯光，指引后续列车进入进路。如图 3-6 所示，X_{7F} 是一架连续通过信号机，其所防护的进路范围是绿色光带（图中虚线所示）显示的区段。

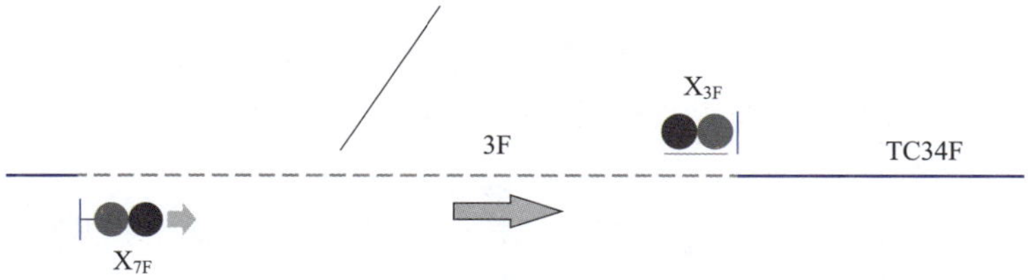

图 3-6　连续通过进路

5）保护区段

为了保证列车的运行安全，避免列车由于某种原因不能在信号机前停住而导致事故的发生，应充分考虑列车的制动距离及线路等因素，在停车点后设置保护区段，即终端信号机后方的一至两个区段为保护区段，类似于铁路的延续进路，如图 3-7 所示，由淡蓝色光带（G3309、DG3319 两个区段）表示。当列车进站停稳并停准后，保护区段自动解锁。

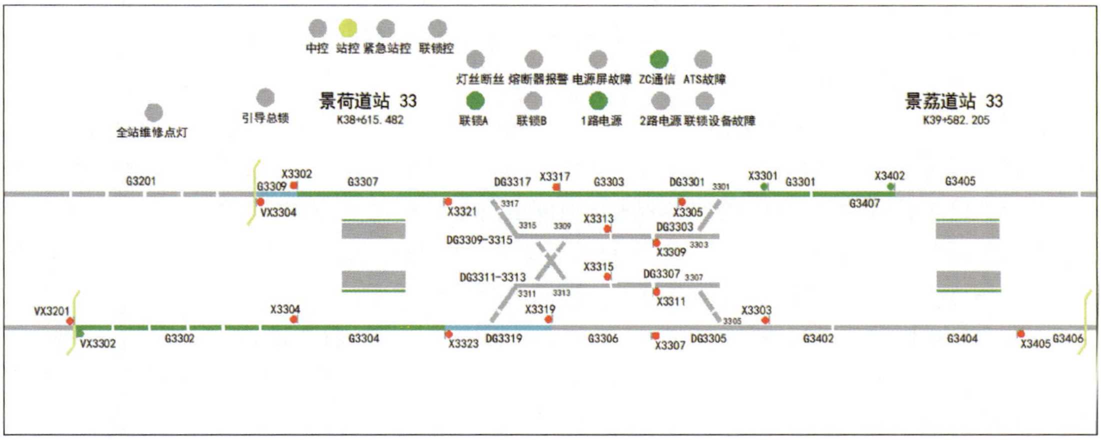

图 3-7　保护区段

根据保护区段设置的时机，可以分为不延时保护区段和延时保护区段。当一条进路中可以运行一列以上的列车时，才具有延时保护区段的概念。排列进路时，并不同时排列保护区段，只有当列车接近终端信号机、占用某个特定的区段时，才排列保护区段，这种不在排列进路时排列的保护区段称为延时保护区段，该特定的区段被称为保护区段的接近区段。通常，用终端信号机后方的第一个轨道区段作为该条进路的保护区段，但以下两种情况例外：

如果 ATP 的保护区段定义于终端信号机的前方，能提高终端信号机后方区段的灵活性且又不阻碍终端信号机前方区段的运营，则此终端信号机只有 ATP 保护区段而无联锁保护区段，即不设置保护区段。

如果终端信号机之后的轨道电路长度短于计算的 ATP 保护区段，则有多个轨道电路作为保护区段。

进路可以带保护区段或不带保护区段排出。如进路短，排列进路时带保护区段，多列车进路无保护区段时，进路防护信号机可以正常开放。

根据设计，保护区段可以在主体信号控制层内受到监督，也可能不在主体信号控制层内受到监督。此外，也有可能在进路排列时直接征用保护区段，或进路先排列，保护区段设置延时直至进路内的接近区段被占用。延时的保护区段设置是一种标准方式，为多列车进路内的每个列车提供保护区段条件。

当排列的运行进路无法成功地进行保护区段设置或延时保护区段设置没有成功时，保护区段可稍后设置，只要到达线和指定保护区段的轨道区段空闲，并且设置保护区段的条件得以满足。

在设定的时间（预设值为 30 s）截止之后，保护区段便解锁。延时解锁从保护区段接近区域被占用时开始。在列车反向运行情况下，保护区段的延时解锁仍将继续。

6）侧面防护

城市轨道交通的道岔控制全部单动，不设双动道岔，所有的渡线道岔均按单动处理，也不设带动道岔，采用侧面防护进路来防止列车的侧面冲突。设置侧面防护进路是为了避免其他列车从侧面进入进路与列车发生侧面冲突，类似铁路的双动道岔和带动道岔的处理。

侧面防护可以分成两种，即主进路的侧面防护和保护区段的侧面防护。侧面防护由防护道岔确保，或者通过显示红色信号来确保。道岔为一级侧面防护，信号机为二级侧面防护，排列进路时先找一级侧面防护，再找二级侧面防护，无一级侧面防护时则将信号机作为侧面防护。侧面防护必须进行超限绝缘的检查。侧面防护的任务是通过锁定和检测邻近分歧道岔，使通向已排进路的所有路径均不能建立。

如果采用了一个道岔的侧面防护，而道岔的实际位置和所要求的位置不一致，则应发出一个转换道岔位置的命令。当该命令不能执行（如道岔因封锁而禁止操作）时，该操作命令将被存储，直至要求的终端位置达到，否则通过取消或解锁该运行进路来取消该操作命令。

排列进路时，除检查始端信号机外，还要检查终端信号机和侧面防护信号机的红灯灯丝，只有这两种信号机的红灯功能完好，进路防护信号机才能开放。

当要求侧面防护的运行进路解锁时，运行进路侧面防护区域也将解锁。

各种不同性质的进路，应设不同用途的信号机进行防护。如接车进路应有进站信号机防护，发车进路应有出站信号机防护，调车进路应有调车信号机进行防护等。

思考：图 3-8 为某车站对应的站场图，请回答进路 X0206→X0201 的一级侧面防护和二级侧面防护分别有哪些元素？

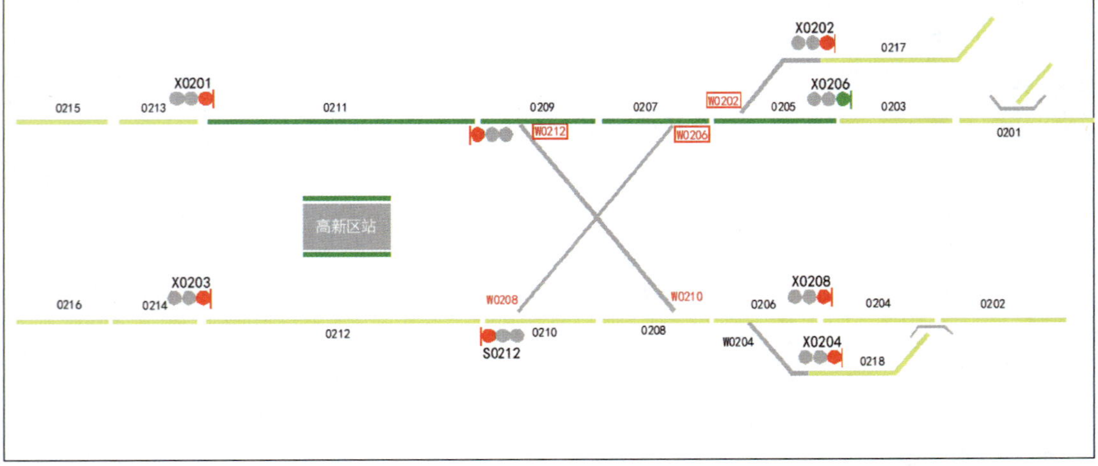

图 3-8　高新区站站场图

二、联锁内容

联锁的目的是防护进路，主要工作为进路建立和进路解锁，包括侧面防护元素的选择、保护区段的确定，下面就进路的建立和解锁分别进行描述。

1. 进路建立

进路建立是指进路开始办理，到防护该进路的信号机开放这个阶段，主要分为进路元素的可行性检查、进路元素的征用、进路排列三个操作步骤。

1）进路元素的可行性检查

进路元素的可行性检查由联锁计算机完成。计算机首先检查所选进路的始端、终端信号机构成的进路是否为设计的进路，然后检查所选进路中的元素。检查内容包括以下几方面：

（1）进路中的道岔没有被其他进路或人工锁闭在相反的位置上。

（2）进路中的道岔或轨道区段没有被封锁禁止排列进路。

（3）进路中的信号机没有被反方向进路征用。

（4）道岔或监控区轨道电路没有被进路征用。

（5）进路上的其他区段没有被其他反方向的进路征用。

进路元素的检查顺序为：从终端信号机开始，一个元素接一个元素地检查到始端信号机。

2）进路元素的征用

进路元素被该进路选用后，在这些元素解锁之前，一般情况下其他任何进路不能征用。如果进路有效，进路元素通过了可行性检查，可对这些元素进行征用。

（1）进路中所有与进路要求位置相反的道岔必须进行转换，并且把所有道岔锁闭在进路要求的位置上。

（2）进路中所有轨道区段和信号机被解锁之前，其他进路不能征用。

（3）要求提供侧面防护。

（4）要求提供保护区段或延时保护区段。

3）进路排列

（1）自排功能排列进路。信号系统正常运行时，可利用自排功能排列进路。自排进路自动排列的条件为：ATS 模式或远程终端单元（remote terminal unit，RTU）模式能正常运行，进路始端信号机的自排功能已经打开；该列车的目的地码正确；前序进路已排列；列车占用接近区段；进路的排列条件已满足；自排进路监控区段逻辑空闲，若进路的监控区段有红光带或粉红光带故障则自排进路不能自动排列。

自排进路的特点：

• 有以下两种方法设置自排进路：通过 ATS 系统按时刻表自动排列进路，或在必要时由 RTU 远程控制终端设备，通过司机在列车上输入目的地码排列进路。

• 具有自排功能的信号机可以办理与正常运营方向相同的或其他方向的进路。

• 自排进路是根据目的地码来自动排列所需的进路。若本次列车的目的地码不正确，则进路不能排列或排了一条与本意不一样的进路。

• 使用自排功能排列折返进路的前序进路时，进路保护区段的道岔将被征用在折返方向的位置上，但使用追踪功能排列折返进路的前序进路时，进路保护区段的道岔只能征用在折返方向的相反位置上，所以，使用自排功能排列折返进路的效率比追踪进路高。

• 符合了自排进路排列的条件，自排进路将根据列车自动调整功能的时机自动排列。

(2)追踪进路功能排列进路。为了满足基本运营需要,联锁系统还设置了追踪进路功能。当ATS系统故障导致自排功能失效时,可使用追踪进路功能排列进路。

追踪进路自动排列的条件为:进路始端信号机的追踪功能已经打开,前序进路已排列;列车占用接近区段;进路的排列条件已满足。应注意两种情况:一个是列车已占用接近区段,前序进路才排列,则追踪进路不能排列;另一个是当进路的排列条件暂时不满足时,信号机基础将出现粉红色闪烁,当进路的排列条件满足时,追踪进路将在30 s后自动排列。

追踪进路的特点:

- 追踪进路的方向通常是正常运营的方向,即上行线往上行方向运行,下行线往下行方向运行。
- 追踪进路可设置始点站、终点站的折返进路。
- 具有追踪功能的信号机只能排列唯一进路。
- 符合追踪进路排列的条件,追踪进路将在0~30 s内自动排列。

2. 进路解锁

进路解锁是指从列车驶入信号机内方(即驶入进路),到出清进路中全部轨道区段这一阶段,或者指操作人员解除已建进路的阶段。进路解锁分为取消进路、人工解锁、正常解锁、中途返回解锁及故障解锁。

1)取消进路

取消进路是指进路建立后,信号开放,在接近区段无车的情况下,因人为需要而取消该进路的一种解锁方式。一旦进行取消进路的操作,进路始端信号机立即自动关闭,进路立即取消。进路将取消至进路中最后一列列车所处的区段,剩余的进路部分由列车通过进行正常解锁。取消进路的条件是进路的所有轨道区段锁闭且进路的第一轨道区段必须逻辑空闲。

2)人工解锁

在进路建立,信号开放,列车或调车车列驶入接近区段,进路处于接近锁闭状态时,若要关闭信号、解锁进路,就不能用取消进路的方法,而必须办理人工解锁。在人工解锁进路时,应检查人工解锁的条件,防护进路的信号机随办理手续而立即关闭,为防止列车或调车车列冒进信号而进入解锁的道岔区段,进路必须延时解锁。

3)正常解锁

正常解锁也称列车通过解锁或者逐段解锁。

正常解锁是指列车通过进路中轨道区段后,使进路自动解锁。但仅用一段轨道电路的动作,不能确切反映车辆通过了该区段,必须采用多段轨道电路的顺序动作才能反映列车的实际运行情况。采用分段解锁方式时,原则上使用三段轨道电路的动作状态并配以时间参数作为解锁的条件。

三段轨道电路的解锁原则如下:

- 前一段轨道区段(Ⅰ)及本轨道区段(Ⅱ)必须被同时占用过(Ⅰ↓Ⅱ↓);
- 前一段轨道区段(Ⅰ)出清且本轨道区段(Ⅱ)继续被占用(Ⅰ↑Ⅱ↓);
- 本轨道区段(Ⅱ)出清且后一轨道区段(Ⅲ)占用(Ⅱ↑Ⅲ↓);
- 前一轨道电路(Ⅰ)已解锁。

当上述条件均满足时,本轨道区段(Ⅱ)将会自动解锁,本轨道区段一旦解锁,提供侧面防护的元器件也将立即解锁。进路的解锁是从进路始端(进路第一区段)开始,逐一向后解锁的,一直到进路的终点即最后一个区段。

对于进路的第一个轨道区段只需要检查前两个条件,不需要检查后两个条件。

如果这条进路还没有全部解锁,后续列车就需要通过该条进路,这时进路可以重新排列。一旦进路排列好,前行列车就不能再逐段解锁这条进路,因为对前行列车而言,逐段解锁的条件已经不具备了,即前一轨道区段没有解锁,后续轨道区段就不能解锁。也就是说,除非排列一条新进路,否则该进路仅在线路上最后一列列车通过后才会逐段解锁。

4)中途返回解锁(折返解锁)

中途返回解锁是对折返进路中没有被列车全部正常通过的区段的一种自动解锁方式。在这种情况下,列车总是在牵出后又返回。根据正常解锁的定义,折返轨将不能解锁,而需采用一种特殊解锁方式自动解锁,该种特殊的自动解锁方式称为折返解锁。其目的在于在折返进路排列后,列车沿折返进路返回,如果折返轨道出清,则牵出进路的剩余区段将自动解锁。

5)故障解锁(强行解锁)

正常情况下,进路应随着列车驶过而自动逐段解锁。由于某种原因(如轨道电路分路不良、区段不能正常解锁)而强行使该区段解锁称为故障解锁或强行解锁。当对区段进行强行解锁时立即关闭信号机,并根据列车的运行情况采取延时解锁或立即解锁。只有在以下条件全部满足时才进行无延时解锁,否则延时解锁:

- 进路空闲。
- 联锁连接正常。
- 接近区段空闲或者接近区段占用,但在列车占用接近区段期间,进路信号机既没有开放通过信号也没有开放引导信号。

如果区段进行强行解锁操作,则进路和保护区段的征用都将被强行解锁。但是如果该区段同时又提供侧面防护,则解锁后不能取消侧面防护的锁闭,需继续提供侧面防护。

三、联锁关系

联锁的基本内容包括防止建立会导致机车车辆相冲突的进路、必须使列车或调车车列经过的所有道岔均锁闭在与进路开通方向相符合的位置、必须使信号机的显示与所建立的进路相符。

联锁最基本的技术条件:

(1)进路上各区段空闲时才能开放信号。如果进路上有车占用,却能开放信号,则会引起列车、调车车列与原停留车冲突。

(2)进路上有关道岔在规定位置且被锁闭才能开放信号。如果进路上有关道岔开通位置不对,却能开放信号,则会引起列车、调车车列进入异线或挤坏道岔。信号开放后,其防护的进路上的有关道岔必须被锁闭在规定位置不能转换。

(3)敌对进路已建立时,防护该进路的信号机不能开放,否则列车或调车车列可能造成正面冲突。信号开放后,敌对进路必须被锁闭,防护敌对进路的信号不能开放。

1. 道岔与进路之间的联锁

道岔有定位和反位两个工作位置,进路则有锁闭和解锁两个状态。道岔位置正确,进路才能锁闭,进路解锁后,道岔才能改变其工作位置。这就是存在于道岔和进路之间的基本联锁关系,如图3-9所示。

图3-9中,进路1是Ⅰ道下行接车进路,进路2为Ⅱ道下行接车进路。进路1要求道岔1在反位;进路2要求道岔1在定位。从图3-9中可以看出,带括号的代表道岔在反位,不带括号的则表示道岔在定位。图3-9中的意义是,进路1与道岔1之间有反位联锁关系,即道岔1不在反位,

进路 1 就不能锁闭，反过来进路 1 锁闭后，把道岔 1 锁在反位位置上，不准许道岔 1 再变位。进路 2 与道岔 1 存在着定位锁闭关系，即道岔 1 不在定位，进路 2 就不能锁闭，反之当进路 2 锁闭以后，把道岔 1 锁在定位位置上，不准许道岔 1 再变位。

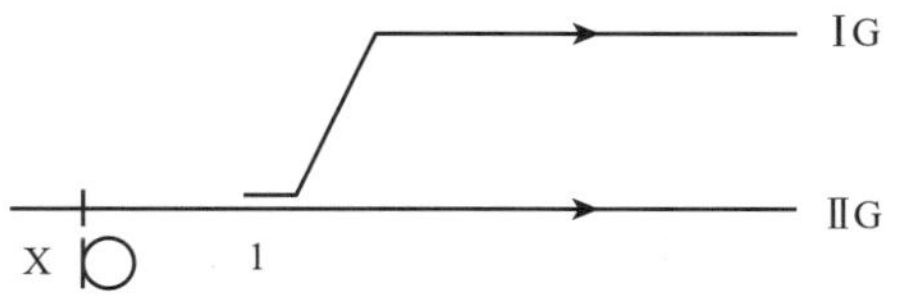

进路号	进路名称	道　岔
1	Ⅰ道下行接车	(1)
2	Ⅱ道下行接车	1

图 3-9　道岔、进路间的联锁关系

如图 3-10 所示，在下行Ⅰ道接车进路的延续进路中有一条安全线。该安全线是为接Ⅰ道下行接车进路设置的，因 X 进站信号机前方制动距离内有较大的下坡道（6‰以上），列车进站后可能停不住车，所以它是为防止与上行Ⅰ道接车进路上的列车发生侧撞事故而考虑的。

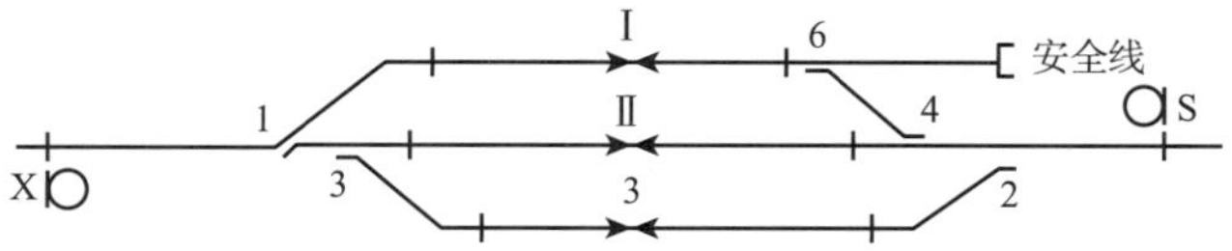

进路号	进路名称	道　岔
1	Ⅰ道上行接车	2, (4/6)
2	Ⅱ道上行接车	2, 4/6
3	3道上行接车	2, [4/6]

图 3-10　道岔、进路间的联锁关系

当建立 3 道上行的接车进路时，需要把 4/6 号道岔防护到定位，避免Ⅰ道下行的列车停不住车经 4/6 反位与 3 道上行的列车相撞。防护道岔与进路的联锁关系，图 3-10 中用中括号表示，[4/6]表示将道岔防护到定位，若防护到反位，则用[(4/6)]表示。

2. 进路与进路之间的联锁

进路与进路之间存在着两种不同性质的联锁关系：一个是敌对进路；另一个是抵触进路。

1）敌对进路

同时行车会危及行车安全的任意两条进路称为敌对进路。常见的敌对进路是指：

（1）同一到发线上对向的列车进路与列车进路。

（2）同一到发线上对向的列车进路与调车进路（包括局部控制调车进路）。

（3）同一咽喉区内对向重叠的列车进路（包括接车进路的延续进路）。

（4）同一咽喉区内对向或顺向重叠的列车进路（包括接车进路的延续进路）和调车进路。

（5）同一咽喉区内对向重叠的调车进路。

（6）到发线分歧道岔轨道区段的调车进路与该到发线的接车进路。

（7）由于防护进路的信号机设在侵入限界的轨道绝缘节处，而禁止同时开通的进路。

（8）向驼峰推送车列占用的股道与另一端向该股道的接车或调车进路。

（9）咽喉区内同一空闲的无岔区段上对向的调车进路（到发线上无岔区段应根据具体情况及运营要求另作规定）。

2）抵触进路

要求排列进路时所用到的道岔位置各不相同，且同一时间只能建立起一条进路，一条进路锁闭以后，有关的道岔锁住，不可能再建立其他进路，把这样相互抵触的进路称为抵触进路。

如图 3-11 所示，进路 X0206→X0201 要求道岔 W0212 在定位，而进路 X0208→X0201 要求道岔 W0212 在反位，因此这两条进路互为抵触进路。

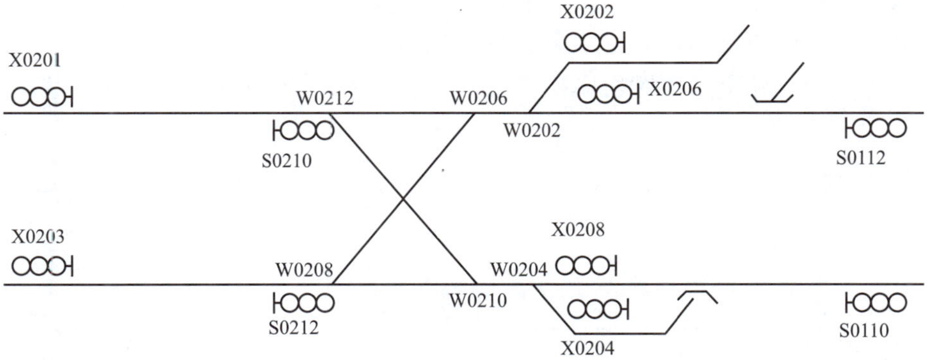

进路号	进路名称	敌对进路	抵　触　进　路
1	X0206-X0201	S0210-S0112	X0202-X0201、X0208-X0201、X0204-X0201、X0202-X0203
2	X0206-X0203	S0212-S0112	S0210-S0112、X0202-X0201、X0208-X0203、X0204-X0203、S0212-S0110、X0202-X0203
3	X0202-X0201	—	X0206-X0201、S0210-S0112、S0210-S0110、X0202-X0203、X0206-X0203、X0208-X0201、X0204-X0201
4	X0202-X0203	—	X0206-X0201、S0210-S0112、S0212-S0110、X0202-X0201、X0206-X0203
5	X0208-X0203	S0212-S0110	X0204-X0201、S0212-S0112、S0210-S0110、X0206-X0203、X0202-X0203、X0208-X0201
6	X0208-X0201	S0210-S0110	X0204-X0203、X0208-X0203、S0212-S0110、S0210-S0112、X0206-X0201、X0202-X0201
7	X0204-X0203	—	X0208-X0203、S0212-S0110、S0212-S0112、X0206-X0203、X0202-X0203
8	X0204-X0201	—	X0208-X0203、X0208-X0201、S0212-S0110、S0210-S0112、X0206-X0201、X0202-X0201
9	S0210-S0112	X0206-X0201	X0208-X0201、X0204-X0201、X0202-X0201、X0202-X0203、X0206-X0203、
10	S0210-S0110	X0208-X0201	X0206-X0201、S0210-S0112、X0208-X0203、S0212-S0110、X0204-X0203、X0204-X0201、X0202-X0201
11	S0212-S0110	X0208-X0203	X0204-X0203、S0212-S0112、X0206-X0203、X0202-X0203、X0208-X0201、X0204-X0201、S0210-S0110
12	S0212-S0112	X0206-X0203	X0208-X0203、X0204-X0203、S0212-S0110、S0210-S0112、X0206-X0201、X0202-X0201

图 3-11　进路与进路之间的联锁关系

3. 进路与信号机之间的联锁

敌对信号是指防护敌对进路的信号机，敌对进路的联锁关系可以用进路和信号机之间的联锁关系来描述，因为进路较多时，这样的描述方法较明显，不需要从进路号码中查找进路名称。图 3-12 所示为对应的敌对进路联锁图表。

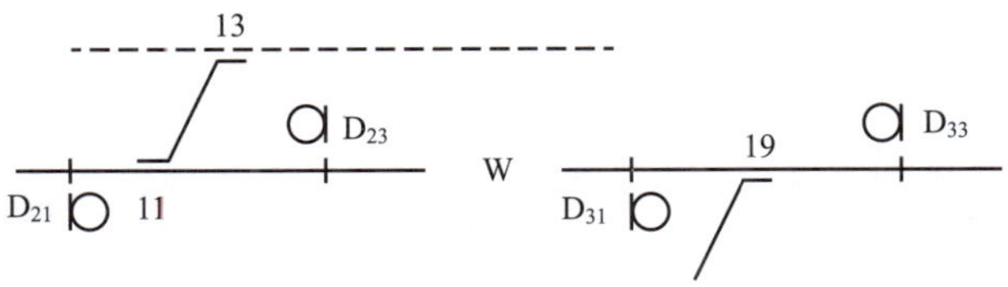

进路号	进路名称	敌对信号
1	D_{21}至W	D_{23}，$<19>D_{33}$
2	D_{33}至W	D_{31}，$<11/13>D_{21}$

图 3-12　进路与信号机之间的关系

进路 1 是从 D_{21} 信号机至无岔区段 W 的调车进路，D_{23} 信号机所防护的进路与进路 1 是对向重叠的敌对进路，所以把 D_{23} 信号作为进路 1 的敌对信号，在联锁表进路 1 的敌对信号栏内记作 D_{23}。

D_{33} 信号机防护两条进路：一条经由道岔 19 反位，另一条经由道岔 19 定位至无岔区段 W。由于无岔区段一般较短，故禁止同时由两个方向向该无岔区段内调车，即 D_{21} 至 WG 的调车进路，与 D_{33} 至 WG 的调车进路是敌对进路。但这两条敌对进路，只有在道岔 19 处于定位时，才能构成，反之则构不成。这种有条件的敌对进路，在进路 1 的敌对信号栏中记作 $<19>D_{33}$，同理，进路 2 与调车信号机 D_{21} 也存在着条件敌对关系，故在进路 2 的敌对信号栏内，记有 $<11/13>D_{21}$。凡是两对象间存在着一个或几个条件才构成锁闭关系，就是条件锁闭，而这里的条件一般是指道岔位置。

思考：图 3-13 所示为 A 站对应的站场图，请回答进路 X0502→X0509 的敌对信号有哪些。

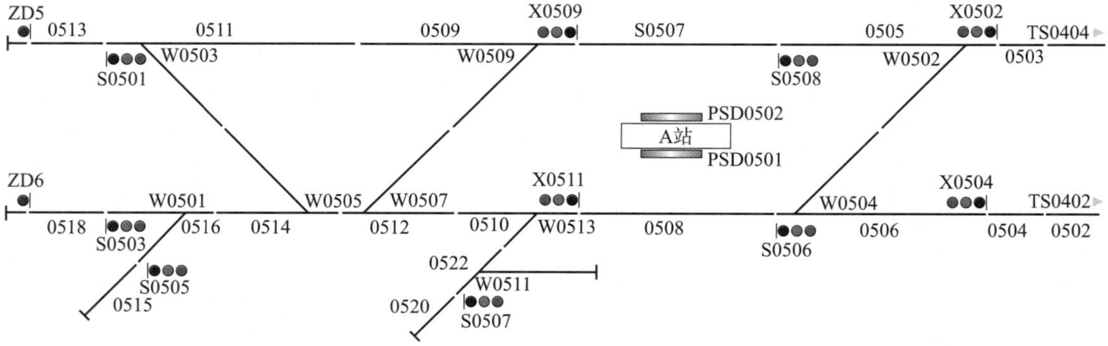

图 3-13　A 站站场平面布置图

笔记栏

任务实施

任务工单见表3-1。

表3-1　任务工单

任务一　识别联锁关系		
团队名称：	班级：	日期：
团队成员及分工：		
任务目标	1. 掌握多列车进路，能找到多列车进路的监控区段。 2. 掌握进路的侧面防护，能找到进路的侧面防护。 3. 掌握进路与进路之间的联锁关系，能找到进路的敌对信号和抵触进路	
任务内容	作为车站行车值班员，需要了解各设备的联锁关系，找到联锁的相关元素。以小组为单位打开A站值班员工作站，参见图3-13，找到指定进路的监控区段、侧面防护、敌对信号及抵触进路	
引导问题	1. 监控区段选择的原则是什么？ __________ 2. 进路的一级侧面防护和二级侧面防护分别是什么？ __________ 3. 什么是敌对进路？ __________	

【训练】

小组对照值班员工作站及图3-13，找到指定进路的监控区段、侧面防护、敌对信号及抵触进路，并填入表1中。

表1

序号	进　　路	监控区段	侧面防护		敌对信号	抵触进路
			一级侧面防护	二级侧面防护		
1	X0502→X0509					
2	X0509→ZD5					
3	S0501→S0508					
4	S0501→S0506					
5	S0503→S0506					
6	S0505→S0506					
7	S0507→S0506					

续表

序号	进　　路	监控区段	侧面防护		敌对信号	抵触进路
			一级侧面防护	二级侧面防护		
8	X0504→X0511					
9	X0511→ZD6					
10	X0511→ZD5					
11	S0503→S0508					
12	S0505→S0508					

任务评价

任务评价见表 3-2。

表 3-2　任务评价

<table>
<tr><td colspan="4">任务一　识别联锁关系</td><td colspan="5">日期：</td></tr>
<tr><td colspan="3">姓名：</td><td>班级：</td><td colspan="2">学号：</td><td colspan="3" rowspan="3">教师签名：</td></tr>
<tr><td colspan="3">自评：□熟练　□不熟练</td><td>互评：□熟练　□不熟练</td><td colspan="2">师评：□合格　□不合格</td></tr>
<tr><td colspan="3">日期：</td><td>日期：</td><td colspan="2">日期：</td></tr>
<tr><td colspan="9">评 分 细 则</td></tr>
<tr><td>序号</td><td>评分项</td><td colspan="3">得 分 条 件</td><td>分值</td><td>自评</td><td>互评</td><td>师评</td></tr>
<tr><td>1</td><td>接受任务</td><td colspan="3">明确工作任务，理解本次任务在企业工作中的重要程度</td><td>5</td><td></td><td></td><td></td></tr>
<tr><td>2</td><td>前置知识</td><td colspan="3">本次任务前需要掌握的知识程度</td><td>5</td><td></td><td></td><td></td></tr>
<tr><td rowspan="5">3</td><td rowspan="5">能力评价</td><td colspan="3">能根据多列车进路的设置要求，简述监控区段选择的原则</td><td>12</td><td></td><td></td><td></td></tr>
<tr><td colspan="3">能够根据监控区段选择的原则，选择指定进路的监控区段</td><td>12</td><td></td><td></td><td></td></tr>
<tr><td colspan="3">能够根据一级侧面防护和二级侧面防护的定义，准确找到进路的侧面防护元素</td><td>12</td><td></td><td></td><td></td></tr>
<tr><td colspan="3">能够根据进路和进路之间的联锁关系，找到指定进路的敌对信号</td><td>12</td><td></td><td></td><td></td></tr>
<tr><td colspan="3">能够根据进路和进路之间的联锁关系，找到指定进路的抵触进路</td><td>12</td><td></td><td></td><td></td></tr>
<tr><td rowspan="5">4</td><td rowspan="5">素养评价</td><td colspan="3">岗位认同感强，乐于学习专业知识</td><td>4</td><td></td><td></td><td></td></tr>
<tr><td colspan="3">团队合作能力强，善于沟通合作</td><td>4</td><td></td><td></td><td></td></tr>
<tr><td colspan="3">自主学习能力强，勇于克服困难</td><td>4</td><td></td><td></td><td></td></tr>
<tr><td colspan="3">严谨认真，积极参与课堂</td><td>4</td><td></td><td></td><td></td></tr>
<tr><td colspan="3">安全意识强，注重细节</td><td>4</td><td></td><td></td><td></td></tr>
<tr><td rowspan="2">5</td><td rowspan="2">评价反馈</td><td colspan="3">学生能以小组评价方式组织客观评价</td><td>5</td><td></td><td></td><td></td></tr>
<tr><td colspan="3">对学生在任务实施过程中发现问题，进行小组审议后及时反馈</td><td>5</td><td></td><td></td><td></td></tr>
<tr><td colspan="5">合　　计</td><td>100</td><td></td><td></td><td></td></tr>
</table>

巩固与练习

一、选择题

1. (　　)的任务是通过操作锁定和检测临近分歧道岔,使通向已排进路的所有路径均不能建立。

A. 监控区段　　B. 保护区段

C. 侧面防护　　D. 触发区段

2. 保护区段延时解锁,指在设定的时间[预设值为(　　)s]截止之后,保护区段便解锁。

A. 30　　B. 60　　C. 90　　D. 120

3. 采用(　　)实现联锁关系的实时控制系统称计算机联锁系统。(多选题)

A. 计算机技术　　B. 通信技术

C. 可靠性与容错技术　　D."故障—安全"技术

4. 进路解锁方式包括(　　)。(多选题)

A. 取消进路　　B. 正常解锁

C. 区段强行解锁　　D. 轨道解锁

二、填空题

1. 城市轨道交通的运行间隔小,车流密度大,列车的运行安全由________系统保护,所以在一条进路中允许出现多列列车同时运行,称为________。

2. 列车的侧面防护进路中,________为一级侧面防护,________为二级侧面防护。

3. 联锁的目的就是防护进路,主要工作为________和________。

三、简答题

1. 计算机联锁系统中,多列车进路的监控区段选择的原则是什么?

2. 进路元素的可行性检查内容包括什么?

知识拓展

守护"三色灯"

——北京西电务段信号科科长宋少鹏

"征途漫漫,惟有奋斗。"2024年4月28日,庆祝"五一"国际劳动节暨全国五一劳动奖和全国工人先锋号表彰大会在人民大会堂隆重举行,获得全国五一劳动奖章荣誉的宋少鹏作为铁路劳模代表参加大会后动情地说道。

宋少鹏是北京西电务段信号科科长,也是铁路信号领域的"联锁专家"。联锁是为了保证车站行车和调车安全,在信号机、道岔、进路之间通过技术手段建立的相互制约关系,不容许出现丝毫差错。

刚接手联锁工作时,他手里离不开一份图纸,桌上少不了一叠算纸。"逻辑关系,光看明白、脑子理解还不行,一定要坚持画下来。"宋少鹏说。画电路图成为他的工作习惯。查看图纸时准确地判断设计是否合理,在拆改配线的施工中检查配线是否有差错,在应急处理故障时能够快速找到测试点尽早恢复设备使用等,都离不开他多年画电路图打下的基本功。

庭院里跑不开千里马,温室里养不出百日花。2012年京广高铁进入即将开通运营前的提前配合介入阶段,这是学习和掌握最新线路和电务知识的最前沿。参加工作不久的宋少鹏主动请缨,一头扎进现场岗位。宋少鹏不惜力、能吃苦、头脑又灵光,很快脱颖而出被任命为工区工长。

宋少鹏被同事们赞誉为"联锁专家",现在一摞图纸,只要他瞄上一眼,什么逻辑关系,基本上就能判断个八九不离十。

多年来,宋少鹏先后参与了中国国家铁路集团有限公司"基于光通信的闭塞技术改进研究"、北京局集团有限公司"便携式列控中心智能测试系统研究""固态二氧化碳微粒道岔清洗设备的研发"等重点课题的研究和攻关。并带领团队研发或参与的项目获得集团公司技术改进一等奖 2 项、二等奖 2 项、三等奖 4 项、优秀奖 11 项,集团公司科技进步一等奖 1 项,在逐渐成长为铁路信号行业技术专家的同时,见证了复兴号在祖国广袤大地上的奔驰。

任务二 识读联锁图表

学习目标

知识目标

1. 掌握站场平面布置图上进路元素的命名及编号。
2. 掌握联锁表的编制内容。
3. 掌握信号机开放的技术条件。

能力目标

1. 能看懂站场平面布置图。
2. 能够根据信号平面布置图编制联锁表。

素质目标

培养悉心钻研、脚踏实地的工作素养。

任务描述

城市轨道交通中,规定一个联锁区对应一个联锁表,作为联锁软件设计、测试的重要数据,为系统的接口配置文件提供重要依据。此外,联锁表在联锁系统试验和测试过程中也是相当重要的。因此,联锁表必须认真编制,避免任何差错和遗漏。通过学习本任务,学生可以看懂站场平面布置图,并根据站场平面布置图编制联锁表。

相关知识

联锁图表是车站联锁区内设备间联锁关系的图表,采用图和表的形式表示,由信号平面布置图和联锁表两部分组成。联锁图表是对车站信号设备之间联锁关系的说明,显示了进路、道岔、信号机以及轨道区段(包括逻辑区段、保护区段)之间的基本联锁内容。

一、联锁区站场平面图

以 TIFLOCK-200 型计算机联锁为例,介绍联锁区站场平面图。

1. 进路元素的命名及编号

在轨道交通中,将进路内以及和进路具有联锁关系的信号设备称为进路元素,如道岔、信号机、轨道区段、站台门、紧急停车按钮等。

1)信号机的命名及编号

车站右侧信号机编为奇数,车站左侧信号机编为偶数,以车站为中心,由远及近编号。

信号机命名由 X +4 位数字组成:X(1 位) + 车站序号(2 位) + 信号机序号(2 位)。

例如,X3617 表示第 36 个车站右侧编号为 17 的信号机。

2)道岔的命名及编号

车站右侧道岔编为奇数,车站左侧道岔编为偶数,以车站为中心,由远及近编号。

道岔命名由 4 位数字组成:车站序号(2 位) + 道岔序号(2 位)。

例如,3611 表示第 36 个车站右侧编号为 11 的道岔。

3)轨道区段命名

对于无岔区段,编号前以 G 命名,上行线轨道区段用奇数编号,由右至左递增,下行线轨道区段用偶数编号,由左至右递增。

对于道岔区段,轨道区段编号前以 DG 命名,在 DG 后面加上道岔编号,当区段内有 2 组以上道岔时,取道岔的最小号和最大号构成命名元素,如 DG3601-3607。

对于一个计轴轨道区段又分割成若干更小的逻辑区段,如分成 A 到 H 等逻辑区段,逻辑区段的命名为 G3605A ~ G3605H。

2. 信号平面布置图

信号平面布置图是编制联锁表的主要依据,为满足编制联锁表的需要,信号平面布置图中一般有以下主要内容:

(1)联锁区及非联锁区中与信号设备有关的线路布置及编号。

(2)联锁道岔、信号机、信号表示器、轨道电路区段(含侵限绝缘区段)等有关设备及其编号和符号。

(3)正线进行运营作业的运行方向。

(4)正线每个车站的中心公里标,每个设备距离起点的距离。

图 3-14 所示为某车站的站场平面图。

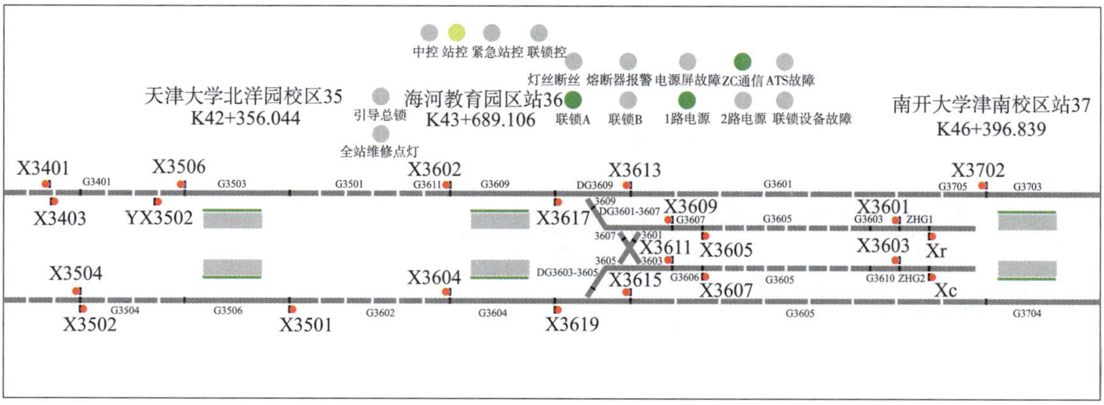

图 3-14　某车站的站场平面图

二、联锁表的编制内容

正线联锁表是说明车站信号设备联锁关系的图表。正线联锁表表达了整个车站内的进路、道岔、信号机之间的基本联锁内容,编制正线联锁表的依据是车站信号平面布置图。正线联锁表以进路为主体，逐条把排列进路需顺序按压的按钮、防护该进路信号机的名称及显示、进路要求检查并锁闭的道岔编号及位置、进路应检查的轨道电路区段名称，以及与所排进路敌对的信号填写清楚。正线联锁表是信号电路设计的依据，也是设备开通时检查试验车站联锁设备之间联锁关系的主要依据。

将道岔、信号机、计轴区段等设备之间形成相互制约的逻辑关系，这种关系通常称为联锁关系，并通过正线联锁表反映出来。

联锁表由以下内容组成：

1. 联锁区栏

填写进路所在联锁站区，根据线路站场划分填写，如"海河教育园联锁区""咸水沽西联锁区""渌水道联锁区""景荷道联锁区"等。联锁集中站是联锁设备所在车站，控制多于一个车站或车场的信号设备或系统。在区域包括的若干车站或车场中，中心站一般选择站型相对复杂和作业量较大的车站。联锁计算机通过远距离安全信息通道将控制命令发送至区域内车站的现场信号设备，并采集设备状态信息。天津地铁 6 号线 2 期联锁区划分见表 3-3。

表 3-3　天津地铁 6 号线 2 期联锁区划分

站区	车　站	站区	车　站	站区	车　站	站区	车　站
咸水沽西联锁区	咸水沽西 和慧南路	海河教育园联锁区	南开大学津南校区 海河教育园区 天津大学北洋园校区	景荷道联锁区	景荔道 景荷道	渌水道联锁区	双港 渌水道

2. 进路号码栏

此栏填写联锁区内所有进路的编号，根据进路的多少，编号依次递增，编号如 1，2，…。

3. 进路栏

逐条列出列车及调车的基本进路。在较大车站，列车进路同时存在两种以上方式时，除列出基本进路外，还需列出一条变通进路作为第二种进路方式。用进路的"始端信号机至终端信号机"来表示。

4. 排列进路按下按钮栏

填写排列该进路时需按下的按钮名称。

5. 信号机栏

填写排列该进路时开放的信号机名称及其显示。其填写原则为：当列车直向通过道岔时，进路始端信号机显示绿灯，用 L 表示，当列车以道岔侧向行车，进路始端信号机显示黄色，用 U 表示。在 CBTC 模式行车时，实体信号灯处于灭灯状态。

6. 道岔栏

顺序填写进路中所包括的全部道岔及防护和带动道岔的编号和位置。其填写方式为：3609，表示将 3609 号道岔锁在定位；(3609)，表示将 3609 号道岔锁在反位；[3601/3603]，表示将 3601/3603 号道岔防护在定位；[(3601/3603)]，表示将 3601/3603 号道岔防护在反位；{(3609)}，表示将 3609 号道岔带动到反位。

7. 轨道区段栏

顺序填写排列进路时须检查空闲的轨道电路区段名称。

CBTC 模式行车，对列车的定位更精准，轨道区段以逻辑区段表示。

降级模式轨道区段以物理区段表示。

例如，物理区段 G3501 的逻辑区段包括 G3501-A、G3501-B、G3501-C、G3501-D、G3501-E。

8. 敌对信号栏

填写排列该进路的全部敌对信号。

有条件敌对时的填写方式为：<3609>X3613，经 3609 号道岔定位的 X3613 信号机为所排进路的敌对信号；<(3609)、3601/3603>X3609，经 3609 号道岔反位、3601/3603 道岔定位的 X3609 信号机为所排进路的敌对信号。

9. 保护区段栏

为了保证列车的运行安全，避免列车由于某种原因不能在目的地信号机前停车而导致事故的发生，充分考虑了列车的制动距离及线路等因素，在停车点后设置了保护区段，而保护区段距离是考虑最坏的列车参数计算（如列车制动特性、列车长度）而来，根据终端信号机后方轨道区段的实际长度，最终决定有几个轨道区段作为保护区段。排列一条主信号级的进路时如果进路有保护区段，则信号开放必须检查保护区段。排列一条移动闭塞级进路时，如果进路有保护区段，信号开放不需要检查保护区段。排列引导进路时，不需要检查保护区段。

保护区段栏填写进路的保护区段名称。

（1）降级模式下填写进路的物理保护区段的名称，用“，”隔开。

（2）CBTC 模式下填写进路的逻辑保护区段的名称，用“，”隔开。

10. 接近区段栏

自动排列进路时，需要设置一个激活点，该激活点通过一个设计的轨道区段占用来实现。进路的接近区段为始端信号机前方第一或第二个轨道区段，具体根据轨道区段长度而定。CBTC 模式行车，接近区段以逻辑区段表示，降级模式行车，接近区段以物理区段表示。

11. 自动触发进路区段栏

具有自排功能的信号机，进路命令通过接近表示产生，接近表示由占用接近区段而触发。

三、车站联锁表

表 3-4 为某联锁区的部分联锁表。

表 3-4　联锁表

锁区	路号码	进路	进路性质	排列进路按钮	信号机			道岔	轨道区段		敌对信号	保护区段	进路接近区段		自动触发进路区段		自动通过进路功能
					名称	显示	CBTC灭灯		CBTC 模式	降级模式			CBTC 模式	降级模式	CBTC 模式	降级模式	
海河教育园联锁区	1	VX3502 至 X3617	反向直通	VX3502A，X3617A	VX3502	L	√	—	G3505，G3503，G3501-A，G3501-B，G3501-C，G3501-D，G3501-E，G3611，G3609	G3505，G3503，G3501，G3611，G3609	X3506，X3602，< 3609 > X3613，<（3609）、3601/3603 > X3609，<（3609）、（3605/3607）> X3611	DG3609，DG3601-3607	G3401-D，G3401-C，G3401-B，G3401-A，G3403-I	G3401，G3403	—	—	否
	2	X3506 至 X3401	直通进路	X3605A，X3401A	X3605	L	√	—	G3505，G3401	G3505，G3401	X3403，VX3502	内置于 G3401	G3503，G3501-A，G3501-B，G3501-C	G3503，G3501	G3501-D	G3501	是
	3	X3602 至 X3506	直通进路	X3602A，X3506A	X3602	L	√	—	G3611，G3501-A，G3501-B，G3501-C，G3501-D，G3503	G3611，G3501，G3503	VX3502	G3505	G3609，< 3609 > DG3609-A，G3601-A，G3601-B	G3609，< 3609 > DG3609，G3601	G3601-D	G3601	是
													G3609，<（3609）> DG3609-B，< 3601/3603，3605/3607 > DG3601-3607-A	G3609，<（3609）> DG3609，< 3601/3603，3605/3607 > DG3601-3607	G3607	G3607	
													G3609，<（3609）> DG3609-B，<（3601/3603），3605/3607 > DG3601-3607-B、DG3603-3605-C	G3609，<（3609）> DG3609，<（3601/3603），3605/3607 > DG3601-3607，DG3603-3605	G3606	G3606	
	4	X3617 至 VX3802	反向直通	X3617A，VX3802A	X3617	L	√	3609	DG3609-A，G3601-A，G3601-B，G3601-C，G3601-D，G3601-E，G3601-F，G3601-G，3601-H，G3705，G3703，G3701-A，G3701-B，G3701-C，G3701-D，G3701-E，G3701-F，G3701-G	DG3609，G3601，G3705，G3703，G3701	X3613，X3702，X3802	内置于 G3701	G3609，G3611，G3501-E，G3501-D，G3501-C	G3609，G3611，G3501	—	—	否

续表

锁区	路号码	进路	进路性质	排列进路按钮	信号机			道岔	轨道区段		敌对信号	保护区段	进路接近区段		自动触发进路区段		自动通过进路功能
					名称	显示	CBTC灭灯		CBTC 模式	降级模式			CBTC 模式	降级模式	CBTC 模式	降级模式	
海河教育园联锁区	5	X3617 至 X3605	直通进路	X3617A，X3605A	X3617	U	√	(3609),3605/3607,3601/3603	DG3609-B	DG3609，DG3601-3607，G3607	X3609，X3601	内置于G3607	G3609，G3611，G3501-E，G3501-D，G3501-C	G3609，G3611，G3501	G3609	G3609	否
	6	X3617 至 X3605	折返进路	X3617A，X3609A	X3617	U	√	(3609),3605/3607，3601/3603	DG3609-B，DG3601-3607-A，G3607	DG3609，DG3601-3607，G3607	X3609，X3601	内置于G3607	G3609，G3611，G3501-E，G3501-D，G3501-C	G3609，G3611，G3501	G3609	G3609	否
	7	X3617 至 X3607	直通进路	X3617A，X3607A	X3617	U	√	(3609)，(3605/3607)，[3601/3603]	DG3609-B	DG3609，DG3601-3607，DG3603-3605，G3606	X3611，X3603	内置于G3606	G3609，G3611，G3501-E，G3501-D，G3501-C	G3609，G3611，G3501	G3609	G3609	否
	8	X3617 至 X3607	折返进路	X3617A，X3611A	X3617	U	√	(3609)，(3605/3607)，[3601/3603]	DG3609-B，DG3601-3607-B，DG3603-3605-C，G3606	DG3609，DG3601-3607，DG3603-3605，G3606	X3611，X3603	内置于G3606	G3609，G3611，G3501-E，G3501-D，G3501-C	G3609，G3611，G3501	G3609	G3609	否
	9	X3613 至 X3602	直通进路	X3613A，X3602A	X3613	L	√	3609	DG3609-A	DG3609，G3609	X3617，VX3502	G3611	G3601-A，G3601-B，G3601-C，G3601-D	G3601	G3601-E	G3601	是
	10	X3613 至 X3602	折返进路	X3613A，X3617A	X3613	L	√	3609	DG3609-A，G3609	DG3609，G3609	X3617，VX3502	G3611	G3601-A，G3601-B，G3601-C，G3601-D	G3601	G3601-E	G3601	否

任务实施

任务工单见表 3-5。

表 3-5　任务工单

任务二　识读联锁图表			
团队名称：	班级：	日期：	
团队成员及分工：			
任务目标	1. 掌握联锁表编制内容。 2. 掌握联锁表编制方法		
任务内容	作为车站行车值班员，需要掌握车站联锁表，以联锁表为依据，检查车站联锁设备之间的联锁关系，以小组为单位，打开值班员电脑，定位到渌水道站联锁区，编制渌水道联锁区对应的联锁表		
引导问题	联锁表的主要内容有哪些？ ________ ________ ________		

【训练】

以小组为单位，编制渌水道联锁区联锁表，渌水道站联锁区共包含渌水道站和双港站两个车站，站场图在表 1 最后。

表 1

联锁区	进路号码	进　　路	进路性质	排列进路按钮	信号机			道岔	轨道区段		敌对信号	保护区段	进路接近区段		自动触发进路区段	
					名称	显示	CBTC灭灯		CBTC模式	降级模式			CBTC模式	降级模式	CBTC模式	降级模式
渌水道联锁区	1	X3104 至 Z3102	直通进路													
	2	X3104 至 Z3102	折返进路													
	3	X3101 至 VX3304	反向直通													
	4	X3202 至 X3104	直通进路													
	5	X3102 至 X3103	直通进路													
	6	X3102 至 X3101	反向直通													
	7	X3106 至 Z3102	反向直通													
	8	X3106 至 Z3102	反向折返													
	9	X3103 至 X3201	直通进路													
	10	X3201 至 VX3302	直通进路													
	11	VX3201 至 X3106	反向直通													

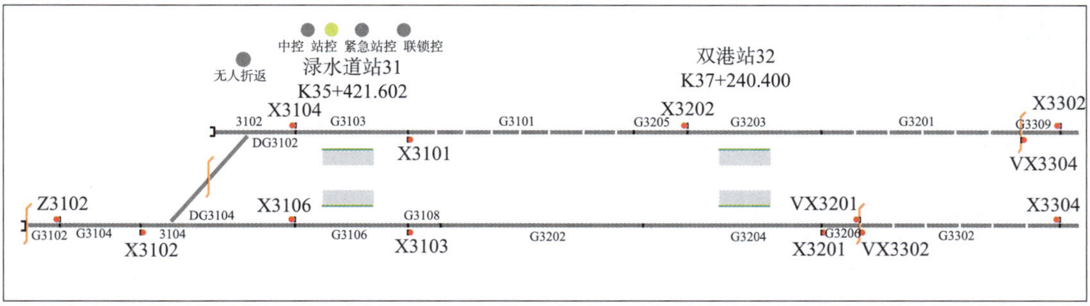

任务评价

任务评价见表3-6。

表3-6　任务评价

<table>
<tr><td colspan="2">任务二　识读联锁图表</td><td colspan="2">日期：</td></tr>
<tr><td>姓名：</td><td>班级：</td><td>学号：</td><td rowspan="3">教师签名：</td></tr>
<tr><td>自评：□熟练　□不熟练</td><td>互评：□熟练　□不熟练</td><td>师评：□合格　□不合格</td></tr>
<tr><td>日期：</td><td>日期：</td><td>日期：</td></tr>
</table>

<table>
<tr><td colspan="7">评分细则</td></tr>
<tr><td>序号</td><td>评分项</td><td>得分条件</td><td>分值</td><td>自评</td><td>互评</td><td>师评</td></tr>
<tr><td>1</td><td>接受任务</td><td>明确工作任务，理解本次任务在企业工作中的重要程度</td><td>5</td><td></td><td></td><td></td></tr>
<tr><td>2</td><td>前置知识</td><td>本次任务前需要掌握的知识程度</td><td>5</td><td></td><td></td><td></td></tr>
<tr><td rowspan="2">3</td><td rowspan="2">能力评价</td><td>能根据进路元素的命名及编号，读懂联锁站场平面布置图</td><td>30</td><td></td><td></td><td></td></tr>
<tr><td>能根据站场平面布置图，编制联锁表</td><td>30</td><td></td><td></td><td></td></tr>
<tr><td rowspan="5">4</td><td rowspan="5">素养评价</td><td>岗位认同感强，乐于学习专业知识</td><td>4</td><td></td><td></td><td></td></tr>
<tr><td>团队合作能力强，善于沟通合作</td><td>4</td><td></td><td></td><td></td></tr>
<tr><td>自主学习能力强，勇于克服困难</td><td>4</td><td></td><td></td><td></td></tr>
<tr><td>严谨认真，积极参与课堂</td><td>4</td><td></td><td></td><td></td></tr>
<tr><td>安全意识强，注重细节</td><td>4</td><td></td><td></td><td></td></tr>
<tr><td rowspan="2">5</td><td rowspan="2">评价反馈</td><td>学生能以小组评价方式组织客观评价</td><td>5</td><td></td><td></td><td></td></tr>
<tr><td>对学生在任务实施过程中发现问题，进行小组审议后及时反馈</td><td>5</td><td></td><td></td><td></td></tr>
<tr><td colspan="3">合　计</td><td></td><td></td><td></td><td></td></tr>
</table>

巩固与练习

简答题

1. 请说明站场平面布置图上信号机、道岔、轨道区段的命名原则。
2. 联锁表编制内容有哪些？

任务三 认识联锁设备

学习目标

知识目标

1. 掌握计算机联锁系统的设备组成。
2. 掌握计算机联锁系统设备的作用。

能力目标

1. 能够将联锁设备层次结构与计算机联锁设备一一对应。
2. 能够描述计算机联锁系统各设备的作用。

素质目标

1. 培养思维缜密、逻辑严谨的工作素养。
2. 激发自主创新意识。

任务描述

继电式集中联锁具有操作简便、办理迅速和安全可靠等特点,在我国城市轨道交通应用发展初期得到广泛使用。但由于其功能不够完善,不便于与现代化信息系统联网,不能适应城市轨道交通现代化的需要,因此正逐步被计算机联锁取代。通过学习本任务,学生可以掌握联锁设备的系统层次,联锁设备的组成及作用,为后续联锁系统操作奠定基础。

相关知识

LCF-300 型 CBTC 系统是我国交控科技股份有限公司完全自主开发的国产化列车控制系统,其中联锁系统为 TIFLOCK-200 型计算机联锁系统,全功能分布式联锁系统旨在开发一个适用于城市轨道交通系统,包含 CBTC 以及点式两种模式同时支持分布式控制的联锁系统。

TIFLOCK-200 型为二乘二取二冗余计算机联锁系统。该计算机联锁能满足正线车站和停车场运输作业的需要,保证行车安全,提高运输效率,改善劳动条件,并具备大信息量和联网能力。

为了便于实现分布式控制,将联锁系统分为了以下两个主要组成部分:联锁机,执行联锁的主要控制逻辑,与信号网连接,完成与其他控制系统的数据通信;IO 控制单元,与现场组合架进行接口,完成与信号机、道岔和轨道电路等轨旁设备的采集和驱动功能。

本任务以 TIFLOCK-200 型计算机联锁系统为例,介绍联锁设备。

一、计算机联锁系统功能

计算机联锁系统根据车站行车安全的需要,在规定的联锁条件和规定的时序下对进路、信号和道岔实行控制,并显示现场信号设备状态。

1. 联锁控制功能

计算机联锁采用联锁软件实现联锁控制功能,具体功能包括以下几种:

(1)进路的控制,包括列车进路和调车进路的选排、锁闭、解锁、引导进路的控制等,进路的办理均采用按压双按钮才形成操作命令的规则,这样可避免因误触一个按钮而产生错误操作命令。

(2)信号的正常开放、关闭、人工重复开放以及防止自动重复开放。

(3)道岔的单独操纵、锁闭和解锁。

2. 显示功能

计算机联锁系统采用屏幕显示器向操作人员提供丰富、直观的显示信息。

(1)站场的基本图形显示。

(2)现场信号设备的状态显示。主要有道岔的定、反位和四开状态,道岔单独锁闭和封闭状态,信号机的开放和关闭状态,灯丝断丝,轨道区段的空闲、占用、锁闭状态,用不同颜色表示不同含义。

二、计算机联锁系统结构

正线集中站联锁系统自上而下由现地控制工作站、联锁机、IO 控制单元、维护工作站等构成,如图 3-15 所示。与联锁相关的室外设备主要包括信号机、道岔转辙机、计轴器、紧急关闭按钮、安全门等。各站车站控制室均设置 IBP 盘,IBP 盘上按站场布置设置紧急停车、扣车、相应灯泡测试按钮及报警电铃等控制按钮及相应的表示灯。

非设备集中站将信号机、站台紧急停车按钮、轨道占用/空闲检测设备、IBP 盘按钮等设备通过电缆引入设备集中站,然后经设置在设备集中站的 IO 控制单元送入联锁机,经过联锁运算对其进行驱动控制。非设备集中站仅设置行车综合自动化系统(train integrated automated system,TIAS)监视工作站,显示站场情况,不再设置联锁计算机及相关设备。

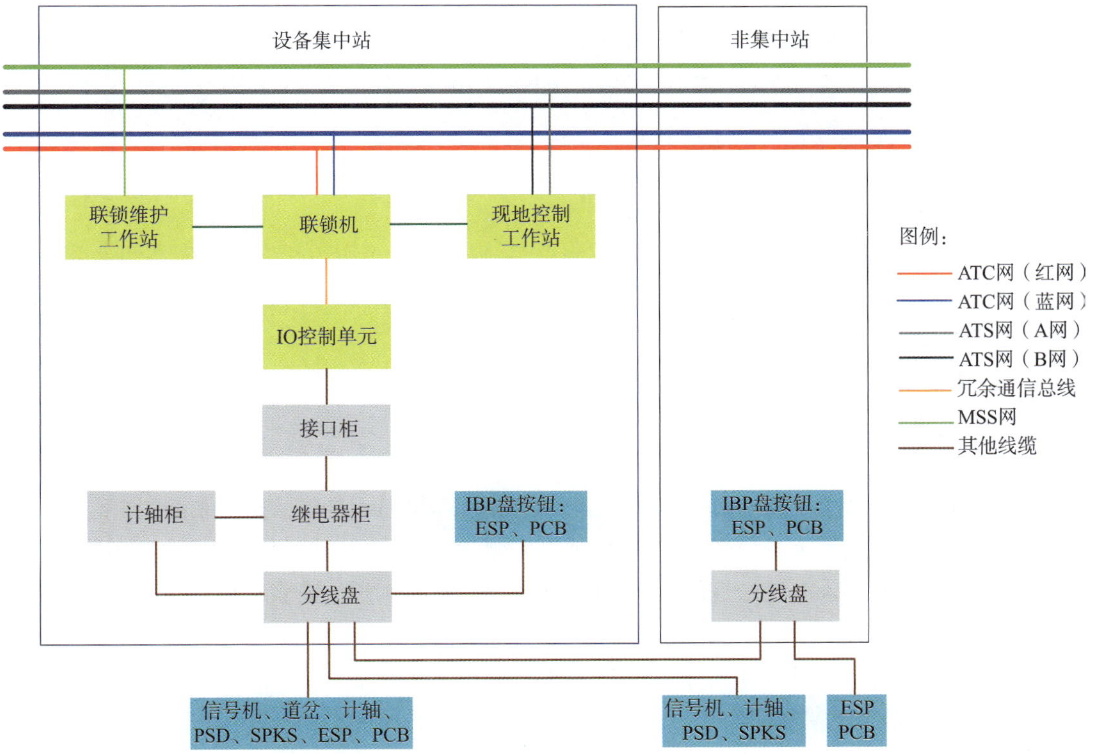

图 3-15　正线车站联锁系统结构图

停车场联锁系统(见图 3-16)与正线联锁系统结构相同,区别在于室外设备不同。室外设备主要包括信号机、道岔转辙机、轨道电路、洗车机、车库门等。

停车场试车线的轨道检测设备有轨道电路和计轴两种。控制权在停车场备用中心时使用轨道电路,控制权在试车线控制室时使用计轴。

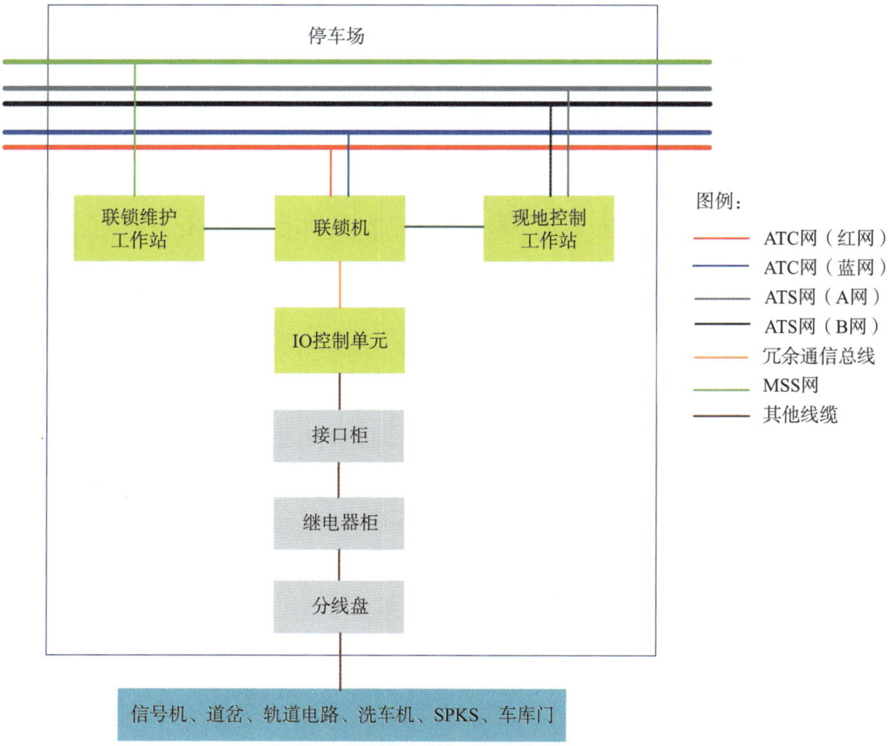

图 3-16　停车场联锁系统结构图

三、计算机联锁系统设备组成

1. 室内设备认知

联锁系统硬件组成分为联锁主机、I/O 控制单元、现地控制工作站和维护工作站四大部分，如图 3-17 所示。联锁主机、现地控制工作站、联锁维护工作站通过冗余内网连接；联锁主机与 IO 控制单元通过冗余通信总线(CAN 线)连接。

联锁主机采用二乘二取二冗余结构的安全计算机平台。通过内部通信控制器冗余连接至 ATC 安全信号网。

1)联锁主机

联锁主机接收来自现地控制工作站传来的操作命令、接收 IO 控制单元传来的轨旁信号设备状态、接收 ATP 子系统传来的列车位置信息，进行联锁运算，并向 IO 控制单元传输轨旁信号设备的动作命令，向 ATP 子系统传送进路信息，同时向现地控制工作站传输表示信息。联锁主机结构图如图 3-18 和图 3-19 所示。

联锁机整体上采用二乘二取二平台，主要由以下部分组成：

(1)220 V 电源滤波插箱。

(2)电源控制插箱。

(3)处理单元 1(PU1)。

(4)处理单元 2(PU2)。

(5)处理单元 3(PU3)。

(6)处理单元 4(PU4)。

(7)维护机(MU)。

(8)多功能电脑切换器(KVM)。

(9)通信控制器 A(CC1)。

(10)通信控制器 B(CC2)。

(11)安全容错管理单元(FTSM)。

(12)3U 指示灯按钮插箱。

(13)A 系交换机。

(14)B 系交换机。

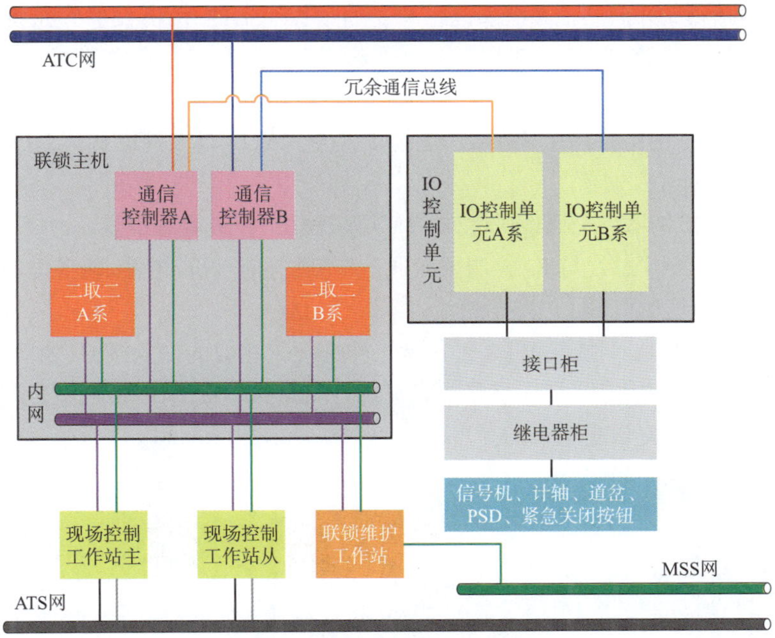

图 3-17　联锁系统硬件组成图

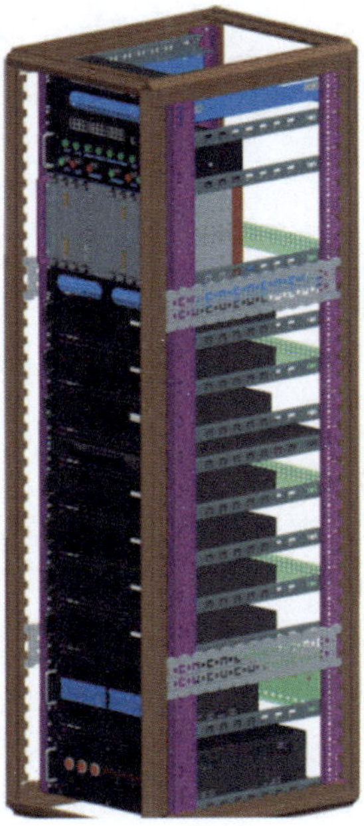

图 3-18　联锁主机

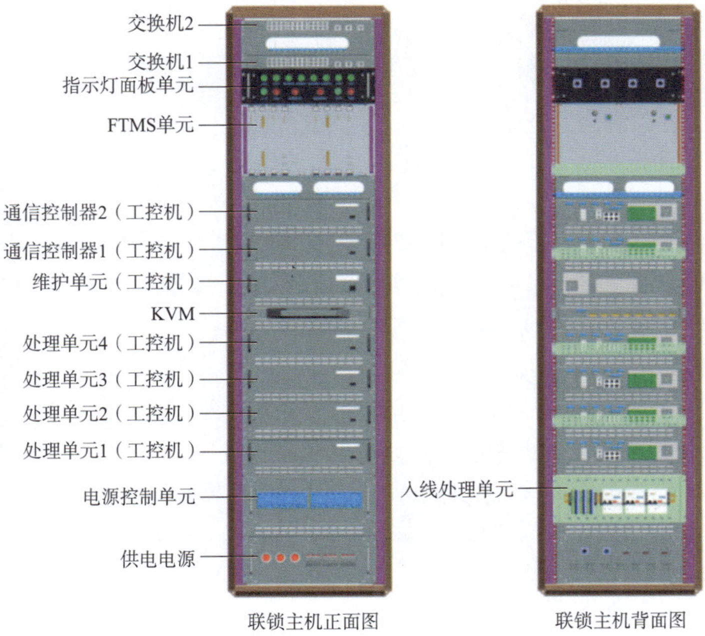

图 3-19　联锁主机结构图

PU1 ~ PU4 通过内部绿网和紫网连接构成二乘二取二安全计算机平台，该平台基于 X86 工业控制计算机和 VxWorks 实时操作系统以及对应的软件开发平台开发。

二乘二取二安全计算机平台由处于热备工作状态的两系构成。两系之间采用隔离技术，对其中任何一系进行维修与替换均不会对另外一系以及它的子系统正常工作造成任何影响。当处于主用状态的一系发生故障时，系统会自动切换到热备状态的另外一系，整个切换过程是无缝切换的。

CC1、CC2 为两个相互独立而功能相同的通信控制器。通信控制器分别向两系转发其他系统发送给联锁系统的信息，并向其他系统发送信息。通信控制器的存在，使联锁系统对于其他系统设备而言，表现为单一的 IP 地址，同时通信控制器起到安全计算机平台内部网络与外部网络隔离的作用。

联锁系统外部通信网络都是由两条相互独立的 100 Mbit/s 以太网络构成。CC1 与 ATC 网蓝网通信，CC2 与 ATC 网红网通信。

通信控制器通过 RS-422 与 LEU 通信，向 LEU 发送联锁相应状态信息。

通信控制器通过 CAN 总线与 IO 控制单元通信，完成对信号机、道岔、轨道电路及计轴等轨旁设备的状态采集和驱动功能。

3U 指示灯插箱用于提示联锁主机是否正常工作并提供相应的恢复按钮，如图 3-20 所示。联锁系统正常工作时上部的所有绿灯应该是都点亮的，下部的 A 系工作和 B 系工作两个绿灯只有一个点亮，其他所有红灯应该是熄灭的。

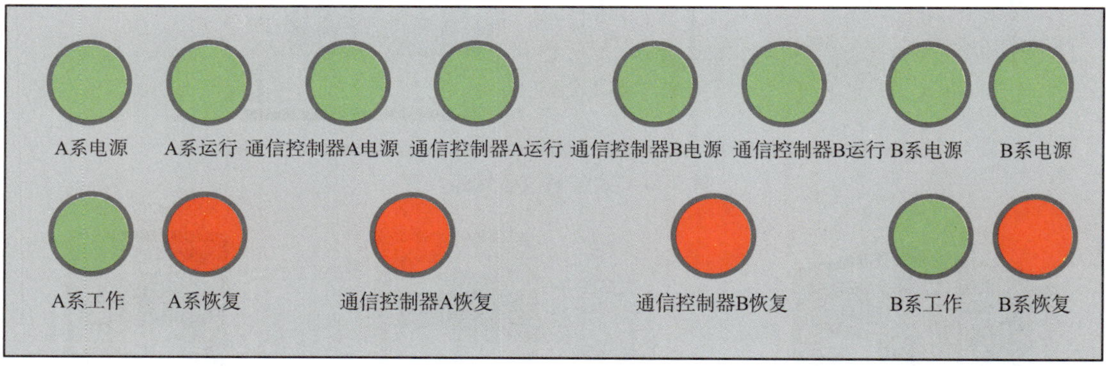

图 3-20　联锁主机工作指示灯

交换机 1 为内部网络红网交换机，交换机 2 为内部网络绿网交换机。交换机 1、交换机 2 均划分为两个不同的 VLAN，相互之间不能 PING 通。交换机的 1 ~ 10 口用于和现地控制工作站通信，11 ~ 24 口用于计算机二乘二取二平台通信。

2）IO 控制单元

（1）IO 控制单元机柜。IO 机柜整体上采用两系冗余的方式，每系独立控制继电器、采集外部接点，使用独立的电源系统。但是两系与联锁机子系统通信是相互冗余的。

IO 控制单元总体上由两个完全相同的执行单元组成，结构划分如图 3-21 所示。

（2）IO 驱采回线。驱动是两系分别输出 +24 V 电源驱动继电器的两个线包，所有的继电器共用一条驱动回线（0 V）。

采集是两系分别采集继电器的两组前接点，每一系的采集接点共用本系的一条采集回线（ -24 V），即Ⅰ、Ⅱ系采集电源完全独立分开，如图 3-22 所示。

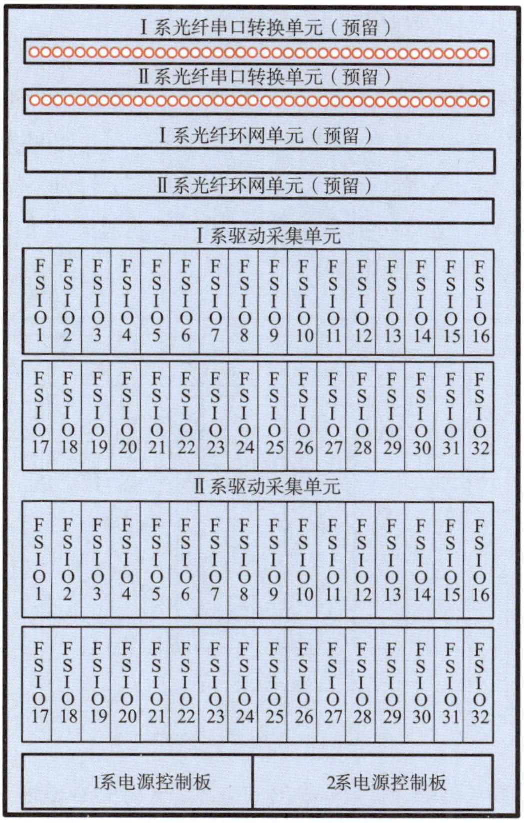

图 3-21　IO 控制单元机柜

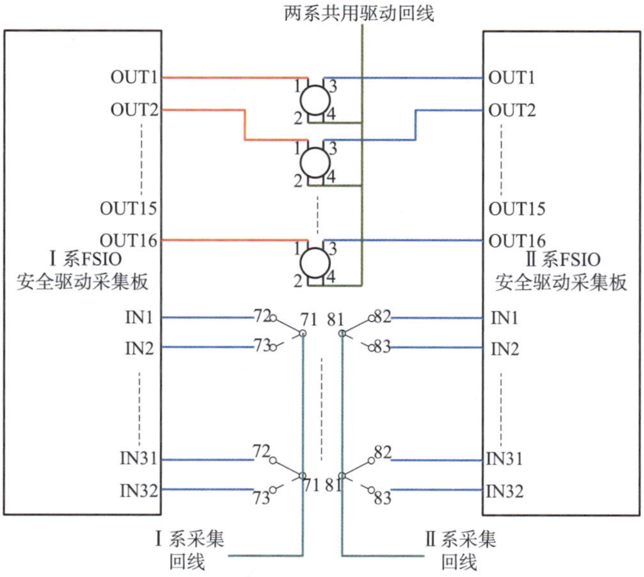

图 3-22　IO 驱采回线

（3）安全采集驱动板。主要由 CPU 部分、CAN 总线通信部分、采集驱动电路部分以及电源部分等四大部分组成。采集驱动板利用 CAN 总线实现采集驱动板与联锁机的通信。

①采集电路原理。FSIO-Ⅲ采集驱动板工作原理如图 3-23 所示。CPU 正常工作时，两个 CPU 会送出两个反相的同频率脉冲，当两个 CPU 送出的脉冲因故障不具有正确的相位关系时，将会烧

断采集驱动板的熔丝，避免了危险侧输出的严重后果。

采集驱动板从母板获得 -24 V 电压输入，通过安全 DC/DC 电源转为 +24 V 供给驱动回路（只有当 CPU A 和 CPU B 同时送出反相的脉冲时，+24 V 电压才正常输出，否则 +24 V 电压不能产生）。

采集驱动电路部分为专用的采集驱动模块，模块内部包含两路采集一路驱动，CPU 不断重复自检，电路中的故障可以被 CPU 及时检测出，电路中的器件失效故障不会造成危险侧输出。

电源部分主要包括 24 V 供电部分和 5 V 供电部分。通过爱立信 PKF2111DC/DC 将 -24 V 电压转为 5 V 电压输出供给 CPU 控制电路。

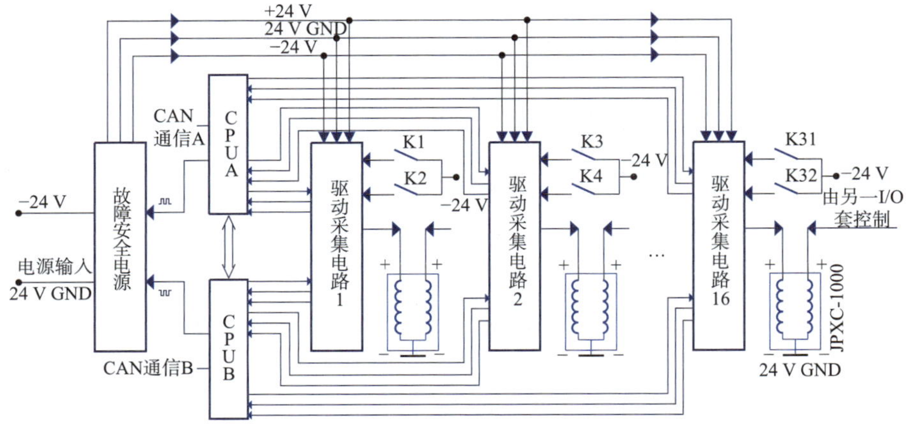

图 3-23　采集板电路原理

②驱动电路原理。驱动电路采用 24 V 输出的方式，驱动信号是通过推动 MOS 管输出。FSIO 内部有两个 CPU，如图 3-24 所示，CPU A、CPU B 分别控制上面的两个 MOS 管，可以保证只有 CPU A、CPU B 同时输出时，24 V 电源才能输出。驱动电路输出的并不是稳定的逻辑电平，而是周期性的输出自检信号，时间大约是 2/32 ms。由图 3-24 中可以看到驱动信号输出信号同时有“AB 检测”反馈。当 FSIO 一路驱动与其他路驱动混线后，会将图 3-24 中的“A/B 输出”置位，从而将本路输出拉到低电平，导向安全。

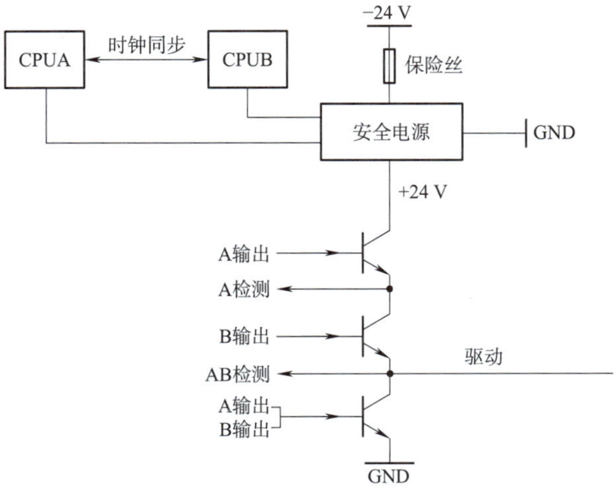

图 3-24　驱动板电路原理

（4）现地控制工作站。现地控制工作站设置在集中站，主要作用是为车站值班员提供操作显示界面。它和联锁计算机构成上下位控制的分层结构。现地控制工作站采用 PC 系列工业控制计算机。根据系统具体配置和要求的不同可插入不同的电路板。CPU 采用 i5 或以上的处理器。

现地工作站接收来自 CI 的站场信息以及报警信息，以图形化方式呈现给用户，如图 3-25 所示。

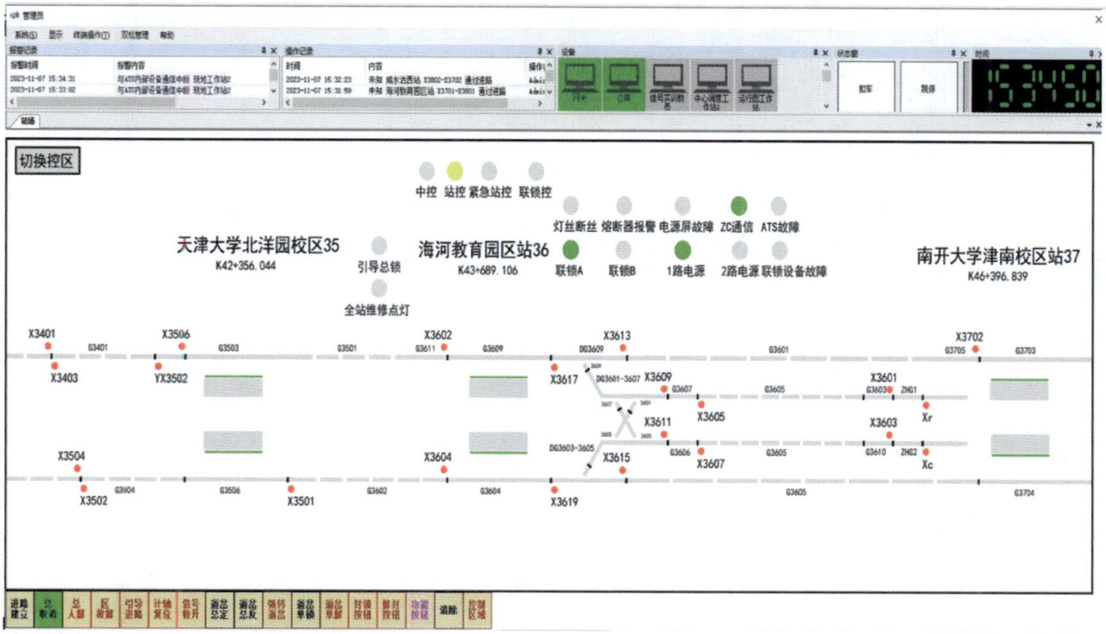

图 3-25　现地工作站

现地控制工作站完成所辖区域内车辆位置的显示跟踪、信号机状态、紧急关闭、引导信号的办理、扣车、跳停的办理。

当现地工作站为主控情况下，响应用户的操作命令，翻译成联锁命令，下发给联锁执行，并显示命令的执行反馈情况。

系统应用于车辆段且当单元控制台为主控情况下，将单元控制台的按钮命令翻译成联锁命令，下发给联锁执行，并显示命令的执行反馈情况。

集中站设置三台现地控制工作站，三机并行工作，互为冗余。当一台现地控制工作站为主用时，另外两台现地控制工作站为备用。当主用现地控制工作站故障时，由另外两台备用现地控制工作站自动产生主用现地控制工作站，不对正常行车造成干扰。

（5）联锁维护工作站。联锁维护工作站是与计算机联锁系统配套使用的车站信号信息记录、监督计算机子系统，属于非安全功能。维护系统人机界面友好，操作简单易学，功能丰富适用，如图 3-26 所示。该系统实时监视计算机联锁系统的运行情况、故障原因和车站信号设备状态的变化情况，记录车站值班人员的操作情况。同时还能记录车站运行情况、随时回放车站历史信息等。

通过维护工作站可以查验联锁主机及现地控制工作站的程序和数据版本。

2. 室外设备认知

计算机联锁设备的室外部分主要包括信号机、转辙机、轨道电路和计轴器等设备，均在“项目二 城市轨道交通信号基础设备认知与操作”中做过详细介绍，本任务主要介绍这些设备在联锁系统中的作用。

（1）信号机。信号机用来防护进路，给出各种信号显示，指示列车运行及调车作业。联锁设备采用透镜式色灯信号机或组合式信号机、LED 式信号机。

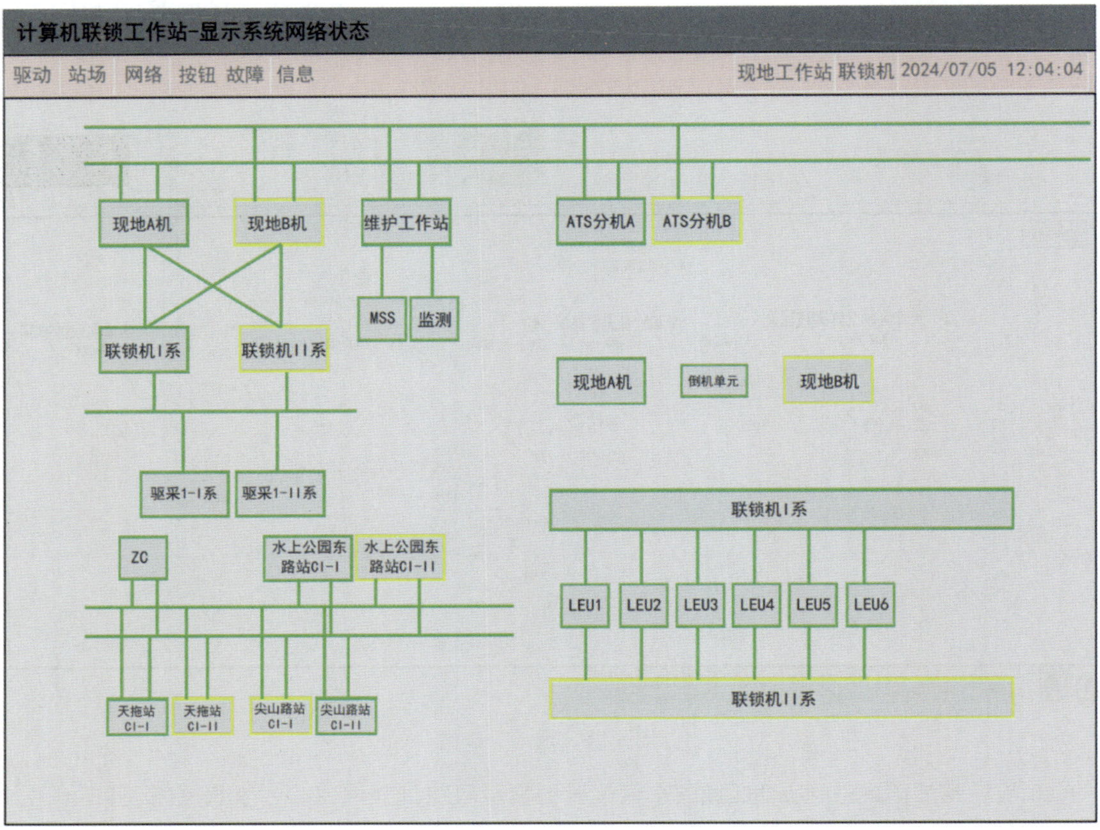

图 3-26　维护工作站

车站按用途设有进站信号机、出站信号机、预告信号机、复示信号机和调车信号机等。为使信号机有足够的显示距离,进站信号机、预告信号机、正线出站信号机及专用线和牵出线的调车信号机一般采用高柱信号机,其他的一般采用矮型信号机。

信号机有关闭和开放两种状态,开放和关闭时信号机由联锁电路控制用继电器应遵循安全对应原则,用继电器落下反映信号关闭,用吸起反映信号开放,信号机关闭时显示禁止信号,进站信号机亮红灯,调车信号机亮蓝灯。

(2)转辙机。对应每组道岔都要设转辙机,用以转换和锁闭道岔,反映道岔的位置和动作状态。

目前一般车站使用 ZD6 型直流电动转辙机,提速区段的车站正线使用 S700K 型交流电动转辙机、ZYJ7 型电液转辙机或 ZD(J)9 型电动转辙机。

转辙机应能按列车进路或调车进路的要求转换道岔,并将其锁闭在需要的位置,进路锁闭时不能转换。转辙机应能正确地提供道岔所在位置表示,在挤岔时给出报警。

(3)轨道电路。轨道电路用来监督进路和接近区段是否空闲,检查钢轨线路的完整性,也是向机车信号设备传递信息的通道。凡是由信号机防护的进路和信号机的接近区段均要装设轨道电路。

在进路锁闭和防护该进路的信号机开放过程中,必须连续检查有关轨道电路区段是否在空闲状态。当列车或调车车列在进路上运行时,轨道电路要监督其运行状态。信号关闭后,只有在证明列车或调车车列出清轨道电路区段后,才准许进路逐段解锁。

(4)计轴器。计轴器同轨道电路一样,是固定闭塞分区占用检测的结果。利用轮轴传感器、计数器来记录和比较驶入和驶出轨道区段的轴数,以此确定轨道区段的占用或空闲。

每个计轴点都有两组轮轴传感器,当车轮经过时,两组轮轴传感器Ⅰ和Ⅱ各产生脉冲。若正方向驶过,传感器Ⅰ先于传感器Ⅱ产生脉冲信号;反之,则可确定反方向驶过。这样通过传感器产生轴脉冲在时间顺序上不同,根据两组脉冲的时序可判定列车的运行方向。当列车出发,车轮进入轮轴传感器作用区时,微机开始计轴,轮对经过传感器磁头时,向微机发送轴脉冲,微机开始计数,判定运行方向,确定对轴数是累加计数还是递减计数。系统规定:凡进入区段的轮轴数进行加轴运算,凡离开区段的轮轴数进行减轴运算。

计轴器定位的优点是它具有检查区段占用与空闲的功能、判断运行方向,而且不依赖轨道线路的道床情况和轨道电路,对环境的适应性更强,定位安全性较高,维护量相对较小。

四、计算机联锁系统的冗余结构

由于计算机联锁系统不仅需要昼夜不停地连续运转,而且一旦出现故障就会对行车安全和效率产生不利影响,因此,计算机联锁系统既要有比较高的可靠性,又要有比较高的安全性。

计算机联锁系统需采用多重化的冗余结构来保证整个系统的可靠性和安全性。冗余结构的实质在于增加相同性能的模块来换取整体系统的可靠性和安全性,增加的模块,从完成系统的功能角度来看是多余的,但从提高系统可靠性和安全性角度来看是必要的。

1. 可靠性冗余结构

可靠性指的是系统在规定时间内、在规定条件下完成规定功能的能力。度量可靠性的定量标准是可靠度,可靠度用自身的平均故障间隔时间 MTBF 来表征。对于一般的电子产品,其 OEM 板级产品的 MTBF 约为 10^5 h,而计算机联锁系统由若干块的 OME 板级产品组成,其 MTBF 约为 10^4 h。根据有关技术标准,计算机联锁系统的 MTBF 应达到 10^6 h。显然,只依靠单个计算机构成的单机系统是不能达到该目标值的,必须采用可靠性冗余结构使系统的可靠性达到或超过该目标值。

图 3-27 是可靠性冗余结构——双机热备二重系统,模块 A 和模块 B 经或门输出,两个模块只要有一个模块正常输出即可保证整个系统不停机,提高了系统工作的可靠性。在实际应用中,对安全性要求不高处理人机对话信息的上位机一般采用可靠性冗余结构。

2. 安全性冗余结构

安全性指的是当系统的任何部分发生故障时,其后果不会导致人身伤亡或财产重大损失的性能。度量系统安全性的技术指标是系统产生不安全性输出的平均间隔时间。根据有关技术标准,计算机联锁系统产生不安全性输出的平均间隔时间为 10^{11} h 以上。

图 3-28 是安全性冗余结构——二取二冗余结构,模块 A 和模块 B 经与门输出,两个模块同步工作,只有两个输出一致才能保证整个系统不停机,只要有一个模块故障,系统将不能正常输出。这样提高了系统的安全性,减小了危险侧输出的概率。在实际应用中,对安全性要求较高的联锁控制机采用安全性冗余结构。

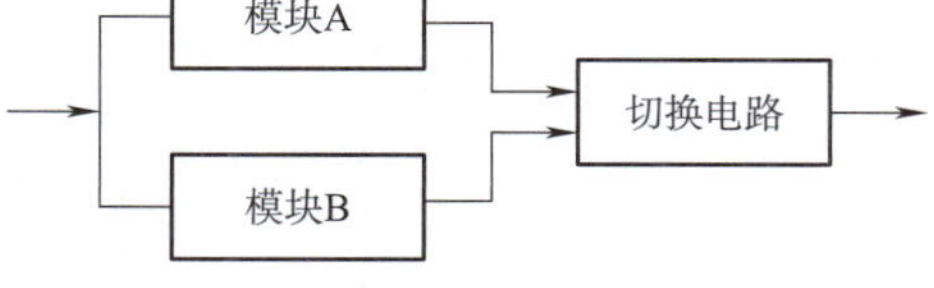

图 3-27　可靠性冗余结构

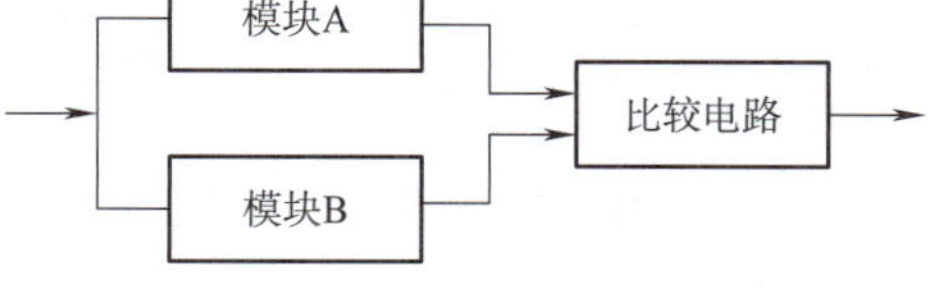

图 3-28　安全性冗余结构

3. 二乘二取二系统

为了使计算机联锁系统既具有可靠性又具有安全性,可采用多重冗余结构,如图3-29所示。二乘二取二系统采用了四台计算机,一般分为系统Ⅰ、系统Ⅱ,双系互为热备关系。二乘二取二联锁系统通过“单系保证安全,双系提高可靠性”实现整体系统的安全性和可靠性。双系中的每一单系均包括双套计算机实时校核工作,每一单系中必须双机工作一致才能对外输出,实现整体系统的安全性,任一单系检出故障均可立即导向备系工作,实现全部系统的可靠性。二乘二取二联锁机应用软件和操作系统进行松散耦合,并且系统具有完备的自检功能,保证了整体系统具有较高的安全性。

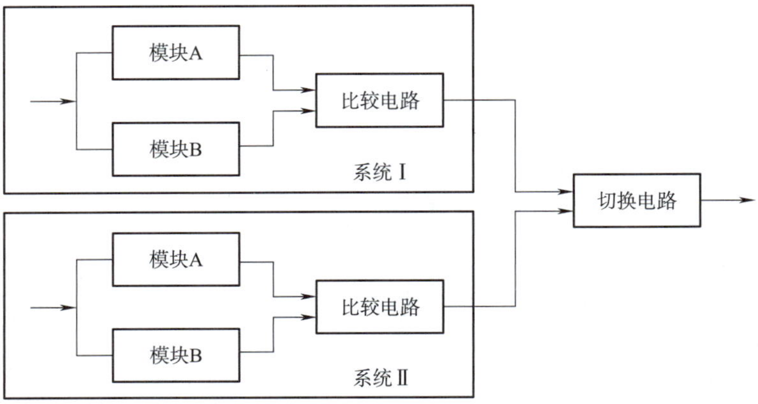

图3-29　二乘二取二系统

4. 三取二系统

三取二系统,又称三机表决系统,如图3-30所示,采用三台计算机同时工作,三取二系统CPU之间是通过两两相互比较保证整体系统的安全性,当有两个结果相同(包括三个结果相同)时,认为正确无误方可输出。当某一个CPU故障或运行产生差错时,该CPU将被屏蔽,另外两个CPU相当于组成一个二取二的系统,不需要切换,在没有降低系统安全性的前提下保证了整体系统的高可靠性。

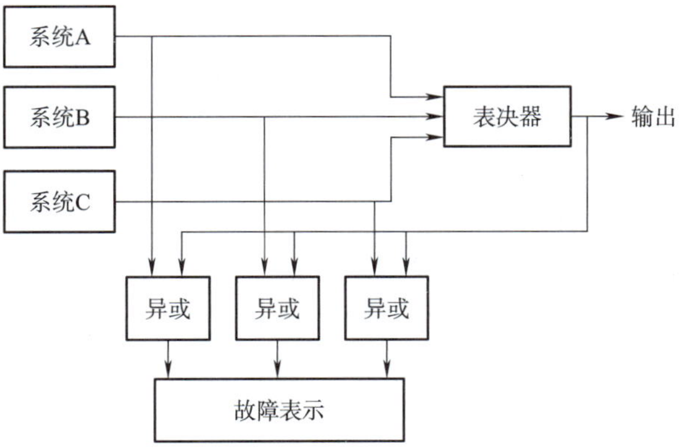

图3-30　三取二系统

除硬件冗余,在系统内还可采用软件冗余技术,如双套软件冗余、信息冗余等,进一步提高系统安全性和可靠性。

任务实施

任务工单见表 3-7。

表 3-7　任务工单

任务三　认识联锁设备		
团队名称：	班级：	日期：
团队成员及分工：		
任务目标	1. 掌握联锁设备结构组成。 2. 掌握联锁设备不同图形显示的含义	
任务内容	作为车站行车值班员，需要掌握联锁系统设备组成，以小组为单位，对照任务工单中的系统结构图，准确识别空白处设备名称及其作用	
引导问题	计算机联锁系统的冗余结构有哪些？ ____________________ ____________________ ____________________ ____________________	

【训练】

小组对照系统结构图，将表 1 空白处的设备名称填写完整，并描述其作用。

表 1

<table>
<tr><th>序号</th><th>系统结构图</th><th>设备序号</th><th>设备名称</th><th>作用</th></tr>
<tr><td rowspan="3">1</td><td rowspan="3">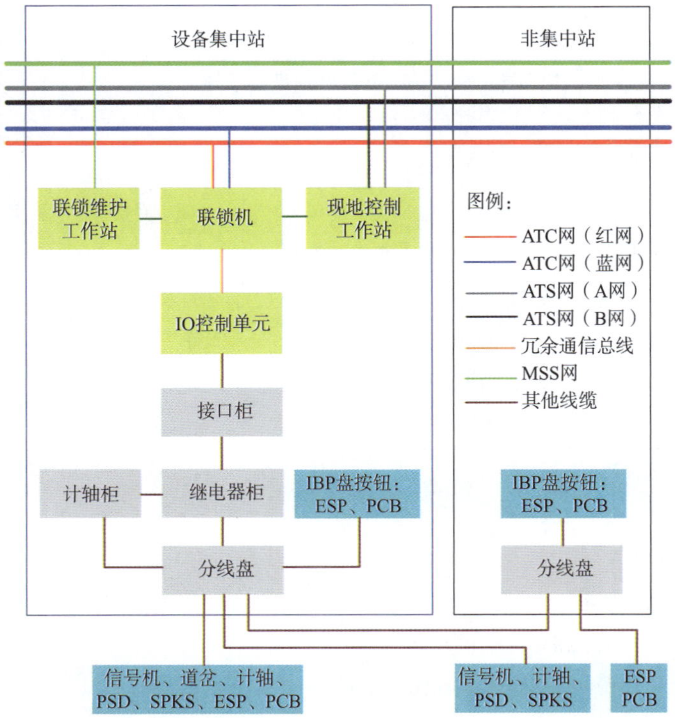
</td><td>①</td><td></td><td></td></tr>
<tr><td>②</td><td></td><td></td></tr>
<tr><td>③</td><td></td><td></td></tr>
</table>

续表

<table>
<tr><th>序号</th><th>系统结构图</th><th>设备序号</th><th>设备名称</th><th>作用</th></tr>
<tr><td rowspan="3">2</td><td rowspan="3">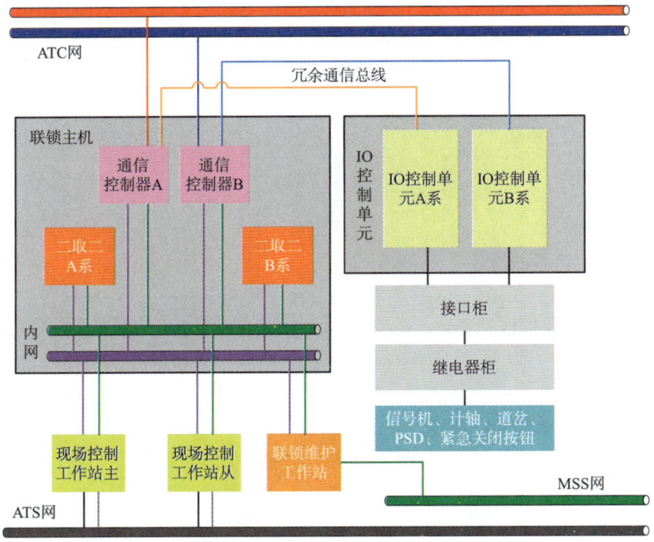
</td><td>①</td><td></td><td></td></tr>
<tr><td>②</td><td></td><td></td></tr>
<tr><td>③</td><td></td><td></td></tr>
</table>

任务评价

任务评价见表 3-8。

表 3-8　任务评价

<table>
<tr><td colspan="4">任务三　认识联锁设备</td><td colspan="4">日期：</td></tr>
<tr><td colspan="2">姓名：</td><td>班级：</td><td colspan="2">学号：</td><td colspan="3" rowspan="3">教师签名：</td></tr>
<tr><td colspan="2">自评：□熟练　□不熟练</td><td>互评：□熟练　□不熟练</td><td colspan="2">师评：□合格　□不合格</td></tr>
<tr><td colspan="2">日期：</td><td>日期：</td><td colspan="2">日期：</td></tr>
<tr><td colspan="8">评 分 细 则</td></tr>
<tr><td>序号</td><td>评分项</td><td colspan="2">得 分 条 件</td><td>分值</td><td>自评</td><td>互评</td><td>师评</td></tr>
<tr><td>1</td><td>接受任务</td><td colspan="2">明确工作任务，理解本次任务在企业工作中的重要程度</td><td>5</td><td></td><td></td><td></td></tr>
<tr><td>2</td><td>前置知识</td><td colspan="2">本次任务前需要掌握的知识程度</td><td>5</td><td></td><td></td><td></td></tr>
<tr><td rowspan="2">3</td><td rowspan="2">能力评价</td><td colspan="2">能将联锁设备层次结构与计算机联锁设备一一对应</td><td>30</td><td></td><td></td><td></td></tr>
<tr><td colspan="2">能够描述计算机联锁系统各设备的作用</td><td>30</td><td></td><td></td><td></td></tr>
<tr><td rowspan="5">4</td><td rowspan="5">素养评价</td><td colspan="2">岗位认同感强，乐于学习专业知识</td><td>4</td><td></td><td></td><td></td></tr>
<tr><td colspan="2">团队合作能力强，善于沟通合作</td><td>4</td><td></td><td></td><td></td></tr>
<tr><td colspan="2">自主学习能力强，勇于克服困难</td><td>4</td><td></td><td></td><td></td></tr>
<tr><td colspan="2">严谨认真，积极参与课堂</td><td>4</td><td></td><td></td><td></td></tr>
<tr><td colspan="2">安全意识强，注重细节</td><td>4</td><td></td><td></td><td></td></tr>
<tr><td rowspan="2">5</td><td rowspan="2">评价反馈</td><td colspan="2">学生能以小组评价方式组织客观评价</td><td>5</td><td></td><td></td><td></td></tr>
<tr><td colspan="2">对学生在任务实施过程中发现问题，进行小组审议后及时反馈</td><td>5</td><td></td><td></td><td></td></tr>
<tr><td colspan="4">合　　计</td><td>100</td><td></td><td></td><td></td></tr>
</table>

巩固与练习

填空题

1. 计算机联锁系统根据车站行车安全的需要，在规定的联锁条件和规定的时序下对________、________和________实行控制，并显示现场信号设备状态。

2. 正线集中站联锁系统自上而下由现地控制工作站、________、IO 控制单元、________等构成。

3. 联锁主机，是采用________冗余结构的安全计算机平台。

4. 现地控制工作站设置在________，主要作用是为车站________提供操作显示界面。它和联锁计算机构成上下位控制的分层结构。

5. 联锁维护工作站是与计算机联锁系统配套使用的车站信号信息记录、监督计算机子系统，属于________功能。

知识拓展

国内首家！中国通号获全电子计算机联锁设备 CRCC 产品认证

2024 年 1 月 18 日，中国通号研究设计院集团自主研制的 DS6-60 全电子计算机联锁设备顺利通过中铁检验认证中心有限公司(CRCC)产品认证，成为国内首家获得地方铁路用全电子车站计算机联锁设备铁路产品认证的企业。

中国通号研究设计院集团作为中国轨道交通列车运行控制关键核心技术的推动者，建立了完整的中国列车运行控制技术体系和标准体系，DS6-60 全电子计算机联锁继承了研究设计院集团在计算机联锁领域深耕数十年的丰硕成果。此次研究设计院集团获全国首家全电子车站计算机联锁设备铁路产品认证的企业，标志着企业技术实力得到行业内的充分认可。DS6-60 全电子计算机联锁是以计算机控制技术为核心，以电力电子开关技术为基础，由逻辑部、全电子执行单元模块、操作表示机、维修机组成的新一代车站自动控制联锁设备，能够在保证系统安全的基础上，充分发挥电子控制技术和数字化网络技术优势，满足本地集中、区域分散、远程控制等多种应用需求。与传统继电器接口的计算机联锁相比，DS6-60 全电子计算机联锁采用全电子执行单元代替继电器接口电路，与轨旁转辙机、信号机及轨道电路设备直接连接，具有占用空间少、施工更便捷、可用性更高、可维护性更高、部署更灵活、操作更优化等优点，是计算机联锁技术发展的趋势。

任务四　操作联锁工作站

学习目标

知识目标

1. 掌握联锁工作站的界面显示及意义。
2. 掌握联锁工作站的操作方法。
3. 掌握行车调度员和车站值班员在联锁操作中的岗位工作流程。

能力目标

1. 能够准确操作联锁工作站，包括排列进路、取消进路、道岔单操、区段解封等。
2. 能够按照调度员和值班员的岗位职责，完成联锁的相关任务。

素质目标

1. 培养一丝不苟的工作素养。
2. 提升岗位认同感和标准作业的工作素养。

任务描述

联锁系统的操作依赖现场操作工作站,操作员通过人机操作界面,可以图形化地查看设备和列车的运行情况,通过操作工作站向联锁计算机发送操作指令,如排列进路、控制和监督道岔、控制和监督信号机等,这些指令经过联锁计算机的逻辑运算后,会输出相应的控制命令到现场设备。

通过学习本任务,学生可以掌握联锁界面信号设备的状态,按照调度员和值班员的岗位工作流程完成联锁的基本操作,达到城市轨道交通服务员国家职业技能标准中城市轨道交通行车值班员岗位(中级工)部分技能要求。

相关知识

计算机联锁系统的本地操作和表示是通过现地控制工作站来实现的。现地控制工作站由一台主机、一台彩色显示器、一台记录打印机、一个键盘、一个鼠标和一个音箱组成。设备状态和行车状况(轨道占用道岔位置和信号显示、锁闭等)在彩色显示器上显示。使用鼠标和键盘,通过对话窗口实现常规操作及与安全相关联锁命令操作,所有安全相关命令操作、操作员登录/退出、设备故障报警将被记录存档。

现地控制工作站具有以下特点:

(1)运用站场图形,清晰显示设备当前运行状态。

(2)对任一报警信息直接给出视觉和听觉提示,报警信号是自动发出的,并请求操作员立即采取行动确认报警。

(3)操作员的每个操作都有视觉或听觉响应来确认,并提示是否为误操作。

(4)不同元件(道岔、轨道区段等)的控制、操作及显示被限制在一个明确的范围。一个操作分为几个步骤,并可以中途取消。

(5)进行分级控制,不同访问级别的操作员可以执行的操作是不一样的。

一、联锁工作站屏幕显示

现地控制工作站屏幕显示分为基本窗口、主窗口、对话窗口三部分,基本窗口包括基本菜单,主窗口显示轨道布置图和行车情况,对话窗口包括操作对话和命令提示。

1. 基本窗口

计算机启动后第一个出现的窗口为基本窗口,基本窗口包括系统按钮(登录/注销)、显示按钮、终端操作按钮、双机管理按钮、帮助按钮、报警记录、操作记录、设备、状态窗口、时间显示。基本窗口菜单如图3-31所示。

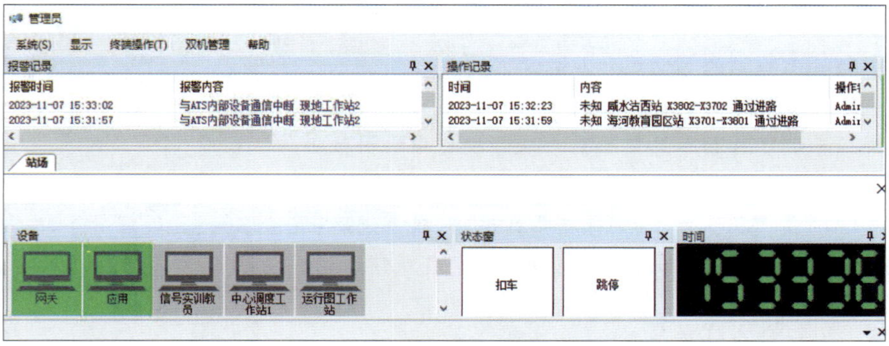

图3-31 基本窗口菜单

2. 主窗口

主窗口用于显示站场图，可以把本联锁区管辖的主要设备状态实时显示出来，还可用于切换控区，如图3-32所示。

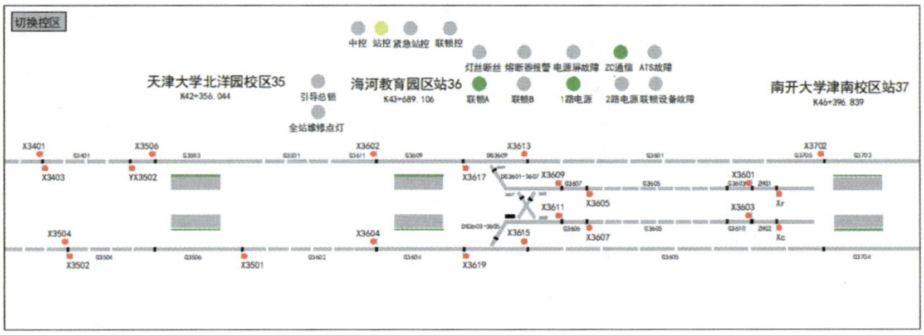

图3-32　主窗口

1)信号机显示说明

普通信号机采用单灯位显示，信号机灯位打叉表示该灯位封闭或现场灭灯，信号机前端三角形表示信号机防护进路的控制状态。

进路的控制状态包括人工、自动控制两种状态。

自动进路的信号机为实际灭灯、逻辑点灯的状态，可以为CBTC列车自动办理进路；人工进路的信号机处于实际点灯状态，需要手动为列车办理相应进路。

信号机状态显示说明见表3-9。

表3-9　信号机状态显示说明

信号机状态	点亮灯位	图　例	含　义
绿灯点亮	无叉		表示道岔已锁闭，并开通直向，准许接近列车按规定速度运行，信号机处于实际点灯状态
	带叉		表示道岔已锁闭，并开通直向，准许接近列车按规定速度运行，信号机处于逻辑点灯、实际灭灯状态
黄灯点亮	无叉		表示道岔已锁闭，并开通侧向，准许接近列车按规定的限制速度运行，信号机处于实际点灯状态
	带叉		表示道岔已锁闭，并开通侧向，准许接近列车按规定的限制速度运行，信号机处于逻辑点灯、实际灭灯状态
红灯点亮	无叉		表示不准列车越过信号机，列车在信号机前停车，信号机处于实际点灯状态
	带叉		表示不准列车越过信号机，列车在信号机前停车，信号机处于逻辑点灯、实际灭灯状态
	名称显示红色		表示信号机封锁，不允许办理以该信号机为始端的进路
红灯、黄灯点亮	无		表示开放引导信号，准许接近列车以不大于规定速度越过该架信号机并随时准备停车

进路属性说明见表 3-10。

表 3-10　进路属性说明

描　述	图　例	含　义
信号机显示绿色带 ×		表示以该信号机为始端的所有正向进路都为自动触发进路
信号机带有黄色三角		以该信号机为始端的进路中存在“人工控”状态。出现人工控状态,包括以下情况: ●人工办理的进路:原进路属性为自动触发,后由人办理该条进路,此时显示黄三角,待列车通过进路解锁后,三角自动消失; ●人工取消的进路:人工取消了 ATS 自动触发的进路或者人工办理的进路,此情况下,黄三角一直显示直到交 ATS 控后消失; ●人工将“自动控”信号机设置为“人工控”
信号机带有绿色箭头		表示以该信号机为始端的某条进路处于自动进路状态

2)道岔状态

道岔图形由道岔区段线条、岔尖、道岔名称组成,如图 3-33 所示;其显示信息用于代表道岔的状态,见表 3-11。

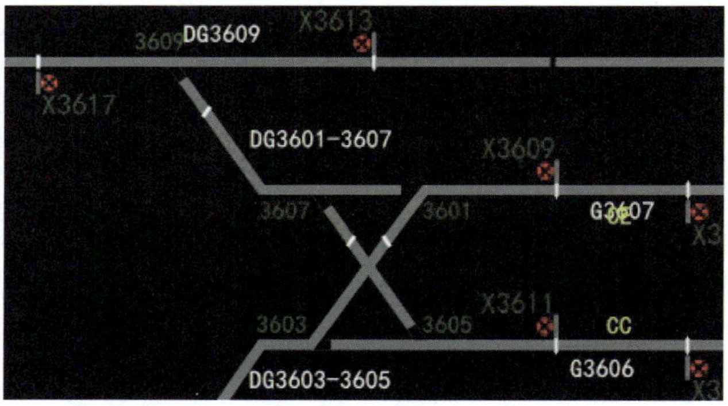

图 3-33　道岔图形

表 3-11　道岔状态显示说明

道岔状态	图　例	说　明
定位显示		道岔位置显示为定位,岔心用灰显示,道岔名称显示绿色文字
反位显示		道岔位置显示为反位,岔心用灰色显示,道岔名称显示绿色文字
道岔失去表示		岔心不显示,道岔号闪动红色,岔尖以站场底色显示

续表

道岔状态	图　例	说　明
道岔挤岔显示	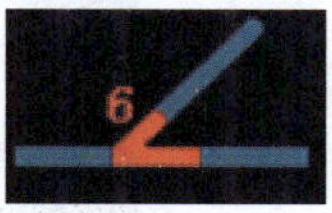 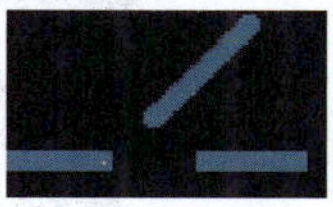	道岔在四开位置时,道岔号和岔尖红闪
道岔占用		定位占用，道岔相应位置显示为红色或粉红色
		反位占用，道岔相应位置显示为红色或粉红色
道岔锁闭		道岔定位锁闭，道岔相应位置显示为绿色
		道岔反位锁闭，道岔相应位置显示为绿色
道岔保护锁闭		道岔定位保护锁闭，道岔区段相应位置显示为黄色
		道岔反位保护锁闭，道岔区段相应位置显示为黄色
道岔单锁		当道岔单锁时,岔尖处显示青色方形边框,当道岔解锁后,恢复原来显示
道岔封锁		当道岔封锁时,方框为红色

3）区段显示说明

物理区段由一个或多个逻辑区段组成,轨道上方的名称表示物理区段的名称,轨道下方的名称表示逻辑区段的名称。物理区段以竖线分隔,逻辑区段以细缝分隔。

计轴区段分为若干逻辑区段。未划分逻辑区段的,仍以计轴区段区域显示。

区段状态显示说明见表3-12。

表3-12　区段状态显示说明

区段颜色	含　义	图　例
灰色	区段处于空闲解锁状态	
红色	占用	
绿色	区段处于进路锁闭状态	
白色	区段处于出清状态,需要故障解锁	

4)站台门显示说明

站台门状态显示说明见表3-13。

表3-13　站台门状态显示说明

说　明	表示方法	图　例
列车停稳	站台矩形背景显示黄色	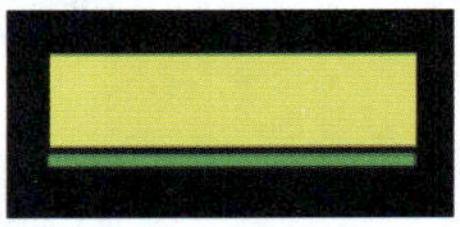
紧急关闭	显示红色菱形	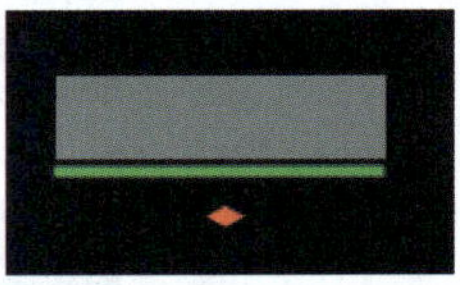
跳停	设置列车跳停后,站台以浅蓝色作为背景颜色	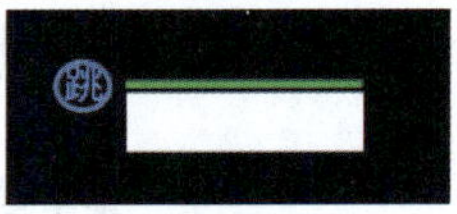
扣车	站台发车端显示绿色字“扣”	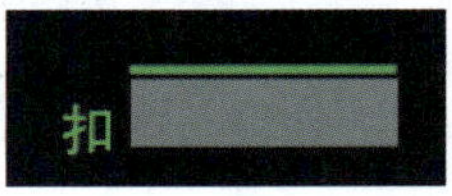

3. 对话窗口

对话窗口主要由命令按钮组成,可以显示当前的所有命令按钮,以供操作人员选择,如图3-34所示。

图3-34　对话窗口

二、现地控制工作站操作

1. 用户登录

工作站软件启动时,进入启动登录界面,需输入用户名密码,如图3-35所示。系统会根据登录用户的权限开放或关闭相应的功能。

标题栏左上角显示工作站名称，输入用户名及密码，登录成功。

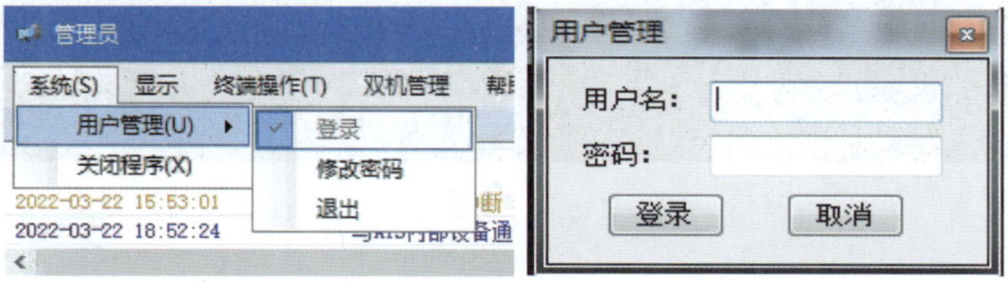

图 3-35　用户登录界面

2. 联锁命令含义及操作方法

1）进路建立

含义：办理选定起终点的进路，符合联锁条件的进路即办理成功，锁定进路上的信号道岔、轨道区段（保护区段同时锁定），防护信号机开放。

操作步骤：办理进路有两种方法。

（1）鼠标移动至需要办理进路的始端信号机处，鼠标图标变为手形图标后，右击进路始端信号机，弹出图 3-36 所示快捷菜单，鼠标指针移动至“办理进路”处。弹出二级菜单，如图 3-37 所示，二级菜单中显示所有以该信号机为始端信号机的进路，进路名称黑显表示可以对其进行办理进路操作，进路名称灰显表示不可以对其进行操作。

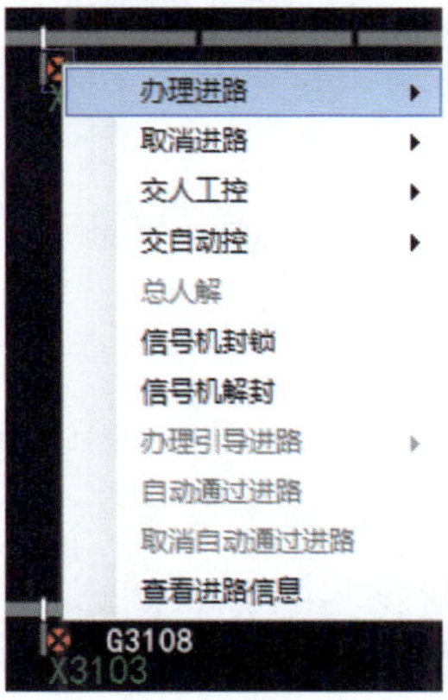

图 3-36　办理进路菜单

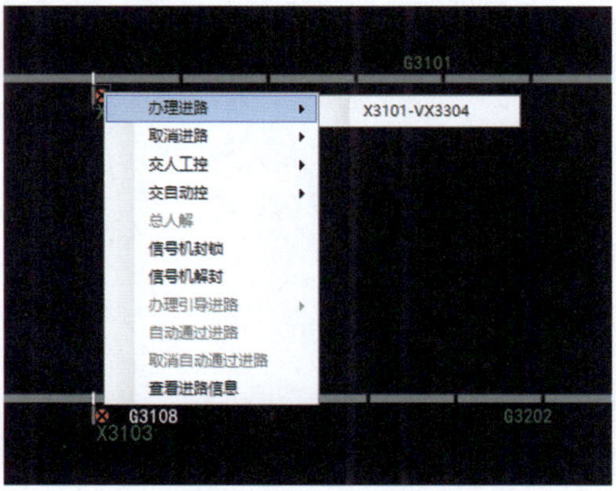

图 3-37　办理进路二级菜单

（2）单击对话窗口中的“进路建立”按钮，选择始端信号机，单击闪烁的终端信号机，如图 3-38 所示。

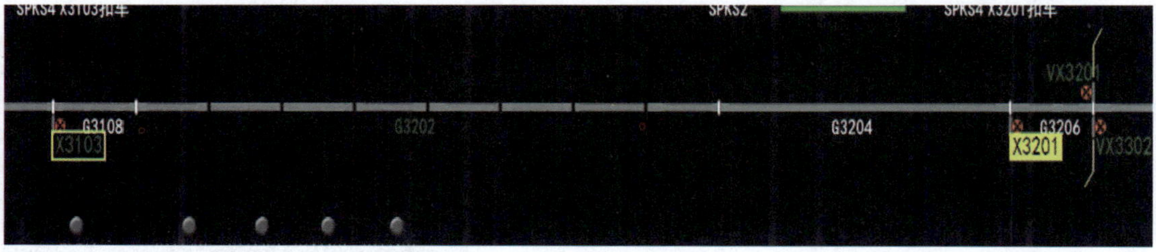

图 3-38　办理进路起终点选择

进路办理完成后如图 3-39 所示。

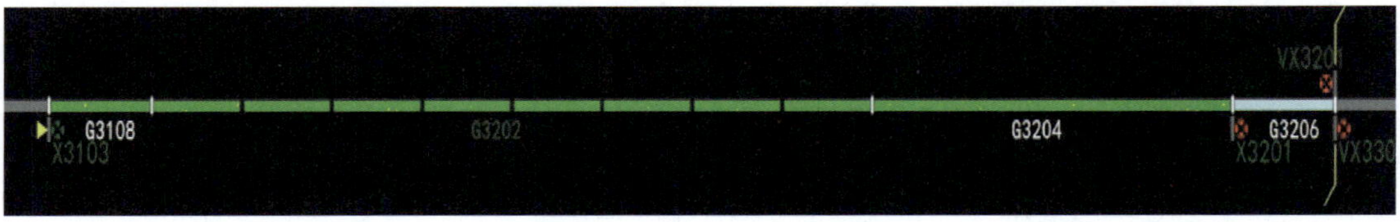

图 3-39　进路办理完成

2)总取消

含义:当进路处于预先锁闭阶段(信号开放后,接近区段无车),进路中无车,轨道电路、道岔无故障,可以取消进路。

操作步骤:取消进路共有两种方法。

(1)鼠标移动至需要办理进路的始端信号机处,鼠标图标变为手形图标后,右击进路始端信号机,弹出图 3-36 所示快捷菜单,鼠标指标移动至"取消进路"处。弹出二级菜单,如图 3-37 所示,二级菜单中显示所有以该信号机为始端信号机的进路,进路名称黑显表示可以对其进行办理进路操作,进路名称灰显表示不可以对其进行操作。

(2)单击对话窗口中的"总取消"按钮,单击需要取消进路的始端信号机,即可取消进路建立。

3)总人解

含义:当进路处于接近锁闭阶段(信号开放后,接近区段有车),进路中无车,轨道电路、道岔无故障,此时要取消进路只能人工解锁延时取消进路。正常情况能总取消的进路也可以总人解,但不建议此种操作。总人解是涉及安全的操作,需要输入口令进一步确认,口令一般为 123。

操作步骤:单击对话窗口中的"总人解"按钮,然后单击想要解锁的进路始端信号机,在弹出的口令框输入口令 123,该进路就会延迟解锁。

4)区故解

含义:正常情况下,进路应随着列车驶过而自动逐段解锁,由于某种原因(如轨道电路分路不良,区段不能正常解锁)而强行使该区段解锁称为区段故障解锁,简称区故解,以白色光带表示。区故解是涉及安全的操作,需要输入口令进一步确认,口令一般为 123。

操作步骤:单击对话窗口中的"区故解"按钮,输入口令 123,再单击白色计轴区段,即可对该区段进行区故解。"区故解"对话框如图 3-40 所示。

5)引导进路

含义:在信号机故障或轨道电路故障,不能开放进站或接车进路信号机时,应采取引导进路锁闭方式开放引导信号,指示列车以不超过20 km/h速度进站或通过接车进路,并须准备随时停车。引导进路是涉及安全的操作,需要输入口令进一步确认,口令一般为 123。

操作步骤:单击对话窗口中的"引导进路"按钮,输入口令 123,单击始端信号机,即可对列车进行引导进路。

图 3-40　区故解对话框

6)计轴复位

含义:当计轴受扰或故障时,需进行计轴复位操作。

操作步骤:确认区段无车占用,单击对话窗口中的"计轴复位"按钮,输入口令 123,选择故障区段,计轴复位成功，但故障的计轴区段不会立刻变空闲，随后列车通过区间，列车占用检测正确，随着列车出清，计轴区段空闲。

7）道岔总定/反

含义：将目前处于反位/定位的道岔转换到定位/反位（处于锁定状态的道岔不能转换位置）。

操作步骤：道岔总定/反共有两种方法。

（1）鼠标移动到道岔上方，选择某一道岔，待变成小手形状后，右击鼠标，选择"定位/反位"，如图3-41所示，在弹出的对话框中对道岔的操作进行二次确认，如图3-42所示。

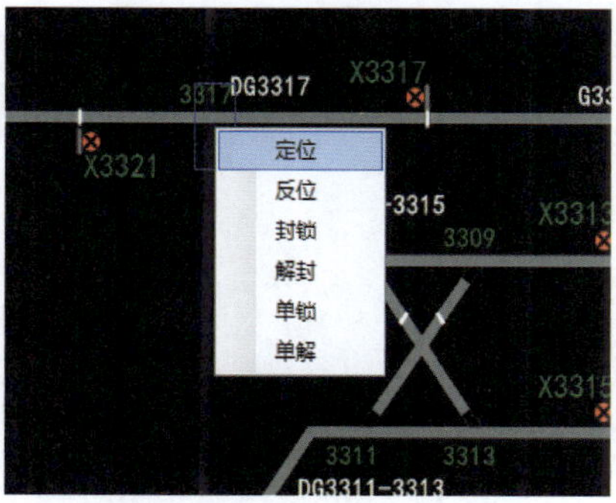

图3-41　道岔命令

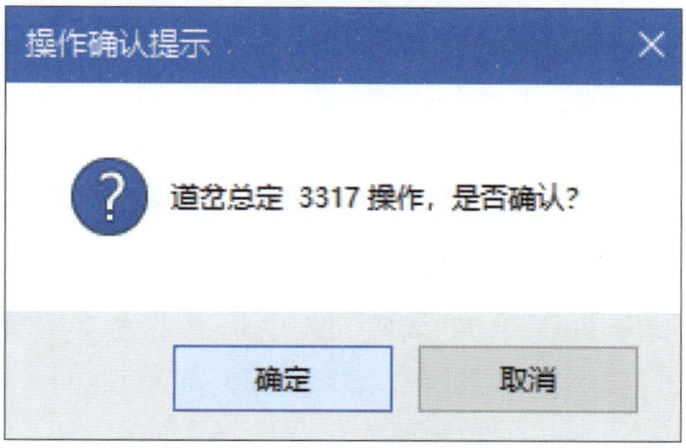

图3-42　二次确认对话框

（2）单击对话窗口中的"道岔总定/反"按钮，然后单击目标道岔，就可以将反位/定位道岔转到定位/反位。

8）强转道岔

含义：轨道区段逻辑占用时强行转换道岔。

操作步骤：单击对话窗口中的"强转道岔"按钮，输入口令123，选择目标道岔，将道岔转到规定位置。

9）道岔单锁/单解

含义：锁定单个道岔，阻止转换位置。

操作步骤：道岔单锁共有两种方法。

（1）光标移动到道岔上方，选择某一道岔，待变成小手形状后，右击鼠标，选择"单锁"，如图3-41所示，在弹出的对话框中对道岔的操作进行二次确认。

（2）单击对话窗口中的"道岔单锁"按钮，然后点击目标道岔，就可以将道岔单独锁定。

10）道岔单解

含义：取消对单个道岔的锁定，道岔可以转换。

操作步骤：道岔单解共有两种方法。

（1）鼠标移动到道岔上方，选择某一道岔，待变成小手形状后，右击鼠标，选择"单解"，如图3-41所示，在弹出的对话框中对道岔的操作进行二次确认。

（2）单击对话窗口中的"道岔单解"按钮，然后单击目标道岔，就可以将道岔单独解锁。

11）封锁按钮

含义：封锁道岔或轨道区段，禁止通过道岔或轨道区段排列进路。

操作步骤：封锁共有两种方法。

（1）鼠标移动到道岔或轨道区段上方，选择某一道岔轨道区段，待变成小手形状后，右击鼠标，选择"封锁"，如图3-41所示，在弹出的对话框中对操作进行二次确认。

(2)单击对话窗口中的“封锁按钮”按钮，然后单击目标道岔，就可以将道岔或轨道区段封锁。

12)解封按钮

含义：解封道岔或轨道区段，允许通过道岔或轨道区段排列进路。

操作步骤：解封共有两种方法。

(1)鼠标移动到道岔或轨道区段上方，选择某一道岔轨道区段，待变成小手形状后，右击鼠标，选择“解封”，如图3-41所示，在弹出的对话框中对操作进行二次确认。

(2)单击对话窗口中的“解封按钮”按钮，然后单击目标道岔，就可以将道岔或轨道区段解封。

13)功能按钮

含义：用于操作切换控制权，设置/取消跳停等。

操作步骤：单击对话窗口中的“功能按钮”，再单击所需要的功能，如需输入密码则输入，即可完成该功能的设置。

14)清除

含义：删除之前的操作。

操作步骤：单击“清除”按钮，可以将之前操作进行删除。

3. 典型的联锁操作流程举例

有关联锁的指令由行车调度员（简称“调度员”）发布，受令者为车站值班员（简称“值班员”）。工作过程中，调度员和值班员要遵循标准的工作流程，通过手指向操作对象，同时口中说出要操作的内容、步骤的工作方法，确保操作的准确性和安全性。下面介绍一些典型的联锁操作标准工作流程。

1)道岔总定/反

道岔总定/反操作流程见表3-14。

表3-14　道岔总定/反操作流程

序号	操作人员	操作内容	操作要点
1	行调	通知车站扳动道岔	“景荷道控区3313号道岔闪红，请立即对该道岔进行扳动两个往返操作。”
2	值班员	操作道岔单扳	操作3313号道岔扳动至反位。
3		手指口呼	“3313号道岔扳动至反位。”
4		操作道岔单扳	操作3313号道岔扳动至定位。
5		手指口呼	“3313号道岔扳动至定位。”
6		操作道岔单扳	操作3313号道岔扳动至反位。
7		手指口呼	“3313号道岔扳动至反位。”
8		操作道岔单扳	操作3313号道岔扳动至定位。
9		手指口呼	“3313号道岔扳动至定位。”
10		上报信息	“扳动景荷道控区3313号道岔两个往返后道岔恢复正常。”

2)道岔单锁与单解

道岔单锁与单解操作流程见表3-15。

表3-15　道岔单锁与单解操作流程

序号	操作人员	操作内容	操作要点
1	行调	通知车站单锁道岔	“景荷道站请立即将景荷道控区3317号道岔单锁在定位。”
2	值班员	复诵	“将景荷道控区3317号道岔单锁在定位。”

续表

序号	操作人员	操作内容	操 作 要 点
3	值班员	单锁道岔	操作车站现地工作站单锁对应道岔。
4		手指口呼	“3317 号道岔,单锁操作”
5	行调	通知车站单解道岔	“景荷道请立即操作景荷道控区 3317 号道岔单解。”
6	值班员	复诵	“将景荷道控区 3317 号道岔进行单解操作。”
7		单解道岔	操作现地工作站将道岔进行单解。
8		手指口呼	“3317 号道岔,单解操作。”

3)道岔封锁/解封

道岔封锁/解封操作流程见表 3-16。

表 3-16　道岔封锁/解封操作流程

序号	操作人员	操作内容	操 作 要 点
1	行调	通知车站封锁道岔	“景荷道站 3317 号道岔发生故障,工程师即将下轨作业,请立即将景荷道控区 3317 号道岔封锁。”
2	值班员	复诵	“将景荷道控区 3317 号道岔封锁。”
3		封锁道岔	操作车站现地工作站封锁对应道岔。
4		手指口呼	“3317 号道岔,封锁操作。”
5	行调	通知车站解封道岔	“3317 号道岔维修完成,请立即操作景荷道控区 3317 号道岔解封。”
6	值班员	复诵	“将景荷道控区 3317 号道岔进行解封。”
7		解封道岔	操作现地工作站将道岔进行解封。
8		手指口呼	“3317 号道岔,解封操作。”

4)人工排列进路

人工排列进路操作流程见表 3-17。

表 3-17　人工排列进路操作流程

序号	操作人员	操作内容	操 作 要 点
1	行调	通知车站排列进路	“景荔道站上行发车进路自动排列进路功能失效,请立即排列景荔道站上行发车进路。”
2	值班员	复诵	“排列景荔道站上行发车进路。”
3		排列进路	操作车站现地工作站,排列景荔道站上行发车进路 X3402-X3302。
4		手指口呼	“景荔道站上行发车进路排列成功。”

5)取消进路

取消进路操作流程见表 3-18。

表 3-18　取消进路操作流程

序号	操作人员	操作内容	操 作 要 点
1	行调	通知车站取消进路	“运营计划发生变更,请立即取消景荔道站上行发车进路 X3402-X3302。”
2	值班员	复诵	“取消景荔道站上行发车进路 X3402-X3302。”
3		排列进路	操作车站现地工作站,取消景荔道站上行发车进路 X3402-X3302。
4		手指口呼	“景荔道站上行发车进路取消成功。”

6）总人解

总人解操作流程见表3-19。

表3-19 总人解操作流程

序号	操作人员	操作内容	操作要点
1	行调	通知车站取消进路	“运营计划发生变更，有车接近X3402，请立即将景荔道站上行发车进路X3402-X3302总人解。”
2	值班员	复诵	“总人解景荔道站上行发车进路X3402-X3302。”
3		排列进路	操作车站现地工作站，单击对话窗口中的“总人解”按钮，选择X3402，在弹出的口令框输入口令123，景荔道站上行发车进路X3402-X3302总人解。
4		手指口呼	“景荔道站上行发车进路总人解成功”。

7）区段故障解锁

区段故障解锁操作流程见表3-20。

表3-20 区段故障解锁操作流程

序号	操作人员	操作内容	操作要点
1	值班员	确认控区内区段故障	查看现地工作站，景荷道控区部分区段白色占压。
2		上报	“列车通过景荷道控区G3304显示区段故障，申请使用区故解功能解锁区段故障。”
3	行调	反馈	“确认无列车占用后，按照要求进行区故解操作。”
4	值班员	操作现地工作站区故解	操作现地工作站，单击对话窗口中的“区故解”按钮，输入口令123，再单击白色计轴区段。
5		手指口呼	“G3304区段区故解操作，故障区段已恢复”。

8）计轴复位

计轴复位操作流程见表3-21。

表3-21 计轴复位操作流程

序号	操作人员	操作内容	操作要点
1	值班员	上报行调	“列车通过景荷道控区DG3319号计轴区段后，DG3319号计轴区段计轴受扰，已确认为列车通过后遗留故障，申请进行计轴复位操作。”
2	行调	反馈	“确认无列车占用后，按照要求进行计轴复位操作。”
3	值班员	操作计轴复位	操作车站现地工作站，单击对话窗口中的“计轴复位”按钮，输入口令123，选择故障区段。
4		手指口呼	“操作DG3319号计轴区段计轴复位，计轴区段复位成功。”

笔记栏

任务实施

任务工单见表 3-22 和表 3-23。

表 3-22　任务工单 1

任务四(1)　认知联锁站场图形		
团队名称：	班级：	日期：
团队成员及分工：		

任务目标	1. 掌握联锁系统站场图形。 2. 掌握联锁设备不同图形显示的含义
任务内容	作为车站行车值班员，需要了解联锁计算机上信号设备的运行状态，以小组为单位打开值班员工作站，识别各设备的图形显示含义
引导问题	1. 联锁站场图上，信号机、道岔、轨道电路有几种状态？ ____________________ ____________________ ____________________ ____________________ 2. 联锁站场图上，站台门有几种状态？ ____________________ ____________________ ____________________ ____________________ ____________________ ____________________

【训练】

小组对照值班员工作站的站场图形，识别各信号设备的状态，并在表 1 中对应填写其实际含义。

表 1

序号	图　例	信号设备状态	含　义
1			
2			
3			
4			

续表

序号	图　　例	信号设备状态	含　　义
5			
6			
7			
8	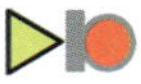		
9			
10			
11			
12	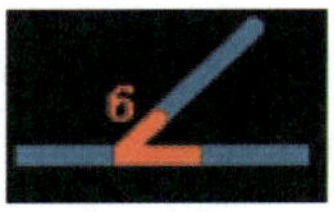		
13			
14			
15			
16			

续表

序号	图　　例	信号设备状态	含　　义
17			
18			
19			
20			
21			
22	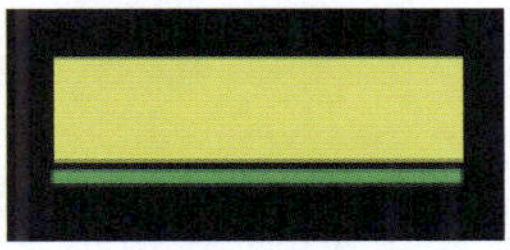		
23	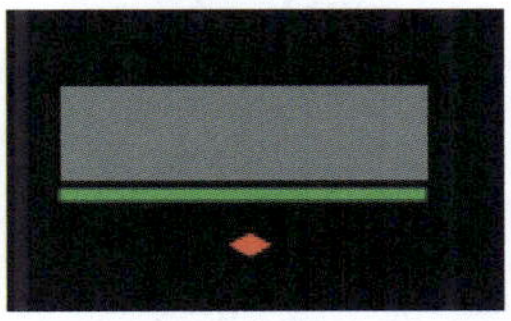		
24			
25	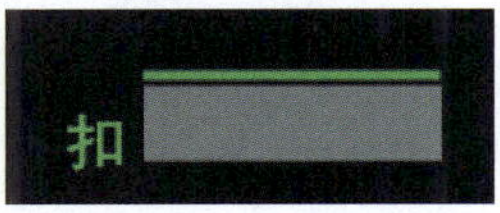		

表 3-23 任务工单 2

<table>
<tr><td colspan="2">任务四(2) 操作联锁工作站</td></tr>
<tr><td colspan="2">团队名称： 班级： 日期：</td></tr>
<tr><td colspan="2">团队成员及分工：</td></tr>
<tr><td>任务目标</td><td>1. 掌握联锁相关命令的含义及操作方法。
2. 能够熟练完成联锁相关命令的操作。
3. 培养认真、负责的作业意识</td></tr>
<tr><td>任务内容</td><td>利用轨旁 FAO 虚拟仿真实训设备，两人一组，分别扮演行车调度员、车站值班员，打开海教园控区，完成联锁相关操作，站场图附在本表格最后</td></tr>
<tr><td>引导问题</td><td>1. 排列进路共有几种操作方法？

2. 何种情况需要人工排列进路？

3. 道岔单锁、单封的目的分别是什么？

</td></tr>
</table>

【训练】

小组完成联锁操作，并记录存在的问题，填入表 1 中。

表 1

序号	训练内容	训练标准	训练结果	训练说明
1	道岔总定/反	海教园控区 3607 号道岔闪红，对该道岔进行扳动两个往返操作	□合格 □不合格	
2	道贫单锁与单解作业	将海教园控区 3607 号道岔单锁并单解	□合格 □不合格	
3	道岔封锁与解封	将海教园控区 3607 号道岔封锁并解封	□合格 □不合格	
4	排列进路	排列海教园上行线发车进路	□合格 □不合格	
5	取消进路	取消海教园上行线发车进路	□合格 □不合格	
6	总人解	总人解海教园上行线发车进路	□合格 □不合格	
7	区故解	对 G3609 进行区故解	□合格 □不合格	
8	计轴复位	对 G3604 进行复位	□合格 □不合格	

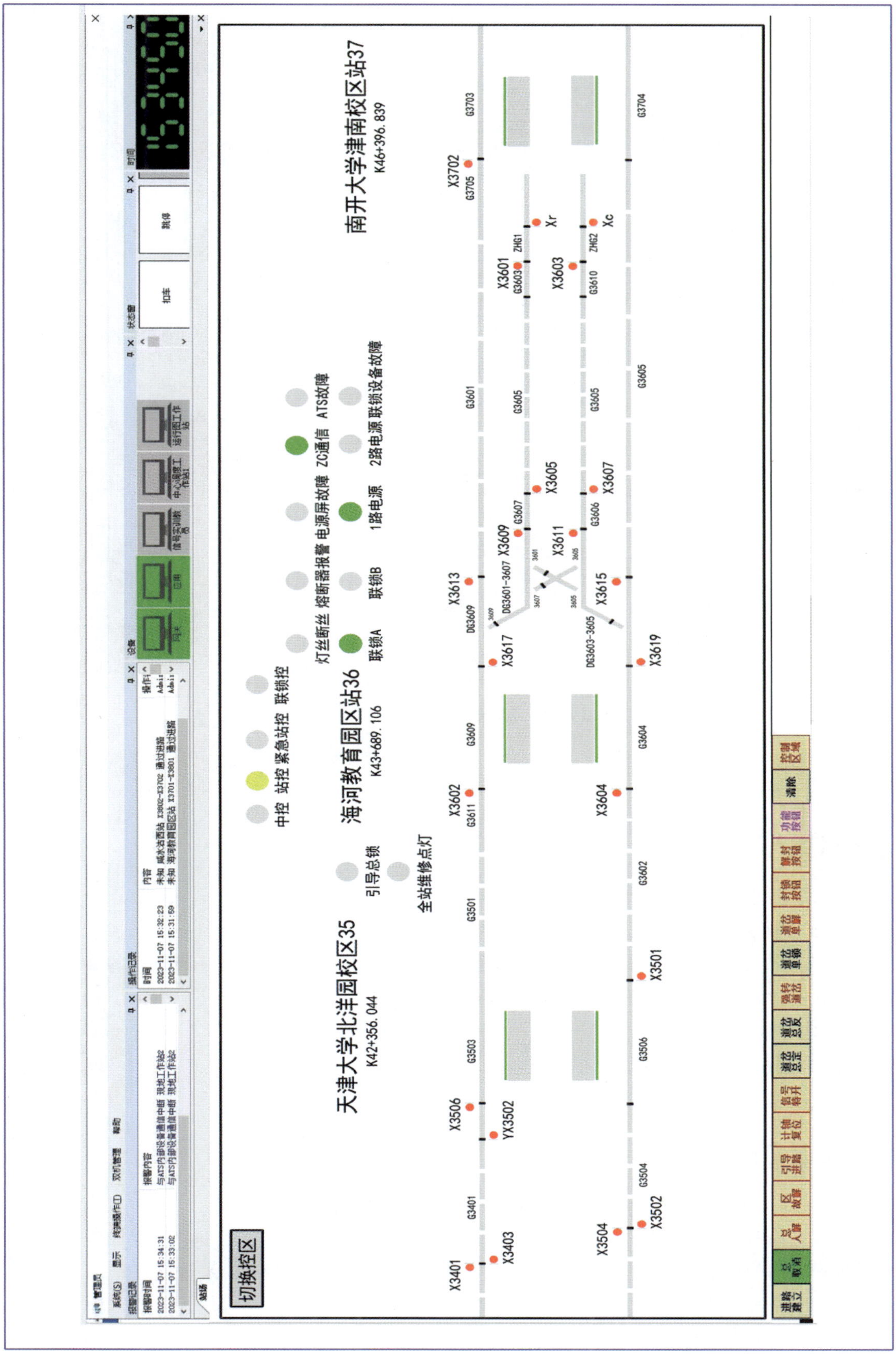
切换控区
天津大学北洋园校区35
K42+356.044
海河教育园区站36
K43+689.106
南开大学津南校区站37
K46+396.839
中控 站控 紧急站控 联锁控
引导总锁
全站维修点灯
灯丝断丝 熔断器报警 电源屏故障 ZC通信 ATS故障
联锁A 联锁B 1路电源 2路电源 联锁设备故障
X3401
X3403
X3504
X3502
X3506
YX3502
X3501
X3602
X3604
X3617
X3613
X3619
X3615
X3609
X3611
X3605
X3607
X3601
X3603
X3702
Xr
Xc
G3401
G3503
G3501
G3611
G3609
G3601
G3504
G3506
G3502
G3604
G3605
G3703
G3704
G3705
G3607
G3606
G3603
G3610
ZHG1
ZHG2
DG3609
DG3601-3607
DG3603-3605
报警记录
操作记录
设备
状态窗
时间
扣车
跳停
进路建立
总取消
总人解
区故解
引导进路
计轴复位
信号开放
道岔总定
道岔总反
强扳道岔
道岔单锁
道岔单解
封锁按钮
解封按钮
功能按钮
清除
控制区域

任务评价

任务评价见表3-24。

表3-24　任务评价

任务四　操作联锁工作站			日期：			
姓名：		班级：	学号：		教师签名：	
自评：□熟练　□不熟练		互评：□熟练　□不熟练	师评：□合格　□不合格			
日期：		日期：	日期：			
评分细则						
序号	评分项	得分条件	分值	自评	互评	师评
1	接受任务	明确工作任务，理解本次任务在企业工作中的重要程度	5			
2	前置知识	本次任务前需要掌握的知识程度	5			
3	能力评价	能根据站场图形显示，准确识别信号设备状态和含义	30			
		能根据工作流程，完成联锁工作站的操作	30			
4	素养评价	岗位认同感强，乐于学习专业知识	4			
		团队合作能力强，善于沟通合作	4			
		自主学习能力强，勇于克服困难	4			
		严谨认真，积极参与课堂	4			
		安全意识强，注重细节	4			
5	评价反馈	学生能以小组评价方式组织客观评价	5			
		对学生在任务实施过程中发现问题，进行小组审议后及时反馈	5			
合　计			100			

巩固与练习

一、填空题

1. 当计轴受扰或故障时，需进行________操作。

2. 正常情况下，进路应随着列车驶过而自动逐段解锁，由于某种原因（如轨道电路分路不良，区段不能正常解锁）而强行使该区段解锁称为________。

二、简答题

1. 简述建立进路的步骤。

2. 简述道岔单锁的操作步骤。

知识拓展

全国劳模赵晓东：冉冉升起的"联锁新星"

列控是高铁三大核心技术之一，而计算机联锁则是其中的一种基础性和关键性设备，主要负责处理进路内的道岔、信号机、轨道电路之间安全联锁关系，接收控制指令，输出联锁信息，是整个系统的安全核心之一。

中国通号研究设计院是轨道交通控制领域国内乃至国际一流的科研机构，代表着国家实力。

赵晓东加盟其中时,我国铁路车站计算机联锁设备尚处于起步阶段。设备制式众多,技术也不成熟。

为改变这一现状,中国通号决定自主开发新一代计算机联锁设备,这就是高安全性、高可靠性的二乘二取二的 DS6-K5B 计算机联锁系统。

在此项目中,负责 K5B 系统的调试定型工作的赵晓东,带领年轻的科研团队,夜以继日艰难探索,开发出了 PC 环境下的调试和测试环境,同时完善规范了 K5B 的设计接口文件和现场调试方法,为 K5B 在全路大面积推广应用起到了重要作用。目前,这一系统在全路包括高铁线路在内的 600 多个铁路干线车站广泛应用。

赵晓东的科研贡献,不胜枚举。

开发具有完全自主知识产权新型联锁系统 DS6-60,赵晓东负责系统联调联试,并担任全国铁路首个试点站——呼和浩特铁路局新贤城站的项目负责人。在赵晓东带领的团队努力下,DS6-60 联锁系统顺利通过了原铁道部组织的现场技术审查。成为国内第一个经过国际第三方评估机构评估,安全完善度等级达到欧标 SIL4 级、具有完全自主知识产权的二乘二取二制式的计算机联锁系统。

项目四

城市轨道交通列车自动控制系统认知与操作

项目描述

列车自动控制系统简称为ATC系统（Automatic Train Control system），是一个综合性的系统，旨在通过技术手段对列车的运行方向、运行间隔和运行速度进行控制，确保列车能够安全、高效地运行。通过学习本项目，掌握列车自动控制系统（ATC）的作用和结构，在此基础上，掌握ATC系统的三个子系统ATS、ATP和ATO的工作原理、设备组成、主要功能，能够对各子系统进行操作，通过不断规范操作流程，提升岗位认同感和岗位责任感，养成精益求精的大国工匠精神，能够独立分析典型案例，养成安全至上的工作意识，提高应急处置能力。

思维导图

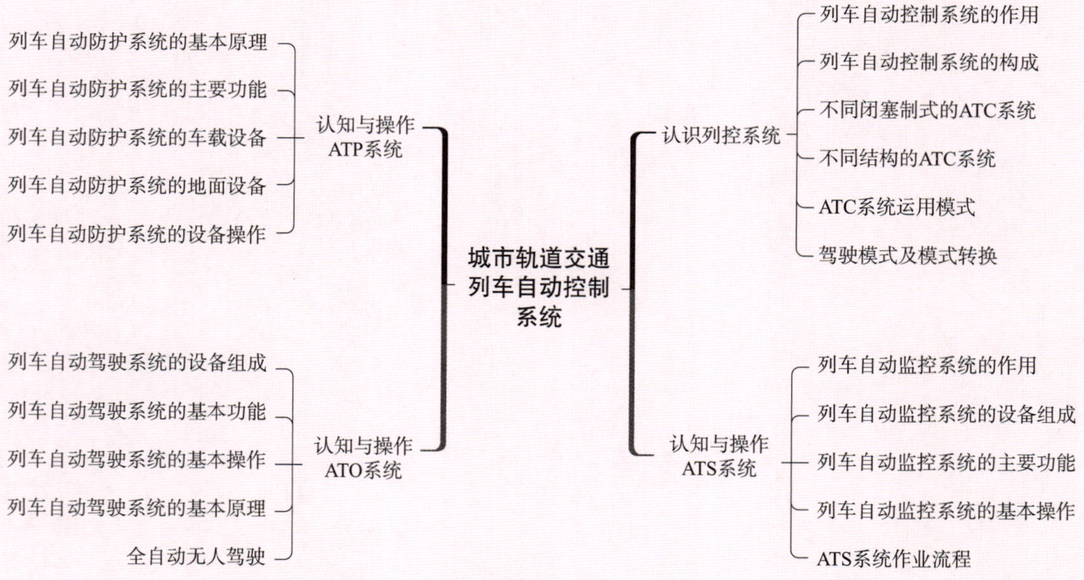

任务一　认识列控系统

学习目标

知识目标

1. 掌握列车自动控制系统在城市轨道交通信号系统中的应用。
2. 掌握列车自动控制系统的作用。
3. 掌握列车自动控制系统的构成。
4. 了解前沿的列车自动控制技术。

能力目标

1. 能简述ATS、ATP、ATO三个子系统的主要设备及其作用。
2. 能够区分三种闭塞方式。

素质目标

提升岗位认同感和岗位责任感。

任务描述

列车自动控制系统是城市轨道交通信号系统的重要组成部分，简称ATC系统或列控系统。它通过有效的技术手段对列车的运行方向、运行间隔和运行速度进行监督、控制和超速防护。ATC系统实现了行车指挥和列车运行的自动化，既减轻了运营人员的劳动强度，也充分发挥了城市轨道交通的通过能力，因此这是一个高效的综合自动化系统。通过学习本任务，学生可以掌握列控系统的组成及基本作用，能够区分清楚固定闭塞、准移动闭塞和移动闭塞三种闭塞方式，并了解前沿的CBTC技术。

相关知识

视频

ATC系统

一、列车自动控制系统的作用

城市轨道交通的运营线路封闭，主要作业是运送旅客，运营线路不长，站与站之间的距离较短，列车以中低速行驶，这些特点为线路上的列车进行安全高效运营提供了有利条件。因此在城市轨道交通中，ATC系统的作用是保障列车行车安全和提高运营效率。

1. 保障行车安全

列车行车安全是由列车自动控制系统中的列车自动防护系统，即ATP系统来完成。ATP系统与列车的牵引制动系统一道控制列车运行速度，防止列车超速行驶。设备在故障情况下遵循故障导向安全原则，确保运营安全。

2. 提高运营效率

列车自动控制系统能实现列车自动驾驶，列车根据运营计划自动完成运营作业，可以有效减少列车驾驶员、调度和车站人员的工作强度，确保列车正点运营，有效提高运营作业效率。

二、列车自动控制系统的构成

1. 按设备功能划分

ATC系统从功能分主要包括三个子系统。

(1)列车自动防护子系统(automatic train protection，ATP)，主要作用是防止列车追尾、冲突事故的发生，并控制列车的运行速度不超过允许的最高速度。

（2）列车自动运行系统（automatic train operation，ATO），主要作用是实现列车自动驾驶，并使列车在设定的车站自动停车。

（3）列车自动监控系统（automatic train supervision，ATS），主要作用是对线路上运行的所有列车进行监督和管理，控制列车根据列车运行图完成运营作业。

三个子系统的功能既相对独立，又紧密相连，通过信息交换网络构成闭环系统，实现地面控制与车上控制结合、现地控制与中央控制结合，构成一个以安全设备为基础，集行车指挥、运行调整以及列车驾驶自动化等功能于一体的列车自动控制系统。

2. 按设备安装位置划分

按设备安装位置可分为以下三部分：

1）轨旁设备

轨旁设备包括线路上、信号设备室内信号设备，如区域控制器、轨旁数据通信系统和轨旁基础设备等。

（1）区域控制器。区域控制器的功能主要包括：

①移动授权计算。

②基于计算机的联锁系统或计算机联锁。

③监督和控制信号机和道岔。

④监督站台门、防淹门、站台紧急停车按钮和计轴区域。

（2）轨旁数据通信系统。

①AP 轨旁无线单元/接入点（在列车和其他子系统间发送和接收信息）。

②AP 轨旁天线（AP 轨旁无线单元与列车进行无线通信）。

（3）轨旁基础设备。

信号机、应答器、计轴器、轨道电路、交叉感应回线。

2）车载设备

车载设备指安装在车上的信号设备，主要包括车载 ATP、车载 ATO，如状态显示单元、车载控制器、测速传感器、车载无线天线、车载交换机、应答查询器等。

3）控制中心设备

控制中心设备指安装在控制中心的 ATS 设备，如调度员终端、服务器等。ATC 系统组成及安装位置如图 4-1 所示。

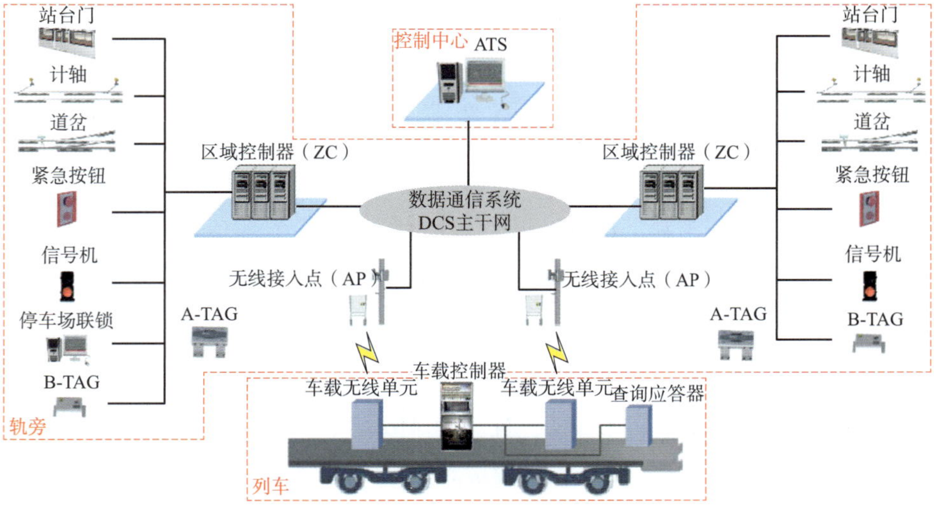

图 4-1　ATC 系统组成及安装位置图

视频

地铁运行安全守护—闭塞原理

三、不同闭塞制式的 ATC 系统

按闭塞制式，城市轨道交通 ATC 可分为固定闭塞式 ATC 系统、准移动闭塞式 ATC 系统和移动闭塞式 ATC 系统。

1. 固定闭塞

固定闭塞将线路划分为固定的区段，不论前、后列车的位置，还是前、后列车的间距，都是用固定的地面设备(如轨道电路等)检测和表示的，如图 4-2 所示。由于列车定位是以固定区段为单位(系统只知道列车在哪个区段中，而不知道在区段中的具体位置)，因此固定闭塞的速度控制模式必然是分级的，即台阶式的。在这种制式中，需要向被控列车“安全”传送的只是代表有限个速度级的速度码。固定闭塞方式无法满足提高系统能力、安全性和互用性的要求。

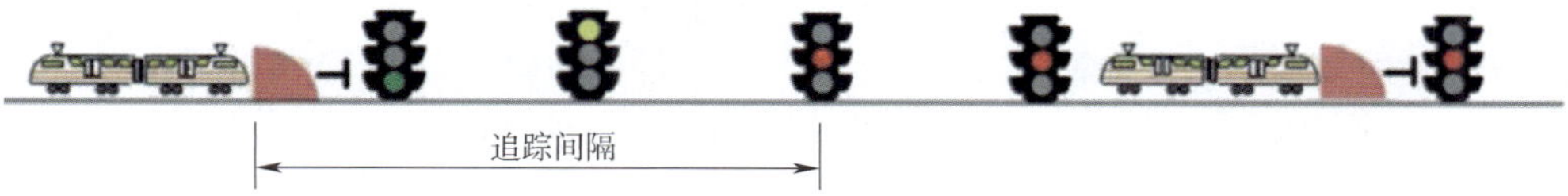

图 4-2　固定闭塞示意图

2. 准移动闭塞

准移动闭塞也可称为半固定闭塞。准移动闭塞对前、后列车的定位方式是不同的。前行列车的定位仍沿用固定闭塞的方式，而后续列车的定位则采用连续的或称为移动的方式，如图 4-3 所示。

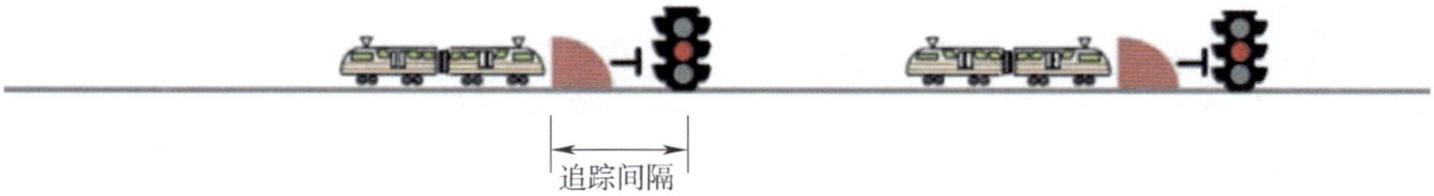

图 4-3　准移动闭塞示意图

由于准移动闭塞同时采用移动和固定两种定位方式，所以它的速度控制模式必然既具有无级(连续)的特点，又具有分级(台阶)的性质。若前行列车不动而后续列车前进时，其最大允许速度是连续变化的，而当前行列车前进，其尾部驶过固定区段的分界点时，后续列车的最大速度将按“台阶”跳跃上升。

准移动闭塞在控制列车的安全间隔上比固定闭塞进了一步。它通过采用报文式轨道电路辅之环线或应答器来判断分区占用并传输信息，信息量大，可以告知后续列车继续前行的距离，后续列车可根据这一距离合理地采取减速或制动，列车制动的起点可延伸至保证其安全制动的地点，从而可缩小列车安全间隔，提高线路利用效率。但准移动闭塞中后续列车的最大目标制动点仍必须在先行列车占用分区的外方，因此它并没有完全突破轨道电路的限制。

3. 移动闭塞

移动闭塞可解释为“列车安全追踪间隔距离不预先设定，而随列车的移动不断移动并变化的闭塞方式”。

移动闭塞的特点是前、后两列车都采用移动的定位方式。移动闭塞可借助感应环线或无线通信的方式实现。早期采用基于感应环线的技术，即通过在轨间布置感应环线来定位列车和实现车载控制器(vehicle on-board controller，VOBC)与车辆控制中心(vehicle control centre，VCC)之间的连续通信。现今，移动闭塞系统采用无线通信实现各子系统间的通信，构成 CBTC。

1)移动闭塞的特点

(1)线路没有固定划分的闭塞分区,列车间隔是动态的,并随前一列车的移动而移动。

(2)列车间隔是按后续列车在当前速度下所需的制动距离加上安全余量计算和控制的,确保不追尾。

(3)制动的起点和终点是动态的,轨旁设备的数量与列车运行间隔关系不大。

(4)可实现较小的列车运行间隔。

(5)采用地-车双向传输,信息量大,易于实现无人驾驶。

2)移动闭塞的技术优势

(1)实现了车-地间双向、大容量的信息传输,达到连续通信的目的,在真正意义上实现了列车运行的闭环控制。移动闭塞可以根据列车的实际速度和相对速度来调整闭塞分区的长度尽可能缩小列车运行间隔,提高行车密度,进而提高运输能力。这种系统大大减少了沿线设备,维修方便,有利于降低运营成本。

(2)移动闭塞系统通过列车与地面间连续的双向通信提供连续测量本车与前车距离的方法,实时提供列车的位置、速度及加速度等信息,动态地控制列车运行速度。

(3)由于系统采用模块化设计,核心部分均通过软件实现,因此使系统硬件数量大大减少,可节省维护费用。

(4)移动闭塞系统的安全计算机一般采取三取二或二乘二取二的冗余配置,系统通过故障安全原则对软硬件及系统进行量化和认证,可保证系统的可靠性、安全性和可用度。

(5)移动闭塞还常常和无人驾驶联系在一起,两者的结合能够避免司机的误操作或延误,获得更高的效率。

(6)无线移动闭塞的数据通信系统对所有子系统透明,对通信数据的安全加密和接入防护等措施可保证数据通信的安全。

3)移动闭塞的工作原理

如图4-4所示,移动闭塞系统是一种区间不分割、根据连续检测先行列车位置和速度进行列车运行间隔控制的列车安全系统。该系统把先行列车的后部看作假想的闭塞区间。由于这个假想的闭塞区间随着列车的移动而移动,所以称为移动闭塞。在移动闭塞系统中,后续列车的速度曲线随着目标点的移动而实时计算,后续列车到先行列车的保护段后部之间的距离等于列车制动距离加上列车制动反应时间内驶过的距离。

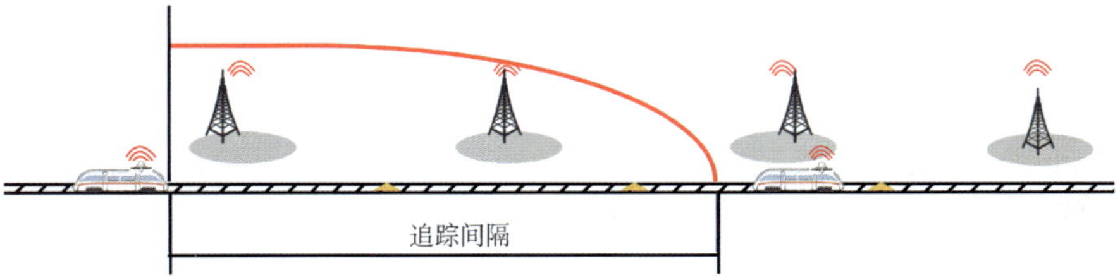

图4-4 移动闭塞追踪示意图

通过车载设备和轨旁设备连续的双向通信,可以根据列车实时的速度和位置动态地计算列车的最大制动距离。列车的长度加上这一最大制动距离并在列车后方加上一定的防护距离,便组成了一个与列车同步移动的虚拟分区。由于保证了列车前后的安全距离,两个相邻的移动闭塞分区就能以很小的间隔同时前进,这使列车能以较高的速度和较小的间隔运行。

四、不同结构的 ATC 系统

按地面信息的传输方式分为点式和连续式两种结构。

1. 点式 ATC 系统

点式 ATC 系统在特定地点传递信息，用车载控制器进行信息处理。点式 ATC 系统由车载设备和地面设备组成，主要是地面应答器、LEU 以及车载设备，其基本结构如图 4-5 所示。

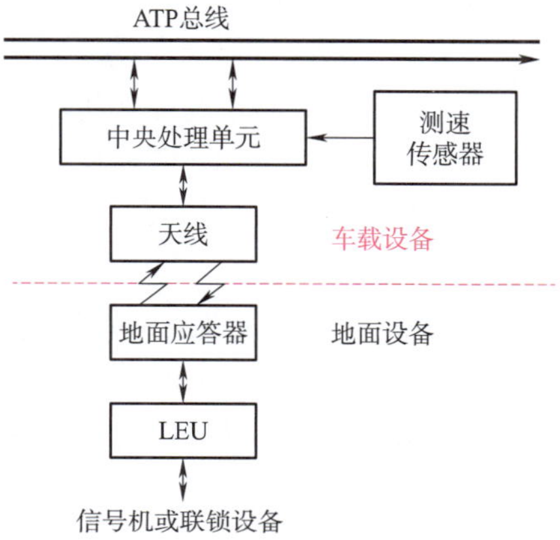

图 4-5　点式 ATC 系统的基本结构

地面应答器通常设置在信号机旁或者设置在一段需要降速的缓行区间的始、终端。当列车驶过地面应答器，且车载查询器与地面应答器对准时，车载应答器首先以一定的频率，通过电磁感应方式将能量传递给地面应答器，地面应答器的内部电路在接收到来自车上的能量后即开始工作，将所存储的数据以某种调制方式［通常用频移键控（FSK）方式］通过电磁感应传送至车上。

点式 ATC 系统的主要缺点是信息传递的不连续性，有时会对列车运行造成不利影响。点式 ATC 难以胜任列车密度大的情况，如后续列车驶过地面应答器时，因前方区段有车，它算出的速度曲线是一条制动曲线。后续列车驶过后，尽管前行列车已驶离，但后续列车已驶过地面应答器，得不到新的信息只能减速运行，直到抵达运行前方的地面应答器，才能加速。

2. 连续式 ATC 系统

按地—车信息传输所用的媒体分类，连续式 ATC 系统可分为有线与无线两大类，前者又可分为利用轨间电缆与利用数字编码音频轨道电路两类。按闭塞性质，连续式 ATC 系统可以分为移动闭塞、准移动闭塞和固定闭塞。按地-车之间所传输信息的内容，ATC 系统可分为速度码系统与距离码系统。

1）采用轨道电路的连续式 ATC 系统

ATC 系统有速度码系统和距离码系统两种。不论是速度码系统还是距离码系统，都采用轨道电路作为传输信息的通道，完成列车占用检测和发送 ATP 信息。

（1）速度码系统。速度码系统通常使用频分制方法，采用的是移频轨道电路，即用不同的低频频率来代表不同的允许速度。系统根据前行列车的位置，向轨道电路发送相应的低频频率，车上的传感器接收到该低频频率，经译解得知当前的允许速度，与测速传感器测得的实际运行速度进行比较决定是否采取制动措施。

速度码系统在信息传递与车上信息处理方面比较简单，从地面传递给列车的允许速度（限速值）是阶梯分级的，只能构成固定闭塞。这对于平稳驾驶、节能运行及提高行车效率都是非常不利的。因此，速度码系统已逐渐被能实时计算限速值的距离码系统所取代。

（2）距离码系统。距离码系统从地面传至车上的是前方目标点的距离等一系列基本数据，车载控制器根据地面传至车上的各种信息（包括区间的最大限速、目标点的距离、目标点的允许速度、区间线路的坡度等）以及存储在车载单元内的列车自身的固有数据（如列车长度、常用制动及紧急制动的制动率、测速及测距信息等），实时计算出允许速度曲线，并按此曲线对列车的实际运行速度进行监控。

由于信息电码的多样性和复杂性，所以距离码系统必须使用时分制数字电码方式，按协议来组成各种信息。距离码系统采用数字编码音频轨道电路。由于数据传输、实时计算以及列车车速监控都是连续的，因此，速度监控是实时、无级的，可以有效地实现平稳驾驶与节能运行构成准移动闭塞。

但是，钢轨不是理想的信息传输通道，对音频信号的衰耗很大，集肤效应非常明显，限制了轨道电路的有效长度；此外，钢轨之间的漏泄、轮轨之间的接触电阻等因素均会影响轨道电路的性能。通过轨道电路传输难以实现机车与地面间的大容量信息交换。

2）采用轨间电缆的 ATC

系统采用轨间电缆的 ATC 系统利用轨间铺设的电缆传输信息。控制中心存储线路的固定数据（区间线路坡度、弯道、缓行区段的位置及长度等）。经联锁设备，将沿线的信号显示、道岔位置等信息传送至控制中心。列车将其数据（如载质量、列车长度、制动率、所在位置、实际速度）经电缆传给控制中心。控制中心的计算机根据这些数据计算出该时刻的列车允许速度。此速度值经电缆传送给运行在线路上的相应列车。列车获得此速度值对列车速度进行监控。这种方式统一指挥全部列车运行，遇有发生行车晚点或其他障碍，可迅速将行车命令传给列车。但控制中心故障则全线瘫痪。因此，采用另一种控制方式，控制中心将有关信息（线路坡度、缓行区股位置、目标距离或目标速度等）通过电缆送至列车，由车载控制器计算其允许速度。采用轨间电缆的 ATC 系统的信息传递的连续性是以昂贵的轨间电缆为代价的，维修费用也高，而且轨间电缆的存在给线路养护工作带来了不便，因此目前较少采用。

3）无线 ATC 系统

（1）无线 ATC 系统利用无线通信的方式传输信息。地面编码器生成编码信息，通过天线向车上发送。信号显示控制接口负责检测要发送的信号显示，并从已编程的数据中选出有用数据发送编码器，同时选出与限制速度、坡度、距离等有关的轨道数据。编码器用高安全度的代码将这些数据编码，经过载波调制，馈送至无线通道向列车发送。车上接收设备接收限制速度、坡度、距离后，由车载控制器计算出目标速度，对列车进行监控。用无线通道实现地-车数据传输的 ATC 才是真正意义上的移动闭塞，被认为是最先进的 ATC 系统。

（2）车地无线通信方式。目前，在世界城市轨道交通系统中，根据传输媒介不同，可分为三类无线传输方式：无线自由波、漏泄波导管、漏泄同轴电缆。

①基于无线自由波的车地通信方式。无线自由波是由天线把传输线上传播的导行波，变换成在自由空间中传播的电磁波。城市轨道交通中，常采用定向无线，能够在一个方向或几个特定方向上发射及接收电磁波特别强，而在其他方向上发射及接收电磁波则为零或极小的一种天线。具有较大的前向增益，能够有效抑制后向信号，适合应用在城市轨道交通的隧道场景中。

基于无线自由波的车地通信,常应用在地下隧道相对封闭的环境里,不致受到开阔空间其他类型的电磁干扰的影响。采用无线局域网(wireless local area network,WLAN)技术组网方式,在轨道沿线布置一定间隔的无线接入点(access point,AP)并带有定向天线作为传输媒介,同时列车两端分别配置定向天线,作为列车车载无线终端设备的传输媒介,这样列车行驶到 AP 的覆盖区域内,完成 WLAN 通信链路的注册、登录、通信等过程,当从一个 AP 进入另一个 AP 区域时,发生了通信漫游,完成了越区切换的场景。

由于定向天线组网简单灵活、成本比较低,具有广泛的应用前景。为了保证无线自由波场强覆盖的完整性,避免覆盖"盲区",保证通信的质量和可靠性,AP 布局配置要经过大量现场测试,一般在隧道内 200 m 左右设置一套,并采用红蓝双网冗余覆盖,保证无线全网覆盖,保证车地通信链路的丢包、延时、带宽、切换时间的服务质量(quality of service,QoS)达标,如图 4-6 所示。

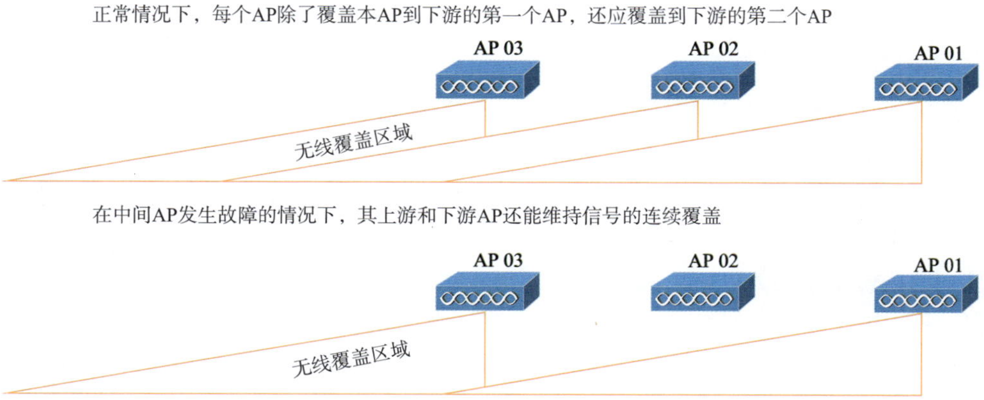

图 4-6　轨旁 AP 冗余覆盖

②基于漏泄波导的车地通信方式。漏泄波导管是一种中空铝制矩形管,顶部等间隔开有窄缝,以使无线载频信息沿波导裂缝向外均匀辐射;在波导附近适当位置的无线接收单元,可以接收和发送信号,并通过处理得到有用的数据。相较于定向天线,漏泄波导传输性能平稳和抗干扰能力强的优点,在城市轨道交通系统的车地通信方向有较好的发展前景,常应用于城市轨道交通中地上开阔区段或高架运营场景中。

基于漏泄波导的车地通信是以漏泄波导为 WLAN 的通信媒介,实现轨旁无线设备和车载无线设备之间的列车状态和控制等信息交换。轨道沿线敷设漏泄波导管,当地面控制中心发射出电磁波沿波导管传输时,在波导管内传输的电磁波从波导管缝隙槽孔辐射到周围空间,在其外部产生漏泄电场,列车从中获取信息能量,从而实现车地通信。同样,列车车载无线单元发出电磁波,在波导管外部产生漏泄电场,也会耦合到波导管中,实现与控制中心通信。

③基于漏泄同轴电缆的车地通信方式。漏泄同轴电缆是指在同轴电缆的外导体上开有均匀的缝或槽孔,具有信号传输的作用,又具有天线的作用,通过对外导体的缝隙开口的形状和角度等结构的设计,均匀发送和接收电磁波能量,实现对电磁场盲区的覆盖,常应用于城市轨道交通中隧道弯道处等易形成覆盖盲区的区段,如图 4-7 所示。

基于漏泄同轴电缆的车地通信是以漏泄同轴电缆为 WLAN 的通信媒介,实现轨旁无线设备和车载无线设备之间的列车状态和控制等信息交换,实现车地间双向大容量即时通信,从而实现移动闭塞,缩短列车运行间隔,提高运营效率。

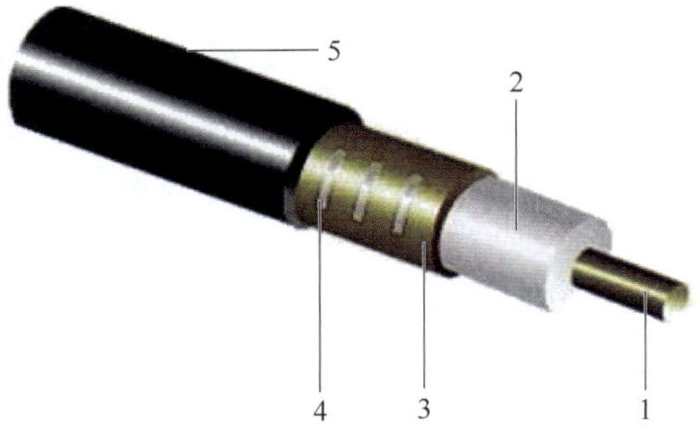

1—内导体；2—绝缘体；3—外导体；4—槽孔；5—护套

图 4-7　漏泄同轴电缆示意图

五、ATC 系统运用模式

ATC 系统应包括下列控制等级:控制中心自动控制模式;控制中心自动控制时的人工介入控制或利用 CTC 系统的人工控制模式;车站自动控制模式;车站人工控制模式。在同一时间只能处于一种模式。以上控制等级应遵循的原则是:车站人工控制优先于控制中心人工控制、控制中心人工控制优先于控制中心的自动控制或车站自动控制。

1. 控制模式

(1)控制中心自动控制模式(CA)。在控制中心自动控制模式下,列车进路命令由 ATS 进路自动设定系统发出,其信息来源是时刻表及列车运行自动调整系统。控制中心调度员可以对列车运行自动调整系统进行人工干预,使列车运行按调度员意图进行。

(2)控制中心自动控制时的人工介入控制模式(CM)。在控制中心自动控制时,调度员也可关闭某个联锁区或某个联锁区内部分信号机或某一指定列车的自动进路设定,直接在控制中心的工作站上对列车进路进行控制。在自动进路功能出现故障的情况下,调度员可以人工设置进路。

(3)车站自动控制模式。在控制中心设备故障或通信故障时,控制中心将无法对联锁车站进行控制,此时将自动进入列车自动监控后备模式,由列车上的车次号发送系统发出的带列车去向的车次信息,自动产生进路命令,由联锁系统自动设定进路,即随着列车运行,自动排列一条固定进路。

(4)车站人工控制模式。当 ATS 因故不能设置进路(不论人工方式还是自动进路方式),或由于某种运营上的需要而不能由中心控制时,可改为本地操纵模式。在本地操作员工作站上人工排列进路。车站自动控制和车站人工控制也可合称车站控制(LC)。当车站工作于 LC 模式时,不能由 ATS 系统启动控制。

2. 控制模式间的转换

(1)转换至车站操作。只有当控制中心 ATS 释放控制权限后,才能转换到车站操作模式。因此,所有转换操作只能由车站操作员才能有效实施。当转换模式时,不用考虑特别检查联锁条件,自动运行功能不受影响。即使转换至车站操作,联锁显示还应该传输至控制中心 ATS。

(2)强制转换至车站操作。控制中心 ATS 没有释放控制权限时,也可以转换至车站操作。通过一个已经登记的强行转换操作可以转换至车站操作,并且联锁系统的所有转换操作仅能由车站操作员来执行。

（3）转换至控制中心 ATS 操作。只有当车站操作已经发出释放的命令，才能转换到控制中心 ATS 操作，然后控制中心 ATS 确认它。随着转换至控制中心 ATS 操作，控制中心 ATS 可以执行所有允许的操作。当车站操作故障，在没有车站操作的释放命令的情况下，也可以转换至控制中心 ATS 操作。

六、驾驶模式及模式转换

城市轨道交通列车的主要驾驶模式应包括列车自动运行驾驶模式、列车自动防护驾驶模式、限制人工驾驶模式、非限制人工驾驶模式以及自动折返驾驶模式。

（1）列车自动运行驾驶模式（ATO 模式或 AM 模式）。ATO 模式即列车自动运行模式，此模式是正线上列车运行的正常模式，即用于正线上列车的正常运行。在这种模式下，列车在车站之间的运行是自动的，不需司机驾驶，司机只负责监视 ATO 显示，监督车站发车和车门关闭以及列车运行所要通过的轨道、道岔和信号的状态并在必要时人工介入。

（2）列车自动防护驾驶模式（SM 或 CM）。SM 即 ATP 监督的人工驾驶模式，是一种受保护的人工驾驶模式。在这种模式下，司机根据驾驶室中的指示手动驾驶列车，并监督 ATP 显示，以及列车运行所要通过的轨道、道岔和信号的状态，可以在任何时候操作紧急制动。ATP 连续监督人工驾驶的列车运行，如果列车超过允许速度将产生紧急制动。ATO 故障时列车可用 SM 在 ATP 的保护下降级运行。

（3）限制人工驾驶模式（RM）。RM 即 ATP 限制允许速度的人工驾驶模式，这是一种受约束的人工操作，必须“谨慎运行”。在这种模式下，列车由司机根据轨旁信号驾驶，ATP 仅监督允许的最大限速值。

（4）非限制人工驾驶模式（关断模式 URM）。关断模式即不受限制的人工驾驶（无 ATP 监督）模式，用于车载 ATP 设备故障以及车载设备测试情况下完全关断时的列车驾驶，列车是由司机根据轨旁信号和调度员的口头指令驾驶的，没有速度监督。在关断模式下，列车由司机人工驾驶，没有 ATP 保护措施；使用这种模式必须进行登记，此时列车运行安全完全由司机负责；ATO 退出控制。

（5）自动折返驾驶模式（AR）。列车在站端调转行车方向或使用折返轨道进行折返操作，就要求能进入自动折返驾驶模式。

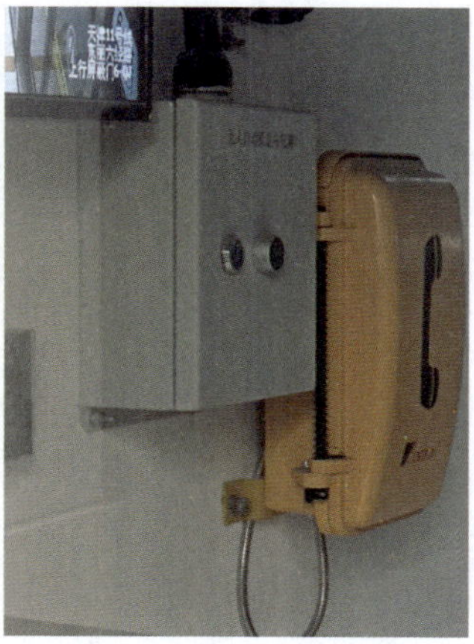

图 4-8　自动折返按钮

折返模式命令是由 ATS 中心根据需要生成并传输至列车，折返命令由设计固定的 ATP 区域（如终端站）的轨旁单元发出。ATP 车载设备通过接收轨旁报文而自动启动 AR 模式，并通过驾驶室显示设备指示给司机，司机必须按压 AR 按钮确认折返作业，如图 4-8 所示。是否折返，使用折返轨道折返，由无人驾驶执行，还是由司机执行，这些完全由司机决定。

以上五种基本运行模式，在满足一定条件后可以相互转换。

任务实施

任务工单见表 4-1。

表 4-1　任务工单

任务一　认识列控系统	
团队名称：　　　　班级：　　　　日期：	
团队成员及分工：	
任务目标	1. 掌握 ATC 系统的结构。 2. 掌握 ATC 系统的设备组成
任务内容	作为车站行车值班员，需要了解 ATC 系统的结构层次以及 ATC 的闭塞制式，对于应急情况下的行车调度有非常重要的作用。以小组为单位，对照任务工单中的系统结构图，准确空白处识别设备名称及其作用，并总结三种闭塞方式的区别
引导问题	1. ATC 系统按照设备安装位置可以划分为几部分？ ________ ________ ________ ________ 2. 固定闭塞、准移动闭塞、移动闭塞，三种闭塞方式有什么区别？ ________ ________ ________ ________

【训练】

1. 小组对照系统结构图，将空白处的设备名称填写完整，并描述其作用，填入表 1 中。

表 1

系统结构图	设备序号	设备名称	设备作用
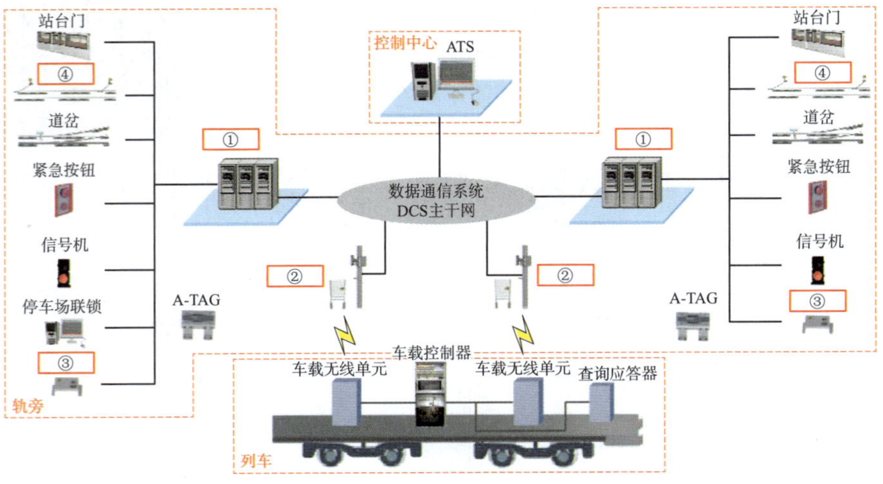	①		
	②		
	③		
	④		

2. 小组总结固定闭塞、准移动闭塞、移动闭塞，三种闭塞方式的区别，将结论填写到表2中。

表2

指　标	闭塞方式		
	固定闭塞	准移动闭塞	移动闭塞
是否划分闭塞分区			
定位精度			
定位设备			
通信设备			
是否产生移动授权			
制动点			

任务评价

任务评价见表4-2。

表4-2　任务评价

任务一　认识列控系统		日期：	
姓名：	班级：	学号：	教师签名：
自评：□熟练　□不熟练	互评：□熟练　□不熟练	师评：□合格　□不合格	
日期：	日期：	日期：	

评分细则						
序号	评分项	得分条件	分值	自评	互评	师评
1	接受任务	明确工作任务，理解本次任务在企业工作中的重要程度	5			
2	前置知识	本次任务前需要掌握的知识程度	5			
3	能力评价	在掌握ATC系统结构层次的基础上，能简述设备名称及作用	15			
		能详细描述三种闭塞方式的具体区别	15			
		能详细描述三类无线传输方式的区别和适用场景	15			
4	素养评价	工作计划性强，安排得当	7			
		团队合作能力强，善于沟通合作	7			
		自主学习能力强，勇于克服困难	7			
		严谨认真，积极参与课堂	7			
		有担当意识，岗位认同感强	7			
5	评价反馈	学生能，以小组评价方式组织客观评价	5			
		对学生在任务实施过程中发现问题，进行小组审议后及时反馈	5			
合　计			100			

巩固与练习

一、选择题

列车自动控制系统的闭塞方式不包括(　　)。

A. 移动闭塞　　B. 固定闭塞　　C. 连续闭塞　　D. 准移动闭塞

二、填空题

1. ________将线路划分为固定的区段,不论前、后列车的位置,还是前、后列车的间距都是用固定的地面设备(如轨道电路等)检测和表示的。

2. ________的特点是前、后两列车都采用移动的定位方式。

三、简答题

1. 列车运行控制系统的作用是什么?

2. 请回答在城市轨道交通系统中常用的三类无线传输媒介。

知识拓展

新时代铁路榜样//郑小燕:列控领域的行家里手

郑小燕,中共党员,中国铁路郑州局集团有限公司郑州高铁基础设施段电务维修技术中心副主任,曾获河南省五一劳动奖章、五一巾帼奖章和郑州局集团公司优秀共产党员等荣誉,参与研制的高铁列控车载设备检测系统获中国铁道学会科学技术奖二等奖。

郑小燕与高铁结缘的近十年,正是中原地区高铁大发展的时期。技术装备越先进,越需要可靠的数据支撑。在电务联锁领域,郑小燕矢志追求“联锁关系 100% 正确、列控数据 100% 正确”,全力确保铁路运输安全。她先后主持参加了郑开、郑焦、郑机城际铁路以及郑渝高铁、郑阜高铁、商合杭高铁、济郑高铁濮阳至郑州段等新线列控系统施工建设和联调联试工作。为确保京广高铁京武段常态化按 350 km/h 高标运营,她带队 10 余次赴北京进行仿真试验,连续 1 个多月泡在现场,每天工作 14 h 以上。

在一次次新线开通中,郑小燕不断积累经验,逐渐成为列控领域的行家里手。她参与了中国国家铁路集团有限公司列控中心、临时限速、无线闭塞中心规范的制定审核,发现了报文编制、数据配置、制式逻辑等缺陷,成功处置了高铁新线仿真运行试验和联调联试中的重大安全隐患。

郑小燕发挥业务骨干的专业优势,当好“领头雁”,持续精进技术、孵化团队、培育新人,为高铁发展输送新鲜血液。2018 年,郑小燕参与研制的高铁列控车载设备检测系统获得铁道科技奖二等奖。近年来,郑小燕参与编写的《铁路列车运行控制系统工程检测规程》《信息中心信号设备作业指导书》《高速铁路信号工程施工技术及工艺标准》等书籍,填补了我国高铁信号工程施工技术工艺标准和铁路列车运行控制系统工程检测技术领域的空白。她还连续六年在全路列控任职资格培训班任教,为全国高铁列控系统培养专业技术人才 1 080 人次。

“作为高铁安全设备的建设者和维护者,我很自豪。我将继续守护高铁运行安全,为推动铁路高质量发展献计献策。”郑小燕说。

任务二　认知与操作 ATS 系统

学习目标

知识目标

1. 掌握列车自动监控系统设备的基本组成。
2. 掌握列车自动监控系统的基本功能。

能力目标

1. 能读懂 ATS 监控界面信号设备、线路及列车状态。
2. 能按照工作流程操作列车自动监控系统，完成正常行车组织作业、扣车（跳停），和取消扣车（跳停），以及设置、取消临时限速。

素质目标

1. 具有 ATS 安全作业的操作意识。
2. 具有标准化完成 ATS 系统操作的工程思维。
3. 提升对调度员的岗位责任感。
4. 培养精益求精的大国工匠精神。

任务描述

列车自动监控系统（ATS）是城市轨道交通信号系统的一个重要组成部分，其核心设备位于信号系统的中央层，以用于实现对高密度、大流量的城市轨道交通运输进行自动化管理和调度，它既是一个综合的行车指挥调度控制系统，也是一套集现代数据通信、计算机、网络和信号技术为一体的分布式的实时监督控制系统。通过学习本任务，学生可以掌握列车自动监控系统的设备组成及其作用，能够按照调度员的工作标准对列车监控系统进行操作，完成行车调度工作。

相关知识

一、列车自动监控系统的作用

视频

ATS系统

列车自动监控系统是城市轨道交通信号系统的一个重要组成部分。

列车自动监控系统利用可靠的网络结构，与列车自动防护系统和列车自动驾驶系统一起完成对全线列车运营的监督和控制功能。

列车自动监控系统的监督功能则是将列车运营的状态和信息，通过控制中心或各车站的调度终端，实时显示出来，控制中心或各车站的调度员可以通过这些调度终端屏幕，实时了解和掌握列车的实际运行情况，以便及时对行车作业进行分析和调整，保证全线运营安全高效有序进行。可以显示全线列车的动态运行情况，在线路上出现故障或紧急情况时，可以通过列车自动监控系统对事故进行全面指挥和处理，调配资源，及时排除故障，恢复正常运营作业，提高工作效率。

列车自动监控系统的控制功能，是由列车自动监控系统向列车自动防护系统和列车自动驾驶系统，发出指令，办理列车进路，指挥控制列车按照列车运行图来运行，可以绘制列车实迹运行图，并动态地对偏离运行图的列车进行调整。

列车自动监控系统为非故障—安全系统，列车安全运行由列车自动防护系统来保证。

二、列车自动监控系统的设备组成

列车自动监控系统为多层体系结构,如图 4-9 所示,位于控制中心的 ATS 监控设备处于结构的最高层,位于车站的 ATS 监控设备处于结构的最低层。列车自动监控系统通过专门的数据传输系统,实现控制中心 ATS 设备与各车站 ATS 设备之间的通信和数据交换。

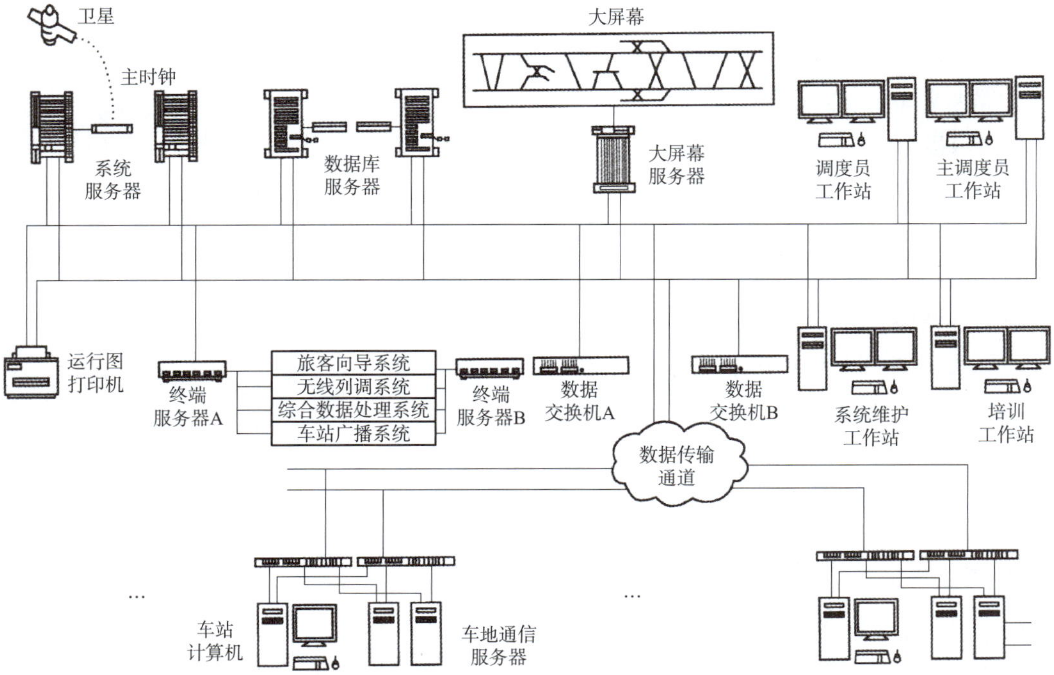

图 4-9　列车自动监控系统设备组成结构图

1. 控制中心 ATS 设备

列车自动监控系统在控制中心的设备,主要有网络设备、服务器、存储设备、显示设备、打印设备等,可以分为系统硬件和系统软件两部分。

1)控制中心 ATS 设备硬件

控制中心 ATS 系统硬件主要包括以下部分:

(1)调度工作站。调度工作站用于调度员完成调度和运营作业,是控制中心的重要设备。调度员通过调度终端屏幕,实时了解和掌握列车的实际运行情况,可以在调度工作站上发出指令,用于直接指挥列车运行。

每套调度工作站一般都有主机、显示器、键盘、鼠标、网络接口等。调度工作站主机数据处理能力强,一般为工作站级别;显示器配置高分辨率的显示器,以便清晰地观看屏幕上线路和运行列车的状态信息。

调度工作站根据运营需求,可以设置多个。调度主任和普通调度员分别在不同的调度工作台上操作,调度台的硬件结构配置完全相同,但管理权限不同,因而软件配置不同。

(2)培训工作站。培训工作站用于培训作业,其硬件结构和组成与调度工作站相同,软件配置相同,但是处于离线状态。

(3)维护工作站。维护工作站用于设备维护和检修人员对全线信号系统设备和列车进行监督,对信号系统中所检测到的故障及时处理,以保证信号系统设备稳定可靠运行。

维护工作站的硬件结构和组成与调度工作站相同,但维护工作站上的作业一般不允许对列车进行控制，主要发挥维护工作站的监督和故障诊断作用。

(4)列车运行计划工作站。列车运行计划工作站用于编辑某天或某一时段内所有运营列车的运营计划。列车运行计划编辑完成后，列车自动监控系统将控制列车按照所确定的运行计划运行。

列车运行计划工作站的硬件结构和组成与调度工作站相同。

(5)系统服务器。系统服务器是列车自动监控系统的核心设备，由主机、显示器、键盘、鼠标、网络接口等组成，系统服务器装有系统软件和应用软件。

系统服务器通过数据传输系统与网络上的其他设备实现数据交换。

(6)数据库服务器。数据库服务器用来存储列车运行的相关数据，可以为磁盘或光盘。

(7)网络通信设备。网络通信设备，指数据传输系统的数据传输和交换设备，如通道、网关等，以保证数据在不同的设备间可靠传递。网络一般为冗余的双网结构，提高系统的可靠性和可用性。

(8)电源设备。控制中心的电源设备为以上工作站、服务器等设备提供可靠的不间断电源，保证控制中心列车自动监控系统可靠运行，不丢失数据。

2)控制中心 ATS 设备软件

控制中心 ATS 设备软件一般包括系统软件和应用软件两部分。系统软件通常采用 UNXI 操作系统，减少系统对设备制造商的依赖性，利于设备维护和升级。

2. 车站 ATS 设备

车站 ATS 工作站，用于车站值班员完成对本站所管辖范围的列车运行状态监督、进路排列、道岔控制、信号开放等作业，是车站的重要设备。

车站 ATS 设备包括有工作站、打印机、网络接口和 UPS 不间断电源等设备，其中工作站一般由主机、显示器、键盘、鼠标设备组成，车站值班员通过车站 ATS 工作站终端屏幕，实时了解和掌握本站所辖范围内列车的实际运行情况，在本站取得对车站控制权的情况下，车站值班员可以在工作站上发出指令，直接指挥列车在本站管辖范围内安全运行。

三、列车自动监控系统的主要功能

列车自动监控系统监控全线列车运行，它具有以下主要功能：集中监视和跟踪全线列车运行情况；自动记录列车运行过程；自动生成、显示、修改和优化列车运行图；自动排列进路；自动调整列车运行追踪间隔；信号系统设备状态报警；记录调度员操作；运营计划管理和统计处理；列车运行情况模拟及培训；与其他系统接口等。

1. 列车监视和跟踪功能

对在线所有运行列车进行实时监视和跟踪。列车监视和追踪功能包括：

(1)系统自动识别、读取列车车次号；

(2)列车运行计划时刻表自动产生车次号：

(3)人工输入车次号；

(4)列车运行的识别；

(5)列车运行的跟踪；

(6)在调度员台、维护台及大屏幕上显示列车位置；

(7)记录车次号；

(8)删除车次号；

(9)变更车次号;

(10)报告列车信息。

下面重点说明车次号的输入、跟踪、记录和删除。

每列车进入轨道开始运营前,都会被赋予一个唯一对应的号码,称为列车车次号。

列车车次号一般由两部分信息组成:列车车组编号和列车目的地编号。列车车组编号反映列车出厂时标在列车车体上的编号信息,如车体上标有101号,表示第101号车,这个信息在列车出厂后固定不变。列车运营都有一个起点和终点,终点就是列车运行的目的地点,把运营所有目的地点编号用数字代码对应,这些编号就是列车运行的目的地编号。根据列车运营计划,给运营列车赋予一个目的地点编号,这个信息根据列车运营计划是可变的。

①车次号输入和修改。当列车由车辆段或其他地点进入正线开始运行时,列车自动监控系统将根据列车运营计划时刻表由列车自动监控系统赋予运营列车一个列车车次号。

列车驾驶员也可以人工输入列车车次号,修改和确认列车车次号号码。在控制中心大屏幕及调度员的工作站终端显示屏上,列车车次号随着列车运行位置不断变化,跟随列车显示。

当列车自动监控系统监测到运营列车丢失车次号,或车次号发生错误,需要由列车驾驶员人工办理输入、修改或删除车次号作业。

列车自动监控系统删除某列车的车次号,意味着将该列车的车次号从列车自动监控系统的车次号记录表中清除。车次号可以被系统自动删除,也可以人工删除。

②列车运行识别。列车在轨道上运行,信号系统通常将轨道划分为分段的轨道电路,可以用机械绝缘或电气绝缘来分割不同的轨道电路。系统监测到轨道电路的状态由“空闲”变为“占用”时,可以监测到列车在运行。列车自动监控系统根据列车车次号的目的地信息,为列车排列进路。

③车次号的集中显示。控制中心的调度终端显示屏上,或专门设置的大屏幕上,可以直观地显示全线和沿线各站的信号设备的布置和工作情况,以及全线列车运行状况,如列车所处位置及车次号、信号机显示状态、道岔位置、轨道电路状态、进路办理和开通状态,车站控制级别(本站控制或中央控制)、行车闭塞方式、车站扣车作业、信号设备状态报警等信息,以及根据调度员的需要显示车辆段内列车运用状况及各种报告等。

2. 列车自动排列进路功能

列车自动监控系统的列车自动排列进路功能,能够对轨道电路、信号机、道岔实现集中控制,根据列车的运行情况,在适当时机向车站联锁设备发送排列进路命令,转换道岔,开放信号,保证列车的安全运行。列车自动排列进路功能,通过捕获列车的车次号信息,来获取列车的运行任务,由车站设备最终完成进路自动排列作业。

列车自动排列进路功能,取代人工办理进路作业,进路的办理由系统自动完成,可以有效地降低控制中心中调度员和车站值班员的工作强度,消除人工办理进路过程中出现的失误和错误,提高系统的运营效率,保证运营作业安全高效地进行。

控制中心调度员或车站值班员,在必要时,遵照管理程序和规章制度,可以进行人工干预,包括人工建立及取消正线各种进路等。调度员和值班员的人工控制命令,在被系统执行前,列车自动监控系统会检查其合理性,并给出相应提示,提醒调度员和值班员注意。

3. 列车追踪间隔调整功能

1)列车追踪间隔调整功能分类

线路上有多列车在运行,列车自动监控系统对前后列车之间的运行间隔,进行实时监测和调整，保证列车在线路上安全、有序、高效地运行。列车追踪调整，可以有两种方式来实现：间隔调整方式和列车时刻表调整方式。

间隔调整方式要求列车调整功能自动控制列车运行，均衡列车到达每个车站站台的间隔。在间隔调整模式下，列车一般在线路上循环连续运行。

在时刻表调整方式下，列车自动监控系统在控制中心监控正线运行的所有列车，并对列车的运行进行调整。列车将按照预定的列车运行计划时刻表，开展运营作业，所有列车的位置和运行状况都被自动监控，以确定每列车的运行是否偏离计划时刻表的要求。如果列车运行偏离计划时刻表要求，系统会给出报警提示调度员。系统能够根据计划时刻表的要求改变列车目的地号和跟踪车次号。

列车追踪调整功能负责自动排列进路，开放信号，调整列车运行等级，控制列车的停站时间。

2）列车间隔调整功能的实现方式

列车间隔调整功能调整列车的运行，来最小化列车偏离计划时刻表运行的趋势，或按照间隔调整方式行车。

（1）修改列车运行等级。城市轨道交通，根据线路的使用情况，可以将列车运行分为不同的运行等级。在不同的情况下，列车运行在不同的速度范围内。如在正常情况下，列车可以运行至线路允许最高速度，这时列车运行等级最高；而在轨道湿滑等不稳定条件下，列车运行最高速度应适当降低，这时列车运行等级较低。根据运营的实际需要，列车运行等级不同。运行等级越低，对应的列车允许运行的速度值越低。

当列车运行情况比列车计划时刻表晚，系统可以提高列车运行等级；若列车运行情况比列车计划时刻表早，系统可以适当降低列车运行等级。通过这样调整运行等级，使实际的列车运行图与计划的列车时间表尽量接近，减小偏差，保证运营作业按计划实施。

（2）自动调整车站停站时间。列车运行间隔调整还可以通过调整列车在车站的停车时间来实现。根据列车运营计划，前后列车的相对位置大小，通过适当调整列车在车站的停车时间，来逐步调整列车间隔，实现列车间隔调整。

3）人工干预列车间隔调整

控制中心调度员可以通过人机界面，修改车站最大、最小停站时间，或为站台设定确定的停车时间，从而改变“列车调整功能”中关于站台停车时间的有关数据。

有些情况下，列车调整功能将受到影响，例如：

（1）列车在到达下一停车站发生故障抛锚；

（2）调度员对前方列车或下一停站列车实施了扣车命令；

（3）列车间隔调整功能延长了停在下一站的列车的停站时间；

（4）在下一停站作业或之前对列车实施了紧急停车；

（5）下一停站的车站出现紧急情况，站台上的紧急停车按钮被按下等。

4. 列车运行模拟仿真功能

列车自动监控系统提供模拟仿真功能，可以训练操作员和维护人员。模拟仿真是通过仿真手段，离线模拟列车的在线运行，主要用于系统的调试、演示以及人员培训。模拟仿真功能与在线控制模式功能相同，主要的差别在于列车的信息不是实际获取，而是根据列车车次号位置来模拟。仿真模拟运行能够模拟在线控制中的系统功能，但它与实际的现场设备之间没有任何信号设备表示信息和控制命令的信息交换。

根据列车自动监控系统仿真系统要求，它一般具有如下功能：

(1)列车时刻表管理仿真功能;
(2)列车速度仿真功能;
(3)信号机逻辑功能模拟;
(4)轨道电路、道岔逻辑功能模拟;
(5)列车自动防护功能模拟;
(6)数据库维护模拟;
(7)调度操作和故障仿真功能。

5. 列车运行重放功能

列车在实际运行时,列车自动监控系统的数据库服务器会存储列车运行的各种信息,包括调度员发布的调度命令,以及线路信号设备的实际工作状态信息等。

列车运行重放功能允许用户查看一段时间内的列车运行数据,再现过去某一时间段内线路上信号设备状况、列车运行状况以及调度员操作等信息。

执行重放功能时需要确定存档文件的位置,存档文件按照一定程序载入系统中后,系统处理这些数据文件,启动并执行重放功能。

列车运行重放功能对于分析事故和故障原因有很大的作用,还可以用来分析评估列车运营计划,优化运营管理程序,提高调度作业效率。

6. 事件记录、报告和报表生成、打印功能

列车自动监控系统能够记录大量与运行有关的数据,如列车运行里程数、实迹列车运行图、列车运行与计划时间的偏差、重大运行事件、操作命令及其执行结果、信号设备的状态信息、设备的故障信息等。

列车自动监控系统可提供多种报告,帮助控制中心调度员了解列车运行情况和系统工作情况。系统可根据用户的要求提供各种统计功能,生成各种统计报表(如日报表、周报表、月报表等)。调度员可调用列车运用计划,对它进行修改,发布新的运行计划。列车自动监控系统所记录的事件都有备份,以防止损坏后无法恢复。这些数据可以通过服务器进行访问、编辑,在需要时可以进行检索、打印。记录内容包括以下几个方面:

(1)列车运行数据;
(2)列车运行间隔调整情况;
(3)实迹列车运行图;
(4)计划列车运行偏差;
(5)ATS 系统报告的重大事件;
(6)调度员操作命令;
(7)ATS 操作的开始和结束时间;
(8)设备故障信息;
(9)日期和时间信息;
(10)列车情况报告等。

7. 报警功能

1)报警功能

列车自动监控系统能及时记录被监测对象的状态,有以下功能:

(1)故障的预警、诊断和定位;
(2)监测列车防护系统是否正常工作;

(3)监测信号设备和其他系统设备的接口状态；

(4)在线监测与报警；

(5)监测过程不影响被监测设备的正常工作。

在列车自动监控系统相应工作站的显示终端上有一个报警窗口,显示所出现的故障信息,严重的故障还用音响报警提示,以提醒调度员以及维护人员及时处理,直到恢复正常状态为止。

2)报警内容

列车自动监控系统的报警内容包括有:

(1)线路上信号设备故障；

(2)轨道电路故障；

(3)车站控制故障；

(4)列车车载系统故障；

(5)车辆故障；

(6)列车自动监控系统设备故障；

(7)接口故障等。

所出现的报警信息按照类别、优先权、时间等顺序显示在报警窗口的相应栏目中。如果不同的报警同时发生,优先级最高的报警将首先显示。调度员必须对系统发出的严重报警信息进行处理和响应,其过程将被系统记录。

8. 接口功能

列车自动监控系统除了以上所述的基本功能外,还可以与其他控制系统进行数据交换,这些系统包括有:

(1)主时钟系统；

(2)车站旅客向导系统；

(3)车站广播系统；

(4)无线列车调度系统；

(5)综合数据处理系统等。

列车自动监控系统与这些系统之间的接口,遵循一定的通信协议和格式,具体接口情况因不同的设备而定。

四、列车自动监控系统的基本操作

在控制中心,调度员在列车自动监控系统的调度终端上进行操作,开展列车调度作业,执行运营任务;在车站,车站值班员在取得控制权限后,利用车站的计算机终端控制所管辖范围内列车运行。

列车自动监控系统提供人机界面,控制中心调度员和车站值班员利用人机界面,对列车进行控制和监督。人机界面一般有多个窗口,包括命令执行窗口、命令执行情况信息显示窗口和报警窗口。

列车自动监控系统人机界面上对列车的控制作业很多,下面介绍其中一些基本作业,包括访问控制、车站控制方式选择、下发运营图作业、临时限速设置等。

1. 访问控制

(1)访问控制用户分类列车自动监控系统人机界面上,不同的用户进行操作时,其作业和职责不一样,因此在进入系统前明确操作人员的身份和权限,对不同的人员,设置账号和口令进行管理。

列车自动监控系统人机界面的使用人员可以分为以下几种：

①系统管理员。系统管理员对列车自动监控系统内的硬件和软件进行维护和管理，保证系统正常工作。一般来说，这类用户基本没有任何权限的限制。

②控制中心调度员。控制中心调度员通过调度终端监督全线列车运行，控制中心调度员可以具有与系统操作相关的功能。

③车站值班员。车站值班员监督列车在车站管辖范围的运行情况，在车站取得控制权限后，车站值班员通过车站计算机人机界面可以具有车站管辖范围内各种操作功能。

④维护人员。维护人员通过维护终端监督系统运行，分析调查系统出现的各种问题。维护人员允许访问系统，对系统进行分析测试。

⑤列车运行计划时刻表编制人员。列车运行计划时刻表编制人员编制、修改和发布每天或某段时间内全线列车运营作业。

⑥培训人员。培训人员在培训终端上进行各种作业的操作培训，熟悉和掌握列车自动监控系统各种作业。

(2)系统登录。工作站软件启动时，进入启动登录界面，需输入用户名和密码。系统会根据登录用户的权限开放或关闭相应的功能。

标题栏左上角显示工作站名称，输入用户名及密码，登录成功，如图 4-10 所示。

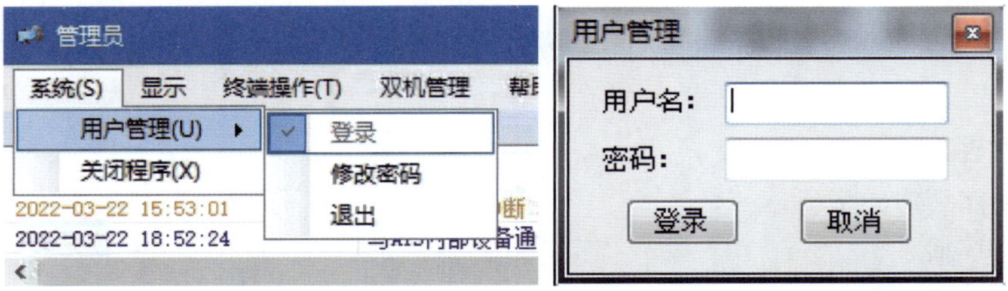

图 4-10　用户登录界面

2. 系统控制权限

列车自动监控系统可以由控制中心直接对全线列车和设备进行自动控制，也可以授权给沿线车站，由各车站对列车运行进行控制。通常情况下控制中心拥有最高管理权限，车站需要向控制中心申请才能取得对本站的控制权限，控制中心可以收回对车站的控制权。下面简述控制中心和各站对列车和设备的控制权转移和交接操作过程。

1)车站向控制中心请求取得对本站的控制权

在正常情况下，车站值班员首先向控制中心提出申请，请求由车站实施控制，控制中心收到车站请求后，给出回复，同意该请求，这样车站就取得了对本站设备和列车的控制权。

车站取得对本站的控制权另一种方式是：首先由控制中心给出同意，允许车站取得控制；其次车站值班员发出请求，完成控制权的交接。

操作步骤如下：

(1)A 站车站值班员在车站计算机终端上将鼠标指针移到需要请求本站控制的车站站名处，然后单击，系统弹出菜单，如图 4-11 所示。

(2)选择“车站控制”→“请求”，系统发送请求命令，车站完成了向控制中心的请求。

(3)调度员在调度终端上将鼠标指针移到需要转换车站控制权的车站站名处，然后单击，系统显示弹出菜单，如图 4-12 所示。

（4）车站计算机终端上，在收到控制中心的同意后，车站即取得对车站的控制权。

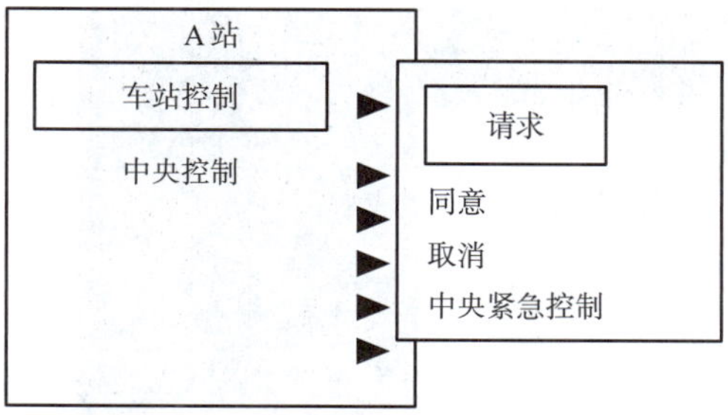

图 4-11　系统控制权操作 1

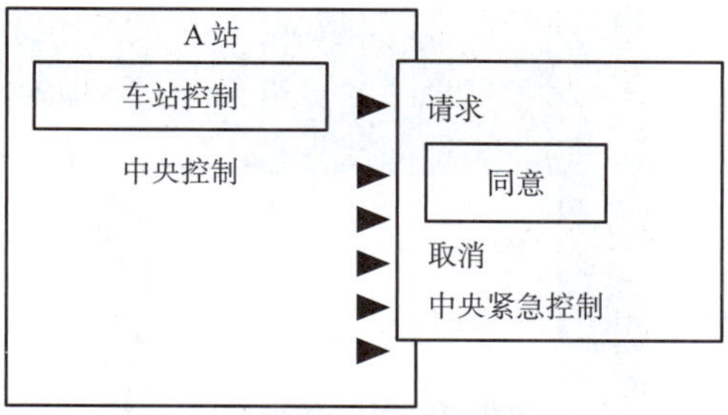

图 4-12　系统控制权操作 2

2）中心控制

中心控制功能允许调度员将某个车站的控制权从本车站转移到中心。

（1）控制中心调度员发出中央控制请求，车站值班员收到后，同意中央控制请求。

（2）在紧急情况下，中心操作者可以不需本车站的允许而直接将控制权转换至中心。

在正常情况下，控制中心调度员首先请求对某车站实施中央控制，然后该车站值班员同意该请求，这样控制转换就完成了。另一种控制权转移方式是：车站同意允许本车站控制权转换至控制中心，当控制中心调度员请求中心控制时即完成控制权的转换。

正常操作步骤如下：

①在控制中心调度终端上，调度员将鼠标指针移到需要请求中心控制的车站站名，然后单击，系统弹出菜单，如图 4-13 所示。

②选择“中央控制”→“请求”，系统将指令发送给对应的车站计算机。

③在车站计算机上，值班员将鼠标指针移到需要请求中心控制的车站，然后单击，系统弹出菜单，如图 4-14 所示。

④选择“中央控制”→“同意”，控制中心调度终端收到同意后，取得对该车站的控制权。

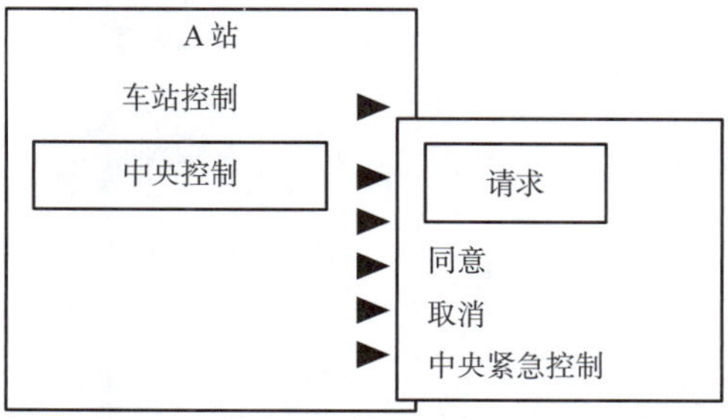

图 4-13　系统控制权操作 3

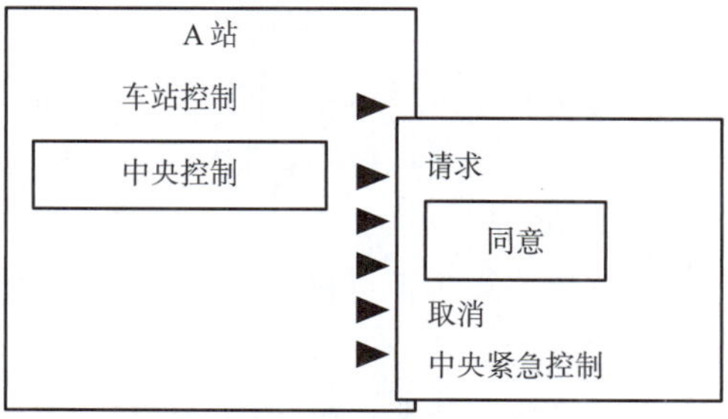

图 4-14　系统控制权操作 4

3. ATS 扣车和跳停

扣车或跳停状态栏用来显示全线站台的扣车或跳停状态，如图 4-15 所示。当没有站台设置扣车（或跳停）时，图标显示为灰色；有站台设置扣车（或跳停）时，图标显示为绿闪（蓝色）。单击扣车（或跳停）图标时，可查看现有的设置情况。

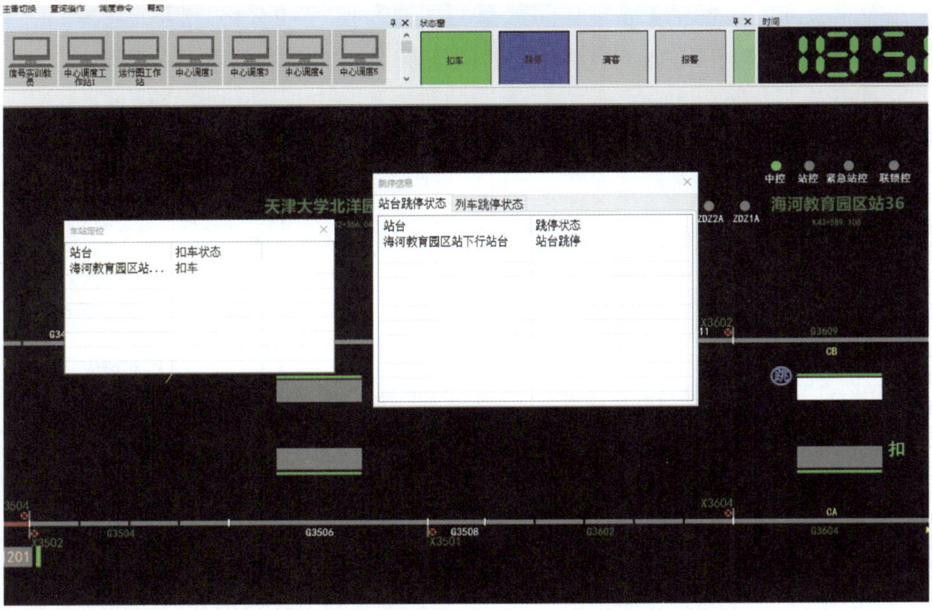

图 4-15　扣车和调停状态栏

正常操作步骤如下：

在控制中心调度终端上，调度员将鼠标指针移到需要扣车或跳停的车站站台，然后单击，系统弹出菜单，如图 4-16 所示，选择“中心扣车”或者“跳停”。

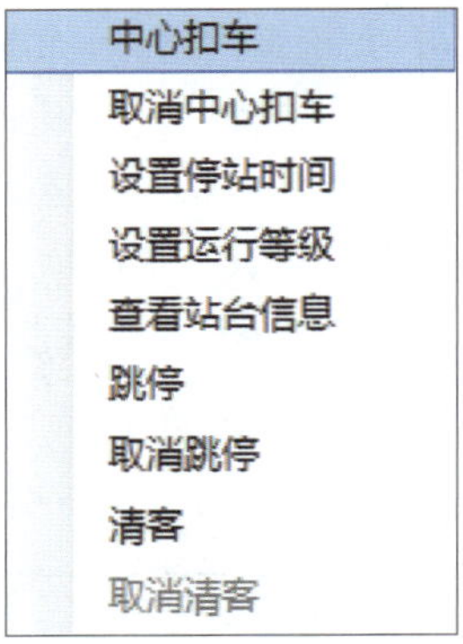

图 4-16　扣车和调停菜单

设置中心扣车后，扣车状态存储在联锁系统，并作为出站信号开放的检查条件。ATS 会向所有经过该站台的列车发送扣车命令，同时显示 H。

针对站台设置跳停，ATS 会在上一个停车站台，向所有经过该跳停站台的列车发送跳停命令。

针对特定列车设置跳停，ATS 会在上一个停车站台，向指定列车发送跳停命令。

一次有效的停站时间和站间运行等级设置，只对第一列通过该站台的列车有效，列车通过站台后该设置失效，停站时间和站间运行等级恢复为自动控制。

一直有效的停站时间和站间运行等级设置，对所有经过该站台的列车有效，直到人工设置为自动控制状态。

站台处设置的详细状态，可通过查看站台信息窗查看，如图 4-17 所示。

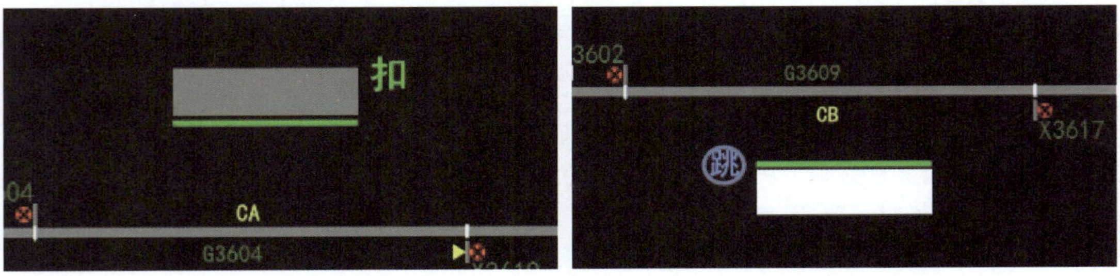

图 4-17　扣车和调停站场显示

4. 加载运行图

每天在正线运营前，调度员在已创建的运行图内选定一个并创为当天运行计划，ATS 按照当天运行计划进行列车自动调整。在运行过程中，调度员使用运行图菜单可对运行图进行某些调整，比如调度员可在运行图上添加一列列车计划、删除一列列车计划或更改一列列车计划，ATS 系统将按照调度员修改后的计划自动调整线路上运行的列车。

正常操作步骤如下：

（1）单击菜单栏中的“显示”选项，在弹出的下拉菜单中选择“运行图”，如图 4-18 所示，弹出运行图编辑窗口。

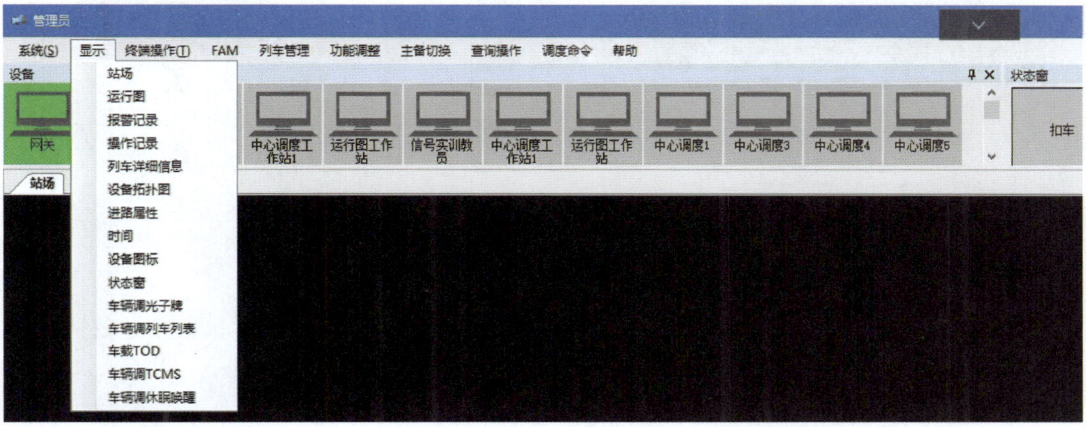

图 4-18　选择显示运行图

（2）单击“运行图”，选择“加载当日计划”，如图 4-19 所示，弹出计划加载对话框。

（3）在加载对话框中，依次选择对应的加载日期、运行图编号、平日图、周末图，选择完成后，依次单击“自动生成一周加载计划”→“上传加载计划”，如图 4-20 所示，弹出上传加载计划成功对话框，单击“确定”按钮。

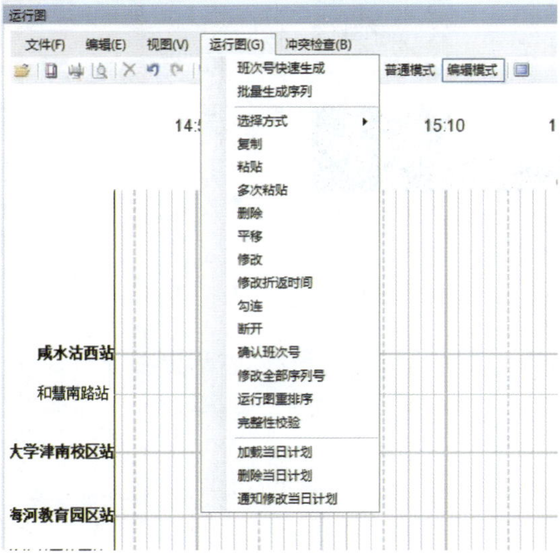

图 4-19　运行图窗口

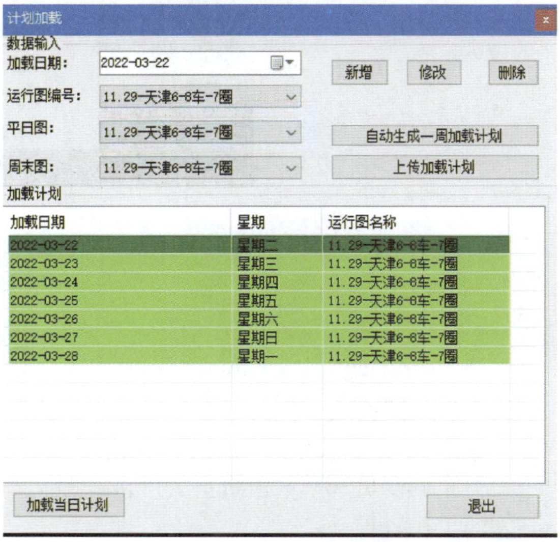

图 4-20　一周运行图加载对话框

(4)再次单击运行图,选择加载计划,弹出“计划加载”对话框,在基本图加载计划列表中勾选当日计划(当日计划为深绿色显示),单击“加载当日计划”,如图4-21所示。

(5)弹出操作成功提示对话框,单击“确定”按钮,运行图加载完毕,如图4-22所示。

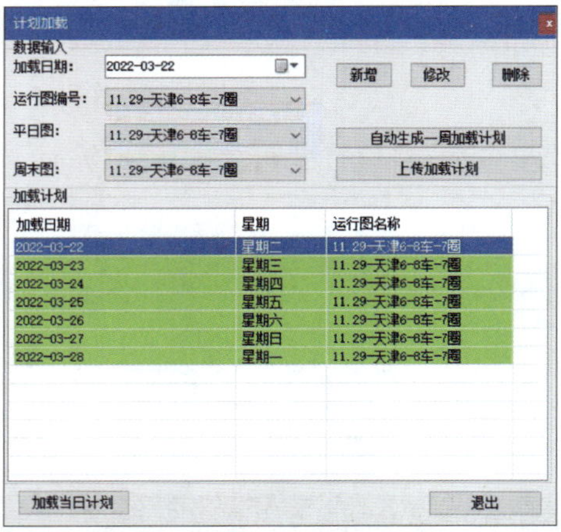

图4-21　当日计划加载窗口

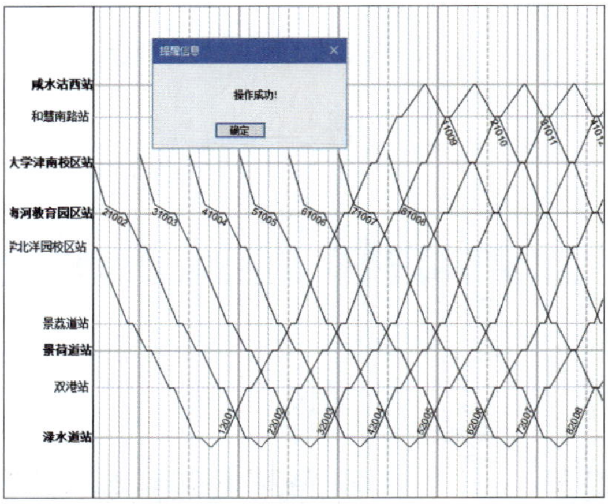

图4-22　当日计划加载成功界面

5. 临时限速

ATS系统以轨道区段为单位进行临时限速设置。临时限速的设置步骤具体如下:

(1)单击菜单栏中的“终端操作”选项,选择“临时限速”,如图4-23所示,弹出临时限速对话框。

(2)选择需设置的区段,输入限速值,单击“确定”按钮,临时限速设置成功,站场图上将设置好临时限速的区段标记为黄色,并在区段上边显示限速值。

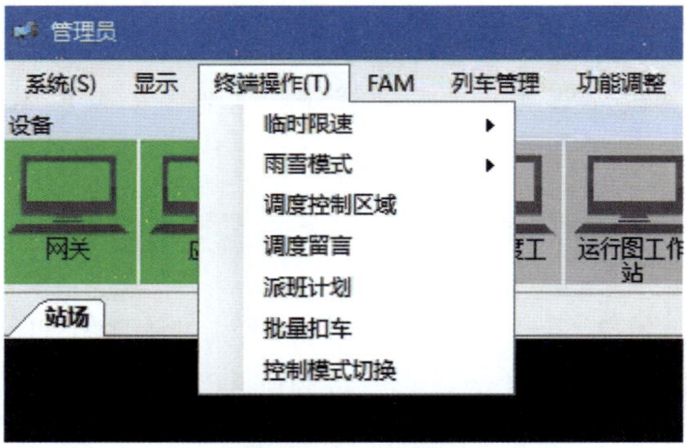

图4-23　临时限速选择菜单

五、ATS系统作业流程

在列车调度指挥工作中,必须坚持安全生产的原则,正确指挥列车运行,不能发布没有安全保障依据的命令和知识。当得到有关危及行车安全的信息时,要正确、及时、妥善处理,以保证乘客安全为重点,组织列车安全运行。

行车调度员和车站值班员要严格按照工作流程发布行车命令以及操作设备。下面介绍一些基本的工作流程。

1. 正常行车组织作业

正常行车组织作业标准流程见表4-3。

表 4-3 正常行车组织作业标准流程

序号	操作人员	操作内容	操作要点
1	行调	使用 ATS 选择运行图	操作中心 ATS 下发运行图(平日),单击时间按钮跳转运行时间至 8:00
2		通知车站确认列车运行状态和位置	“请确认控区内列车运行状态及位置。”
3	值班员	确认列车运行状态和位置	咸水沽西控区列车正常运行,上行 20100 号车将运行至海河教育园控区
4		口呼	“咸水沽西控区信号设备无异常。”
5		手指确认控制权状态	
6		口呼控制权状态	“咸水沽西控区控制状态为遥控。”
7		要权	“咸水沽西站需对控区内设备进行操作,现申请控制权转换至站控操作。”
8	行调	同意	在控制中心单击同意控制权站控
9		通知	“可以操作 ATS 系统接取控制权。”
10	值班员	接权	操作 ATS 系统,接取控制权至站控

2. 扣车和取消扣车作业

扣车和取消扣车作业标准流程见表 4-4。

表 4-4 扣车和取消扣车作业标准流程

序号	操作人员	操作内容	操作要点
1	行调	发布调令	“请将渌水道站上下行站台设置扣车功能,扣停进站列车。”
2	值班员	操作	操作渌水道站上下行扣车
3		手指口呼	“渌水道上下行站台扣车成功。”
4	上下行列车到站		
5	行调	通知车站	“渌水道站可取消站台扣车功能。”
6	值班员	操作	操作车站级 ATS 系统取消上下行站台扣车
7		手指口呼	“渌水道站上下行取消扣车成功。”

3. 设置取消临时限速作业

设置取消临时限速作业标准流程见表 4-5。

表 4-5 设置取消临时限速作业标准流程

序号	操作人员	操作内容	操作要点
1	行调	通知	“海河教育园区请设置控区内 G3701 区段临时限速,限制列车不超过时速 20 km 通过。”
2	值班员	操作	操作 G3701 区段临时限速,限制速度 20 km/h
3		手指口呼	“G3701 区段已设置临时限速。”
4	一列车通过限速区段		
5	行调	通知	“海河教育园区可取消 G3701 区段临时限速。”
6	值班员	操作	值班员操作 ATS 取消 G3701 区段临时限速
7		手指口呼	“G3701 区段临时限速已取消。”

任务实施

任务工单见表4-6。

表4-6　任务工单

任务二　认知与操作列车自动监控系统			
团队名称：	班级：	日期：	
团队成员及分工：			
任务目标	1. 掌握ATS系统的监控界面显示含义。 2. 掌握ATS系统的操作流程及操作要点		
任务内容	利用轨旁FAO虚拟仿真实训设备，打开ATS调度员工作站和值班员工作站，两人一组，分别扮演行车调度员、车站值班员，按照标准工作流程，完成正常行车组织作业、扣车和取消扣车作业和设置取消临时限速作业		
引导问题	1. 在列车调度指挥工作中，要遵循什么原则？ ______ ______ ______ ______ 2. 作为一名行车调度员和车站值班员，当得到有关危及行车安全的信息时，应该怎么做？ ______ ______ ______ ______ ______		

【训练】

小组按照标准工作流程，完成表1所示ATS作业。

表1

序号	任务内容	操作标准	操作考核
1	正常行车组织作业	下发6号线的运行图，并完成控制权交接	□合格 □不合格
2	扣车和取消扣车作业	海教园前方区间发生火灾，在海教园车站上下行站台进行扣车，火灾消除后，取消扣车作业	□合格 □不合格
3	跳停和取消跳停作业	上行线运行的20100次列车出现故障，回车辆段维修，为上行所有站台设置跳停，20100次列车驶过后，取消跳停	□合格 □不合格
4	设置临时限速	将海教园控区有施工区段，将控区内G3601轨道区段设置限速不超过25 km/h，施工完毕后，取消临时限速	□合格 □不合格

任务评价

任务评价见表4-7。

表4-7　任务评价

任务二　认知与操作列车自动监控系统			日期：			
姓名：		班级：	学号：		教师签名：	
自评：□熟练　□不熟练		互评：□熟练　□不熟练	师评：□合格　□不合格			
日期：		日期：	日期：			
评分细则						
序号	评分项	得分条件	分值	自评	互评	师评
1	接受任务	明确工作任务，理解本次任务在企业工作中的重要程度	5			
2	前置知识	本次任务前需要掌握的知识程度	5			
3	能力评价	能按照标准作业流程完成正常行车组织作业	12			
		能按标准作业流程，完成特殊情况下的扣车作业	12			
		能按标准作业流程，完成特殊情况下的跳停作业	12			
		能按标准作业流程，完成临时限速的设置	12			
4	素养评价	工作计划性强，安排得当	5			
		团队合作能力强，善于沟通合作	5			
		自主学习能力强，勇于克服困难	5			
		严谨认真，积极参与课堂	5			
		有担当意识，岗位认同感强	5			
		应变能力强，及时处理紧急情况	5			
5	评价反馈	学生能以小组评价方式组织客观评价	6			
		对学生在任务实施过程中发现问题，进行小组审议后及时反馈	6			
合　计			100			

巩固与练习

一、填空题

1. ________系统可以绘制列车实迹运行图，并动态地对偏离运行图的列车进行调整。

2. 调度主任和普通调度员分别在不同的调度工作台上操作，调度台的硬件结构配置完全相同，但________不同，因而软件配置不同。

3. 列车自动监控系统可以由控制中心直接对全线列车和设备进行自动控制，也可以授权给________，由各车站对列车运行进行控制。

4. 列车自动监控系统在控制中心的设备，主要有网络设备、服务器、存储设备、显示设备、打印设备等，可以分为________和________两部分。

5. 控制中心ATS设备软件一般包括系统软件和应用软件两部分。系统软件通常采用________操作系统，减少系统对设备制造商的依赖性，利于设备维护和升级。

6. 列车车次号一般由两部分信息组成：________编号和________编号。

7. 列车自动监控系统的列车自动排列进路功能，能够对________、________、________实现集中控制，根据列车的运行情况，在适当时机向车站联锁设备发送排列进路命令，转换道岔，开放信号，保证列车的安全运行。

8. 线路上有多列车在运行，列车自动监控系统对前后列车之间的________进行实时监测和调整，保证列车在线路上安全、有序、高效地运行。

9. 模拟仿真是通过仿真手段，离线模拟列车的在线运行，主要用于________、________以及________。

10. 在控制中心，________在列车自动监控系统的调度终端上进行操作，开展列车调度作业，执行运营任务；在车站，________在取得控制权限后，利用车站的计算机终端控制所管辖范围内列车运行。

二、简答题

1. 控制中心 ATS 的硬件设备包括什么？

2. 列车自动监控系统的作用是什么？

3. 列车间隔调整功能通过两种方式调整列车的运行，来最小化列车偏离计划时刻表运行的趋势，请简述这两种调整方式。

知识拓展

最美交通人//地铁行车“指挥家”与他的平安“交响乐”

周嗣琨，1983 年毕业后来到北京地铁，2023 年 10 月迎来他地铁生涯“谢幕”的时刻。40 年间，他将所有心血都倾洒在红绿相间的调度台上，用合理的调度、敏锐的判断、果敢的抉择为乘客出行安全保驾护航。

刚来地铁时，周嗣琨在太平湖车辆段信号楼任值班员岗，负责列车进出段的调度安排。“当时，太平湖车辆段有东、西两个联络线，车辆进出段区次数多，因此作业频率可以说是所有段区、站线上最多的点位。我们行车班共有四名同学分配到这里，都是成绩比较优异的学生，也是想在这里得到更多的锻炼。”这一锻炼，就是七年。七年间，周嗣琨每天重复着给列车排进路工作。他没有因为枯燥而厌倦，而是特意配置了一台闹铃，专门提醒自己办理作业，平时则向老师傅请教问题，或是自行设置故障难题，自寻破解之道。

功夫不负有心人，1990 年，27 岁的周嗣琨因技术业务能力突出入选总调度室，成为一名行车调度员。这一新变化，让这名“技术控”更加如鱼得水。由于常年负责段内车辆调度，周嗣琨适应角色速度较快，不久便成为调度所的业务骨干。

“调度员是地铁运营安全的幕后‘守护者’，初心就是为乘客提供优质的服务，保障出行平安。”这位守护了地铁安全 40 年的“老将”，一直坚守着初心。2006 年，周嗣琨成为一名中层管理人员，他将自己的严谨、果断、细心等特点全面注入调度所管理之中。一次，在 13 号线某区段内出现无法供电情况，在专业人员抢修阶段，有人提出应采取“切香肠”分区域运营方式，也有人觉得等故障修复后运营更稳妥，而周嗣琨发现该区段间的库线供电性能良好，双向车只要做好相关调度安排就能最大限度降低对正线影响，该方法得到了多数人的赞同，事实也印证了这个方案的确是最优化处理。另外，在服务乘客方面，周嗣琨也彰显了细致与温情。在世园会保障期间，他认真与公交接驳时间表核对：“好些乘客住址距离展会较远，晚场后回家是个难题，打车成本不仅高，而且接单率很低，所以我们采取延长运营时间举措，就算是最后一班车人不多，也要为乘客‘点亮’回家路。”除此之外，在夏季面对强降雨来袭，在得知末班车后北京西站有晚点火车抵京消息时，周嗣琨第一时间组织做好 7 号线加开临客计划，为归家乘客撑起一把“温情伞”。

任务三　认知与操作 ATP 系统

学习目标

知识目标

1. 掌握列车自动防护系统的设备组成。
2. 掌握列车自动防护系统的基本功能。
3. 掌握列车自动防护系统的设备运用。

能力目标

1. 能够按照标准作业流程对 ATP 系统进行操作。
2. 能够对紧急情况进行处置。

素质目标

1. 提升岗位责任感和安全第一的工作意识，提高应急处置能力。
2. 强化按标准作业的工作素养。

任务描述

城市轨道交通的信号控制系统中，列车自动防护系统是信号控制系统非常重要的组成部分，它为列车行驶提供安全保障，有效降低列车驾驶员的劳动强度，提高行车作业效率。如果没有列车自动防护系统，列车的行车安全需要由列车驾驶员人工来保障，这样易造成列车驾驶员过度疲劳，产生安全隐患，对行车作业效率也会带来负面影响。因此在城市轨道交通中，尤其是在运营作业繁忙的线路上，信号控制系统中设置列车自动防护系统是非常必要的，它是行车作业的安全保障和体现。通过学习本任务，学生可以掌握列车自动防护系统的设备组成及基本作用，能够对 ATP 的设备进行操作，能够按照工作标准对突发事件进行处理。

相关知识

视频

ATP系统

列车自动防护系统（automatic train protection system，ATP 系统）负责列车的安全运行，连续检测列车的位置和速度，监督列车必须遵循的速度限制，控制车门，监督和启动站台门，追踪所有装备信号设备的列车，考虑联锁条件（像转辙机和防淹门的监督），并为列车提供移动授权。

一、列车自动防护系统的基本原理

1. 列车运行的基本概念

在介绍列车自动防护系统如何控制列车运行速度之前，需要简单介绍列车如何起动和停车，以及列车常用制动和列车紧急制动的基本概念。

（1）列车起动和停车。列车在人工驾驶时，列车驾驶员操作驾驶手柄，通过列车的牵引系统施加牵引力使列车向前加速行驶，或通过列车的制动系统施加制动力使列车减速行驶。列车驾驶手柄平常放中间位置，将驾驶手柄从中间位置向前推时，列车向前加速行驶，越往前推施加的牵引力越大；将驾驶手柄从中间位置向后推时，列车减速行驶，越往后推施加的制动力越大，这时列车在制动力的作用下减速运行。

(2)列车常用制动和紧急制动。列车常用制动就是列车在正常行驶过程中,由列车的制动系统施加给列车的制动。

列车紧急制动就是列车在超速行驶,或遇到其他不正常会危及列车行车安全的情况时,对列车施加的制动。列车紧急制动时所产生的制动力,是列车的制动系统所能提供的最大制动力。列车紧急制动的响应时间比列车常用制动的响应时间要短,一旦对列车施加了紧急制动,只能通过特殊处理才能将紧急制动从列车上解除。

(3)速度限制。城市轨道交通中,列车在轨道线路上行驶时,受轨道线路弯道、坡道、列车自身构造以及运营需求等因素的影响,列车只能在规定的速度范围内运行,如果列车运行速度比规定的最大速度值高,则会危及列车的行车安全,导致列车相撞、出轨或颠覆等事故的发生。为确保列车行车安全,列车必须在规定的速度范围内运行。

列车自动防护系统在每列车上都装有速度传感器,速度传感器安装在列车的车轴上,如图4-24所示,对列车的运行速度进行实时测定,并把速度值传送给列车自动防护系统主机,由列车自动防护系统主机对速度进行分析和处理。

(4)列车自动防护系统与列车之间的接口。列车自动防护系统主机是列车自动防护系统的核心控制部分,列车自动防护系统主机与列车自身的牵引系统和制动系统由专门的接口电路连接,如图4-24 所示,列车自动防护系统主机实时接收从地面信号传来的信号,通过实时分析和计算,实时向列车的牵引系统或制动系统发出控制指令,列车的牵引系统或制动系统在接收到控制指令后,对列车施加牵引力或制动力,以控制列车的运行速度,使列车在允许速度的范围内运行。列车自动防护系统主机安装在驾驶室内。

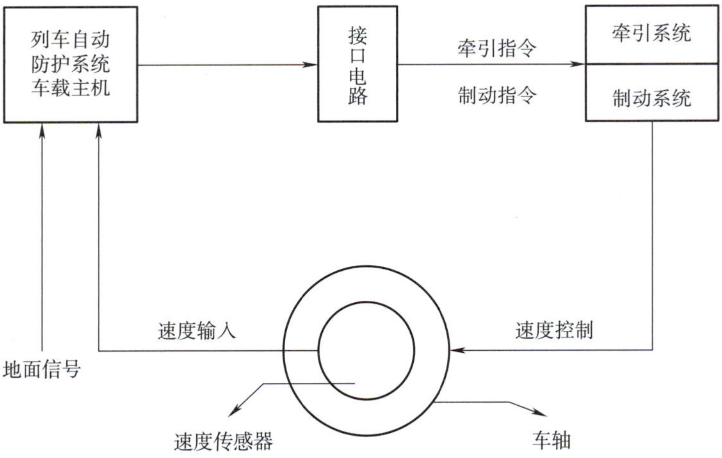

图 4-24　列车自动防护系统与列车之间的接口关系

2. 列车自动防护系统基本原理

列车自动防护系统控制列车运行速度有两种基本方式:点式叠加方式和速度距离模式曲线方式。

(1)点式叠加方式。列车自动防护系统以点式叠加方式控制列车运行速度,其速度距离曲线呈阶梯状,称为阶梯曲线,如图 4-25 所示。图中横坐标表示距离值,纵坐标表示列车运行速度值。

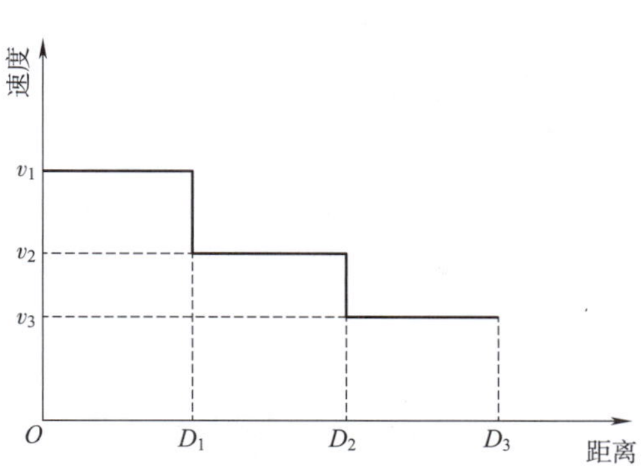

图 4-25　阶梯曲线

图 4-25 中,列车受到制动力的作用,减速运行。列车从某点 O 处以不超过 v_1 的速度值运行,在运行到 D_1 点时,对列车施加一定的制动力,使列车允许运行的最大速度值从 v_1 速度值降为 v_2 速度值;列车从 D_1 点运行到 D_2 点处,在这一区间,列车运行的最大允许速度值为 v_2;在 v_2 点,再次对列车施加制动力,使列车减速运行。

列车运行在 $O \sim D_1$ 区段,允许运行的最大速度为 v_1;在 $D_1 \sim D_2$ 区段,允许运行的最大速度为 v_2;在 $D_2 \sim D_3$ 区段,允许运行的最大速度为 v_3。

在每个区段,如果列车运行速度超过了在该运行区段所对应的最大速度值,列车自动防护系统会向列车的制动系统发出常用制动命令,列车的制动系统对列车施加制动力,使列车运行速度在系统所设定的时间内,降到允许的运行速度范围内,以保证列车安全运行;如果列车运行速度持续超过该运行区段所对应的最大速度值,在持续的时间超过系统设定的时间后,列车自动防护系统将对列车实施紧急制动,强制列车停车,以防止意外事故的发生。

阶梯曲线控制速度的方式所需要的硬件结构简单,容易实现。在图 4-25 中,列车以不超过 v_1 速度值运行,运行速度从 v_1 变为 v_2 时,使得列车的运行速度发生突变,这时强烈的减速会给列车上的乘客一种冲击,容易产生不适感。速度变化越大,冲击感越强,越不利于旅客乘车的舒适度。

(2)速度距离模式曲线。列车受到制动力的作用,使列车减速运行,速度-距离图形曲线形状是连续平滑的曲线,这种列车速度控制方式称为速度距离模式曲线方式,如图 4-26 所示。图中横坐标表示距离值,纵坐标表示列车运行速度值。

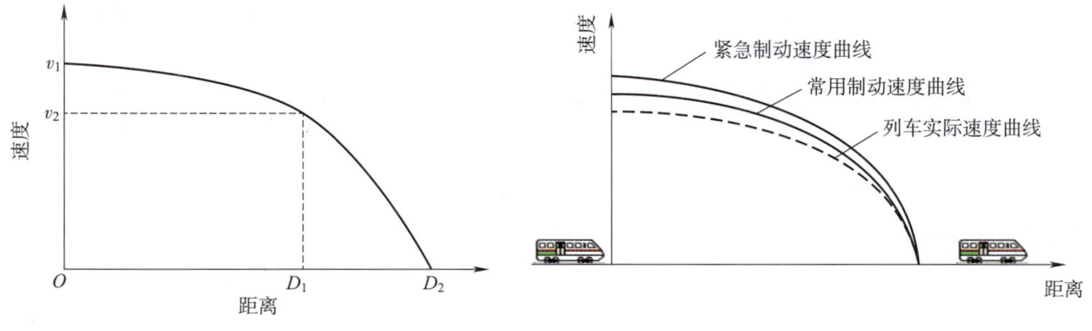

图 4-26　速度-距离模式曲线

图 4-26 中,列车自动防护系统根据运营计划,使列车从 O 点减速运行到 D_1 点。列车自动防护系统根据各种数据,计算出列车从 O 点运行到前方 D_2 点的区段内各处所需的运行速度,并向列

车的牵引和制动系统发出指令,控制列车按照速度距离模式曲线所绘制的速度值平滑稳定地从在 O 点减速运行到前方 D_2 点。

在图 4-26 模式曲线的每点,都对应有一个速度值,如果列车运行速度超过了在该点所对应的速度值,列车自动防护系统实时向列车的制动系统发出常用制动命令,对列车施加制动力,使列车运行速度降到模式曲线的下方,保证列车以允许的速度运行,确保列车安全运行;如果列车运行速度持续超过模式曲线所规定的速度值,运行在模式曲线的上方,若所持续的时间超过系统设定的时间,列车自动防护系统将对列车实施紧急制动,强制列车停车,以防止意外事故的发生。速度距离模式控制速度的方式,需要比较复杂的软件和硬件支持,系统调试过程比较复杂。列车平滑减速运行,运行速度没有发生突变,列车运行速度控制稳定,可以有效提高列车乘客的舒适度。

防止列车超速运行是列车自动防护系统最重要的功能,也是城轨信号系统保障列车运行安全的核心。列车自动防护系统对列车速度的有效控制,保持列车速度运行不超过所允许的速度范围,能有效降低列车驾驶员的劳动强度,提高作业效率,避免人工操作带来的安全隐患,保障列车安全运行。

二、列车自动防护系统的主要功能

列车自动防护系统不仅能控制列车运行速度,还有其他许多重要功能,它们是列车安全稳定运行的可靠保障。

列车自动防护系统主要功能包括:

1. 防止运营列车超速运行

运营列车在线路上运行有多种速度限制,列车运行速度不能超出速度限制值。

(1)防止运营列车超过线路限制速度超速运行。城市轨道交通中,线路在曲线段或坡道处往往有速度限制,运营列车不能超过线路限速运行,否则容易出现列车脱轨或颠覆事件。

(2)防止运营列车超过列车允许最大速度超速运行。车辆的自身构造决定了车辆所能运行的最大速度,超过这个速度值,列车可能会出现故障,危及车辆和行车安全。

(3)防止运营列车超过道岔弯轨限制速度超速运行。城市轨道交通中,线路上设有道岔,在列车通过道岔弯轨时,不能超过道岔弯轨限制速度超速运行。

(4)防止运营列车超过限速区段限速。城市轨道交通中,线路上有故障或作业需要运营列车限速行驶,列车应按运营规定运行。

(5)防止运营列车超过临时限速。城市轨道交通中,线路上有临时作业,需要运营列车限速行驶,列车应按运营规定运行。

(6)防止运营列车超过其他限速。城市轨道交通中,运营作业需要任何限速的地方,列车应按运营规定运行。

2. 列车定位

定位任务及时确定列车在路网中的地理位置。通常 ATP 系统利用查询应答器及速度传感器和雷达完成列车定位。安装在线路上某些位置的应答器用于列车物理位置的检测,每个应答器发送一个包括识别编号(ID)的应答器报文,由应答器天线接收,在车载 ATP 单元的线路数据库里存有应答器位置,这样确定列车在线路上的确切基准位置,由速度传感器和雷达执行列车位移测量。

3. 测速与测距

通常采用速度传感器和雷达用于列车速度和距离的精确检测。列车实际速度是施行速度控制的依据，速度测量的准确性直接影响到速度控制效果。列车的位置直接关系到列车运行的安全，通过确定列车实际位置，才能保证列车之间的运行间隔，以及能够在接近障碍物或限制区之前停下或减速。

为补偿轮径磨损和由于轮径磨损而造成的维护服务间隔期内轮径的改变，使用雷达和查询应答器重新同步的方法，当列车经过应答器时，正确的位置被识别。在这些应答器之间，雷达和测速传感器一起确定准确的列车速度和距离。

雷达可以有效补偿空转和打滑引起的误差，保证 ATP 系统得到准确列车位置。

4. 接收和处理来自地面的信息

列车运行在轨道上，地面轨道电路或地面的其他设备，将列车运行所需的信息发送出去，安装在列车车体上的列车自动防护系统设备会实时接收这些信息，并对这些信息进行实时分析和处理，以及时对列车的运行状态和运行速度进行控制。通常这些信息中包含列车允许运行的最大速度值、线路位置等。

5. 防止列车相撞

城市轨道交通中，在某条线路上，往往会有很多列车同时运营作业，列车自动防护系统可以防止列车相撞，为这些平行作业的实施提供安全保障。它有效提高了城市轨道交通线路的利用效率，增强了城市轨道交通的运营能力。列车自动防护系统防止列车相撞包括以下内容：

(1)防止运营列车撞上前面的列车。

(2)防止运营列车进入未开通的进路。

(3)防止运营列车冲出尽头线。

(4)防止运营列车进入封锁区段。

(5)防止运营列车进入发生故障的进路等。

6. 车辆安全停靠站台

城市轨道交通中，列车停靠站台时，需要列车完全停稳不动，确保乘客安全上下车。列车自动防护系统会检测列车的速度和列车所处的位置，保证列车在站台区域内安全停靠。

7. 停车点防护

通常停车点就是危险点，危险点在任何情况下都不能越过，否则会导致危险情况。例如，站内有车时，车站的起点即是必须停车点，在停车点的前方通常还设置一段防护段，ATP 系统通过计算得出的紧急制动曲线即以该防护区段入口点为基础，保证列车不超越入口点。此外，也可以在入口点设置一个列车滑行速度值（如 5 km/h），一旦需要，列车可在此基础上减速或停在危险点前方。

8. 列车车门控制

车门自动开闭是否司机手动操纵，关键是要对安全条件进行严格监督，防止列车在站外打开车门、在站内时打开非站台侧的车门、在车门打开时列车启动等情况发生。只有 ATP 系统检查所有安全条件均已满足时，给出一个控制命令后，才能打开车门。

列车停站时间结束时，轨旁 ATP 设备停发开门信息，关闭车门。轨旁 ATP 确定车门关闭并锁闭后，向车载 ATP 发送移动授权信息，车载 ATP 收到后，再次确定车门关闭后，允许列车发车。

9. 站台门控制

当列车进站且停在允许误差范围内时，司机操作或 ATO 发送开门指令，经过 DCS 统至 CI，

PSD 系统接收 CI 的开门指令,执行相应自动解锁、开门等操作,同时 PSD 状态指示装置做出相应的响应动作。

当列车离站时,司机操作或 ATO 发送关门指令,经过 DCS 系统至 CI,PSD 系统接收 CI 的关门指令,执行相应的关门、锁闭等操作,当所有站台门关闭并锁闭后,PSD 系统向 CI 发送"站台门关闭且锁闭"信息,并通过 DCS 系统至车载 ATP,列车被允许离站,同时 PSD 状态指示装置做出响应动作。

10. 紧急停车功能

特殊情况下,按压设在车站上的紧急停车按钮(见图 4-27),就可以通过信号系统车载 ATP,启动紧急制动,使列车停止运行。

每个车站每侧站台的两端各有一个,共四个。当发生火灾、乘客被夹在安全门和车门之间等特别紧急情况时,(一般为工作人员操作)只要打碎该装置上的一层薄薄的玻璃,按压红色按钮即可让该侧的列车紧急制动或无法动车,非紧急情况禁止使用,违法使用承担法律责任。

案例分享:某天晚上 10 点,一男子在武汉地铁 6 号线江汉路站按下紧急制动按钮(紧急停车按钮),造成系统报警,影响地铁正常运行。接警后,民警与地铁站务人员迅速将该男子控制。据悉,该男子姓胡,35 岁,当时正准备搭地铁,因心情不好,到地铁站后看到紧急制动按钮,遂用携带的雨伞尖按下了这个按钮。随后,胡某走到第一节车厢的等候点。

地铁工作人员听到警报后,通过视频监控(见图 4-28)查找原因,半分钟即锁定该男子并消除警报。一分钟后,民警和乘务人员找到该男子时,他还没来得及上车。据悉,当时由于晚间列车运行间距大,且站台内无列车停靠,幸未发生公共安全事故。根据治安处罚法有关规定,警方对胡某处以行政拘留 5 日处罚。

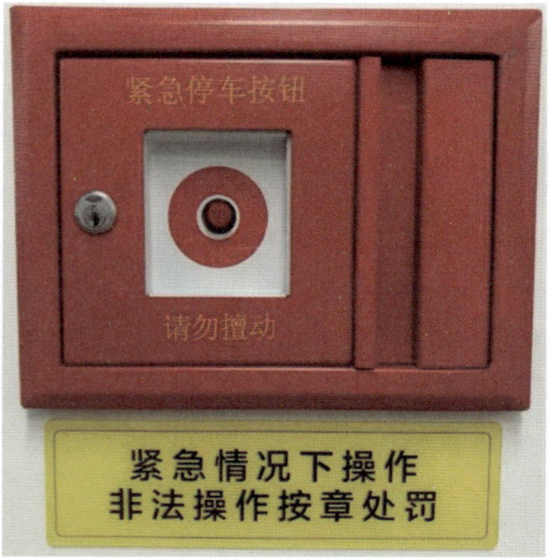

图 4-27　站台紧急停车按钮

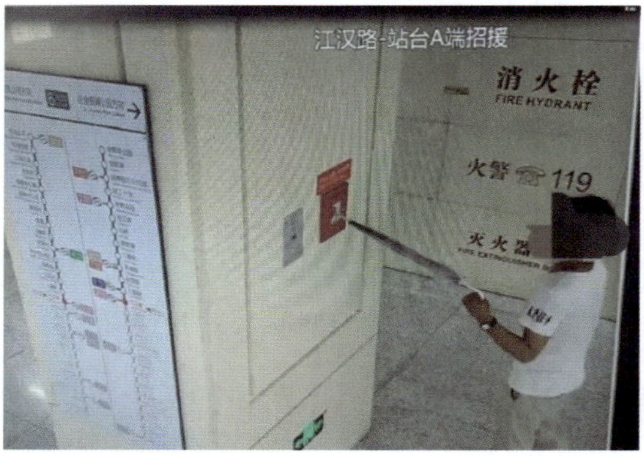

图 4-28　监控画面

11. 空转、打滑防护

列车在线路上正常运行时,列车车轮在钢轨上滚动运行,因某种原因,列车车轮会发生空转,或列车车轮在线路上滑动运行,这种情况一方面会对车辆的车轮造成损伤,另一方面会危及列车行车安全。列车自动防护系统会实时检测列车空转和打滑情况,并及时采取措施,控制列车运营状态。

12. 防止列车发生溜车

列车如果在线路的坡道处停车或在站台处停车，列车自动防护系统会给列车施加一定的制动力，保证列车不会发生溜车现象，防止发生安全事故。

13. 给出发车命令

车载ATP检查有关安全启动条件（如车门是否关闭且锁闭、司机操作手柄是否都置于零位、ATP系统是否处于正常工作状态）并确认符合安全后，才允许列车发车。

列车自动防护系统除了以上的重要功能外，根据城市轨道交通信号系统的配置情况和复杂程度，还可以有一些其他功能，如控制列车的运行方向，提供驾驶员操作接口界面等。

三、列车自动防护系统的车载设备

列车自动防护系统所包含的设备分别安装在列车上和地面上。安装在列车上的设备简称车载设备；安装在地面的设备简称地面设备。

1. 车载设备主要组成

列车自动防护系统的车载设备主要包括车载主机、驾驶员状态显示单元、速度传感器、列车地面信号接收器、列车接口电路、电源和辅助设备等，如图4-29所示。下面分别介绍有关设备的情况。

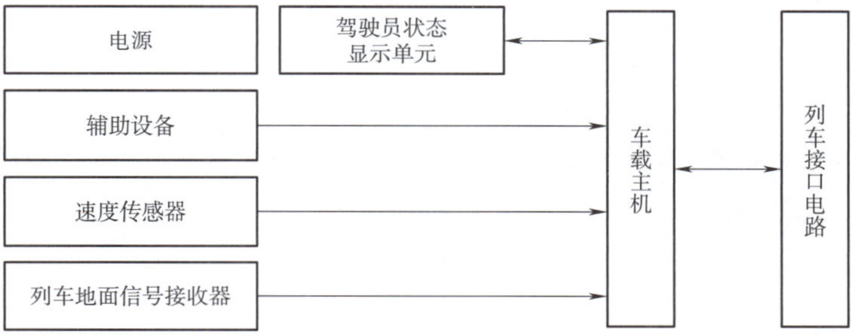

图4-29　车载主要设备

（1）车载主机。列车自动防护系统的车载主机由各种印刷电路板、输入/输出接口板、安全继电器和电源等设备组成。这些设备分层放在机柜中，各板利用机柜上的总线进行通信。

（2）驾驶员状态显示单元。驾驶员状态显示单元是车载系统与列车驾驶人员之间的人机交互界面（见图4-30），可以显示列车当前运行速度、列车到达某点的目标速度、列车到达某点的走行距离、列车的驾驶模式和有关设备的运行状况等与行车直接相关的信息，还设置有一些按钮，用于驾驶员操作，控制列车运行。

图4-30　人机交互界面

(3)速度传感器。信号系统通常在列车上装有一个或多个速度传感器。速度传感器安装在列车的车轴上,用于计算列车的运行速度和列车运行距离及列车运行方向的判定。列车的运行速度,还可以用雷达进行测定,但速度传感器技术成熟,测速精度高,安装使用简单方便,因此广泛使用。

(4)列车地面信号接收器。列车地面信号接收器安装在列车底部,用于接收从轨道上传来的信息,这些信息可以由地面轨道电路发送,或由安装在地面的专门设备如应答器发送给列车。列车地面信号接收器根据所接收的信息格式、容量和处理速度等因素,可以设计为感应线圈或其他形式,以保证列车在一定的运行速度下能及时接收和处理所收到的信息。列车地面信号接收器的性能要求:抗机械冲击能力强,有很好的抗电磁干扰能力,信息接收误码率低,不丢失信息。

(5)列车接口电路。列车自动防护系统的车载设备通过车载主机与列车进行接口,车载主机通过接口电路将控制信息传送给列车,同时通过接口电路从列车获得列车运行的状态信息。

列车接口电路使用的继电器,根据使用的环境,需要体积小、力学性能好,一般使用弹簧继电器。

(6)电源和辅助设备等。列车为列车自动防护系统车载设备提供所需的电源,列车上还有列车运行模式选择开关、各种电源开关,以及其他一些辅助设备等。

2. 状态显示单元

列车上的状态显示单元,作为车载系统与列车驾驶员的人机交互界面,可以使用触摸屏,或使用面板的形式,来实现列车状态信息的显示和对列车进行操控。其面板或触摸屏上的主要内容一般包括操作按钮部分、信息显示部分、指示灯和报警器。

下面对面板状态显示单元各部分进行介绍。

1)按钮部分

以面板型的状态显示单元为例,其按钮一般包括有列车发车按钮、慢速前行按钮、显示模式按钮、调光器按钮、灯光测试按钮等。其中列车发车按钮和慢速前行按钮用于操纵列车运行,其他几个按钮用于对面板亮度调整等。

(1)列车发车按钮。列车发车按钮通常带有灯光,当列车发车按钮灯光点亮时,列车驾驶员按压列车发车按钮,起动列车向前运行。如果列车这时处于自动驾驶模式下,列车将按照行车作业要求自动运行;若列车处于列车自动防护系统控制模式下,由列车驾驶员人工驾驶,列车驾驶员操纵牵引/制动手柄,控制列车运行。

列车发车按钮灯光熄灭时,按压列车发车按钮属于无效操作。

(2)慢速前行按钮。列车处于列车自动防护系统控制模式下,当列车自动防护系统不能从地面收到信息时,列车驾驶员按下慢速前行按钮,请求列车以不超过设定的速度值慢速前行。

列车慢速前行设定的最大速度值,根据不同的运营需求,可以设为 20 km/h 或其他值。这个速度值比列车正常运行的平均速度一般要小。慢速前行模式适合列车办理进出停车厂或车辆段作业时,控制列车慢速运行,遇到危险情况,可以采取措施,尽快让列车停车。

(3)显示模式按钮。面板上的显示模式按钮用来在切换某些显示区域内的不同信息,可以增加显示的信息容量。

(4)调光器按钮。按压调光器按钮,可以改变状态显示单元显示屏和指示灯的亮度。

(5)灯光测试按钮。按压灯光测试按钮,可以执行显示屏、指示灯和声音报警测试。

2)信息显示部分

(1)速度显示。触摸屏和面板上,一般把表示速度的区域放在屏或板的中央,便于直观显示列车运行速度值。速度显示同时用模拟方式显示和数字方式显示,表示速度范围从零到线路允许的最大值,并留有一定的余量。

图4-31中,速度显示以100 km/h作为最大允许运行速度值。中间的方框用数字显示当前速度值;正围绕方框的环上标有刻度值,表示对应的列车速度值。通常用红色环指示列车当前允许运行的最大速度值,用绿色环表示列车当前的实际运行速度值。当绿色环超过红色环时,列车驾驶员可以直观看出,列车发生了超速,并有报警提示,这时列车驾驶员要采取措施,控制列车速度,将速度绿环降低到速度红环以内,保证列车安全正常运行。

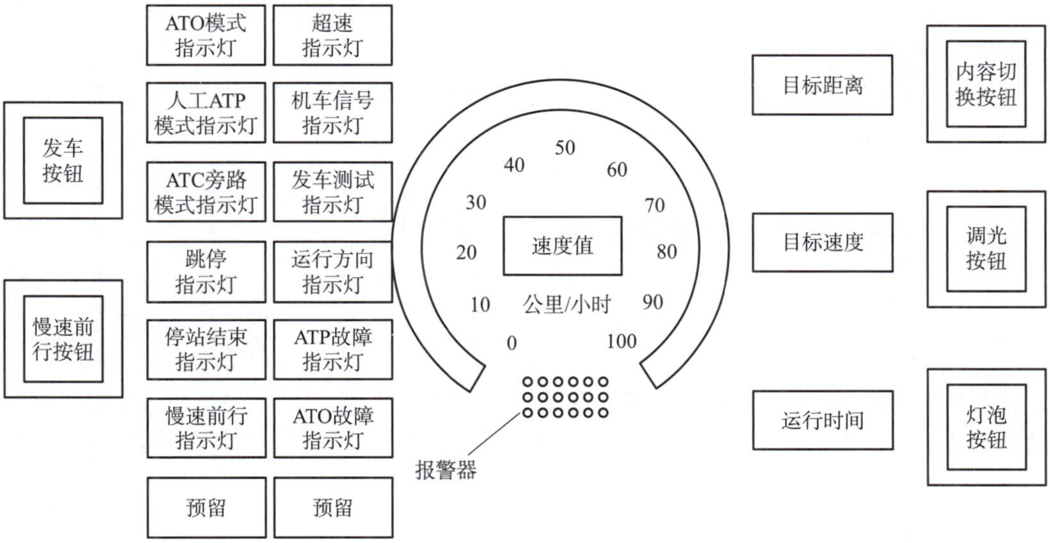

图4-31　面板状态显示单元

两种不同颜色的速度环,直观地将列车的实际运行速度和当前允许运行的最大速度表示出来,可以方便列车驾驶员对列车速度进行有效控制,提高作业效率,降低作业强度。

(2)目标速度。在速度距离模式曲线的系统中,可以显示列车从当前地点运行到下一目标处所对应的目标处的速度值。如下一目标是在站台停车,则显示目标速度为零;如果下一目标是通过站台,则显示允许通过站台的速度限制值。

(3)目标距离。在速度距离模式曲线的系统中,可以显示列车从当前地点运行到下一目标处列车所需走行的距离值。

(4)时间。在速度距离模式曲线的系统中,可以显示列车从当前地点运行到下一目标处列车所需运行的时间。

3)指示灯

面板上或触摸屏上有多个指示灯,用来表示列车的运行状态。

(1)超速指示灯。当列车运行速度超过当前允许的速度值时,超速指示灯点亮。

(2)慢速前行指示灯。当慢速前行模式被激活时,慢速前行指示灯点亮。

(3)列车自动运行指示灯。当列车的模式选择开关放在 ATO 挡位时,列车在自动运行模式下运行(ATO 模式),列车自动运行指示灯点亮。

(4)列车自动防护控制下的人工驾驶模式指示灯(简称人工 ATP)。当列车的模式选择开关放在 ATP 挡位时,列车在列车自动防护控制下,由列车驾驶员人工驾驶,这时该指示灯点亮。

(5)旁路指示灯。当列车的模式选择开关,放在旁路挡位时,该列车的车载信号系统被切除,这时旁路指示灯点亮。

(6)发车测试指示灯。列车在发车进入运营线路前,要进行信号车载系统静态测试,如果该测试失败或没有启动该测试,该指示灯熄灭;如果测试成功,该指示灯被点亮;如果测试正在进行中,该指示灯将不断闪烁。

(7)列车自动防护系统故障指示灯。当列车自动防护系统发生故障时,该指示灯点亮。

(8)运行方向指示灯。当列车自动防护系统知道列车运行方向,并且在列车对位停车能够自动控制车门时,该指示灯点亮。

另外,还有一些指示灯,当列车处于自动驾驶(ATO)状态时,相应的事件发生时,指示灯会点亮,如跳停指示灯和停站结束指示灯等。

4)报警器

当列车发生超速运行,或有设备故障,或目标距离、速度参数发生变化时,报警器会发出报警声,提醒列车驾驶员注意。

四、列车自动防护系统的地面设备

列车自动防护系统的核心设备安装在列车上,它所需的主要信息来自地面设备。根据城市轨道交通信号系统的不同制式,列车自动防护系统地面设备可以设置点式应答器或轨道电路,向列车传递有关信息,由安装在列车上的设备接收和处理这些信息。

1. 点式应答器

在速度距离曲线为阶梯式的信号系统中,经常会在线路上间隔一定的距离设置点式应答器。这些应答器保存列车的行车信息,在列车经过时,由安装在列车车底的感应接收装置从中读取或接收信息,对这些信息进行综合分析处理。

点式应答器中包括线路位置、列车运行距离、基本线路参数、速度限制等信息,这些信息固化在应答器中。应答器可分为有源应答器和无源应答器。在列车经过时,列车从应答器中读取信息,无源应答器向列车发送已存储的固定信息,有源应答器通过 LEU 与信号机相连,可额外发送进路参数和临时限速等实时可变的信息。

点式应答器安装在线路上,调试和安装工艺比较简单,容易实施,成本相对较低,应用广泛。

2. 轨道电路

城市轨道交通信号系统中,轨道电路除了具有表示列车是否占用轨道的功能外,还可以向线路上实时发送列车运营所需的信息,由列车接收和处理。轨道电路所发送的信息容量大,有利于车载系统对列车进行实时控制。

3. 计轴器

计轴器定位同轨道电路一样,是固定闭塞分区占用检测的结果。可参见项目三任务三的相关介绍。

五、列车自动防护系统的设备操作

由于地铁运营环境的特点使得事故发生时危险性和紧迫性较高，因此对地铁事故的处理预先制定各种预案并进行事故应急处理模拟演练是十分必要的。特别是新建成的地铁线路，在投入试运营期间更应该进行起复、救援、抢修、抢险、消防、突发事件等不同类型的演练。全自动运行线路是无人驾驶，缺少了车辆启动前司机的瞭望观察，一旦发生站台门夹人事件，需要车站人员第一时间做出正确的处置。全自动运行线路站台门夹人处理流程见表4-8。

表4-8　全自动运行线路站台门夹人处理流程

序号	步　骤	作业流程
1	值班员发现站台单对滑动门关门故障	××站 ×× 车乘降完毕后，列车关门后，值班员手指：ATS 下行站台门显示、ISCS 下行第 7 道站台门未关闭
2	值班员通知站务员站台门故障情况	值班员：站台岗，下行第 7 道站台门关门故障，请立即赶赴现场站台门情况
3	站务员到达现场	站务员前往现场，发现下行第 7 道站台门夹人，现场站台门门灯常亮
4	站务员激活下行急停	站务员立即拍下下行急停按钮
5	站务员上报现场情况	站务员手台呼叫行调：××站下行第 7 道站台门夹人，站台门显示未关闭，我已激活下行站台急停
6	行调回复	行调：确认现场乘客情况，安抚乘客
7	值班员跟拍 IBP 急停	值班员操作总控室 IBP 盘信号模块，跟拍下行急停按钮
8	站务员申请远程开门	站务员手台呼叫行调：××站，现场乘客未受伤，我已安抚乘客完毕，现申请远程开门作业
9	行调回复	行调：可以，我已下发远程开门命令
10	值班员确认远程开门成功	值班员电话呼叫行调：××站 ××车车门开启，整列站台门开启，远程开门成功
11	站务员确认现场情况	站务员手台呼叫行调：现场乘客已到达安全地带，正在安抚乘客，申请远程关门作业
12	行调回复	行调：可以，我已下发远程关门命令。
13	站务员确认远程关门成功	站务员口呼：站台门关闭
14	值班员确认远程关门成功	值班员电话呼叫行调：××站 ××车车门关闭，整列站台门关闭，远程关门成功
15	行凋回复	行调：收到！车站恢复急停安排列车发车。看护下班列车并引导乘客搭乘下班列车
16	站务员复位站台急停	站务员走到站台急停位置，点击使用站台急停复位钥匙，点击站台急停按钮后，急停按钮复位
17	站务员手指口呼作业	站务员口呼：复位站台急停按钮
18	值班员复位 IBP 急停按钮	值班员返回综控室按下 IBP 盘取消急停按钮
19	值班员手指口呼作业	值班员口呼：复位 IBP 急停
20	列车发出	
21	站务员看护列车	站务员手台呼叫行调：乘客已搭乘下班列车离站，下班列车整列站台门无异常

任务实施

任务工单见表4-9。

表 4-9 任务工单

任务三 认知与操作 ATP 系统	
团队名称： 班级： 日期：	
团队成员及分工：	
任务目标	掌握 ATP 系统的操作流程及操作要点
任务内容	作为行车调度员、车站行车值班员和站务员，需要对站台上发生的突发情况第一时间正确处理，以保证乘客的安全。分组扮演行车调度员、车站值班员和站务员，按照标准工作流程，完成全自动运行线路站台门夹人处理作业
引导问题	1. 列车自动防护系统包含哪些设备？ ______ ______ ______ ______ 2. 紧急停车按钮的作用是什么？ ______ ______ ______ ______

【训练】

1. 利用实训中心的列车、站台门、中控室的 IBP 盘等实训设备，3 人一组，分别扮演行车调度员、车站值班员和站务员，按照标准工作流程，完成全自动运行线路站台门夹人处理作业。完成表 1 内容。

表 1

序号	训练任务	训练标准	训练结果	训练说明
1	全自动运行线路站台门夹人处理	模拟 ××地铁 6 号线 ××路站站台门夹人，行车调度员、站台值班员、站务员对此事件进行处理	□合格 □不合格	

2. 拍摄实训中心的列车自动防护系统设备，并做好记录，填入表 2 中。

表 2

序号	设备名称	设备照片	设备作用
1			
2			
3			
4			
5			

任务评价

任务评价见表4-10。

表4-10　任务评价

任务三　操作ATP系统			日期：			
姓名：		班级：	学号：		教师签名：	
自评：□熟练　□不熟练		互评：□熟练　□不熟练	师评：□合格　□不合格			
日期：		日期：	日期：			
评分细则						
序号	评分项	得分条件	分值	自评	互评	师评
1	接受任务	明确工作任务，理解本次任务在企业工作中的重要程度	5			
2	前置知识	本次任务前需要掌握的知识程度	5			
3	能力评价	能按照预先制定的应急预案，及时、准确完成突发事件的处理	15			
		能在掌握ATP系统结构的基础上，找到实训中心所有的ATP设备	15			
		能简述ATP下属设备的作用	15			
4	素养评价	应变能力强，及时处理紧急情况	6			
		团队合作能力强，善于沟通合作	6			
		自主学习能力强，勇于克服困难	6			
		严谨认真，积极参与课堂	6			
		有担当意识，岗位认同感强	6			
5	评价反馈	学生能以小组评价方式组织客观评价	7			
		对学生在任务实施过程中发现问题，进行小组审议后及时反馈	8			
合　计			100			

巩固与练习

一、填空题

1. 列车________制动就是列车在超速行驶，或遇到其他不正常会危及列车行车安全的情况时，对列车施加的制动。

2. ________是列车自动防护系统最重要的功能，也是城轨信号系统保障列车运行安全的核心。

3. 列车自动防护系统会检测列车的________和列车所处的位置，保证列车在站台区域内安全停靠。

4. 轨旁ATP确定车门关闭并锁闭后，向车载ATP发送________信息，车载ATP收到后，再次确定车门关闭后，允许列车发车。

5. 信号系统通常在列车上装有一个或多个________，安装在列车的车轴上，用于计算列车的运行速度和列车运行距离及列车运行方向的判定。

6. ________可以有效补偿空转和打滑引起的误差，保证ATP系统得到准确列车位置。

7. 列车上的________,作为车载系统与列车驾驶员的人机交互界面,可以使用触摸屏,或使用面板的形式,来实现列车状态信息的显示和对列车进行操控。

8. ________向线路实时发送信息,由列车接收;________只有在列车经过时,由列车从应答器中读取信息。

9. 列车________,安装在列车底部,用于接收从轨道上传来的信息,这些信息可以由地面轨道电路发送,或由安装在地面的专门设备如应答器发送给列车。

10. 列车如果在线路的坡道处停车或在站台处停车,列车自动防护系统会给列车施加一定的制动力,保证列车不会发生________现象,防止发生安全事故。

二、简答题

1. 简述列车自动防护系统控制列车运行速度的两种基本方式。
2. 防止运营列车超速运行包含哪些内容?

知识拓展

搭载全自主运行系统(TACS):"最聪明的地铁"是怎样建成的?

2024 年 4 月 26 日,我国第一条全自主运行系统(TACS)示范工程应用线路——青岛地铁 6 号线一期开通运营。这条地铁被称为"最聪明的地铁"。

"聪明"体现在两方面。从地铁运营的角度,能够更智慧地运行、更精准地发现问题、更高效地处置突发应急事件等;从乘客角度,能够更舒畅、更安全地乘坐地铁,在上下班、旅游等旅途中,体验到地铁带来的便利。

TACS 系统让列车实现"自己跑、自己停、自己回",从"车-地-车"通信转变为"车-车"通信,提升了列车运行效率和安全性。传统列车控制系统的主要设备安装在轨旁,列车运行则听从地面控制中心指挥,是为"车-地-车"通信。TACS 全自主运行系统将轨旁主要设备的功能分散到列车上,基于车车通信,实现了列车与列车之间的直接"通话",相邻列车直接拿到前方列车的状态信息进行自主判断,让列车更加智慧,就像列车有了自己的"大脑"和"千里眼",能够实现自主运行,具有更智能、更可靠的特点。列车从出厂到列车正线载客运行再到列车回库,可实现全过程全自主运行,无须人工干预。

列车自主运行系统(TACS)是全球首个基于车车通信、车载融合的新一代列车控制系统,带领中国城市轨道交通列车控制系统实现从跟跑、并跑到领跑的跨越。

任务四 认知与操作 ATO 系统

学习目标

知识目标

1. 掌握列车自动运行系统的设备组成。
2. 掌握列车自动运行系统的基本功能。
3. 掌握列车自动运行系统的设备运用。

能力目标

能够按照作业标准操作 ATO 系统。

素质目标

1. 提升岗位认同感。
2. 培养按章作业的职业素养。

任务描述

人工驾驶列车运行时，列车驾驶员操纵列车驾驶手柄，控制列车运行，实现列车加速、减速和停车。列车自动驾驶系统，即 ATO 系统，主要实现"地对车控制"，实现正常情况下高质量的自动驾驶，提高列车运行效率，提高列车运行舒适度，节省能源。通过学习本任务，学生可以掌握列车自动防护系统的组成及基本作用，能够按照标准作业流程完成 ATO 运行。

相关知识

视频

ATO系统

列车自动驾驶系统车载设备根据列车运行计划，以及列车的运行速度、当前线路限速和目标速度等信息，实时计算列车达到目标速度值所需要的牵引力或制动力，通过列车接口电路，由列车的牵引系统或制动系统完成对列车进行加速或减速作业。

列车自动驾驶系统实现列车自动驾驶，它需要列车自动防护系统 ATP 和列车自动监控系统 ATS 提供支持。列车自动防护系统向列车自动驾驶系统提供列车的运行速度、线路允许速度、限速和目标速度，以及列车所处位置等基本信息，列车自动监控系统向列车自动驾驶系统提供列车运行作业和计划。它取代驾驶员人工驾驶，实现列车自动驾驶，有效地提高了列车的运营效率，降低了驾驶员的劳动强度，是城市轨道交通运营作业自动化的重要体现。与 ATP 系统为列车运行提供安全保障相比，ATO 是提高城市轨道交通列车运行水平的技术措施。

一、列车自动驾驶系统的设备组成

列车自动驾驶系统是非故障—安全系统，由车载设备和地面设备组成。

1. 列车自动驾驶系统车载设备

列车自动驾驶系统车载设备包括车载 ATO 模块、ATO 车载天线、人机界面。

1) 车载 ATO 模块

车载 ATO 模块是列车自动驾驶系统的核心组成部分，它包含硬件和软件两部分。车载 ATO 模块从车载 ATP 子系统获得必要的信息，如列车运行速度和列车位置等，车载 ATO 模块软件对这些数据进行实时处理，计算出列车当前所需的牵引力或制动力，向列车发出请求，列车牵引或制动系统收到请求指令后，对列车施加牵引或制动，对列车进行实时控制。

车载 ATO 模块与列车的牵引和制动系统相互作用，实现列车在站台区精确对位停车。

2) ATO 车载天线

列车自动驾驶系统的车载模块与地面设备之间的信息交换通过 ATO 车载天线来完成，以实现列车自动驾驶系统与列车自动监控系统（ATS）之间的信息交换。

ATO 车载天线一般安装在列车第一列编组的车体下，它接收来自列车自动监控系统的信息，同时向列车自动监控系统发送有关的列车状态信息。这些信息一般包括以下内容：

（1）从列车向地面发送的信息。列车自动驾驶系统车载模块通过 ATO 车载天线向地面列车自动监控系统发送的信息有列车识别号信息，包括列车的车组号、车次号、目的地编码等内容；列车向地面发送的信息还有列车运行方向、列车车门状态、车轮磨损指示、列车车轮打滑和空转、车载 ATO 模块状态和报警信息等。

（2）从地面向列车 ATO 车载设备发送的信息。从地面向列车 ATO 车载设备发送的信息有列车开关门命令、列车车次号确认、列车测试指令、门循环测试、主时钟参考信号、跳停/扣车指令和列车运行等级等。

3）人机界面

列车驾驶员通过人机界面可以将列车运行的模式选择为 ATO，起动列车在 ATO 模式下运行，如图 4-32 所示。

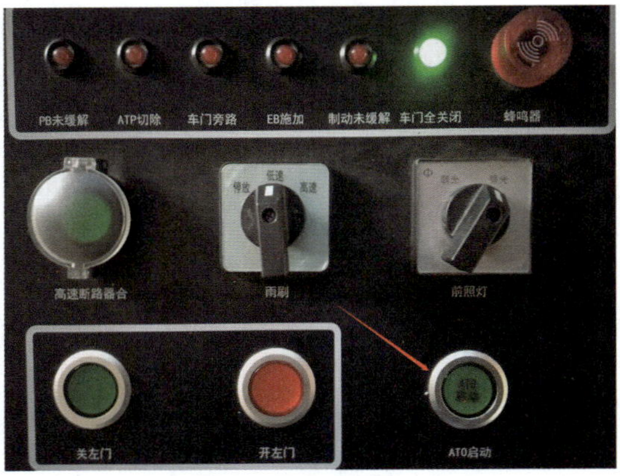

图 4-32　ATO 启动按钮

2. 列车自动驾驶系统地面设备

列车自动驾驶系统地面设备由地面信息接收发送设备和轨道环线组成。这些地面设备接收来自列车 ATO 车载天线的信息，并把 ATS 有关信息通过轨道环线发送到线路上，由列车 ATO 车载设备进行接收和处理。

地面信息接收发送设备的协调控制部分安装在信号设备室内，轨道环线安装在线路上。

二、列车自动驾驶系统的基本功能

列车自动驾驶系统的基本功能包括列车发车控制、列车区间运行速度控制、列车精确停站、列车自动折返、跳停和扣车等。

1. 车站发车控制

列车在 ATO 模式下运行时，列车驾驶员按压发车按钮启动列车运行，ATO 根据列车自动防护系统 ATP 发送的控制速度和列车自动监控系统 ATS 发送的运行等级，自动运行到下一车站。

在 ATO 自动模式下，必须具备一定的条件，列车才能从车站出发，这些条件包括：

（1）ATO 模块与 ATP 模块通信正常。

（2）列车运行目的地代码有效。

（3）驾驶员代码有效。

（4）在出发测试期间没有检测到故障。

（5）列车所处的轨道电路能够建立 ATO 模式。

（6）其他必要的信息。

2. 列车区间运行速度控制

列车自动驾驶系统车载模块接收到从车载 ATP 发出的列车速度控制指令后，向列车的牵引系统或制动系统发出请求，以施加牵引力将列车加速到控制速度，或施加制动力使列车减速至规定值，保持列车的运行速度在一个速度控制窗口内，如图 4-33 所示，列车在 ATO 模式下，其实际运行速度曲线在 ATP 限制速度曲线以下，在一个较小的速度范围内波动，使得列车以接近 ATP 限制速度运行，以提高列车运行效率，降低列车能耗，减少列车在牵引、惰行和制动状态之间的切换次数，有效提高乘客的舒适度。

惰行可以有效降低地铁列车能耗，通过选择合适的惰行点可以实现列车的节能运行。建立定时约束条件下列车节能运行惰行控制优化模型，将模型求解的遗传算法嵌入城市列车运行计算系统中，可以实现给定线路条件下站间最佳惰行点的自动计算。

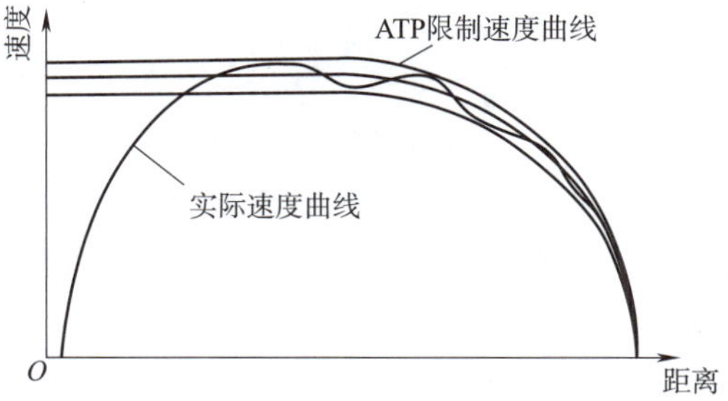

图 4-33　列车自动驾驶模式下的速度距离曲线

3. 车站精确停车

车站精确停车是列车自动驾驶系统非常重要的功能，它实现列车在车站站台区精确对位停靠，可以有效提高列车运营效率，有利于引导乘客上下车。

列车实现车站精确停车，需要列车自动驾驶车载模块与列车的牵引系统和制动系统共同参与，相互配合。在列车接近站台时，列车自动驾驶车载模块实时对列车的速度进行采集和比较，并及时向列车的牵引系统和制动系统发出控制指令，实现对列车速度的实时控制，追踪实现列车精确停车。

列车实现车站精确停车，可以在站台区安装轨道环线，提高停车的精度。列车在站台精确停车，有利于在车站站台设置站台门或安全门，保障乘客安全候车。

4. 列车自动折返

列车在 ATO 运行模式下，可以实现在运营线路两端列车自动折返作业，控制列车回到下一个运营作业的站台区。

在这种驾驶模式下无须驾驶员控制列车，而且列车上的全部控制台被锁闭。接到自动折返运行许可后自动进入 AR 模式，驾驶员通过驾驶室 MMI 的显示确认得到授权。只有按下站台的 AR 按钮后，才实施列车自动折返运行。ATC 轨旁设备提供所需的数据以控制列车进入折返轨，列车运行至出发站台后，ATC 车载设备自动退出 AR 模式。

5. 跳停和扣车

（1）跳停。跳停是指在线路上运营的列车，在某一指定车站不停车，而以规定的速度通过该车站。列车自动驾驶系统收到来自列车自动监控系统 ATS 发出的跳停指令后，完成跳停作业。

（2）扣车。扣车是指列车在某站台停靠，不允许列车继续运行。列车自动驾驶系统收到来自列车自动监控系统 ATS 的扣车指令后，完成扣车作业。

6. 控制车门

由 ATP 系统监督开门条件，当 ATP 系统给出开门命令时，可以按照事先设定由 ATO 系统自动打开车门，也可由驾驶员手动打开正确一侧的车门。车门的关闭一般只能由驾驶员完成。

车门打开功能的输入来自 ATP 功能的车门释放、运行方向和打开车门数据，以及 ATS 的目的地号。当列车空车运行时，从 ATS 接收到的指定目的地号阻止车门的打开。

三、列车自动驾驶系统的基本操作

在驾驶室内，列车的状态显示单元上，有“ATO 模式指示灯”。驾驶员将列车驾驶模式选择开关置于 ATO 挡位，系统正常运行情况下，ATO 模式指示灯会点亮。列车在车站完成停站，关好车门后，根据系统的设置，驾驶员可以按“发车”按钮或直接由系统自动发车，列车自动驾驶系统对列车进行控制，自动运行到下一运营车站。

列车在自动驾驶模式下运行，列车驾驶员需要观察列车的运行状态，如果出现列车控制系统故障情况，需及时采取措施，如按压紧急停车按钮，使列车及时停止运行以排除故障，保证运营安全。

1. 车站发车

当准备在 ATO 模式下运行时，ATP 通过通信天线接收到关门命令，ATP 点亮状态显示单元上的停站时间结束指示灯。如果门是人工操作，驾驶员必须关好车门（否则 ATP 将不允许发车）。门关好后，驾驶员必须按压并释放发车按钮来让列车出发运行到下一车站。

在车站停车结束之后，驾驶员必须关好车门再按压并释放发车按钮以继续运行到下一车站。一旦发车按钮被按压，ATP 就会发给 ATO 一个控制速度。

在自动驾驶模式下，必须具备下列条件，列车才能从车站出发：

（1）与 ATP 有效的通信（即无连接故障）。

（2）有效的目的地 ID。

（3）有效的轨道电路 ID（来自 ATP）。

（4）有效的驾驶员 ID。

（5）非零速限制（来自 ATP）。

（6）有效的车辆方向——东/西（来自 ATP）。

（7）在出发测试期间没有检测到故障。

（8）列车必须位于车站轨道电路、折返轨道电路、车辆段转换轨电路或试车线。

2. 车门控制和停站

车载 ATO 系统通过轨旁通信环线从轨旁 ATC 系统接收到传送给车辆的开门指令，通过要求车载 ATP 系统开启车门来启动开门程序。驾驶员按下开门按钮打开车门。

轨旁 ATC 系统累计停站时间。在正常情况下，停站时间结束后轨旁 ATC 系统会传送一个关门命令。车载 ATO 系统接收到命令后及时励磁关门。驾驶员按下关门按钮关门。

当从本地或中心接收到指令时，轨旁 ATC 系统会向车辆传送一个停放制动命令。在这种情况下，车载 ATO 系统通过从车地通信子系统传来的命令控制车门开闭，但在相应的停放制动缓解以及从轨旁接收到命令之前不允许列车从该站发车。

车载 ATO 系统通过车地通信子系统向轨旁传送车门状态。

3. 折返

在运营终点车站，当驾驶员按下自动折返按钮（见图 4-34），ATO 将自动驱动列车进入折返轨并在折返点执行精确停车。驾驶员必须关闭本端驾驶室的钥匙（司控器，见图 4-35），并启动离去端的驾驶室，打开司控器开关，建立 ATO 模式。轨旁进路开放后，驾驶员按下发车按钮，ATO 将驱动列车进入第一个运营车站并精确停车。

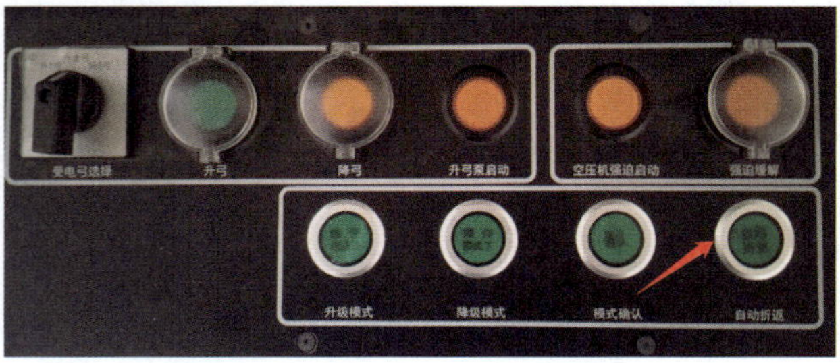

图 4-34　自动折返按钮

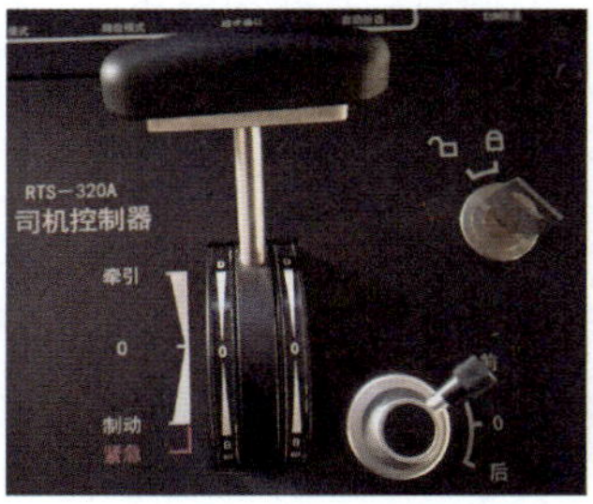

图 4-35　司控器

4. 跳停

车载 ATO 系统从轨旁 ATC 系统接收跳停指令。跳停指令通常应在被跳停站的前一站或更早收到。车地通信子系统还能够在完成计划停站之前告知列车中央 ATC 已经发出了一个跳停该车站的命令。在被跳停车站，车载 ATO 系统也能接收并响应轨旁产生的跳停指令。

如果在车站停车过程中收到跳停该车站的命令，ATO 将会点亮状态显示单元上的跳停指示灯来告知驾驶员列车不能在站台停车。在这种情况下，列车继续以 ATP 控制速度进行速度调节。跳停命令可以在跳停的车站之前的任何有轨旁通信环线的车站取消。一旦列车处于要跳停的车站的环线内，跳停本站的命令就不能取消。

5. 列车自动驾驶系统操作

为了规范司机作业程序，提高司机队伍整体素质，地铁公司制定了司机作业标准化的要求，以某地铁运营公司作业标准化为例予以说明。

ATO 操作标准作业流程见表 4-11。

表 4-11　ATO 操作标准作业流程

序号	操作人员	操作内容	操 作 要 点
1	司机	列车出库	整备作业完毕后，列车出库，司机确认出库信号机黄灯好，手指出库信号机，口呼："列车信号黄灯好。"
2		RM 模式运行	司机按照标准流程启动列车，并以 RM(25 km/h)模式驾驶列车，库内限速 5 km/h
3		建立 ATO 模式	列车在出场线出场时，列车司机应将列车运行至规定位置(转换轨道停车牌或信号机处)一度停车，按压 ATO 按钮，建立 ATO 模式
4		进站	进站前遇站名标，手指眼看站名标，口呼："××站到，进站注意。"
5		对标停车	列车停稳后，手指眼看停车标，口呼"对位正确。"
6		开门	手指眼看"ATP 屏"，根据"车门指示信号灯"，选择开左(右)侧车门，按动开左(右)门按钮，并口呼："开左(右)门。" 手指眼看"操作台"的"车门全关闭"灯灭，ATP 显示屏上"列门开启"标志出现，并口呼："站台门、车门开启(或双门开启)。"
7		监护上下客	下车，站立在"立岗作业区域"，面朝"车门及站台门方向"，在作业区域监护上下客
8		手动关门	全程采用手动关门，停站倒计时到达 15～0 s，按压"关左(右)门"按钮，关闭车门。 确认站台门和车门关好，手指眼看"操作台"的"车门全关闭"灯亮、操作台"关左(右)门"灯亮；口呼："站台门、车门关好(或双门关好)。"
9		确认安全	确认站台门和车门之间空隙安全，眼看"车门及站台门方向"，手指车门和站台门之间空隙，口呼："空隙安全"或"双门间无夹人夹物"
10		清客	到达终点站，人工广播清客："终点站到了，请全体乘客带齐行李物品下车，多谢合作。"
11	值班员	确认清客完成	给出清客"好了"信号
12	司机	关门	确认清客完毕，准备关门，确认车站给出清客"好了"，口呼："好了，信号有。"关闭车门
13		确认信号	确认出站信号、道岔，列车到达终点站清客，退出运营后，眼看、手指信号机/道岔，口呼："信号正确、道岔位置正确，推荐速度有"

续表

序号	操作人员	操作内容	操作要点
14	司机	进入转换轨	按照标准启车流程启动列车,列车完全进入转换轨后,在进段信号机前(10 m范围内)停车
15		驾驶模式转换	将驾驶模式转为RM,手指驾驶模式选择开关,口呼:“转RM”,将驾驶模式选择开关打至RM位
16		入库	再次启动列车,并以RM模式驾驶列车,限速25 km/h入库
17		停稳,汇报	列车运行至离停车股道末端进路信号机前约10 m时停车。汇报信号楼,司机联控信号楼:“信号楼,××车已在××道×段停稳,列车已做好防护。”
18	值班员	确认停稳	信号楼回复司机:“××车已在××道×段停稳,列车已做好防护,信号楼明白。”

四、列车自动驾驶系统的基本原理

1. 列车自动驾驶

ATO系统存储了轨道布局和坡度信息,能够优化列车控制命令,保证列车在ATP监督下按照最大允许速度运行。

ATO通过地面ATP设备传来的编码确定前方空闲轨道电路数目或前行列车位置,根据本次列车位置,列车在综合考虑安全因素的前提下可尽量全速行驶至本次列车的停车点。

ATO系统的自动驾驶功能是通过ATO车载设备控制列车牵引和制动系统实现的。所需的ATP数据包括:从ATP轨旁单元接收到的全部ATP运行命令、测速单元提供的当前列车位置和实际速度信息、位置识别和定位系统的信息、列车长度、ATS通过ATP轨旁单元发送的出站命令和达到下一车站的计划时间。

由ATO系统执行的自动驾驶过程是一个闭环反馈控制过程,反馈回路从ATP数据和运营数据得出基准输入,测速单元通过ATP向ATO发送列车实际位置信息,ATO向牵引和制动控制设备提供数据输出。到达计算速度时,系统根据速度曲线控制列车运行,接近制动启动点时,ATO设备自动控制常用制动使列车运行跟随制动曲线。

2. 车站程序停车

正线上的车站都有预先确定的停站时间间隔。控制中心ATS监督列车时刻表,计算需要的停站时间以保证列车正点到达下一个车站。

控制中心通过集中站ATS缩短或延长车站停站时间,数据由集中站ATS通过ATO环线传送给ATO车载设备。如果控制中心离线,集中站ATS预置一个默认的停站时间。集中站ATS还可向列车传送跳停命令。

3. 车站定位停车

车站精确停车通过在车站区域内的轨道电路标识、分界过渡和ATO环线变换来进行。轨道电路标识被用来确定停车特征的合适起始点,为轨道电路分界过渡和轨旁ATO环线变换提供了距离分界。该距离分界用于达到所要求的位置精度。

停车特征启动后,ATO基于列车速度、预先确定的制动率和距停止点的距离计算制动特征。制动率调整值通过轨旁ATO获得,并且可以从OCC或SCR(车站控制室)中进行选择。

列车停车后,ATO会保持制动,避免列车运动。

4. 车门控制

ATO 只有在自动模式下才执行车门开启,在手动模式下由驾驶员进行车门操作。

列车的定位天线连接至车辆定位器和接收器,车站站台定位环线位于线路中央,连接站台定位发送器和接收器。列车停站过程如下:

(1)当列车停于定位停车的允许精度范围内,车辆定位接收器通过列车定位天线接收到站台定位发送器发送的列车停站信号,ATO 系统确认列车到达确定的定位区域后向 ATP 系统发出“列车停站”信号确保列车制动。

(2)ATP 系统检测到零速度,通过列车定位发送器向地面站台定位接收器发送 ATP 列车停车信号,站台接收器检测到此信号进行译码,使地面“列车停站”继电器开始工作。

(3)车站轨道电路 ATP 发送器发送允许开门(左车门或右车门)的信号。

(4)车辆收到允许开门信号,使相应门控继电器工作,并提供相应广播和允许开门的信号显示。

(5)驾驶员按压与允许开门信号显示相一致的门控按钮,打开规定的车门。

(6)车辆定位发送器改发打开站台门信号,当站台定位接收器收到此信号后,打开站台门继电器吸起,使与列车车门相对应的站台门打开。

(7)列车停站时间结束,地面停站控制单元启动车站 ATP 模块,轨道电路停发开门信号,使门控继电器落下。

(8)驾驶员按压关门按钮,关闭车门,同时车辆停发打开站台门信号。

(9)车站检查站台门已关闭并锁好后,允许 ATP 系统向轨道电路发送运行速度命令信息。

(10)车辆收到速度命令,并检查车门已关闭并锁好,ATP 发车表示灯点亮,列车按照车载 ATP 收到的速度命令进行出发控制。

5. 地-车数据交换

列车与轨旁设备的通信是非安全的,轨旁设备是控制中心与列车通信时的数据交换接口。

列车发至轨旁的数据包括:分配列车号、目的地、车门状态、车轮磨损表示、接近车站时制动所产生的过量车轮滑动、紧急情况或异常情况(如不正确的开门)。

轨旁发至列车的数据包括:车辆车门开启命令、列车号的确认、列车长度、性能修改数据、出发测试命令、车门循环测试、主时钟参考信号、跳停指令、搁置命令、申请车载系统和报警状态。

五、全自动无人驾驶

全自动运行系统(fully automatic operation,FAO)是以现代计算机、通信、控制和系统整合等技术为基础,以实现全程自动化为目标的新一代城市轨道交通系统。完整的全自动操作系统应该包含了两个部分:一是无人盯控的全自动操作系统;二是无人值守的车站设备全自动控制,从而实现行车自动化、检修智能化、乘客服务自助化。

1. 自动运行等级(GOA)

根据自动运行的程度,城市轨道交通的 GOA 可分为四个等级,如图 4-36 所示。

GOA1a,不连续监督下的人工驾驶运行,列车运行控制系统在特定的位置上监督列车速度,为点式控制方式。

GOA1b,连续监督下的人工驾驶运行,列车运行控制系统连续地监督列车速度,为 ATP 模式。

GOA2,半自动运行,装有 ATO 的人工驾驶运行,又称 ATO 模式。

GOA3,无司机运行, DTO(driverless train operation),列车上不再安排专职司机,司机被 ATO

的系统功能所取代，仅安排乘务人员以应对突发事件。

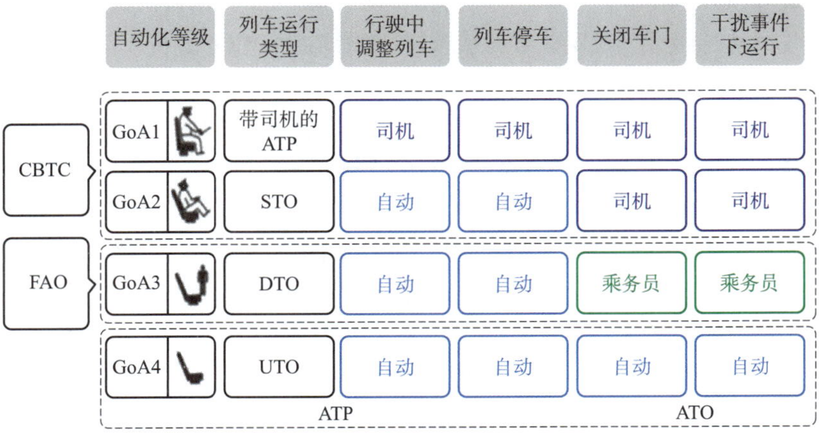

图 4-36　列车运行自动化等级

GOA4，无人监督运行，UTO（unattended train operation），列车上不安排任何工作人员。

2. 列车自动运行驾驶模式

列车自动运行驾驶模式（AM）分为有人驾驶的自动化运行模式（STO）、无人驾驶有人跟车的自动化运行模式（DTO）和全自动无人驾驶模式（UTO）。

STO 模式，列车发车由司机确认启动，列车牵引、制动、停车、开关车门由信号系统自动实现。

UTO 模式，整个运营过程都无人参与，包括在段内运行、洗车、列车运营、列车内空调、PIS 照明等都无人操作。列车不再需要司机，只是以乘务员的角色服务乘客以及进行系统故障的应急处理。

两者的主要区别是：STO 模式，当 ATO 模块收到发车指令，人机界面（HMI）上显示提示信息，通知司机按压 ATO 按钮；而 UTO 模式无须司机干预。

UTO 的特点是原来由司机进行的操作全部通过控制中心（OCC）自动进行，这就需要信号系统高冗余、高可靠、高功能，综合监控系统高可靠、实时传输，列车网络功能、诊断性更强。

3. 全自动无人驾驶的功能及实现

（1）驾驶控制功能

UTO 完全由信号系统根据运行图控制列车运行。OCC 控制车载 ATO，通过多功能车辆总线（MVB）传输到列车管理系统（TCMS）逆变器控制单元（ICU）、制动控制单元（BCU）。

UTO 可实现列车自动折返。此时，列车根据信号系统的移动授权自动确定运行方向，同时自动激活/关闭相应侧面驾驶台，实现驾驶室转换，不会造成数据丢失（如车门状态/控制数据，制动、牵引状态及控制数据等）和系统误判。

（2）唤醒功能

每天运营前或有列车插入时，信号系统根据列车运行图给每列列车自动分配识别号，两端驾驶室都选择自动模式。列车发前 OCC 自动向列车发送唤醒指令，列车收到该指令后车载各子系统执行启动、自检和静态测试等程序。各子系统进行静态自检，TCMS 汇总各子系统的自检情况、列车唤醒工况等信息，发送给信号系统和 OCC。如唤醒成功，列车可随时投入运营，等待信号系统发送发车指令。若唤醒不成功，行车调度员根据列车的相应故障信息进行人工干预。在任何时候，行车调度员均可远程唤醒列车。

(3)休眠功能

列车运营结束后入段停放,列车停稳后,为节省能源,UTO 对列车自动启动休眠程序。在休眠前,ATO 给地面列车维护系统发送是否下载列车维护信息的指令。在一定时间内,列车关闭车载子系统,进入休眠状态。休眠后 ATO 系统的唤醒模块一直有电。

(4)车门、安全门控制功能

除车门联动、开关门控制外,还具备系统故障应对功能。若个别 PSD 故障,需人工将故障 PSD 关闭并锁定,PSD 向信号系统报告锁定 PSD 的位置(站台号和门编号)。在列车到达前信号系统将故障 PSD 位置信息发送给列车,列车自动对对应车门进行电气隔离,使此车门不参与开关门动作,同时向乘客广播。

(5)停车控制功能

雨天或轮缘有油会导致停站距离加大或不准,此时 ATO 重新调整停车,采用缓慢跳跃式调整直到停车点。若列车越过了 PSD 区域,也可退行调整。若列车越过站台 5 m 或超过给定次数的调整后仍未停准,则列车自动启动越过本车站行驶至下一车站,并自动告警至 OCC,同时通过车载 PIS 向乘客广播。

(6)后备蠕动功能

如 ATS 发送的牵引/制动指令故障或丢失,行车调度员确认故障并远程启动以不超过 20 km/h 的速度运行,此时,ATP 监督,进入车站并停稳后,司机上车人工驾驶对位停车。

此外,还具备广播、视频、故障数据传输,火灾报警,障碍物检测等功能。

笔记栏

任务实施

任务工单见表4-12。

表 4-12　任务工单

<table>
<tr><td colspan="2">任务四　认知与操作 ATO 系统</td></tr>
<tr><td colspan="2">团队名称：　　　　班级：　　　　日期：</td></tr>
<tr><td colspan="2">团队成员及分工：</td></tr>
<tr><td>任务目标</td><td>1. 掌握 ATO 系统的操作。
2. 掌握驾驶员值乘的流程</td></tr>
<tr><td>任务内容</td><td>作为车站行车值班员，需要了解 ATO 系统操作，以便在发生突发情况时，配合司机完成应急处置，2 人一组，分别扮演司机和信号楼工作人员，模拟完成值乘作业</td></tr>
<tr><td>引导问题</td><td>ATO 系统如何实现车门控制？</td></tr>
</table>

【训练】

以小组为单位，分别扮演司机和值班员，利用实训中心的列车及模拟驾驶器，按照标准化作业流程完成 6 号线（南孙庄—淥水道）乘务员的值乘作业，填入表 1 中。

表 1

序号	训练任务	训练标准	训练结果	训 练 说 明
1	6 号线值乘作业	按照标准作业流程，完成南孙庄–淥水道的一次值乘	□合格 □不合格	

任务评价

任务评价见表4-13。

表4-13　任务评价

<table>
<tr><td colspan="3">任务四　认知与操作 ATO 系统</td><td colspan="4">日期:</td></tr>
<tr><td colspan="2">姓名:</td><td>班级:</td><td colspan="2">学号:</td><td colspan="2" rowspan="3">教师签名:</td></tr>
<tr><td colspan="2">自评:□熟练　□不熟练</td><td>互评:□熟练　□不熟练</td><td colspan="2">师评:□合格　□不合格</td></tr>
<tr><td colspan="2">日期:</td><td>日期:</td><td colspan="2">日期:</td></tr>
<tr><td colspan="7">评 分 细 则</td></tr>
<tr><td>序号</td><td>评分项</td><td>得 分 条 件</td><td>分值</td><td>自评</td><td>互评</td><td>师评</td></tr>
<tr><td>1</td><td>接受任务</td><td>明确工作任务,理解本次任务在企业工作中的重要程度</td><td>7</td><td></td><td></td><td></td></tr>
<tr><td>2</td><td>前置知识</td><td>本次任务前需要掌握的知识程度</td><td>7</td><td></td><td></td><td></td></tr>
<tr><td>3</td><td>能力评价</td><td>能按照标准流程,完成一次完整的乘务员值乘作业</td><td>40</td><td></td><td></td><td></td></tr>
<tr><td rowspan="5">4</td><td rowspan="5">素养评价</td><td>应变能力强,及时处理紧急情况</td><td>6</td><td></td><td></td><td></td></tr>
<tr><td>团队合作能力强,善于沟通合作</td><td>6</td><td></td><td></td><td></td></tr>
<tr><td>自主学习能力强,勇于克服困难</td><td>6</td><td></td><td></td><td></td></tr>
<tr><td>严谨认真,积极参与课堂</td><td>6</td><td></td><td></td><td></td></tr>
<tr><td>遵章守纪,按章作业</td><td>6</td><td></td><td></td><td></td></tr>
<tr><td rowspan="2">5</td><td rowspan="2">评价反馈</td><td>学生能以小组评价方式组织客观评价</td><td>8</td><td></td><td></td><td></td></tr>
<tr><td>对学生在任务实施过程中发现问题,进行小组审议后及时反馈</td><td>8</td><td></td><td></td><td></td></tr>
<tr><td colspan="3">合　　计</td><td>100</td><td></td><td></td><td></td></tr>
</table>

巩固与练习

一、填空题

1. 列车自动驾驶系统,即ATO系统,主要实现“________控制”,实现正常情况下高质量的自动驾驶,提高列车运行效率,提高列车运行舒适度,节省能源。

2. 列车自动驾驶系统车载设备包括车载ATO模块、ATO车载天线、________。

3. ________是列车自动驾驶系统非常重要的功能,它实现列车在车站站台区精确对位停靠,可以有效提高列车运营效率,有利于引导乘客上下车。

4. ________作业是指在线路上运营的列车,在某一指定车站不停车,而以规定的速度通过该车站。

5. ________作业是指列车在某站台停靠,不允许列车继续运行。

6. 列车自动驾驶系统车载模块接收到从车载ATP发出的列车速度控制指令后,向列车的牵引系统或制动系统发出请求,以施加________将列车加速到控制速度,或施加________使列车减速至规定值,保存列车的运行速度在一个速度控制窗口内。

7. 由ATP系统监督开门条件,当ATP系统给出开门命令时,可以按照事先设定由ATO系统________打开车门,也可由驾驶员________打开正确一侧的车门。

8. 列车在自动驾驶模式下运行,列车驾驶员需要观察列车的运行状态,如果出现列车控制系统故障情况，需及时采取措施，如按压________，使列车及时________以排除故障，保证运营安全。

9. 轨旁 ATC 系统累计停站时间，在正常情况下，停站时间结束后轨旁 ATC 系统会传送一个________。

10. 车载 ATO 系统通过轨旁通信环线，从轨旁 ATC 系统接收到传送给车辆的开门指令，通过要求车载________系统开启车门来启动开门程序。

二、简答题

1. 列车自动运行系统的车载设备和地面设备包括什么？
2. 全自动运行系统的运行等级是如何划分的？

知识拓展

沈晓昊：地铁乘客安全的“保护神”

2019 年，成都地铁校招开始，完成自考本科的沈晓昊报了名。但让沈晓昊没想到的是，自己期望从事的车辆检修岗位很快招满，他不得不被调剂到不太熟悉的电客车司机岗位。和车辆驾驶相关专业的新同事相比，沈晓昊缺少车辆驾驶的实操学习。看着其他同事很快上手，自己却一次次在测验中垫底，他十分焦急。于是，沈晓昊开始了自己的“后浪计划”。白天，他认真学习老师讲授的专业知识，一有机会，他就在空出来的试车线进行对标、驾驶练习；晚上，一遍遍温习所学、练习操作。为了更快地熟悉新学操作，晚上回家后，他将司机台上的设备用 A4 纸按照 1:1 比例打印出来，并用家里的物件当把杆，反复进行“纸上驾驶”练习。通过不断学习、摸索，沈晓昊的操作越来越流畅，最终以班级前五的成绩成功通过上岗资格考试。

成为地铁电客车司机后，每天晨曦而出、日暮而归，沈晓昊把自己的青春奉献给了 7 号线、6 号线的幽深隧道。在漫漫的黑暗中，沈晓昊时刻不敢放松对自己的要求，他秉持一颗“学生”的心，用每一次标准化作业，时刻精进驾驶技术。

2021 年 10 月，沈晓昊和同事代表成都地铁，出征 2021 年四川省交通运输行业职业技能大赛，他凭借扎实的基础和稳定的心态，取得银奖的佳绩，将国赛的入场券稳稳收入囊中。2022 年 11 月，经过充分准备和大量练习，沈晓昊站上期盼已久的第十三届全国交通运输行业职业技能大赛赛场。作为比赛中最年轻的选手，沈晓昊驾轻就熟、稳定发挥，拿下了唯一一个实车操作满分。从省赛的银牌到国赛的金牌，只有沈晓昊自己知道，在这一份幸运的“逆袭”背后，除了稳定的发挥，还有为之默默付出的汗水。

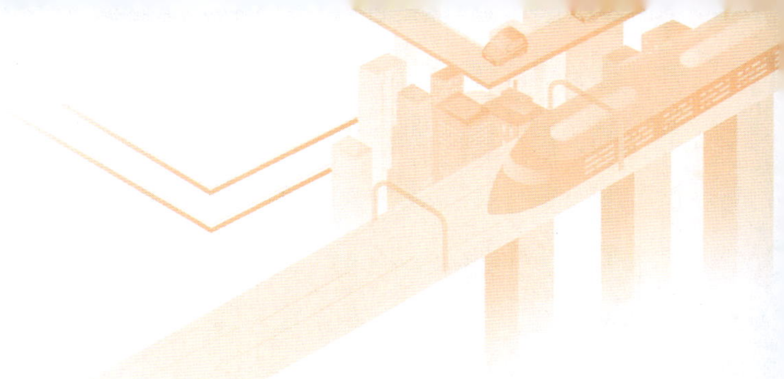

项目五

城市轨道交通通信系统认知与应用

项目描述

城市轨道交通通信系统是行车指挥、运营管理、公务联络的重要设施设备，被称为地铁正常运营的神经系统。正常情况下，通信系统应保证列车安全、快速、高效运行，提升服务质量，在发生火灾及其他突发事故情况下，通信系统是进行应急处理和抢险救灾的重要手段。它主要包括通信传输系统、公务电话系统、专用电话系统、无线集群调度系统、闭路电视系统、广播系统、时钟系统、乘客导乘信息系统等。通过学习本项目，学生可以掌握通信系统的组成、结构、功能，能够对各子系统进行设置和基本操作，在此基础上理解轨道交通“以人为本”的服务理念，提升服务意识，培养良好的沟通能力和行为习惯。

思维导图

- 城市轨道交通通信系统
  - 电话系统
    - 公务电话系统
    - 专用电话系统
    - 调度电话操作方法
  - 无线调度系统
    - 无线调度系统的构成
    - 无线调度系统的功能
    - 无线调度系统的运行方式
  - 视频监控系统
    - 视频监控系统的作用
    - 视频监控系统的基本结构
    - 城市轨道交通视频监控系统的应用
    - 视频监控系统的功能
    - 视频监控系统的监视方式和操作基本流程
  - 广播系统
    - 广播系统的作用
    - 广播系统的功能
    - 广播系统的结构
    - 正线广播系统
    - 车辆段/停车场广播系统
    - 广播系统应用
  - 乘客信息系统
    - 乘客信息系统的作用
    - 系统支持的信息类型
    - 乘客信息系统的构成
    - 乘客信息系统的功能
    - 乘客信息系统的运行
    - 乘客信息系统信息发布方式
  - 时钟系统
    - 时钟系统的构成
    - 时钟系统的功能
    - 时钟系统的控制模式

任务一 认识与应用电话系统

学习目标

知识目标

1. 了解电话系统的构成。
2. 掌握调度电话的功能和结构。
3. 掌握专用电话的种类及其使用方法。

能力目标

能够使用调度电话完成调度命令的发送和接收。

素质目标

1. 激发创新意识和爱国情怀。
2. 培养良好的沟通能力和行为习惯。

任务描述

城市轨道交通诸多运营场景中需要工作人员之间或者工作人员与乘客之间进行沟通，语音沟通是最快捷、最可靠的方式之一。城市轨道交通设置了固定工作人员之间的公务电话和专用电话系统，固定工作人员与移动工作人员之间、移动工作人员与移动人员之间的无线通信系统，以及工作人员对办公区工作人员和乘客的广播系统。通过学习本任务，学生可以掌握城市轨道交通电话系统的结构和功能，能够正确使用电话系统完成全呼、组呼、单呼等操作，实现调度命令发送和接收。

相关知识

电话系统为城市轨道交通的管理、运营和维修人员提供语音服务。电话系统分为公务电话系统和专用电话系统。部分新建地铁线路采用公务、专用电话系统合并设计的方案，构成一个统一的公务、专用合一的电话系统，在同一个运营控制中心运营操作与管理，即公务、专用电话系统软、硬件分别设置，具有功能独立、运营独立、管理维护独立等系统隔离特性。但公务电话和专用电话系统又处在同一个交换平台上，共享电话交换机公共部件，共享中继链路和网络管理系统。

一、公务电话系统

1. 公务电话系统的作用

公务电话相当于企业的内部电话网，其核心是程控数字交换机，再通过中继线路与城市话网相连，实现城市轨道交通内部对外通话，程控交换机分布在城市轨道交通的各办公管理部门、运营控制中心、车站、设备室等需要通话的区域。

公务电话系统主要用于地铁内部各部门之间的电话联系，为地铁的运营、管理、维修等部门的工作人员提供服务。公务电话系统能与轨道交通指挥中心公务电话交换机连接，实现地铁内部各线间的电话互通。地铁公务电话系统除了提供内部通话外，应能与公用电话网连接，实现地铁用户与公网用户间的通信，实现与本市用户（包括 119、110、120 等特服用户）通话，还可实现国内、国际长途通信。系统还与无线集群通信系统互联，用以实现公务电话与无线调度电话的互联互通。公务电话系统还具有交换、计费功能，具有识别非话业务、自我诊断、维护管理、新业务等功能。

2. 公务电话系统的构成

公务电话系统主要由设置于运营控制中心的程控数字交换机、停车场备用程控数字交换机、车站程控数字交换机、网络系统、电话终端和计费系统构成，系统通过传输系统提供的2 Mbit/s 通道相连，构成公务电话交换网。

（1）程控数字交换机。程控数字交换机是公务电话的核心，它实质上是一部由计算机软件控制的数字通信交换机，按用途可分为市话、长话和用户交换机。交换机在硬件上采用全模块化结构，提供高集成度、高可靠性、高功能、低成本的硬件的产品。软件上采用高级语言，具有多种为数据交换和连接而设计的系统软件，功能强大。

电话交换机的主要任务是实现用户间通话的接续。基本划分为两大部分：话路设备和控制设备。话路设备主要包括各种接口电路（如用户线接口和中继线接口电路等）和交换（或接续）网络；控制设备在纵横制交换机中主要包括标志器与记发器，而在程控交换机中，控制设备则为电子计算机，包括中央处理器（central processing unit，CPU）、存储器和输入/输出设备。程控数字交换机的结构如图 5-1 所示。

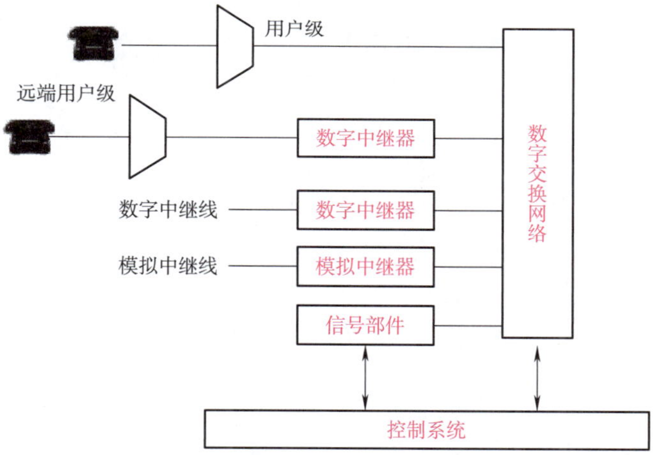

图 5-1　程控数字交换机的结构

交换网络的基本功能是根据用户的呼叫要求，通过控制部分的接续命令，建立主叫与被叫用户间的连接通路。目前主要采用由电子开关阵列构成的空分交换网络和由存储器等电路构成的时分接续网络。

用户电路的作用是实现各种用户线与交换之间的连接，通常又称用户线接口电路。根据交换机制式和应用环境的不同，用户电路也有多种类型。对于程控数字交换机来说，目前主要有与模拟话机连接的模拟用户线电路及与数字话机、数据终端（或终端适配器）连接的数字用户线电路。

出入中继器是中继线与交换网络间的接口电路，用于交换机中继线的连接。它的功能和电路与所用的交换系统的制式及局间中继线信号方式有密切的关系。对模拟中继接口单元，其作用是实现模拟中继线与交换网络的接口，基本功能一般有：发送与接收表示中继线状态（如示闲、占用、应答、释放等）的线路信号，转发与接收代表被叫号码的记发器信号，供给通话电源和信号音，向控制设备提供所接收的线路信号。

数字中继线接口单元的作用是实现数字中继线与数字交换网络之间的接口，它通过 PCM 有关时隙传送中继线信令，完成类似于模拟中继器所应承担的基本功能。由于数字中继线传送的是 PCM 群路数字信号，因而具有数字通信的一些特殊问题，如帧同步、时钟恢复、码型交换、信令插入与提取等，即要解决信号传送、同步与信令配合三方面的连接问题。

控制部分是程控交换机的核心，其主要任务是根据外部用户与内部维护管理的要求，执行存储程序和各种命令，以控制相应硬件实现交换及管理功能。

程控交换机控制设备的主体是微处理器，通常按其配置与控制工作方式的不同，可分为集中控制和分散控制两类。为了更好地适应软硬件模块化的要求，提高处理能力及增强系统的灵活性与可靠性，程控交换系统的分散控制程度日趋提高，已广泛采用部分或完全分布式控制方式。

（2）公务电话网络系统。在城市轨道交通中，为满足对内和对外的语音通信需求，提高城市轨道交通人员的信息沟通、运营管理和维修组织的效率，提供便捷的语音通话，公务电话系统采用专网建设。城市轨道交通电话的分布决定了网络结构的特点，考虑程控电话网络的设计需要，电话网络的用户线路距离短、通话质量高、用户线路传输衰耗小、可靠性高。程控电话交换网络采用环形网络，结构如图 5-2 所示。

图 5-2 中，公务电话系统由三台用户程控数字交换机通过传输系统以环形网络构成。其优点是当任意两台交换机间线路中断，可通过迂回传输线保持通话，以保证网络的可靠性，并且采用同一厂家设备组成同类网使终端之间的连接采用相同方式。

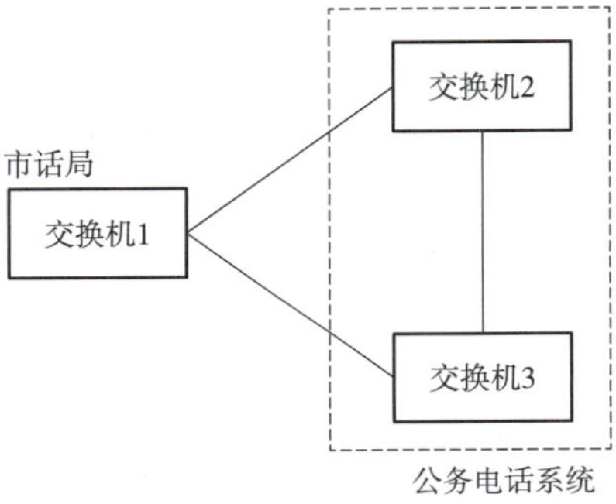

图 5-2　环形电话网络

各车站通过传输系统节点实现话路集中分配，两交换机间使用 2M 数字中继，本网和市话局采用全自动呼出呼入方式，本网出局采用直接进入电话局程控数字交换机，入局则由电话机程控数字交换机选组直接接出。

（3）公务电话。公务电话一般使用普通电话机、多功能电话机、数字电话机等，都具备双音多频按键、留言显示灯、响灯，具有重拨和来电显示等功能。

3. 公务电话系统的功能

（1）呼叫接续。控制中心、车辆段、各车站的交换机都应具有自动电话功能，能够完成本交换网内部呼叫及出入局呼叫，包括内部用户之间的相互呼叫，部分自动电话（通过软件设定）与市内、国内国外固定与移动用户的相互呼叫。用户可以直拨 119、110、120 等市话特种业务。

（2）用户接口。公务电话网可通过用户接口与用户终端或用户接入网相连接。

（3）中继接口。若采用局用交换机组网，市话交换机与城市轨道交通中心交换机之间的中继接口采用 E1/NO. 7 信令中继接口。公务电话网与市话网之间，采用全自动呼入、呼出方式。若采用用户交换机组网，市话交换机与城市轨道交通中心用户交换机之间中继接口采用 E1/DSS1 信令中继接口。公务电话网与市话网之间，呼入经话务台或计算机话务员转接，呼出采用二次拨号方式。

4. 多种非话业务接续

非话业务接续包括电路数据业务、传真业务等，并具有识别非话业务的能力。

5. 程控新业务

为用户提供多种程控新业务服务，如多方会议、三方通话、呼叫转接、忙时等待、遇忙回叫、呼叫前转、叫醒、缩位、免打扰、秘书电话、预先录音通告等。

6. 服务等级

用户分机可以划分为不同服务等级的组。根据不同的服务等级,限制用户分机拨打外线,限制拨打国内/国际长途电话,或限制使用程控新业务功能等。

7. 弹性编号

根据用户需求,可将公务电话网内部用户的电话号码进行统一编号。

8. 联网

通常一条线路对应一个公务电话网。当一个城市建成多条线路,形成多个公务电话网时,需要将一个城市中所有的公务电话网联网运行,组成一个统一编号的大网。

9. 站内、站间及轨旁电话

各车站交换机除了应具有自动电话功能外,还应具有站内、站间及轨旁电话功能。

二、专用电话系统

1. 专用电话系统的作用

专用电话系统是调度员和车站、车辆段值班员指挥列车运行和下达调度命令的重要通信工具,是为列车运营、电力供应、日常维修、防灾救护、票务管理提供指挥手段的专用通信系统。该系统可为控制中心指挥人员,如行车调度、电力调度、防灾环控调度等提供专用直达通信,并且具有单呼、组呼、全呼、紧急呼叫和录音等功能,同时可为站内各有关部门提供与车站值班员之间的直达通话,以及车站值班员与邻站值班员的直达通话。因此,要求该系统设备高度安全可靠,操作方便快捷。

2. 专用电话系统的构成

根据地铁公司运营需要和业务性质,专用电话系统包括调度电话、站内电话、站间电话(又称闭塞电话)、专用维修电话。

调度电话主要为列车运营、电力供应、防灾救护、票务管理等提供可靠的指挥手段,包括行车调度、电力调度、防灾环控调度。站内电话是车站(段)值班员利用本系统与站(段)内重要部门用户直接进行通话的专用通信设备。站间电话是为车站值班员与相邻车站(段)值班员直接进行通话的专用通信设备。站内、站间电话功能应采用专用调度系统的车站分系统实现。专用维修电话为相应系统及段、场提供直通电话业务。

1)调度电话

城市轨道交通调度电话由调度总机、调度台和调度分机组成,并通过传输系统电缆相连,如图 5-3 所示。

(1)调度总机。调度总机是调度电话的核心,由具有交换功能的交换机组成,设置在控制中心,为调度员提供专用的通信服务,如图 5-4 所示。城市轨道交通中一般设置行车调度、电力调度、维修调度、环控调度、公安调度等调度。调度总机还配有录音设备。

调度总机硬件上和程控交换机相同,只是功能上有比较大的区别。交换机是为广大公众服务的,用户之间是平等的,而调度机的服务对象是一个有严格上下级关系的群体;调度台在调度系统中处于核心地位,调度机是为调度台服务的,而交换机的话务台只是完成来话转接;调度台在紧急情况下要求快速接通,调度台的操作要求简单,如一键通等,而交换机需要一方拨号呼出。

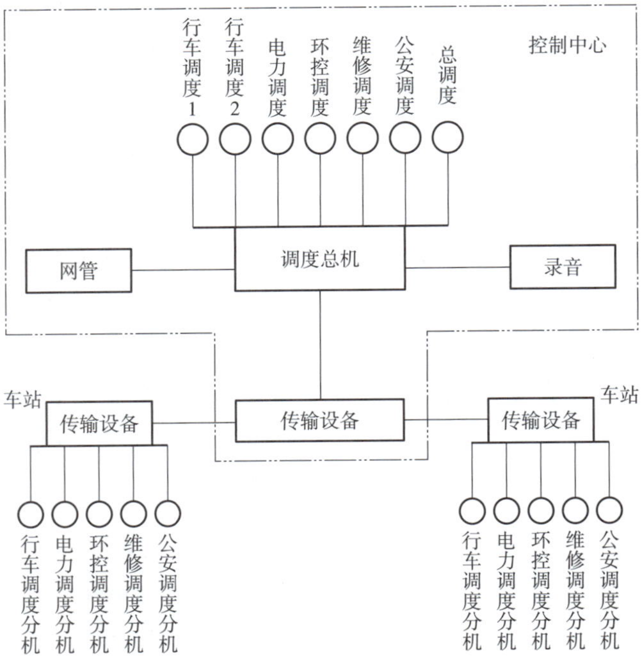

图 5-3　调度电话的组成

图 5-4　调度总机

调度总机选叫某一分机时，选叫信号同时通过传输线送往各个分机，但只有相应被选的分机才能接选总机的选叫信号而振铃。分机振铃后，拿起话柄按下送话按钮便可对总机讲话。此时，总机如处在受话状态可直接听到分机的应答。总机呼叫分机时分机振铃三次无应答则自动断线，在分机上留有来电信息，分机呼叫主机时自动接通。

(2) 调度台。调度台配置在控制中心，有传统的按键式调度台和基于计算机的软调度台，如图 5-5 和图 5-6 所示。

图 5-5　按键式调度台

图 5-6　基于计算机的软调度台

①按键式调度台。传统的按键式调度台操作方便，一般通过 ISDNBRI(2B + D) 接口接入调度机。调度台与调度机的最远距离可达到 5 km，也可利用专用传输网实现异地远端调度。有些调度台可提供互相独立的双手柄，可由两个调度员共用一个调度台进行调度。可同时与两个用户通话或召开两个调度电话会议。按键式调度台配置有液晶显示屏，用以显示时间引导操作提示、

来话信息、通话信息、保留通话、用户或中继忙闲、会议发言申请会议状态、左右手柄通话信息、键盘自检、系统信息以及查询信息等。

调度台一般具有以下几类按键。热线键:一个热线键对应一个用户、一组用户或全部用户,用以实现“一键通”。拨号键:同传统电话号码盘一样,当热线键损坏时可拨调度用户电话号码呼出用户,或用来拨外线电话号码。功能键:通话保持、重拨、取消、免提、转移、强插、强拆、会议、键权(双手柄时,左右调度员对键盘的使用权)、轮呼、翻页(热线键数量不够时翻页使用)等。按键状态显示:按键上通常可安装不同色彩的两只发光二极管,用单亮、双亮、单闪、双闪等显示对应该热线键的用户的状态。也可使用编程键,直接用色彩和字符表示用户状态。

另外,调度台还配有外接电话接口,允许外接普通电话、无绳电话等,以方便操作或临时代替故障的调度台手柄,配有实时录音接口,外接录音(模拟或数字)、录时设备,实现对调度员与分机通话内容的连续或语音启动两种录音方式。亦可配置多通道数字硬盘录音系统。配有两路BRI(2B+D)接口,分别连至调度机的两路BRI接口。当两路BRI链路中的任一路出现故障时,调度台的两个手柄仍可正常工作。调度台可实现直流48 V和交流双路供电,切换时不影响调度台正常工作。

②基于计算机的软调度台。在计算机中加入调度台应用软件,外接扬声器和电话手柄组成软调度台。软调度台与调度机之间的接口通常采用BRI(2B+D)/USB接口。软调度台分为触摸屏调度台和鼠标调度台两种。软调度台改进软件与增加摄像头可以组成多媒体调度台,提供可视调度通话。

(3)调度分机。调度分机配置在车辆段和各车站内,通常采用普通话机或数字话机。调度总机与分机间采用点对点连接,分机接到中心调度员的选叫时铃响,业务员拿起话机手柄按下送话按钮即可与调度员通话。分机呼叫总机,摘机后无须按键即可直接接通总机。分机设有单工通话按钮和紧急呼叫按钮。调度分机有专用的调度终端,具有调度终端与会议终端的双重功能。其会议终端内置功放,配有话筒与扬声器接口,并加入防止声反馈引起啸叫的技术措施。

2)站内电话

在车站内的站厅、站台、售票厅、客服中心和站控室等不同的工作地点,工作人员通常会通信频繁,若通过公务电话会加重公务电话交换机和传输系统的负荷;此外,拨号连接的方式也不适合站内通信,所以在车站内部应配置相对独立的电话交换系统。

站内电话可以用普通拨号方式建立连接,各分机与车站值班台采用热线通话方式,分机间的通话由车站值班室转接,热线方式比较常用;还有延时热线方式,分机摘机后等待5 s。不拨号即呼叫车站值班室,若摘机后5 s内拨了其他号码则与其他分机通话。

站内电话可提供车站内部人员的直接通话和本站值班员与相邻车站或大区间值班员的双向热线通话,也能使乘客或车站工作人员在紧急情况下使用紧急电话。

站内电话由车站电话交换机、车站值班台和电话分机组成。车站电话交换机通常采用小型程控数字交换机实现,与公务电话交换机相连;车站值班台设在车站控制室,供值班人员使用,一般用数字电话实现。电话分机,站内用户用普通电话机连接,一般一个车站有几十门分机。

3)站间电话

站间电话是供相邻车站值班员之间联系的直通电话,也称闭塞电话。行车电话机的双方任何一方摘机即可与对方通话:站间行车电话通话范围局限于两个车站值班员之间,不允许越站通话。如图5-7所示,站间电话可直接呼叫上行或下行车站值班员。站间电话具有紧急呼叫邻站及邻站呼入显示功能,站间电话不得出现占线(优先级高于站内直通电话)或通道被其他用户占用等情况。

4）专用维修电话

区间电话是为系统运营和维护及应急需要，安装在隧道里的电话，它是列车司机和维修人员在紧急情况下及时联系车站及相关部门的一种电话。轨旁电话由轨旁电缆连接于站内交换机；轨旁电话机具有抗冲击性和防潮等特性，区间内 150 ~ 200 m 安装一部轨旁电话，3 ~ 4 部轨旁电话机并接使用同一号码，并且用多部电话交叉配置的方式增加其可靠性。轨旁电话可同时接听站内电话和公务电话，通过插座或开关实现号码转换，如图 5-8 所示。

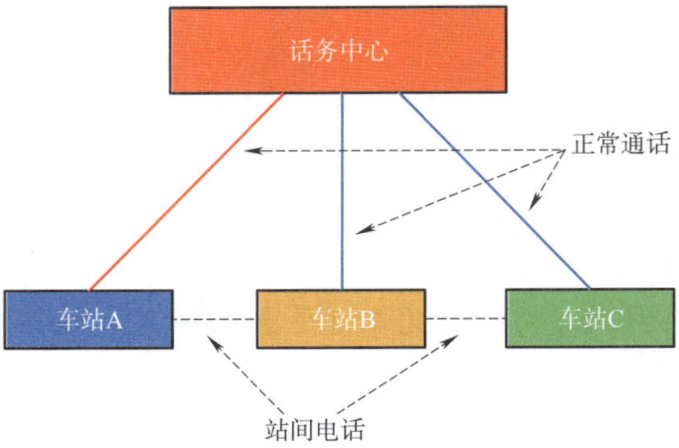

图 5-7　站间电话

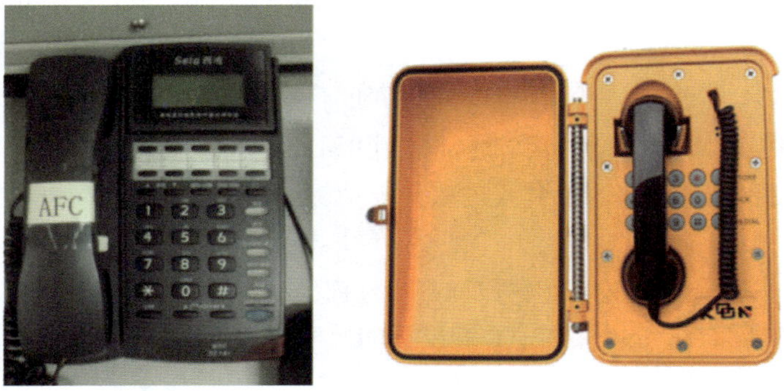

图 5-8　专用维修电话

3. 专用电话系统的基本功能

（1）调度指挥功能。调度台具有单键热线、组呼、全呼、会议、紧急呼叫、强拆、强插等调度功能。

（2）自动交换功能。调度机可以不具备调度用户之间的自动交换功能。若具备调度用户之间的自动交换功能，则属辅助功能，不提倡使用。

（3）中继组网功能。两台调度机（或两个调度网）采用中继接口相连组网为同级调度网；两台调度机（或两个调度网）一台采用中继接口，另一台采用用户接口相连组网为上、下级调度网。

（4）显示、终端功能。可显示用户状态、中继状态、会议状态、引导操作提示、键盘自检等可配接 2B + D 数字终端，用于直接进行数据传输。可配接会议终端设备，设有微音器和扬声器，进行电话会议电。可配套使用扩音指令终端，实现自动扩音指令通信。

（5）维护、测试功能。可以通过计算机维护终端，采用 MMI 进行用户、中继、业务、配置等数据的设置或修改，可对各种电路板、中继接口电路、用户接口电路以及外线等进行测试、诊断，自动判定并显示故障电路板或电路。

设备能自动监测，故障时自动切换；为保证备用部分正常工作，可定期自动切换。当市电中断时，能自动切换至直流后备电源供电，以保证通信的畅通。

（6）特殊功能。包括计算机显示功能，与移动通信接续功能，有线、无线用户的连接功能，录音功能，打印功能，夜间或离位服务。

4. 调度电话通信的特点

(1)调度电话通信关系明确。调度员与调度用户之间的关系是上下级关系,各调度用户之间的关系是同级关系。通常情况下,由调度员发出调度指令,各调度用户之间不能互相下达调度指令。当同一调度专网内有多个调度台和调度员(如城轨行车调度专网有两个调度台)时,调度员之间的关系是同级关系,故要求各调度台之间互相透明,具有同样的呼叫状态、呼叫提示等信息显示,每个调度台可进行相同或不同的调度呼叫。

(2)双向呼叫一键到位。调度实时性高、操作简单,只需在按键式键盘或计算机触摸屏上进行"单键直呼""一键多号"的按键操作即可实现自动呼叫,无须记忆对方的电话号码。

(3)双向呼叫畅通无阻。因调度工作的重要性,故要求调度呼叫可靠、畅通。可以通过"呼叫排队""监听""强插""强拆"等功能来实现。对于专网的有线或移动用户的综合指挥调度,调度员的"强插""强拆"功能不可能做到全网透明实施,但可通过对某一部电话的呼出限制,"一号通"等手段实现指挥到位。

(4)简单的会议操作功能。将参加会议的成员编成会议组,且可随时对会议组成员进行编辑。需要召开某组会议时,只需按会议组号与会议键,即可呼出该组会议所有成员召开会议,并进行会议录音。

(5)通信状态直观显示。调度电话具有主叫号码及相关资料(如姓名、单位、职务地址等)的显示功能,引导操作(如操作无效、请先摘机)的显示功能,会议显示功能以及用户、中继的状态显示(如占用、空闲、振铃等)功能等,使得调度指挥简便易行。

三、调度电话操作方法

调度电话盘面如图 5-9 所示。

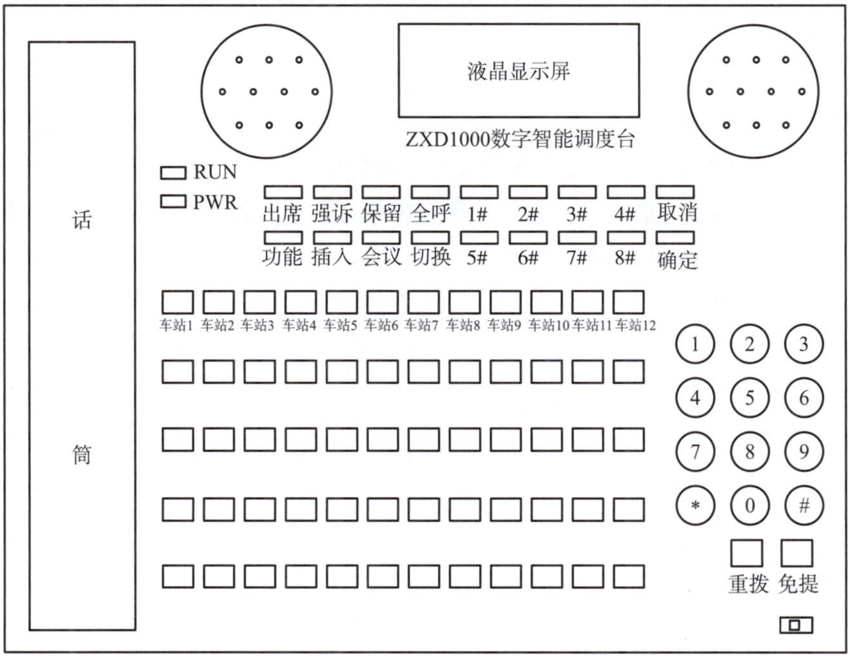

图 5-9　调度电话盘面

1. 按键功能

(1)显示屏。中文显示呼叫车站、来电号码、日期、时间和通话的状态。

(2)“1~8#”分组。组呼已存储的组,每组可存储不多于30个调度电话。

(3)会议。可以同时选定多个号码(通过固定车站键选定)进行电话会议,调度员可控制调度分机能否发话,并可对各调度分机送话。

(4)保留。正在通话中,有另一方呼叫,用该键后,不挂断前者,即可与另一方通话。

(5)重拨。重复拨号。

(6)免提。用扩音器通话。

(7)取消。中断通话、取消拨号(每按一下取消一位所拨的号码)。

(8)固定车站键每个车站固定一个按键,需要与该站通话时,直接按该按键。

(9)两路分机每一门调度电话都有两路分机,两路分机可以进行切换并能同时通话,互不干扰。

①分机1使用话筒进行通话,能够使用所有的通话功能。

②分机2使用免提进行通话,能够使用所有的通话功能。

③分机2和分机1不能同时与同一个车站进行通话。

④调度电话外接一个麦克风,可以当话筒使用。

2. 主要操作

调度电话已固定各车站的号码,可进行单呼、组呼和全呼。

(1)单个呼叫。直接按固定车站号码键即可接通,也可通过拨号按键呼叫,呼叫前先拿起话筒或按免提键。

(2)组呼。可以选固定组,按相关固定键。不同调度台根据日常工作需要将各自通话对象分组。组呼还可以自由选组,即自由选定需要通话的车站,操作方法是:先按“会议”键,然后按“固定车站”键选择需要加入会议的车站。

(3)全呼。按全呼键,可以接通全部车站调度电话分机。

(4)切换。用分机1在与一组车站进行通话时,如果需要再和另外一组车站通话可以按切换键,将通话切换到分机2,切换后无须再按其他键即可使用免提进行通话。

(5)呼入。当有电话呼入时,该站固定按键上方的红色指示灯会闪亮,按一下该键即可接听,接听时无须断开其他通话,自动保持通话连接。

笔记栏

任务实施

任务工单见表5-1。

表5-1　任务工单

<table>
<tr><td colspan="2">任务一　认识与应用电话系统</td></tr>
<tr><td colspan="2">姓名：　　　　　　　　班级：　　　　　　　　日期：</td></tr>
<tr><td colspan="2">团队成员及分工：</td></tr>
<tr><td>任务目标</td><td>1. 熟悉专用电话系统设备的操作方法，能够熟练使用调度电话。
2. 熟悉调度标准用语，能够应用调度电话完成调度指令的收发</td></tr>
<tr><td>任务内容</td><td>学习城市轨道交通专用电话系统的构成，以小组为单位，分别扮演调度、值班员进行调度通话练习</td></tr>
<tr><td>引导问题</td><td>城市轨道交通调度电话的结构由哪些设备组成？
______
______
______</td></tr>
</table>

【训练】

以小组为单位，分别扮演行车调度员、电力调度员、环控调度员、车站值班员等不同角色，利用专用电话进行调度命令的发布和接收练习，填入表1中。

表1

序号	训练任务	训练标准	训练结果	训 练 说 明
1	行车调度员向车站值班员发布调度命令	正确使用按键，命令发布与接收用语准确	□合格 □不合格	
2	电力调度员向变电所值班员发布调度命令	正确使用按键，命令发布与接收用语准确	□合格 □不合格	
3	环控调度员向车站发起调度命令	正确使用按键，命令发布与接收用语准确	□合格 □不合格	

任务评价

任务评价见表5-2。

表5-2 任务评价

任务一 认识与应用电话系统			日期：			
姓名：		班级：	学号：		教师签名：	
自评：□熟练 □不熟练		互评：□熟练 □不熟练	师评：□合格 □不合格			
日期：		日期：	日期：			
评分细则						
序号	评分项	得分条件	分值	自评	互评	师评
1	接受任务	明确工作任务，理解使用调度电话在未来工作中的重要性	5			
2	知识评价	本次任务前需要掌握的知识程度	25			
3	能力评价	能够正确使用调度电话	20			
		能利用调度电话完成调度命令的发布和接收	20			
4	素养评价	工作计划性强，小组活动组织安排得当	5			
		团队合作能力强，善于沟通合作	5			
		积极参与课堂活动，自主学习能力强	5			
		能规范严谨、精神饱满完成任务	5			
5	评价反馈	学生能以小组评价方式组织客观评价	5			
		对学生在任务实施过程中发现问题，进行小组审议后及时反馈	5			
合计			100			

巩固与练习

一、填空题

1. 电话系统主要分为________子系统和________子系统。

2. 城市轨道交通调度电话包括________、________和________三部分，并同城轨传输系统和通信电缆链接组成。

3. 调度台和调度分机可以实现________和________。

4. 调度员可根据预先设置的分组用户进行________。

二、简答题

1. 简述调度电话的构成。

2. 城市轨道交通调度电话通信的特点是什么？

知识拓展

从“装电话难”到5G领跑全球

1949年年底，我国平均每千人仅拥有半部电话机。1978年，我国固定电话用户总数仅有192.54万户。2017年年末，我国电话用户规模已达16.11亿户，跃居世界第一。移动电话普及率由1995年的0.3部每百人提高到2017年的102.5部每百人。

20 世纪 90 年代是我国邮电大发展的时代，不过当时的通信基础设施相对落后。在当时，中国基本上没有移动电话，只有固定电话，而且固定电话的市场占有率非常低。由于线路容量不够，申请安装一部电话需要交五六千元的初装费。为了解决我国电话落后的局面，1982 年，我国在福州启用了中国第一部万门程控电话交换机，如图 5-10 所示，随后全国各地陆续开始部署程控交换机。有了程控交换机，电话系统容量不断提升，但还是不能满足人民的需要，安装电话要申请、排队，而且需要缴纳高昂的初装费，通话资费也较高。彼时，人们还在忙于解决“装电话难”的问题。

图 5-10　万门程控交换机

作为核心通信设备，大型程控交换机自主研发的呼声越来越高，1991 年，郑州通信工程学院研制出的我国第一台拥有完全自主知识产权的大型数字程控交换机——HJD04 诞生，如图 5-11 所示。04 机的研制成功，树立起了中国人用自主知识产权高技术产品自主建设国家信息基础设施的信心和决心。

图 5-11　国产 HJD04 大型数字程控交换机

改革开放以来，我国通信技术高速发展，在固网通信和移动通信等领域不断创新，很多技术实现从空白到领先的跨越式发展。20 世纪 90 年代末，国内开始出现了一批如华为、中兴这样的自主创新企业，对我国通信网络用得上、用得起、用得好起了重要作用。正是因为有了这样一批自主创新企业，我国在国际通信领域的话语权逐步得到提升，国际标准和核心的专利数量比例从 0 跃升到如今占 35% 以上。中国的移动通信也发生了翻天覆地的变化，经历了 1G 空白、2G 跟随、

3G突破、4G同步、5G引领的崛起历程。中国自主研发的4G技术标准TD-LTE被国际电联确定为4G国际标准之一，5G时代无论是标准制定还是实验进程我国都走在世界前列。我国已经迈入数字经济的无人区，其中5G技术全部靠自主创新，这一切和我国科技创新能力的提升密切相关。

70多年来，中国通信业经历自力更生、艰苦奋斗、合资合作、自主创新的发展过程，从手摇电话、万门数字程控交换机到移动通信设备制造，从智能手机、移动电子支付普及到5G领跑全球，中国通信事业发展举世瞩目。

任务二 认识与应用无线调度系统

学习目标

知识目标

1. 了解无线通信的特点。
2. 掌握无线调度系统的结构。

能力目标

能够使用无线调度台完成调度命令的发送和接收。

素质目标

培养科学、创新的思维方法和分析问题解决问题的能力。

任务描述

城市轨道交通无线通信系统是城市轨道交通内部固定人员（如中心调度员、车站值班员等）与流动人员（如司机、站务、维修人员与列检人员）之间进行高效通信联络的唯一手段。通过学习本任务，学生可以掌握城市轨道交通无线调度系统的结构和功能，能够正确使用无线调度系统完成全呼、组呼、单呼等操作，实现调度命令发送和接收。

相关知识

无线调度系统是地铁固定用户与移动用户之间、移动用户与移动用户之间可靠的通信手段，对于确保行车安全、提高运营效率和管理水平、改善服务质量、应对突发事件提供了重要保证。地铁无线通信不仅需要满足运营本身所需的列车无线调度通信和车辆段无线通信，还要据地铁运营管理的实际情况满足管理所需的必要的调度通信，如日常维修的维修调度无线通信、紧急情况下防灾调度无线通信以及必要的站务无线通信等。

一、无线调度系统的构成

无线调度系统由运营控制中心设备、车站设备、移动台设备及无线覆盖等组成，如图5-12所示。车辆段设备主要由双载频数字集群基站、车辆段远端调度台、固定台、天线等组成。线路区间设备主要包括直放站、漏缆等。

1. 运营控制中心设备

运营控制中心设备有调度台、网管及配套设备，可以满足运营的需求。下边主要介绍调度台和网管。

（1）调度台。调度台设备由基于调度计算机的调度终端组成。调度员通过调度台能呼叫本部门移动用户，并具有最高优先权，无线调度系统的四台调度台分别由行车调度员、防灾调度员、维修调度员、车辆段调度员值守。行车调度员通话权限仅限于车载电台、固定电台、部分有权限的手持台；维修调度员通话权限仅限于维修作业人员，同时具有行车调度台通话功能和修改列车位置的管理功能；防灾调度员通话权限仅限于本部门移动作业人员；车辆段调度员通话权限仅限于车辆段内移动台。

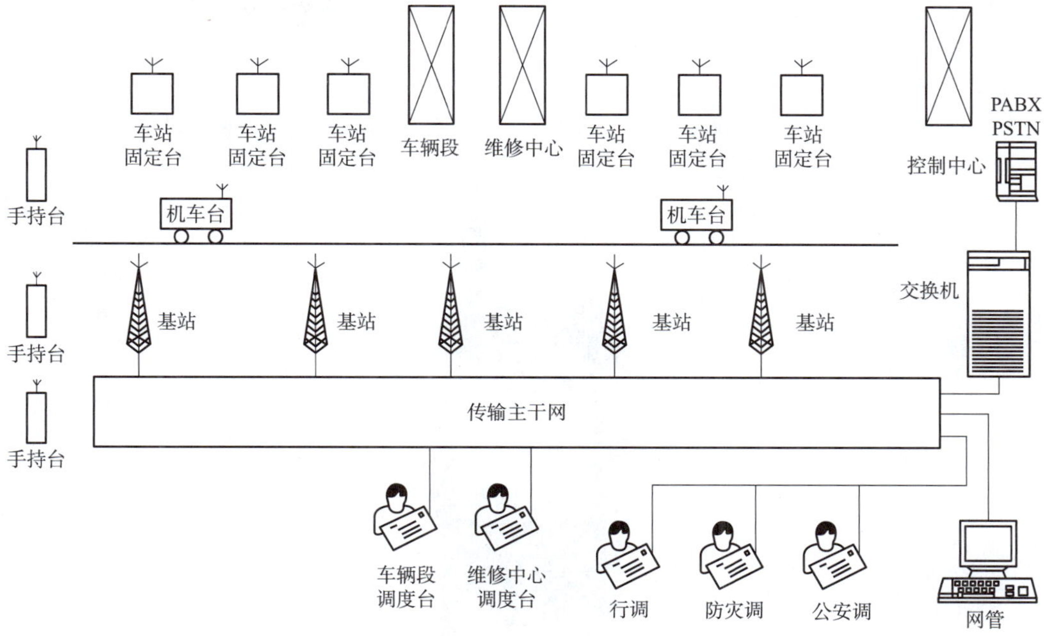

图 5-12　无线调度系统

（2）网管。网管可为用户提供不同的图形用户界面，网管终端可以位于主站或远端站。网管终端通过以太网接口连接到中心无线设备机柜内的以太网交换机上。网管具有故障管理、配置管理、统计管理、性能管理、安全管理，以及对无线调度系统实现资源管理和用户控制等功能。

2. 车站设备

车站设备主要由双载波基站、固定台、车站广播台等设备组成。

（1）双载波基站。双载波基站提供无线覆盖、空中信令、空中数据传输等业务。

（2）固定台。固定台与调度子系统配合工作，向车站值班人员提供满足城市轨道交通无线通信子系统需求的专门调度和通话功能。固定台加装固定台控制盒、电源变换电路及附属设备，提高了无线用户终端的语音、数据通信、信息显示能力和对车站工作环境的适应能力。固定台安装在车站值班室，能使车站值班员轻松接入无线系统。

（3）车站广播台。车站广播台与广播系统的接口（数据和音频），用于手持台向广播系统发送数据信息，同时广播系统在接收信息后，打开相应的音频通道给无线系统，在优先级允许的状态下，对相应的上下行站台进行广播。

3. 移动台设备

移动台设备包括车载台和手持台。

（1）车载台。无线调度系统在每列电客车的车头和车尾及轨道车驾驶室内各设置车载台一个，如图 5-13 所示。车载台是列车司机操作的人机界面，实现列车司机与运营控制中心调度员/车站(车辆)值班员之间的呼叫、状态报告的发送和接收以及数据传输。

图 5-13　车载无线固定台

(2)手持台。无线调度系统配置一定数量的手持台，实现车站工作人员或者移动作业人员与车站值班员或控制信息调度员之间联系。手持台的按钮及功能如图 5-14 所示。

4. 无线覆盖

无线覆盖采用多基站小区制方式，如图 5-15 所示。在全线各车站及车辆段设置双载频无线集群基站，完成对全线车站、车辆段区间的无线场强覆盖。

图 5-14　手持台的按钮及功能

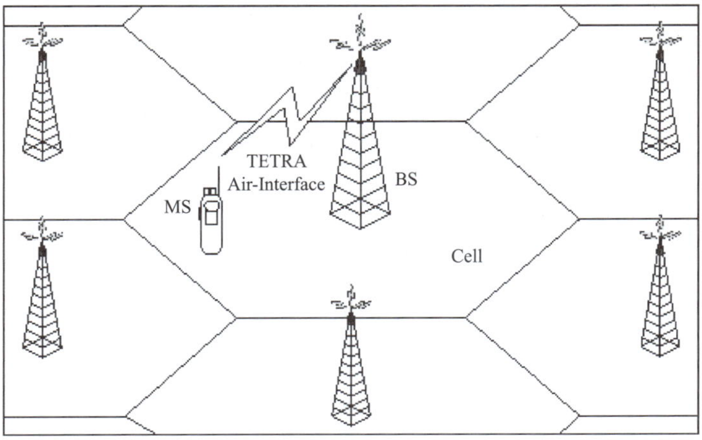

图 5-15　多基站小区

无线调度系统场强应覆盖地铁的全部范围,包括双正线区间以及车辆段与正线的出线,车辆段内地面的整个区域,包括信号楼、维修基地、办公楼、停车列检库等,还应覆全线车站各车站站台、站厅、出入口、安全/消防通道、设备用房及办公用房区域。

无线调度系统在隧道区间采用漏缆方式进行覆盖,每条隧道设一条漏缆,漏缆敷设在隧道顶或者弱电侧上部,地下区间车站站台借助隧道漏缆覆盖。车站的站厅、办公区域采用无源小天线加射频电缆的方式进行覆盖,收发天线共用。车辆段设置无线调度系统天线,采用全向天线用于车辆段内的场强覆盖。

电波在隧道中传输很困难,它被隧道墙壁很快吸收,从而使电波的传输衰耗大大增加,限制了通信距离。有关试验表明,隧道中传播电波的频率越高,衰耗越小,例如在长 3 000 m、宽 80 m、高 4 m 的隧道中,在 153 MHz 和 300 MHz 的频率上,传播的衰减速度分别为 40 dB/300 m 和 20 dB/300 m。为了解决电磁波在隧道中传输的问题,通常采用沿隧道敷设波导线的方法,电磁波沿着波导线传播,从而减少传播衰耗。最常用的波导线是漏泄同轴电缆。

漏泄同轴电缆外导体为皱纹铝管,内导体是铝管或软铜轴线单线,并在外导体沿纵向周期性设置具有电波漏泄作用的槽孔,使电缆内的电磁能的一部分作为电波均匀地向外辐射。当在漏泄同轴电缆的内外导体加上信号电压,内外导体会有电流。在未开槽孔的地方,电流在外导体表面沿电缆轴向流动,内部磁场与轴向垂直;在开槽孔的地方,电流分解为槽孔长度方向和与槽孔垂直方向两部分,磁场也为两部分。槽孔长度方向的电流,因为槽孔很窄,电流几乎不泄漏,与槽孔垂直的电流分布大乱,磁场大量泄漏;电流为交流时,泄漏到外面的磁场产生电场,成为辐射电磁波波源。

二、无线调度系统的功能

地铁无线调度系统的用户应包括运营控制中心行车调度员:沿线各站的车站值班员、站内移动值班人员,以及运行线路上的列车司机;运营控制中心环控调度员、线路和车站内的相关移动人员:运营控制中心维修调度员、线路和车站内的移动维修人员;车辆段值班员、车辆段内列车司机、列检,以及车辆段移动工作人员等。无线调度系统的功能如下:

1. 通话功能

无线调度系统具备以下用户之间的通话功能:

(1)运营控制中心调度员与在线列车司机之间的通话。

(2)车站值班员与在线列车之间,车站值班员与站内移动值班人员之间的通话。

(3)列车司机之间的通话。

(4)运营控制中心防灾/环控调度员与相关移动人员之间,相关移动人员与相关移动人员之间的通话。

(5)运营控制中心维修调度员与移动维修作业人员之间,移动维修作业人员与移动维修作业人员之间的通话。

(6)车辆段值班员与车辆段内列车司机之间的通话。

(7)车辆段值班员与车辆段内持便携电台人员之间的通话。

(8)车辆段内持便携电台作业人员之间的通话。

(9)公务电话用户与专用无线调度用户之间的通话。

(10)不同组成员之间通话(通过调度台转接)。

(11)运营控制中心调度员对在线列车的广播。

2. 呼叫功能

无线调度系统具备以下各种呼叫功能:

(1)通播组呼叫。本部门的调度员向所管辖的全体成员(多组组员)发起呼叫,被呼叫的成员无须手动转组即能自动纳入通播组的通话中,此呼叫为双向通信。

(2)单呼。移动、固定用户和调度台间能进行一对一的选择呼叫,移动用户间能进行一对一的选择呼叫。

(3)组呼(半双工)。向预先定义的通话组用户发起一点对多点的呼叫。

(4)紧急呼叫。当移动用户对调度台发起紧急呼叫而系统资源被全部占用时,系统将中断权限为最低级的用户通话,并向发起紧急呼叫的用户立刻分配信道资源。被呼叫的移动台将给出相应提示,并伴有特殊音响。

移动台允许对相应的调度台发起紧急呼叫,也允许对通话组发起紧急呼叫,呼叫目的地号码能在系统侧设置。

(5)电话互联呼叫(全双工)。公务电话用户向被授权的移动用户或者被授权移动用户向公务电话用户发起呼叫。

(6)车组号呼叫。运营控制中心调度员、车站值班员在调度台上能利用车组号呼叫运行列车(列车车组号固定)。

(7)车次号呼叫。运营控制中心调度员、车站值班员利用车次号呼叫运行列车(列车车次号每次运行化)。

(8)站管区呼叫。车站值班员呼叫本站管区的列车移动用户,处于站管区内的列车移动用户呼叫该站管区车站的行车值班员。

3. 数据传送功能

无线调度系统具备以下数据传送功能:

(1)状态信息传送。无线调度系统的移动用户和调度员之间能发送预先设置的状态信息。

(2)短数据信息传送。移动用户之间、移动用户与调度员之间能进行双向数据信息传送(含简体中文短数据)。

(3)分组数据传送。车载电台与调度台之间能传送分组数据,车载电台接收来自运营控制中心的分组数据,并具备向列车内相关显示设备的输出功能。

(4)数据承载。无线调度系统具备数据承载功能,能具备数据库调阅、文本信息与图像文件传送等方面的功能,满足通过便携电台数传接口及外置终端将静态图像传送到运营控制中心的需求。

4. 故障弱化功能

无线调度系统具备以下故障弱化功能:

(1)单站集群。无线调度系统支持单站集群的工作模式,当基站和运营控制中心设备之间的线路连接出现故障时,基站自动进入单站集群工作模式,一旦连接恢复正常,基站自动返回正常集群模式;在单站集群模式下,基站能为其服务区内的用户提供登记和组呼功能,在组呼模式下支持紧急呼叫、迟后接入 、呼叫方显示等功能。

(2)脱网直通功能。移动用户能脱离集群系统网络,构成移动用户之间的脱网直通,此功能仅限于手持便携电台应用。

5. 系统管理功能

无线调度系统有以下系统管理功能:

(1)系统配置管理。无线调度系统的系统管理员根据业务需要能对系统的结构配置、网络配置及参数配置进行管理，在进行系统配置管理的过程中不得中断对应的业务。

（2）用户管理无线调度系统的系统管理员能进行系统用户的管理，包括建立、修改、删除系统数据库的用户信息，用户接入时监视用户的数据，并对用户设备进行管理（包括编组设置，系统等级、功能的设定等）。

用户管理的内容包括用户基本数据管理、基本业务数据管理、补充业务管理、用户位置和群（组）管理等。

（3）移动台遥毙/激活。无线调度系统的系统管理员能远端关闭和开启移动台。

（4）统计报告。用户的配置报告包括系统内以单呼、组呼、互相呼等方式进行统计的报告及系统内每一信道的使用状态报告等。

（5）故障管理。无线调度系统能对系统内的设备（包括运营控制中心的控制及网络设备、基站设备等）进行故障检测报警和管理。

（6）自诊断功能。无线调度系统须具备自诊断功能，能在运营控制中心的网管终端上对数字集群交换机基站等设备进行远程在线的测试与诊断，测试及诊断能达到板卡级。

6. 时钟同步功能

系统接收运营控制中心时钟系统一级母钟发出的时间同步信号，并同步无线调度系统的调度台，集中告警终端的时间。

7. 录音功能

与专用电话相似，无线系统通话需要被录音，所以无线调度系统行车调度员的所有通话均需要被录音，无线调度系统具有录音接口，列车司机能对行车调度员的语音命令进行录音，并能回放，录音时长不少于 60 min。

三、无线调度系统的运行方式

1. 调度台与移动台间的呼叫

（1）调度台单呼下属移动台。在调度台终端人机界面选中该移动台的名称，系统即将其转变为用户的无线标识号，经中心交换机处理后传输到用户注册的基站，经泄漏电缆或天线发射出去；移动台接收到控制信号后与自身标识号做比较，若比较一致可确定自己为调度台呼叫用户，则控制移动台振铃，用户按压通话键即可建立通话。

（2）调度台组呼下属移动台。调度台向下属移动台发起组呼，被呼组内用户不经振铃与任何操作，可直接收听调度员讲话或同组其他用户（按下 PTT 开关）讲话。

（3）移动台呼叫调度台。有两种方式：一种是移动台直接单呼调度台；另一种是以数据传送方式向调度台发出呼叫请求短消息，调度台收到短消息后再回叫该移动台。

2. 手持台之间的呼叫

（1）本组内的组呼。移动台的组选择旋钮选择在本组组号位置，按下 PTT 开关即可发起组呼，本组其他用户无须任何操作，即可听到组呼发起者的讲话。

（2）呼叫另一组用户。把移动台组选择旋钮调到对方组号位置，按下 PTT 开关即可发起组呼，对方组用户同样无须操作即可收听，实现此种通话的前提是本机预先设置好对方组号。

（3）监听其他组用户的呼叫。保持在本组组号旋钮位置，利用扫描功能可监听到其他组用户的呼叫，前提是移动台预先设置好扫描功能。

3. 移动台单呼移动台

当移动台单呼另一移动台时，若两移动台拥有私密通信的权限，则直接拨出对方 ID 或利用提前编写好的对方别名发出呼叫,即可完成单呼。

4. 车载台与车站用户间的呼叫

(1)车载台呼叫车站用户。车载台呼叫车站用户(包括车站固定台和车站内手持台)可有三种方式:

①车载台单呼车站固定台。

②采用组呼方式,提前编制好通话组,需要通话时,把车载台的组选择旋钮调到要呼叫的车站组位置,按下 PTT 开关即可通话。

③把线上所有车站台编为一组,在所有车载台上都设置好此通话组的组号,不需要呼叫车站台时调至自身通话组,当需要和车站固定台通话时将选择旋钮调至该组号位置。这种方式有一缺点,即当发生呼叫时,车载台会把线上所有车站固定台都呼叫到,从而影响无关车站的正常工作。

(2)车站用户呼叫车载台。车站用户(包括车站固定台和车站内手持台)呼叫车载台主要有两种方式:

①将所有车载台编为一个通话组,在所有车站固定台和手持台上都设置好此通话组组号,当不需要呼叫车载台时调至自身通话组,当需要呼叫车载台时将选择旋钮调至该组号位置。当发生呼叫时会造成所有车载台都被呼叫到,影响无关车载台的正常工作。

②将所有车载台编为一个通话组,车载台设优先监视功能,所有车载台都设置通话组扫描功能,并在所有车站固定台和手持台上设置好车载台通话组组号。当车站需呼叫列车时先选择此组旋钮,按 PTT 开关呼叫,车载台监听到呼叫后,退出当前呼叫组转向扫描功能,接受呼叫。此种方式因只在该站点的所有业务信道上扫描,所以只影响本基站范围内的列车车载台,是城市轨道交通中应用的首选方式。

5. 无线调度通话基本要求

(1)标准通话格式。

开始通话:自己呼号+呼叫对方呼号+请回话。

应答:自己呼号+请回话。

每次通话:自己呼号+内容(注意标准术语)+请回话。

结束通话:自己呼号+内容+通话完毕。

(2)常用术语。“所有单位”“请注意”“正确”“明白”“请复诵”“请回话”“请再讲一次”“请稍候”“确认后继续”“照办”“错误”“通话完毕”“通信测试”“接收正常”“接收困难”“接收不清”等。

(3)有需要达成共识的安全相关信息,接收人必须向发送人复诵信息,以确保正确接收信息内容并严格遵行。

(4)有关紧急事件的通信必须先说出“紧急事件”才开始讲具体信息,同时紧急信息有优先发送权;听到“紧急事件”时,有关员工必须及时让出通信频道,直至整个紧急信息已完全发送完毕并得到确认为止。

(5)为保证信息的正确表达,必须注意保持正常谈话的自然节奏和模式。传递整段信息时,保持速度平稳并稍慢于正常谈话时的速度,切勿呼喊,亦切勿在句子尾段逐渐减弱声量,音调须较正常谈话时适度提高。

(6)开始传递每段信息时,进行通话的发送者和接收者必须清楚确认对方身份,以确保正确传递信息。使用无线电设备时,必须采用编配给所用设备的呼号来识别身份,但不包括列车和进行事故管理。

任务实施

任务工单见表5-3。

表5-3　任务工单

任务二　认识与应用无线调度系统	
姓名：　　　　班级：　　　　日期：	
团队成员及分工：	
任务目标	1. 熟悉无线调度设备的使用。 2. 熟练无线调度的规范通话
任务内容	学习城市轨道交通无线调度系统的构成，以小组为单位分别扮演不同角色，如调度员、司机、值班员、站务，进行无线通话练习
引导问题	城市轨道交通无线调度系统由哪些设备组成？ ____________________ ____________________ ____________________

【训练】

学生分别扮演调度员、司机、值班员、站务等不同角色，组织进行无线通话练习，填入表1中。

表1

序号	训练任务	训 练 标 准	训练结果	训 练 说 明
1	行车调度员呼叫在线列车司机通话	正确使用按键，命令发布与接收用语准确	□合格 □不合格	
2	车站值班员与在线列车司机通话	正确使用按键，命令发布与接收用语准确	□合格 □不合格	
3	车站值班员与站内移动值班人员通话	正确使用按键，命令发布与接收用语准确	□合格 □不合格	
4	站内移动值班人员与站务通话	正确使用按键，命令发布与接收用语准确	□合格 □不合格	

任务评价

任务评价见表5-4。

表5-4 任务评价

<table>
<tr><td colspan="4">任务二　认识与应用无线调度系统</td><td colspan="4">日期：</td></tr>
<tr><td colspan="2">姓名：</td><td>班级：</td><td colspan="2">学号：</td><td colspan="3" rowspan="3">教师签名：</td></tr>
<tr><td colspan="2">自评：□熟练　□不熟练</td><td>互评：□熟练　□不熟练</td><td colspan="2">师评：□合格　□不合格</td></tr>
<tr><td colspan="2">日期：</td><td>日期：</td><td colspan="2">日期：</td></tr>
<tr><td colspan="8">评 分 细 则</td></tr>
<tr><td>序号</td><td>评分项</td><td colspan="2">得 分 条 件</td><td>分值</td><td>自评</td><td>互评</td><td>师评</td></tr>
<tr><td>1</td><td>接受任务</td><td colspan="2">明确工作任务，理解使用无线调度系统在未来工作中的重要性</td><td>5</td><td></td><td></td><td></td></tr>
<tr><td>2</td><td>知识评价</td><td colspan="2">本次任务前需要掌握的知识程度</td><td>25</td><td></td><td></td><td></td></tr>
<tr><td rowspan="2">3</td><td rowspan="2">能力评价</td><td colspan="2">能够正确使用无线调度系统的固定台和移动台</td><td>20</td><td></td><td></td><td></td></tr>
<tr><td colspan="2">能利用无线调度系统完成调度命令的发布和接收</td><td>20</td><td></td><td></td><td></td></tr>
<tr><td rowspan="4">4</td><td rowspan="4">素养评价</td><td colspan="2">工作计划性强，小组活动组织安排得当</td><td>5</td><td></td><td></td><td></td></tr>
<tr><td colspan="2">团队合作能力强，善于沟通合作</td><td>5</td><td></td><td></td><td></td></tr>
<tr><td colspan="2">积极参与课堂活动，自主学习能力强</td><td>5</td><td></td><td></td><td></td></tr>
<tr><td colspan="2">能规范严谨、精神饱满完成任务</td><td>5</td><td></td><td></td><td></td></tr>
<tr><td rowspan="2">5</td><td rowspan="2">评价反馈</td><td colspan="2">学生能以小组评价方式组织客观评价</td><td>5</td><td></td><td></td><td></td></tr>
<tr><td colspan="2">对学生在任务实施过程中发现问题，进行小组审议后及时反馈</td><td>5</td><td></td><td></td><td></td></tr>
<tr><td colspan="4">合　计</td><td>100</td><td></td><td></td><td></td></tr>
</table>

巩固与练习

一、填空题

无线调度系统的四台调度台分别由________调度员、________调度员、________调度员和车辆段调度员值守。

二、简答题

无线调度系统的功能有哪些？

知识拓展

无线集群调度系统

城市轨道交通无线调度系统按频段分为专用频道和无线集群方式两种。

专用频道方式是根据用途配置频道，有多少用途就有多少频道。移动通信系统使用的频道是固定的，一旦用户选择了某信道，那么其通话就只能在这一信道上进行，每种频道只作一种用途，即便空闲也不作他用。

无线集群方式是所有用途共用一个频道或多个频道。根据需要无线集群系统临时分配，设置一个控制频道和若干通话频道，通话频道数目少于用途数。平时移动台接受中心控制并向中心返回信息，通话时由中心分配通话频道，结束后自动返回。

在一个多信道调度无线系统中，“集群”是指向正在申请服务的用户自动分配信道。无线集群系统分配信道的基本技术有以下几种：

（1）信息集群。信息集群又称消息集群，指挥调度通号期间，控制系统始终给用户分配一条固定的无线信道。从移动用户最后一次讲话完毕、松开 PTT 开关开始，系统等待 6 ~ 10 s 的“信道保留时间”后脱网，释放信道。信息集群不是信道动态分配方式，而是按需分配方式。因此，信息集群方式的无线信道效率较低。

（2）传输集群。传输集群又称发射集群，指甲、乙双方用户在单工或者半双工状态工作时，甲方用户按下 PTT 开关，就占用一个空闲信道工作。当甲方用户第一个消息发送完毕松开 PTT 开关时，就有一个“传输完毕”的信令送到基地台控制器，用来指示该信道可再分配给其他用户使用。传输集群方式的信道是动态分配的，其缺点是易导致通话不连续和不完整。

（3）准传输集群。准传输集群是相对传输集群而言的，是为了克服传输集群的缺点而改进的。准传输集群兼顾消息集群和传输集群的优点，缩短了信道保留时间，松开 PTT 开关后信道保留时间为 0.5 ~ 6 s，而不是消息中断。准传输集群缩短了集群信道保留时间，该时间连同移动台发送传输结束信令在内为 0.5 ~ 1 s。一旦开始接入信道，两个电台可迅速建立通话而不会“脱离”话音信道，因而具有较短的信息延迟。

无线集群方式按照动态信道指配的方式实现多用户共享多信道，与专用频道方式相比有以下优点：

①共用频率：将原来配给各部门专有的频率加以集中管理，供各家共用。

②共用设施：由于频率共用，就有可能将各家分建的运营控制中心和基站等设施集中合建、共同管理。

③共享覆盖区：可将各家邻近覆盖区的网络互联起来，从而获得更大的覆盖区。

④共享通信业务：可利用网络有组织地发送各种专业信息为大家服务。

⑤改善服务：由于多信道共用，可调剂余缺、集中建网，可加强管理、维修，因此提高了服务等级，增加了系统功能。

⑥分担费用：共同建网可以大大降低机房、电源等建网投资，减少运营维护人员，并可分摊费用。

总之，无线集群通信系统是共享资源、分担费用，向用户提供优良服务的多用途、高效能而又廉价的先进无线调度通信系统。城市轨道交通的无线通信系统初期曾采用直接对讲形式，后来发展为同频单工组网、异频单（双）工组网、单信道一呼百应及选呼，再后来成为多信道自动拨号的集群通信系统。集群通信系统将各调度网的频点集中使用，做到了资源共享。它曾一度采用专网方案或模拟集群方案，目前均被数字集群替代。

任务三　认识与应用视频监控系统

学习目标

知识目标

1. 掌握视频监控系统的基本结构。

2. 掌握城市轨道交通视频监控系统的组成和功能。

能力目标

1. 能够对视频监控系统进行监控界面设置。
2. 能够通过控制台控制摄像机。

素质目标

激发对行业智能化发展的追求。

任务描述

随着视频与图像技术的快速发展,城市轨道交通视频监视系统为城市轨道交通工作人员提供了清晰的视频监控信息,这有效保障了城市轨道交通的正常组织和运行,成为城市轨道交通运营组织和保证城市轨道交通畅通的重要手段。通过学习本任务,学生可以掌握城市轨道交通视频监控系统的结构和功能,能够对视频监控系统显示界面进行设置,并对摄像机进行控制。

相关知识

视频监控系统(closed circuit TV,CCTV)是安全技术防范体系中的重要组成部分,是一种先进的、防范能力强的综合系统。在城市轨道交通中,视频监控系统是保证城市轨道交通各车站安全运行的重要手段,它可对各车站主要生产装置、设施、关键设备及重要部位进行全面直观、实时的安全监视。视频监控系统是城市轨道交通运营管理现代化的配套设备,供控制中心调度管理人员、车站值班员、站台工作人员及司机实时监控车站客流、列车出入站及乘客上下车等情况,以提高运行组织管理效率,进而保证列车安全、正点地运送乘客,如图5-16所示。

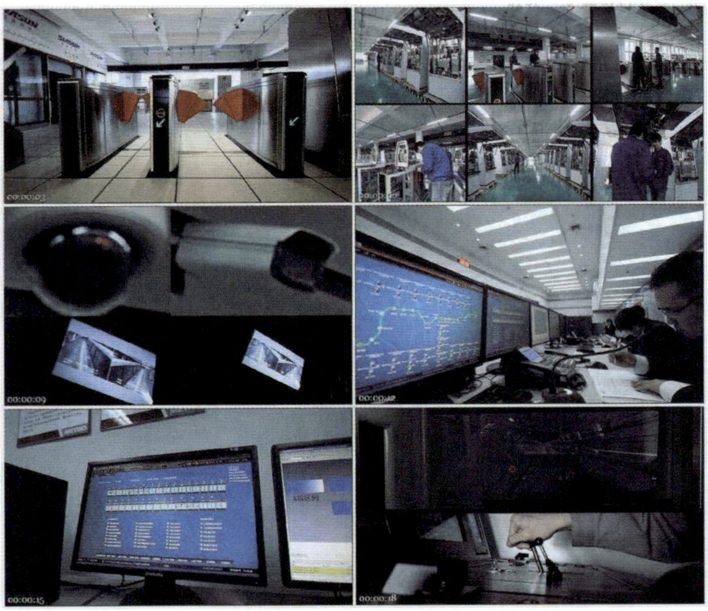

图5-16　城市轨道交通视频监控系统

一、视频监控系统的作用

城市轨道交通运用CCTV系统向控制中心调度人员、车站值班员、司机及站台工作人员等提供各个要害部位（如车站站厅、站台、出入口、机房等主要区域）的监视画面，便于管理监控与及时处理。

车站值班员和防灾值班员通过 CCTV 系统实时监视本站情况，系统提供对站厅的售票亭、自动售票机、闸机出入口、自动扶梯出入口、站台、机房等主要区域的监视。

司机和站台工作人员通过 CCTV 系统实时监视相应站台的乘客上、下车及车门关闭情况，以确保列车运行安全。

控制中心的行车、环控、电力、公安等调度员通过 CCTV 系统获得对各站或机房的监视点画面。控制中心调度员可根据其权限选择上调各车站摄像机的监视图像，并能对该摄像机的云台和电动镜头进行控制。

二、视频监控系统的基本结构

典型视频监控系统主要由摄像部分、传输部分、控制部分、显示部分等组成，如图 5-17 所示。

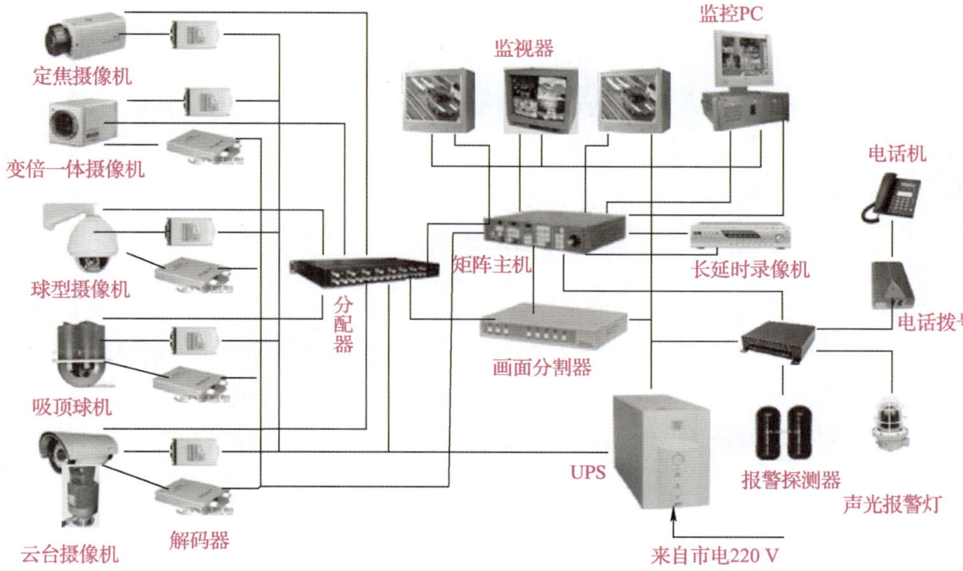

图 5-17　典型视频监控系统结构

1. 摄像部分

摄像部分是视频监控系统的前沿部分，是整个系统的“眼睛”。它常布置在被监视场所的某一位置上，并使其视场角能覆盖整个被监视区域。摄像部分将监视内容变为图像信号，传送至控制中心监视器。

按显示色彩不同，摄像机可分为黑白和彩色两种。由于黑白摄像机具有高分辨率、低照度等优点，尤其是它可在红外光照下成像，因此，视频监控系统常采用黑白摄像机。

城轨闭路电视监控系统中，常用的摄像机有半球摄像机、云台摄像机、一体化摄像机、枪型摄像机、红外一体摄像机、智能球型摄像机等，如图 5-18 所示。其中，球型摄像机没有角度限制，可以看到摄像头覆盖的全部场景；云台摄像机通过控制云台角度，可改变摄像范围；一体化摄像机镜头与摄像机为一体，不可拆卸镜头；枪型摄像机的摄像头可更换；红外一体摄像机在摄像头前加装红外灯，可用于夜间拍摄。

（a）半球摄像机

（b）枪型摄像机

（c）一体化摄像机

（d）红外一体摄像机

（e）智能球型摄像机

（f）云台摄像机

图 5-18　常见摄像机

2. 传输部分

传输部分是指系统图像信号传送的通路。一般来说，传输部分单指传输图像信号。由于某些系统中除图像外还要传输声音信号，有时需要由控制中心通过控制台对摄像机、镜头、云台、防护罩等进行控制，因而传输系统还包含控制信号传输。图像信号的传输，要求在图像信号经过传输系统后，不产生明显的噪声、失真，保证原始图像信号的清晰度和灰度等级没有明显下降。这要求传输系统在衰减、引入噪声以及幅频特性和相频特性方面都有良好的性能。

3. 控制部分

控制部分是整个系统的指挥中心，它的主要功能是视频信号放大与分配，图像信号的校正与补偿，图像信号的切换和记录，摄像机及其辅助部件（如镜头、云台、防护罩等）的控制等。

控制部分能遥控摄像机、镜头、云台、防护罩等，从而完成对被监视场所的监视。控制部分一般设有录像设备，可以随时将被监视场所的图像记录下来，便于事后备查。控制部分结构如图 5-19 所示。

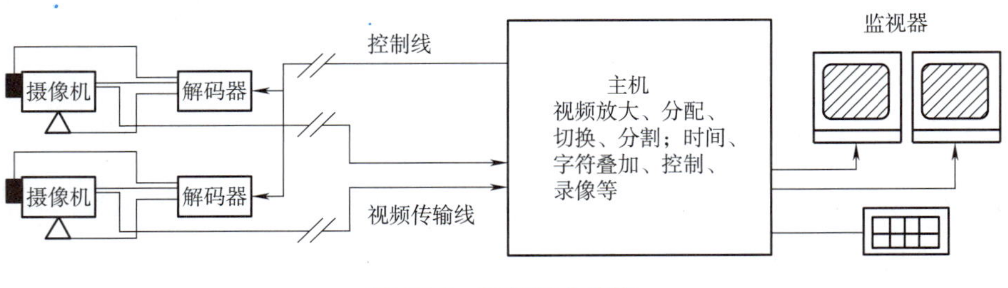

图 5-19　控制部分结构

控制部分一般设有"多画面分割器"，如四画面、九画面、十六画面等。通过这个设备，可以在一台监视器上同时显示出四个、九个、十六个摄像机送来的画面，并用一台常规录像机或长延时录像机进行记录。

控制部分还设有时间、地址字符发生器，可以显示年、月、日和时间，以及被监视场所的地址、名称，并在录像机上进行记录，便于以后备查。

视频切换器亦称视频矩阵器或视频交换设备。若摄像头与监视器数量相等，就不需要视频切换器。一般情况下监视器数量远少于摄像头数量，就需要配置视频切换器，对所监控的图像进行有选择性地显示。其技术原理类似于空分电话交换机,但视频切换器所交换的是视频信号。矩阵切换方式是比较常用的视频切换方式,它由多条视频输入子线与多条视频输出母线构成,所有子母线的交叉点均可由开关控制其通断,如图 5-20 所示。

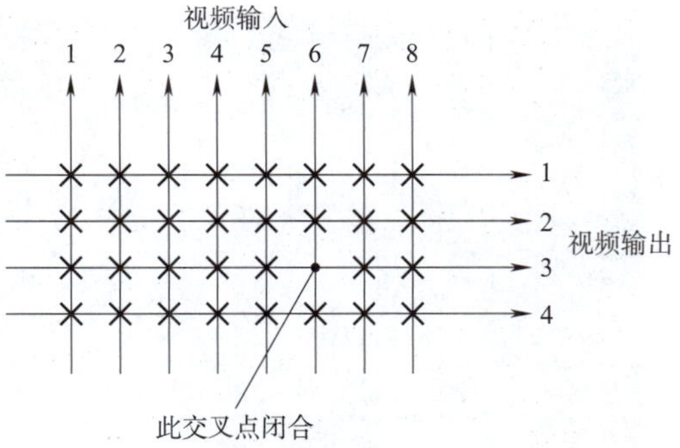

图 5-20 矩阵切换方式

视频切换器的摄像头与监视器的集线比一般为 2:1、4:1、8:1 或 16:1,用户可根据所配置的摄像头与监视器的数量选择视频切换器的容量与集线比。

视频分配器将一路视频输入信号转换为多路(1、2、4、8 路)视频输出信号,而要求输出信号频响、电平、阻抗不变,如图 5-21 所示。

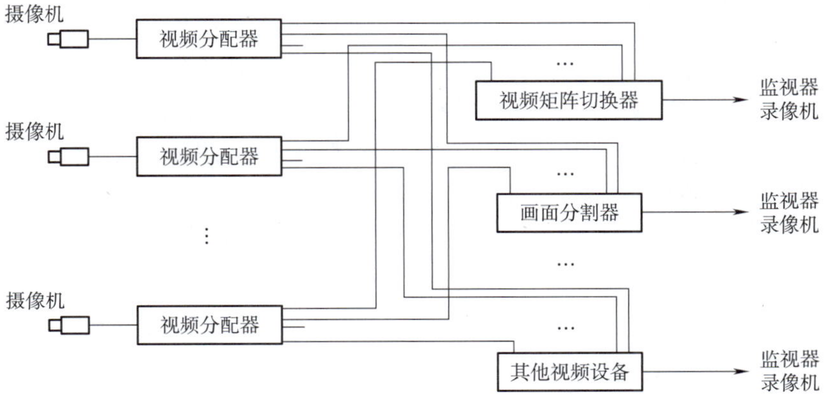

图 5-21 视频分配器

画面分割器的作用是在一台监视器上同时显示 1、4、9、16 个窗口的监控画面。

模拟视频信号数字化(压缩编码)后才能接入录像设备。

字符叠加器将反映图像场景特征信息或摄像头标题的字符叠加在视频信号中,因而用户在监视器的屏幕上可以看到诸如一号车站、二号车站、一号变电站等字符提示。

设在一个或多个监控分点的副控制台只是一个操作键盘,采用 RS-485 总线连接主控制台,和主控台操作键盘的功能相同,可以对整个系统进行各种控制和操作。

远端解码器属 CCTV 监控系统的前端设备。由控制台操作键盘产生的对摄像机及其辅助设备(云台等,亦包括视频切换、音频切换与录像设备)的编码控制信号送到摄像机附近的解码器,在远端解码器中,若控制信号地址编码与解码器地址编码一致,则该解码器将控制台送来的编码控制信号解出,成为控制摄像机及其辅助设备的控制信号。

4. 显示部分

显示部分一般由多台监视器、监视屏幕墙或计算机显示器组成,它的功能是将传送过来的图像显示出来,如图 5-22 和图 5-23 所示。在闭路电视监视系统中,尤其是由多台摄像机组成的 CCTV 监控系统中,一般都不是一台监视器对应一台摄像机进行显示,而是一台监视器轮流切换显示几台摄像机的图像信号。这样既能节省设备,又能减少空间占用。在一般的系统中,通常都采用 4:1、8:1,甚至 16:1 的摄像机对监视器的比例数,来设置监视器的数量。

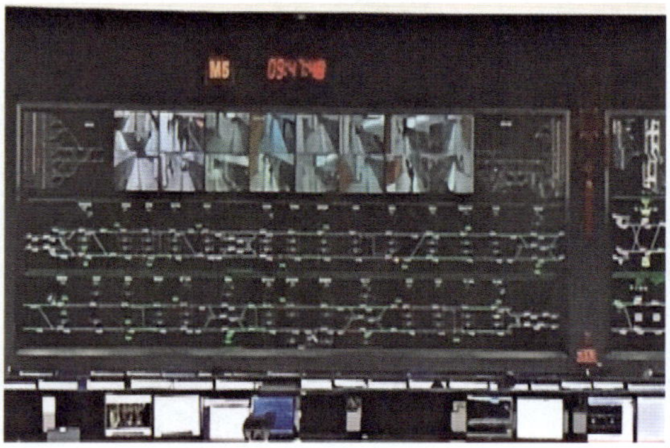

图 5-22　控制中心监视器

图 5-23　车辆段监视器

三、城市轨道交通视频监控系统的应用

在城市轨道交通中，闭路电视监控系统的应用一般包括以下三部分：

（1）指挥行车及控制客流，监控场所包括车站站厅、站台、车站轨道等。

（2）用于消防楼宇监控，监控场所包括轨道交通企业安装重要设施的场所。

（3）用于公安安防系统，为公安人员提供车站视频信息，一般用于处理纠纷、事故等情况。监控场所包括地铁进入车站内的通道、站厅、站台等。公安安防系统设备组成与行车调度指挥系统相同。

1. 行车指挥用监控系统

行车指挥用监控系统提供城市轨道交通车站内站厅、站台、轨道上列车停靠、启动、车门开关、客流等与行车有关的现场图像信息，以确保城市轨道交通系统正常运行。使用此监控系统的人员有车站值班员、列车司机、控制中心调度人员等。行车指挥用监控系统包括车站设备、控制中心设备以及传输设备三部分。

1）车站设备

车站监视子系统主要由摄像机、多点控制单元（MCU）、工作站、监视器等组成，可为车站值班员提供本站乘客上下车、出入站以及列车行车情况。其中，MCU 类似于传统的视频切换控制部分，与车站的连接端口为 FE（快速以太网）。

视频监控系统在下列场所应设监视摄像机：售检票大厅、乘客集散厅、上下行站台、自动扶梯等公共场所，以及设置消防设备及变电设备的地方。地铁闭路电视监视系统应在控制中心行车调度员、防灾调度员、车站行车值班员、车站防灾值班员等处设置控制、监视装置。在上下行站台列车停车位设置监视装置。在车站的出入通道、站台和站厅等处安装电荷耦合组件（CCD）摄像机，平均每个车站配置 10 台摄像机，即站台上、下行侧各设 2 台，站厅区、通道口设 6 台。上（下）行站台 2 台摄像机的视频信号通过图像合成器（2 合 1，MCU 内部实现）合成一路信号，即在一个监视器上可以完成对上行或下行站台的客流情况监视。所有摄像机的视频信号经编码后，送往 MCU，由 MCU 进行多播处理，以满足同一路图像同时发送给中央控制室（OCC）、车站值班员和司机的要求。车站值班员通过控制键盘，可将所需要的画面切换到监视器上，或对可变焦摄像机、电动云台进行控制。高架站一般应采用户外型摄像机。

小贴士：近几年，为了减轻司机劳动强度，缩短列车运行间隔，出现了驾驶室设置监视器的方案，即在站台及驾驶室分别设图像无线传送设备，将站台摄像机视频监视信号通过无线方式传送到驾驶室内监视器上,不仅可以使司机在驾驶座位上实时掌握乘客上下车情况,还可以使司机未到站前即可提前了解站台情况。

2)控制中心设备

控制中心设备由MCU、智能操作台、流媒体服务器和集中维护管理终端组成。大屏幕监视器由主控系统(MCS)统一提供,按16个画面考虑。正常情况下,控制中心对车站摄像机拥有优先控制权。流媒体服务器用来记录所有监视器显示的图像,存储容量为一个星期内控制中心显示的所有图像信息。控制中心设备组成如图5-24所示。

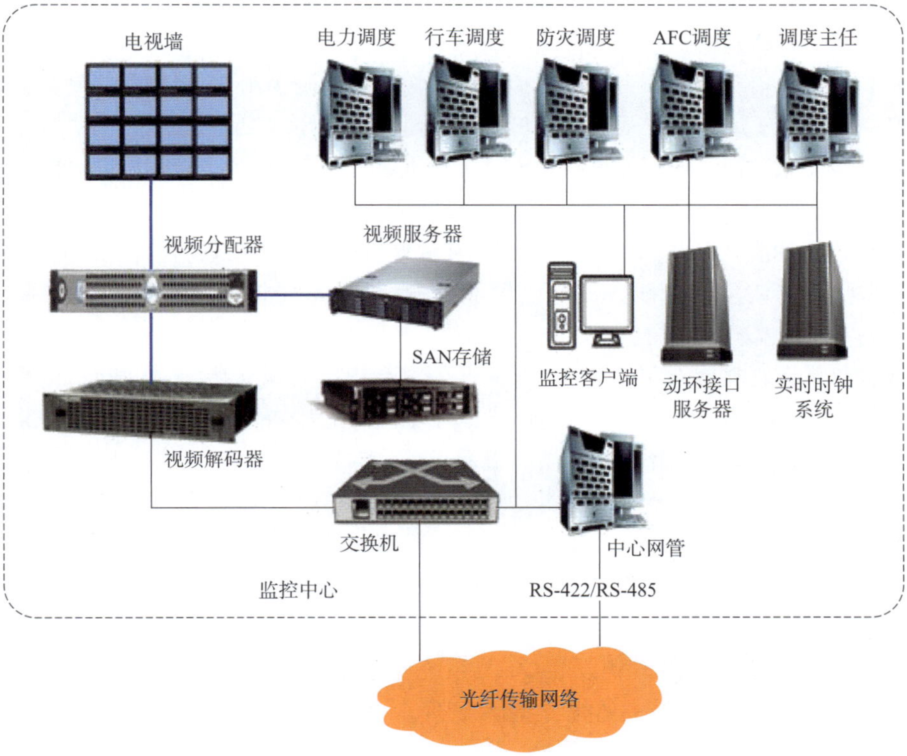

图5-24 控制中心设备组成

3)传输设备

传输设备将车站视频信号和控制信号传送到控制中心。本地传输一般直接用电缆连接即可实现,而控制中心与车站距离一般较远,需要相应的传输设备实现视频和控制信号的传送。

在车站,分配器输出的视频信号和控制信号经转换设备转换成相应传输设备所需的接口数据后,经传输设备传送到控制中心,控制中心传输设备再将接收的信号转换成视频信号送到视频矩阵及控制信号接口。

2. 消防楼宇监控系统

消防楼宇监控系统一般设置在轨道交通企业的重要设施内,如控制中心、车辆段、停车场等地,由前端摄像机、控制主机、视频切换、视频分配、硬盘录像、监视设备等组成。它的主要功能是进行楼宇内的安防及消防,一般与消防系统有联动功能。消防楼宇系统的摄像机一般安装在楼道、出入口及重要的设备机房。消防楼宇监控系统一般单独组网,视频图像只上传到本地监视器和硬盘录像设备。

四、视频监控系统的功能

1. 车站/段 CCTV 系统的功能

(1)车站值班员监视功能。车站 CCTV 系统与车站综合监控系统(ISCS)联网,车站值班员通过 ISCS 系统终端或视频监控终端设备(由监视器与控制键盘组成)实现对本车站的监控功能。

(2)字符叠加功能。车站、控制中心 ISCS 终端、中央控制室大屏上的 CCTV 显示区域所显示的画面应能同时显示相应的字符信息。

(3)视频分配功能。车站摄像机的图像信号在进行编码之前,经视频分配器进行分配,分别接入运营和公安 CCTV 系统。

(4)录像功能。能对本站所有摄像机摄取的图像进行实时录制,图像质量达到高清级。可通过网络管理系统(人工或自动方式)开启和停止录像设备进行实时录像。

(5)回放及检索功能。各车站被授权人员可对本站视频存储设备内存储的图像进行回放,并按记录的时间、日期范围、摄像机位置(编号)等信息进行分类检索。

(6)司机监视功能。车站上、下行站台的 4 路摄像机监视图像经画面合成后,分别传到上、下行站台的监视器上,或采用无线方式传到驾驶室内,供列车司机监视相应站台的乘客上下车情况。

(7)视频终端监视功能。在各站的站长室配置一台视频监视终端(工作站)。该终端能清晰流畅地显示实时图像,选择监控目标方便快捷,操作简单;提供“单切”“组切”功能;可采用轮询方式自动切换图像,有单画面、四画面、九画面显示模式;支持组播功能;具备本地紧急事件录像及实时视频抓拍功能;具备回放及检索功能,可从视频存储设备上下载信息。

(8)周界告警功能。周界告警系统用于对车辆段围墙进行监视,当检测到有人非法翻越围墙时,能够以声、光信号或电子地图的方式显示入侵位置,并通过视频监控系统对入侵现场进行摄像和确认。

(9)系统联动功能。车站/车辆段的 CCTV 系统应通过通信传输网络与控制中心 CCTV 系统联网,接受控制中心 CCTV 系统的监视、控制和管理。

2. 控制中心视频监控系统的功能

(1)调度员监视和控制功能。控制中心行车调度台、环控/防灾调度台及总调度台分别设置视频监控终端设备(由监视器与控制键盘组成)。控制中心总调度员、行车调度员和环控调度员通过视频监控终端设备实现对全线各车站、车辆段、运营列车的视频监控功能。

(2)录像功能。具有通过网络管理系统(人工或自动方式)开启和停止录像设备进行实时录像功能。通过网管系统(人工或自动方式)可以转换为动态侦测录像。具有时间校准的功能,以便对输入的所有图像录制时间进行校准。具有循环录像功能,磁盘存满后,最新录入的信息可覆盖最早录入的信息。

(3)回放、检索、转存功能。控制中心被授权人员可对控制中心、各车站、车辆段存储的图像进行回放,并能按记录的时间、日期范围、站点(车站、车辆段/车载)名和摄像机位置(编号)进行分类检索。回放速度可调,回放时不影响录制。

在控制中心,总调度员能将各车站、车辆段、车载及控制中心本地视频存储设备中的重要图像信息转存到控制中心存储设备中或刻录到光盘。

3. 分级控制功能

视频监控系统的控制优先级,可通过控制中心网管系统设定,其优先级顺序可为:中心环控调度员、车站值班员、车辆段值班员、司机、控制中心行车调度员、控制中心总调度员、车辆段安防值班员。

4. 视频服务器管理功能

能根据用户的操作指令，建立监控链路，实现对视频的调用、对前端设备（包括云台、焦距、光圈、视频编/解码器等）的控制。根据用户的操作权限区别对待用户的操作指令，实现对前端设备的控制。为用户提供图形化（电子地图）操作界面，方便用户操作。

5. 网管功能

网管功能包括信息管理功能、配置管理功能、日志管理功能、故障管理功能、用户管理功能、安全管理功能。

系统能接收时钟系统所发来的标准时间信号，使本系统的定时设备同步于标准时间信号。

CCTV 系统网管应能将本系统的故障信息上传给通信集中网管系统，实现集中告警。

6. 系统扩展功能

系统应具有扩展功能，扩展时要求不影响既有设备的使用。在软件基本不变的前提下增加必要的硬件设备（摄像机、编码器、解码器、视频存储设备等）即可完成系统的扩展。

五、视频监控系统的监视方式和操作基本流程

1. 监视方式

CCTV 系统采用车站、控制中心两级互相独立的监视方式，既可由车站值班员控制，也可由控制中心的列车调度员、环境调度员控制，当控制中心还设有总调度台时还可由总调度员控制，互不影响。平常以车站值班员控制为主进行视频监视，控制中心调度员可任意选择上调各车站的任一摄像头的监控画面。在紧急情况下则转换为以控制中心调度员控制为主进行视频监控。在一个城市有多条线路的情况下，上级管理中心可以设置监控中心，根据需要调看各线路监视画面，从而形成车站、控制中心和上级监控中心的三级视频监控系统。

在车站值班员室设有监视器和控制键盘（见图 5-25）。各摄像机输出的视频信号经同轴电缆接至切换控制设备的图像输入端。切换控制设备的图像输出端中的一部分经图像复用设备和电/光转换后以光纤接至控制中心，用来向控制中心提供本站的现场实况图像信息，另一部分输出端分别接至相应的监视器。车站值班员可从控制台发出控制信号。控制信号包括两部分：一部分用来进行图像切换或选择，即将值班员室的监视器与所需监视的现场的摄像机相连接；另一部分用来控制云台的转动和摄像机调焦。

图 5-25　控制键盘

调度员要获取某站摄像画面时，在控制中心送出控制信号，经 PCM 系统传输至本站，以控制切换设备的工作，选择所需的摄像画面，在切换设备的图像输出端可同时输出几个图像，经图像复用和电/光转换后沿光纤将图像送回到控制中心。控制中心的调度员可同时收看一个车站的几个摄像画面。从控制中心送来的控制信号也可控制云台的转动和调节摄像机镜头的焦距，以达到最佳的摄像效果。

出于安全与事故取证要求，车站和控制中心还具有录像功能。

OCC 能在任一监视器上实时显示任一摄像机画面；一台监视器上能自动（通过时序编程轮询

显示)或手动实现任意摄像机及摄像机预置位图像的快速切换。任意设定每幅图像的显示时间;工作人员通过控制盘控制视频交换矩阵选择图像,键盘操作控制,查看全站范围图像,每个摄像头单幅图片、分屏单元的站台分屏图像,有单幅切换方式、分组扫描显示方式,单幅切换方式必须具备。

循环扫描方式就是按固定顺序固定图像循环显示,不需要操作键盘实现全站或所需区域的查看。例如:第一组:站台、站厅所有单幅图像,站台分屏图像;第二组:站厅所有单幅图像,站台分屏图像;第三组:站厅所有单幅图像。

第一组囊括所有本站图像,以下递减,满足不同需要,在不同监视器显示不同站图像。车站分组显示功能的操作,按车站将图像分组,同时显示同一个车站的所有图像。站台分组显示的选择操作,按站台进行图像分组,图像分为两组 P1 和 P2,P1 组显示站台上行,P2 组显示站台下行。组的循环显示的扫描操作,扫描功能,分组按顺序的自动显示。

2. 操作基本流程

(1)通过控制台控制摄像机。

登录综合监控终端后,切换到视频监控系统界面,如图 5-26 所示。此界面主要用于对车站内某个摄像机进行选择、控制。在选择车站板块,单击相应车站按钮,选择后按钮呈凹状,而未选择的车站按钮为凸状。

选择好车站后,选择车站的分区。选择后,摄像头选择区域的界面出现各分区的平面布置图及各摄像头的相对位置。以站厅为例,选择站厅分区后,出现图 5-27 所示界面。

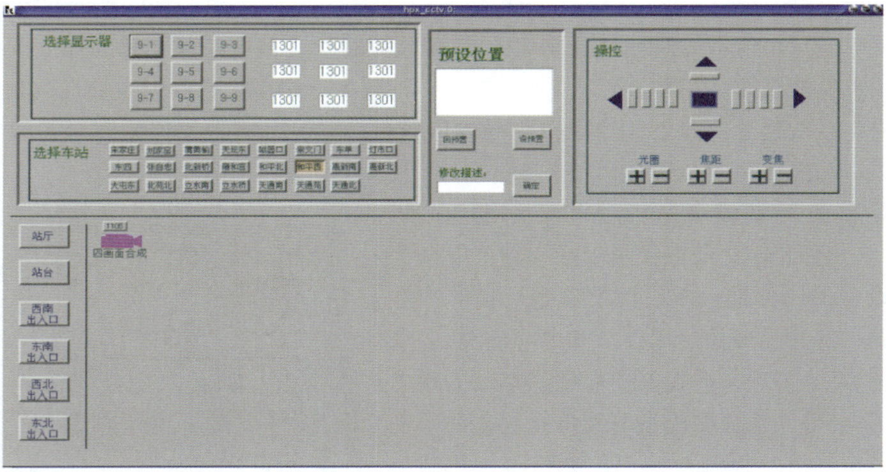

图 5-26　视频监控系统界面

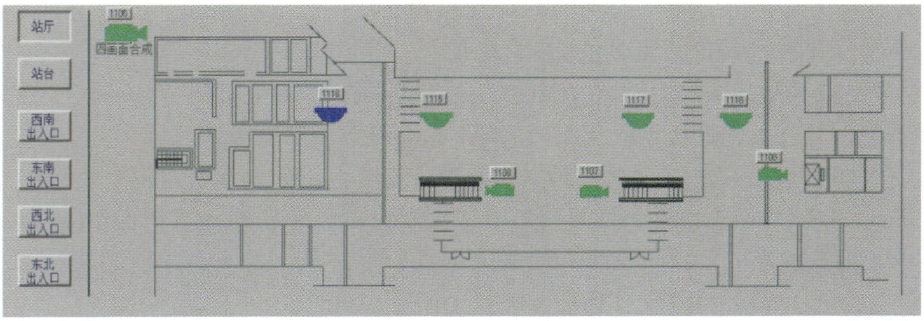

图 5-27　区域摄像机控制界面

当选择云台摄像机时，右半部的“操控”按钮可用，操作员可对此摄像机控制，如图 5-28 所示。

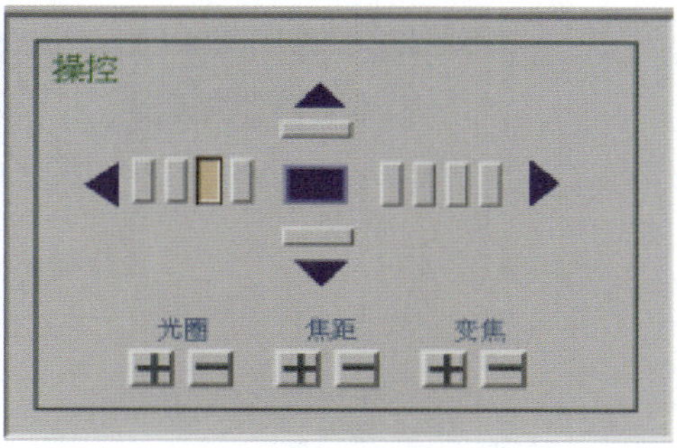

图 5-28　操控按钮

操控区内▲与▼分别表示对摄像机进行上下转动。◀▯▯▯▯ ■ ▯▯▯▯▶分别表示对摄像机进行水平转动，且离箭头越近的按钮表示转动速度越快。通过对摄像头水平、垂直操作后，则可以使摄像头瞄准某一方向。

光圈 焦距 变焦分别表示对焦、光圈、远近控制。如果需要对某一物体进行拉近或拉远观看，则分别按操控区域的焦距，以达到预期的效果；如果想对某一物体进行更清楚观看，则分别按操控区域的变焦，以达到预期的效果；如果要对显示器的效果进行亮度调节，则分别按操控区域的光圈进行调节。

（2）显示器切换。

选定摄像头，并选择摄像头画面需要显示的位置。假设对编号为 1116 的摄像头进行操作，并选择到编号为 9-1 的显示器中显示，那么在选择显示器区域出现图 5-29 所示界面。

其中摄像头编号 1116 的编号信息将出现在底色为白色的编号显示框内。同时在预设位置区域出现图 5-30 所示界面。通过操作操控区域的左右上下按钮把摄像头转到想要的位置，然后单击预设位置区域的设预置按钮，那么当前摄像头的位置就选为当前编号的预设位置。

图 5-29　显示器切换界面

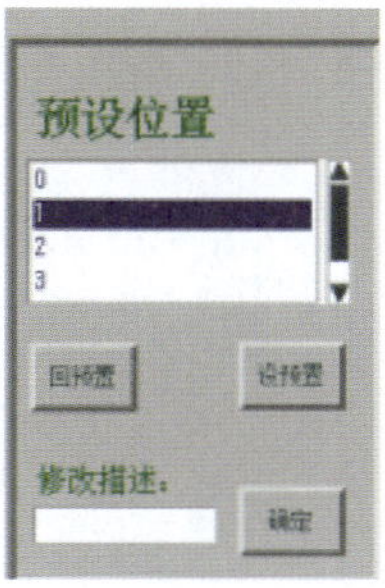

图 5-30　预设位置

（3）车站 CCTV 序列控制。

序列设计界面如图 5-31 所示。此界面用于选择当前操作员工作站对应监视器执行的显示序列。画面上半部会显示监视器当前正在执行视频编号信息，如果没有显示视频，则为空。

如果要修改序列内容，则在功能选择区域按修改按钮。可发现界面左下方的两个位置描述区域分别显示了所有车站名称，和每个车站的所有摄像头位置信息。

按界面中下方的加入和移除按钮，把想要的序列内容加入或删除。在界面右下方的位置描述区域，其中右下方的位置描述区域的时间信息通过画面中下方的显示时间（秒）进行人工输入。全部移除按钮的功能是将右下方的位置描述区域所有信息删除。

如果操作员选定了人工序列的内容，则按画面的确认按钮，画面回到功能画面，其中选定编号的序列内容发生变化。

单击右下角的取消按钮可退回到功能画面。

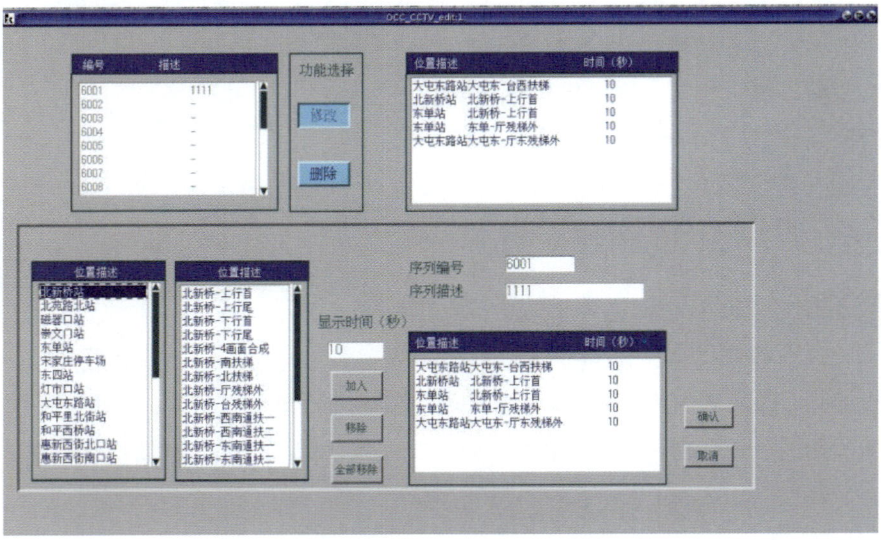

图 5-31　序列设置界面

思考：视频监控系统是只在运营时间运行，还是 24 小时不间断运行呢？

视频监控系统是 24 小时不间断运行，在运营时间，提供客流和列车情况，非运营时，实时不间断提供现场图像并按需要进行实时录像，以保证安全。

笔记栏

任务实施

任务工单见表5-5。

表5-5　任务工单

任务三　认识与应用视频监控系统	
姓名： 班级： 日期：	
团队成员及分工：	
任务目标	1. 掌握视频监控设备的基本操作方法。 2. 能够调取相关视频画面，并对摄像机进行控制
任务内容	学习城市轨道交通视频监控系统的构成，以小组为单位深入实训中心，识别视频监控系统相关设备，并能够通过控制台进行监控画面的切换和摄像机的控制
引导问题	城市轨道交通视频监控系统由哪些设备组成？ ____________ ____________ ____________

【训练】

学生通过控制台进行监控画面的切换和摄像机的控制，完成表1内容。

表1

序号	训练任务	训练标准	训练结果	训练说明
1	选择摄像机进行画面监控	能快速选中需要监控的摄像机	□合格 □不合格	
2	对云台摄像机进行对焦、上下、远近等控制	能够根据需要进行熟练控制	□合格 □不合格	
3	切换监控模式	能按需完成监控模式切换	□合格 □不合格	
4	编辑监视器显示序列时序	能正确完成实序编辑并开始执行所选择的序列	□合格 □不合格	

任务评价

任务评价见表5-6。

表5-6　任务评价

任务三　认识与应用视频监控系统			日期:			
姓名:		班级:	学号:		教师签名:	
自评:□熟练　□不熟练		互评:□熟练　□不熟练	师评:□合格　□不合格			
日期:		日期:	日期:			
评分细则						
序号	评分项	得分条件	分值	自评	互评	师评
1	接受任务	明确工作任务,理解视频监控系统在运营组织中的重要作用	5			
2	知识评价	本次任务前需要掌握的知识程度	25			
3	能力评价	能对摄像机进行控制	20			
		能利用控制台对监控模式进行编辑	20			
4	素养评价	工作计划性强,活动安排得当	5			
		具有一定的信息素养,善于沟通表达	5			
		积极参与课堂活动,自主学习能力强	5			
		理解科技带来的变革,具有一定的创新意识	5			
5	评价反馈	学生能以小组评价方式组织客观评价	5			
		对学生在任务实施过程中发现问题,进行小组审议后及时反馈	5			
合　计			100			

巩固与练习

一、填空题

1. 城市轨道交通视频监控系统为________、________和________提供图像信息。
2. 城市轨道交通视频监控系统采用________和________两级互相独立的监控方式。

二、简单题

1. CCTV系统的功能有哪些?
2. 简述CCTV系统的不同控制方式。

知识拓展

数字视频监控系统

视频监控系统分为模拟视频监控(模拟CCTV)系统和数字视频监控(数字CCTV)系统。

在模拟CCTV系统中,控制中心和各车站(车辆段)CCTV的组网方式均采用模拟方式,摄像头与监视器之间传输的是模拟视频信号,图像的分配、切换和分割等均由硬件设备(视频分配器、视频矩阵和图像分割设备等)来完成。因控制中心与各车站均采用模拟视频信号组网,当采用硬盘录像时,需配有相应的压缩编码器进行A/D转换。模拟视频监控方案质量好而成本较低,在城市轨道交通还有一定的应用，但难以引入数字处理与智能监控等新技术，不符合监控领域的发展方向。

在数字 CCTV 系统中，控制中心和各车站 CCTV 的组网方式均采用计算机局域网(LAN)组网方式，并通过专用传输网所提供的分组传输通道，将视频监控系统的各局域网连接成为广域网。网络摄像机、视频终端、控制键盘、网络视频服务器、录像服务器等均作为节点设备接入控制中心或各车站的计算机局域网(CCTV 局域网)。各车站 CTV 局域网与控制中心 CT 局域网通过专用传输系统以总线方式直接相连形成 CCTV 网。在视频监控网络化后，利用计算机图像识别技术，可以对所摄取的画面实施智能监控，即用计算机软件替代人工识别与分析所摄取的图像。例如非法闯入、过度拥挤、排队太长、逆向行进、丢包、滞留等，计算机在识别到异常情况后会自动发出告警信号。

数字 CCTV 系统具有如下优点：扩展灵活；摄像机、监视器安装位置随意；可用任意地点联网的 PC 浏览监控点图像；传输和存储全部数字似网络化；智能化的监控功能和极易安装与使用等。数字 CCTV 系统在技术先进性、组网灵活性和可扩展性等方面都优于模拟视频监控系统。该方案节约了视频矩阵、放大器、分配器、分割器等硬件设备，易于组网，实现前端与主机之间联动，并易于控制中心和换乘站设备的资源共享。随着计算机技术和网络技术的不断进步，编/解码器成本与延时的降低、智能监控的引入，数字 CCTV 系统已经成为视频监控的主流，具有广阔的发展前途。

任务四　认识与应用广播系统

学习目标

知识目标

1. 掌握广播系统的作用和结构。
2. 掌握广播系统的控制方法。

能力目标

1. 能够根据需要进行广播区和广播词的选择。
2. 能够应用广播系统完成广播任务。

素质目标

培养良好的沟通能力，提升服务意识。

任务描述

城市轨道交通广播系统供各级运营人员对乘客和工作人员进行有关的广播，是城市轨道交通行车组织、管理等不可缺少的手段。通过学习本任务，学生可以掌握广播系统的结构和控制方法，能够根据需要应用广播系统正确完成广播任务，更好地服务乘客和运营组织。

相关知识

广播系统是城市轨道交通运营行车组织和管理中不可缺少的系统。按使用用户不同可划分为行车广播和防灾广播。行车广播主要是广播系统向公众广播地铁列车运行状态、列车到站离

视频

城市轨道交通广播系统

站、线路换乘、时间表变更列车误点、向导等服务信息，播放音乐改善站厅、站台、列车车厢候车环境；对工作人员广播包括发布有关通知信息，在办公区、站台、站厅运用库、段内道岔群附近协同配合工作等。防灾广播主要是在突发灾害或紧急情况时，组织指挥事故抢险，提高应急响应能力。

一、广播系统的作用

广播系统可划分为两个独立的子系统，即正线广播子系统、车辆段/停车场广播子系统。正线广播子系统为控制中心调度员、车站值班员、站台工作人员提供对相应区域的广播，同时也为控制中心大楼提供广播，并兼做运营维护广播。通常，广播系统应保证调度员和车站值班员向乘客和工作人员广播。对乘客广播的内容为：通知列车到站、离站、线路换乘、列车误点、时刻表改变、对乘客的提醒以及安全等服务信息，或播放背景音乐以改善候车环境。播音范围主要是站台和站厅。向工作人员的广播为：发布作业命令、有关通知、通告等信息，以便迅速通知现场相关工作人员协同工作。播音范围为办公区域、站台、站、隧道。

在出现突发事件或紧急情况时，由控制中心的防灾广播台进行事故抢险、组织指挥的相应广播，对工作人员进行调度指挥，对乘客进行及时的安抚和疏导。

车辆段/停车场广播子系统为信号楼值班员、车辆段值班员和检修值班员提供对相应区域的广播，向工作人员发布作业命令和通知。车辆段/停车场广播系统为独立于中央控制的有线广播系统。

另外，列车上应设置列车广播设备。列车广播设备应兼有自动和人工两种播音方式，平时可通过无线广播信道，接收控制中心对列车内乘客的广播，如有必要也可由司机直接对车内乘客进行广播。该系统由车辆配套，并预留与控制中心广播系统通信的无线广播接口。

在有商业区的车站可设置商业区广播，该广播由商业区管理部门控制，播放通告、广告和背景音乐等。

二、广播系统的功能

1. 中心广播功能

控制中心行车调度员通过中心广播控制终端可对全线、任意一个车站或多个车站、任意车站的任一选区或多个选区进行话筒、语音、线路等选择广播。通过中心广播控制台可对全线、任意一个车站或多个车站、任意车站的任一选区或多个选区进行话筒、线路等选择广播。

2. 车站广播功能

车站值班员可通过车站广播控制终端对本站所有管辖范围的全选区、多个选区或单个选区进行话筒、语音、线路广播，通过车站广播控制台对本站所有管辖范围的全选区、多个选区或单个选区进行话筒、背景音乐广播；客运值班员可通过站台监察亭广播控制终端对本站台广播区进行话筒、语音、线路广播，通过站台监察亭广播控制台对本站台广播区进行话筒、背景音乐广播。

3. 多级优先广播功能

本系统的优先级可根据用户需求灵活设置，包括车站现场话筒广播、选择广播、紧急广播、最后班车广播、服务中止广播、站台自动广播、背景音乐广播等，以上除现场广播外，其他广播内容均为系统预先录制的语句。广播优先权见表 5-7。

若在同一广播区（群）需要进行不同的广播时，系统按表 5-7 所示广播优先权处理；如广播优先权相同时，以先来先处理的原则处理或排队。

表 5-7 广播优先权

<table>
<tr><th colspan="2" rowspan="2">广播语句类型</th><th colspan="5">广播优先权</th></tr>
<tr><th>车站综控室值班员</th><th>站台监察亭值班员</th><th>无线广播（通过无线系统移动便携台）</th><th>通信设备用房广播设备柜</th><th>控制中心调度员（含信息管理员）</th></tr>
<tr><td colspan="2">现场广播</td><td>1</td><td>3</td><td>3</td><td>7</td><td rowspan="9">2</td></tr>
<tr><td rowspan="8">预先录制语句</td><td>紧急广播</td><td>2</td><td>X</td><td>X</td><td>7</td></tr>
<tr><td>服务中止广播</td><td>3</td><td>4</td><td>X</td><td>7</td></tr>
<tr><td>现场录制广播</td><td>4</td><td>4</td><td>X</td><td>7</td></tr>
<tr><td>车站控制广播</td><td>5</td><td>X</td><td>X</td><td>7</td></tr>
<tr><td>选择广播</td><td>5</td><td>X</td><td>X</td><td>7</td></tr>
<tr><td>最后班车广播</td><td>6</td><td>X</td><td>X</td><td>7</td></tr>
<tr><td>站台自动广播</td><td>6</td><td>X</td><td>X</td><td>7</td></tr>
<tr><td>(续)</td><td></td><td></td><td></td><td></td></tr>
<tr><td rowspan="2">其他</td><td>测试口</td><td>X</td><td>X</td><td>X</td><td>7</td><td>X</td></tr>
<tr><td>背景音乐</td><td>7</td><td>X</td><td>X</td><td>7</td><td>X</td></tr>
</table>

注：1 表示最高广播优先权；7 表示最低广播优先权；X 表示不适用。

4. 预示音功能

开始广播前发出预示音提醒人员注意。系统有内置的预示音提示，每次播音前可设定广播提示音的开启和关闭。

5. 预录音存储功能

已录制的语句包括预先录制的广播语句和现场录制的广播语句。中心及车站操作员可通过中心、车站广播控制终端的线路输入插口（或通过光盘）存储预先录制的语句，或由操作员通过各自的广播控制终端在现场录制广播语句，两种语句分别存放在硬盘上，由操作员通过广播控制终端进行选取。

6. 广播编组及设定功能

中心、车站广播控制终端及中心广播控制台均可设置多个编组，用户可按编组操作程序对任意站、任意广播区选择组合编组，广播时按编组序号图标（按键），即可对已存编组内的各广播区进行广播。本功能设定后，可以简化操作，实现快速向多个广播区同时广播。

7. 平行广播功能

可将不同的信源通过不同的通道同时播向不同的广播区，即中心广播、行车广播、站台广播、列车到发自动广播等不同的信源均可通过不同的通道，将各音频信号同时连接到不同的广播区。

8. 应急广播功能

车站广播控制台设有“应急”广播按键，当车站广播控制单元出现故障时，按下“应急”广播按键，可将车站广播控制台的话筒广播音频通过应急通道直接送与功率放大器，对所有广播区进行应急广播。

9. 监听功能

在中心广播控制台、车站广播控制台内均具有监听电路和迷你型监听扬声器。车站值班员可通过车站广播控制终端及车站广播控制台选择监听本站任一广播区的广播内容。

三、广播系统的结构

1. 广播系统的一般结构

广播系统主要包括声源、前置放大器、功率放大器、扬声器配电盘、扬声器组和录音设备等，如图 5-32 所示。

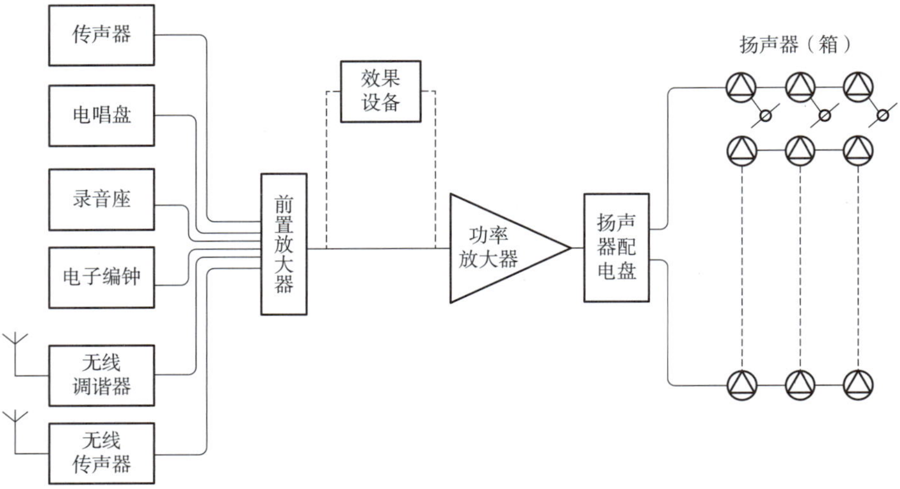

图 5-32　广播系统结构

(1)音源。音源提供声源，主要包括传声器、录放机、电唱盘、收音机、"咚"音发生器等。传声器又称话筒、麦克风、微音器，是工作在空气媒质中接收声信号并转换为电信号的电声转换器，用于广播、录音、扩音。传声器有动圈传声器、电容传声器、驻极体电容传声器等。传声器必须与放大器相匹配。

(2)前置放大器。前置放大器又称调音台，对音频信号电压进行放大，并改善音质和适应环境。

(3)功率放大器。功率放大器将前置放大器输出的音频电压放大至一定的功率，用以推动扬声器组。

(4)扬声器配电盘与负载核算模块。功率放大器通过扬声器配电盘上的接线器、开关与扬声器相连接，利用开关开启或关闭某路扬声器组。负载核算模块用以计算功放和广播区域的功率，并控制功放的启动数量和工作次序。当某功放出现故障时，启动另一台备用功放，故障功放自动退出工作。

(5)扬声器组。扬声器将电能转换为声能。常用纸盆扬声器与号筒扬声器。

(6)音频切换矩阵。配置多个广播台与广播区域时，在前置放大器组与功放组之间插入一个音频切换矩阵，用以完成任意广播台向任意广播区域进行可控制的广播。

(7)录音设备。作为广播的监听录音，还需同时记录播音时间、区域与地址。

2. 正线广播系统的组成

正线广播系统由控制中心广播子系统和车站广播子系统组成。

(1)控制中心广播设备。控制中心广播子系统由广播控制盒、音频合成器、前置放大器、音频切换矩阵、广播控制器、传输设备等组成。

①音源应支持不小于 10 路的音源。

②广播控制盒。广播控制盒是以控制键盘和显示屏作为底座的传声器，如图 5-33 所示。调度员可利用控制键盘选择全线任意车站内的任一区域、多个区域、全部区域进行广播，可选择监听全线车站的任一广播区的广播内容。显示屏可显示控制中心占用，全线各车站及广播区的工作、空闲及故障状态。

③音频合成器。预先录制与 ATS 配合、自动播放的各种通告、通知，合成语言与各种节目。

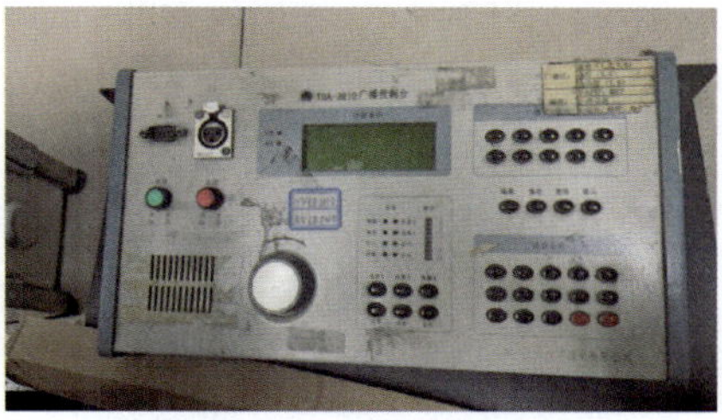

图 5-33　广播控制盒

④前置放大器。将各种输入音频信号放大，将各种输入音频信号放大至传输接口设备所需的输入电平。前置放大器中往往带有音量调节器、均衡器、动态压缩器、混响器、延时器、移频器等，用以补偿传声器、放大器、线路、扬声器等的频响，改善音质。往往将它们组合成一个具有多个音源输入接口的调音台。音量调节器完成对音量的调节。均衡器对音色（频响）进行补偿或修饰，改善音质。

⑤音频切换矩阵。配置多个广播台与广播区域时，需要在前置放大器组与功放组之间插入音频切换矩阵，用以完成任意广播台向任意广播区域进行可控制的广播。音频切换矩阵对输入端音频信号选择数据下传至各车站（车辆段）；选择上传的广播监听信号。音频切换矩阵受中心广播控制器的控制。

⑥广播控制器。广播控制器由一台工控机组成，它根据各广播控制盒的键操作与各广播控制盒的优先级，控制音频切换矩阵的音频输出；通过传输系统传送控制信号用以控制各车站的音频切换矩阵，选择车站以及车站内的广播区域，选择上传需监听的车站与区域；提供与 ATS、时标与 ISCS 的接口。

控制中心广播系统输出的宽带广播信号与控制信号，通过专用传输网的 TDM 通道或分组。

⑦传输设备通道传送至各车站的广播系统。可以是音频信号与控制信号均通过 TDM 道传送；可以是音频信号通过 TDM 通道送，而控制过分组通道传送；也可以是音频信号与控制信号均通过分组通道传送。

宽带广播信号一般采用总线方式传输控制信号，亦可采用点对点方式传送。

（2）车站广播设备。车站广播子系统由声源、车站广播控制盒、ISCS 控制台、音频合成器、前置放大器、音频切换矩阵、应急切换设备、功率放大器组、扬声器组、广播控制器、传输设备等组成。其中，广播控制盒、ISCS 控制台、音频合成器、前置放大器、音频切换矩阵与控制中心广播子系统相同。

①音源。车站级广播应支持不小于 8 路的音源。

可根据车站用户具体情况，在站台的监控亭设置供站台站务员作定向广播的播音台。

②功率放大器组。功率放大器组由数个功放组成，采用 n∶1 备份，当任何一个功放故障时，能自动切换到备用功放上。功率放大器采用定压输出，各扬声器通过匹配变压器并接在功放的输出线路上。对任一功放可任意加载或减载；当一台功放挂满负载后自动启动另一台功放，自动排队轮流使用，均衡各功放的工作时间。

③应急切换设备。应急切换设备在系统的智能控制失效时，对设备进行手动控制接续音源和功放，以确保不中断广播。其具有紧急话筒输入接口。

④负载控制器。负载控制器是功放组与扬声器组之间的开关与配线设备，可在车站广播控制器的控制下调节功放负载与广播区域。

⑤车站广播控制器。车站广播控制器的输入控制信号来自控制中心广播控制器和车站各广播控制盒,根据各输入控制信号的优先级别输出控制信号,控制车站音频切换矩阵与负载控制器。

四、正线广播系统

1. 正线广播系统的控制方式

正线广播系统采用控制中心和车站两级控制方式,正常情况车站广播为主,事故抢险、组织指挥,以控制中心防灾广播为主。控制中心广播的优先级高于车站广播。车站广播设备能接收并解读控制中心的命令,及时响应控制中心发给车站的广播作业,中断本站广播,并向控制中心回送响应信号。待控制中心插入的广播结束后,自动恢复本站工作状态。车站广播在控制中心不广播时,具有独立的广播功能。平时以车站广播为主,控制中心可以插入,但在紧急情况下(事故抢险、组织指挥、疏导乘客安全撤离时),则以控制中心广播为主。

2. 广播系统用户的优先级顺序

为了运营防灾需要的需要,控制中心环控调度员有最高优先级。在优先级上,环控调度员高于行车调度员,行车调度员高于维修调度员,控制中心调度员高于车站值班员,站长广播台高于站台广播员。同一广播优先级,预存语音信息高于人工广播,通常预存信息防灾广播优先级最高。当多等级信息相继触发时,正在播放广播中断,自动进入按序等待状态。

广播系统用户优先级的顺序可以调整,通过控制中心的网管终端进行相应的设置,调整后系统将按照新设定的结果运行。防灾广播应优先于行车广播。行车和防灾广播的区域应统一设置。

3. 广播模式

车站广播系统设有自动、手动和应急三种广播模式。

4. 车站广播系统的设计

车站广播系统负荷区宜按上行站台层、下行站台区、站厅层、上行隧道、下行隧道、与行车直接有关的办公区域等进行划分,如图 5-34 所示。

各区扬声器均采用分散布设方式,其相互间隔保证扬声器输出声压级与环境噪声声压之比值应大于噪声级 10 dB。负荷区各点的声场均匀度及混响指标应保证广播声音清晰、稳定。各新建城市轨道交通可根据其确定的车站、隧道的结构形式、建筑装修材料等条件进行广播网的方案设计。有条件时应进行现场声场试验。

现场扬声设备的选择应考虑建筑布局和装修条件。一般具有装修吊顶的处所宜设吸顶式扬声器;没有装修吊顶的处所,宜设壁挂或吊挂式音箱;室外露天处所宜设扬声式声柱或音箱。车站广播系统功放设备总容量应按照所有广播负荷区额定功率总和及线路的衰耗确定。

车站一级广播采用广播电缆连接,站务员可使用广播专用无线手持台。

5. 车站广播的方式

车站广播包括从车站播音和从控制中心对车站进行播音。一个车站大体上可分成四个播音区域,分别为上行站台区、下行站台区、站厅区和办公区。

(1)从本车站播音。

在各车站的行车值班室配备带有送话器和区域选择键盘的播音台,两台之间实施互锁。这套广播设备可以向本站各广播区域进行选择和播音,还可转接控制中心发来的调度员播音,在本站可以对播音进行监听。在固定区域可以根据列车运行实现自动广播。

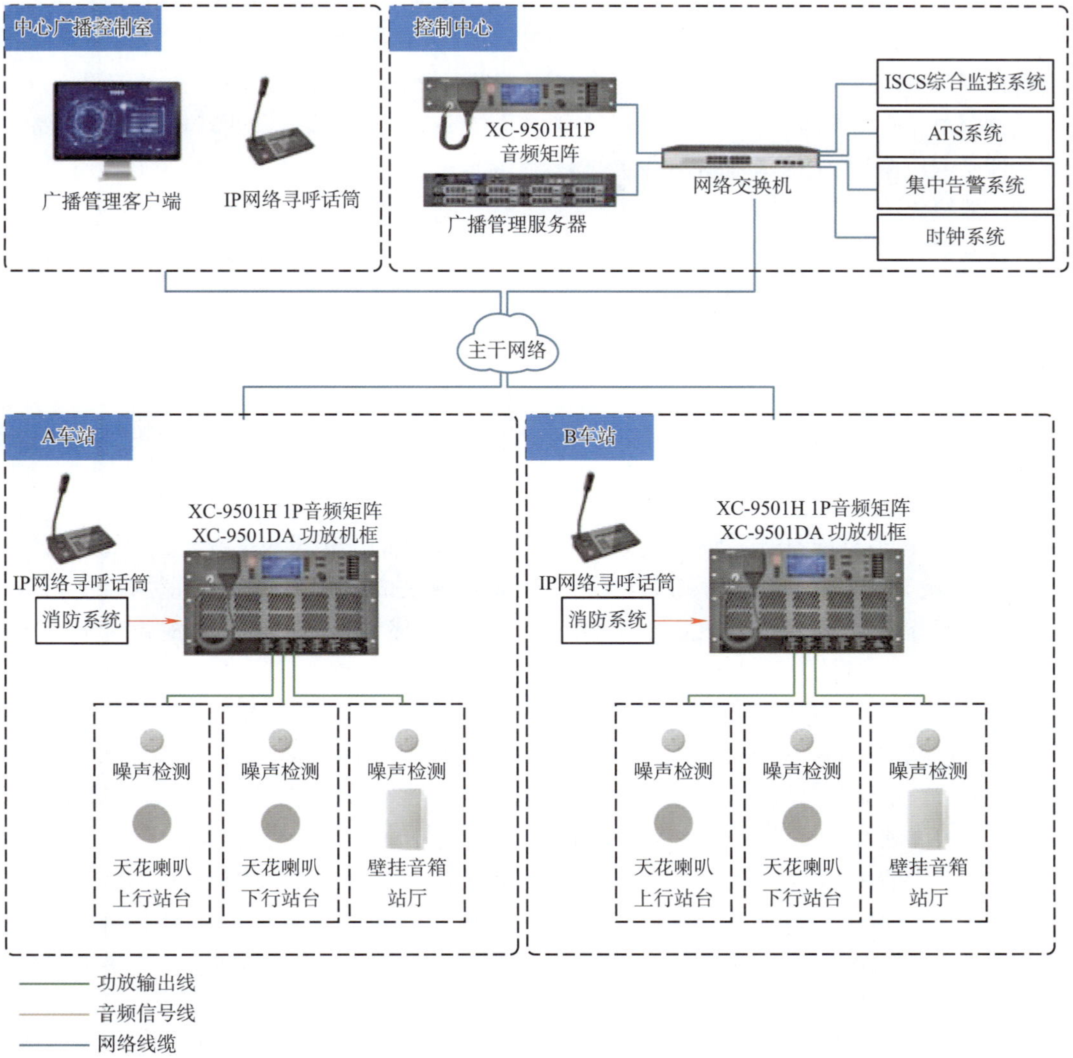

图 5-34　广播系统结构

各车站的播音台具有对本站的四个广播区域进行播音的优先权，即本站播音键盘选择键按下后，既接通该广播区域的广播电路，也中断了控制中心送来的播音信号。

为了提高播音的可靠性，每个播音区域内的扬声器分别由两个扩大器驱动，其中一个扩大器故障时，仍能不间断地播音及维持基本播音量。站台的广播区域，还配备自动音量控制装置，以保证播音音量始终保持在比区域内噪声音量高 10 dB 左右的水平上，达到较好的播音效果，务必使乘客能清晰地听到广播。

在车站站台宜设置供客运服务人员可随时加入本站广播系统作定向广播的装置，如图 5-35 所示。

图 5-35　站台广播控制盒

(2)从控制中心播音。

在控制中心设有列车调度、电力调度和环境控制调度三个播音台，三个播音台之间互锁。即当一个播音台在广播时，其他播音台不能插入或使其中断播音。三个播音台分别配有选择键盘和送话器，用来对各车站或各区域进行选择和播音。控制中心内每个播音台均装有扬声器，可以对播音进行监听。选择控制信号经控制与接口单元，通过 PCM 信道将其送至车站的控制单元，当车站的控制单元收到控制中心发来的选择信号，本站没有播音时，接通被选区域的广播电路，并将有关信息返送控制中心的广播控制单元，显示在相应的播音台上。播音信号经放大通过专用的屏蔽广播线传送至所选车站。

从控制中心可对所有车站的所有区域播音，也可对某个车站的某个区域有选择地播音，以及对每个运行方向的站台有选择地播音。

为保证播音的清晰度，保证声场的强度和播音信噪比，在车站的站台层设置噪声传感器，通过车站广播设备自动调节广播区域音量的大小。

五、车辆段/停车场广播系统

车辆段/停车场广播系统为一套独立的广播系统，供车辆段/停车场行车调度指挥人员（信号楼值班员、车辆段值班员和检修库值班员）向与行车直接有关的车辆段内生产人员发布车辆调度命令、列车编组及有关作业信息等。播音范围为车库、车辆段检修主厂房、段内道岔群附近。

除了不配置噪声检测探头、语音合成器以外，车辆段/停车场广播系统的配置与车站基本相同。

车辆段广播系统设有维修值班员、信号值班员、车辆段列车调度员使用的三个播音台。播音范围分三个区域：车辆段入口区、维修区和停车库区。各值班员的广播控制台具备对相应播音区的监听功能。三个播音台都配置送话器、键盘和对讲控制台。同样，在机房内设有广播设备，用于对信号的放大和对播音区域（或对讲分机）进行选择。

三个播音台的优先权是：第一优先权——车辆段列车调度员；第二优先权——车辆段信号楼值班员；第三优先权——车辆段维修值班员。三个广播区域的选叫原则是：每个广播台可对某一个广播区域进行广播；每个广播台可对所有三个广播区域进行广播。各值班员的广播控制台具备对相应播音区的监听功能。

车辆段广播系统除了扬声器外，还安装了对讲分机。对讲分机通过电缆与三个播音台的对讲控制台相连，对讲机的扬声器与送话器设在分机内，还设有三个选择键，以便车辆段内工作人员能够方便地与各个对讲控制台的值班员直接通话而不致大范围的喧哗。对讲分机还可根据需要分成若干分机组，分布在各个广播区域。

六、广播系统应用

1. 广播词

广播以及时准确引导乘客安全、快捷乘坐轨道交通为原则。广播要根据监控 CCTV 或站台岗、站厅岗报告，观察、分析和掌握站台、站厅、扶梯、出入口的乘客实时动态，选择适当时机，确定广播内容和广播区域。无恰当的录音广播时，人工广播要先组织好语言再播放。进行广播时，严禁突然中断，严禁广播与运营服务无关的内容。

车站广播主要是安全广播、末班车广播、非正常情况下广播、其他广播和人工广播等。

（1）安全广播。

候车广播：“乘客您好，为了您的安全，请站在黄线以内候车，谢谢合作。”

列车进站时广播：“乘客您好，列车即将进站，请注意安全，站在黄线以内候车，上下列车时，请先下后上，注意站台与列车之间的空隙。谢谢合作。”

列车关闭车门广播：“乘客您好，车门即将关闭，请不要越出黄线，不要手扶车门，谨防夹伤，谢谢合作。”

列车客满播放：“乘客请注意，由于列车满载，请未上车的乘客注意安全，站在黄线以内，耐心等候下一趟列车，不便之处，敬请原谅。”

雨天广播：“乘客您好，由于天气原因，地面和楼梯较滑，请大家在行走、上下楼梯时注意安全，以免滑倒摔伤。”

（2）末班车广播。

末班车出发预报广播：“乘客请注意，开往 ×××方向的末班车即将出发，请抓紧时间上车。”

停止购票进站：“乘客请注意，今天的列车服务已经结束，请停止购票进站。”

关站广播：“乘客请注意，今天的列车服务已经结束，车站即将关闭，请尽快出站，感谢您乘坐列车，欢迎下次光临。”

（3）非正常情况下广播。

险情疏导广播：“乘客请注意，因车站发生险情，可能危及您的人身安全，请听从工作人员的指引，尽快离开车站。谢谢合作。”

列车故障清客广播：“乘客请注意，本趟开往 ×××方向的列车因故需要退出服务，请耐心等候下一趟列车，赶时间的乘客，请改乘其他交通工具。不便之处，敬请原谅。”

列车延误：“乘客请注意，开往 ×××方向的列车因故延误，请耐心等候。赶时间的乘客，请改乘其他交通工具。”

列车通过本站广播：“乘客请注意，本趟开往 ×××的列车因故在本站通过不停车，请大家注意安全，站在黄线以内，耐心等候下一趟列车，谢谢合作。”

车站拥挤广播：“乘客请注意，由于车站比较拥挤，请出站的乘客尽快出站，不要在站内逗留，谢谢合作。”

自动售票机故障广播：“乘客请注意，自动售票机因故暂停使用，请到售票窗口购票，谢谢合作。”

（4）其他广播。

安全广播：“乘客您好：为了您和他人的健康，请不要在车站内吸烟、吐痰和乱扔废弃物；如果您不慎有物品落入轨道，请不要自行拾取，请与工作人员联系，以免发生危险。”

出闸广播：“乘客您好：出站时请将单程票投入右手侧闸机上方回收孔内，绿色指示灯亮后推杆出闸。”

进闸广播：“乘客您好：进站检票时，请每人持一张车票放在右手侧闸机上方的绿色感应区内验票，绿色箭头亮后推杆进闸。乘车过程中请妥善保管车票，以免丢失。”

自动扶梯安全广播：“乘客您好：为了您的安全，在乘坐自动扶梯时请站稳、扶好，不要将身体倚靠在扶梯上；不要在扶梯上玩耍、逆行，以免发生危险。”

购票须知：“乘客您好：单程票仅限本站使用且当天使用，请不要提前购买车票，谢谢合作。”

（5）人工广播。

当无恰当的录音广播或者有其他紧急情况时，进行人工广播。

2. 广播系统操作流程

（1）进入广播主界面。打开并进入控制中心主界面如图 5-36 所示。在子系统选择栏，单击“广播”按钮，然后单击“车站广播”按钮，进入车站广播主界面，如图 5-37 所示。

图 5-36　控制中心广播主界面

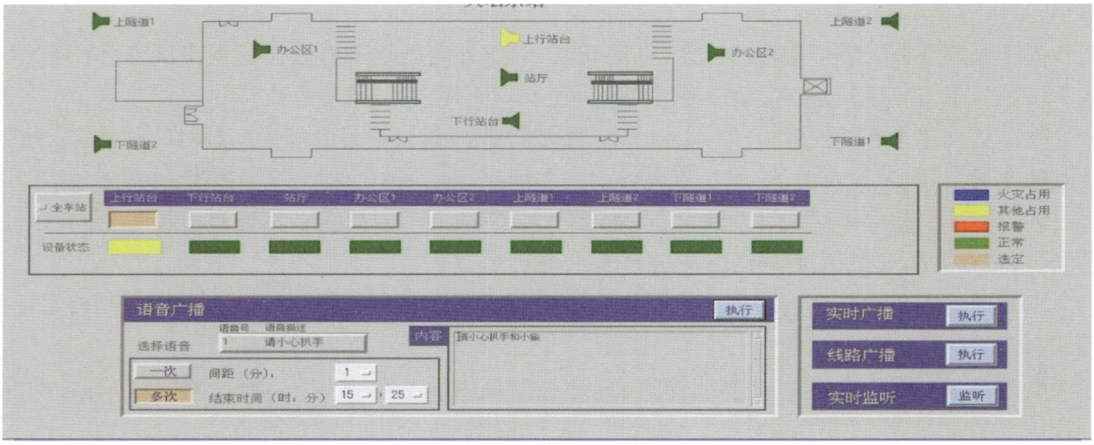

图 5-37　车站广播主界面

（2）广播区域的选择。

特定广播区域的选择：在左上方的特定区域中配置了“全线”“全上行”“全下行”“全站厅”“全办公区 1”“全办公区 2”“全上隧道 1”“全下隧道 1”“全上隧道 2”“全下隧道 2”“全换乘”。单击相应区域按钮，可实现对正线所有车站的相关广播区域选择；再次单击同一按钮，则取消对正线所有车站的相关广播区域选择。

车站/区域选择：在车站列表中可对车站的广播区域进行选择，可对整个车站进行选择或对车站内的某个广播区域进行选择广播。

车站内区域选择：在车站广播主画面的特定区域单击全车站，以实现对整个车站的广播区域选择，再次单击取消选择；在上方特定区域列表单击两个或多个区域，实现对车站任意广播区的选择，再次单击取消选择；在上方的特定区域单击单个区域，实现对车站单个广播区的选择。

（3）对选中广播区进行广播。

实时广播（话筒广播）：选中实时广播区域，单击“执行”按钮，可通过配备的 PA 话筒前级进行实时广播，同时按钮内容由“广播”转为“停止”。再次单击此按钮，停止实时广播，同

时释放选择区域中实时广播占用。实时广播优先级最高。

预录广播(语音广播):选择广播区域,在语音广播区域选择语音号,如

,在语音广播内容栏中显示语音广播的内容。选择播放方式为“一次”,单击“执行”按钮;若要执行多次播放,则在选择语音号后,将播放方式选择为“多次”,然后设置间距时间和结束时间,最后单击“执行”按钮。

(4)状态显示。在车站列表界面中,每个广播分区的状态可以在图上予以显示;通过广播分区方框图的颜色显示设备的占用状态、报警状态、选定状态、正常状态等信息,如图5-38所示。

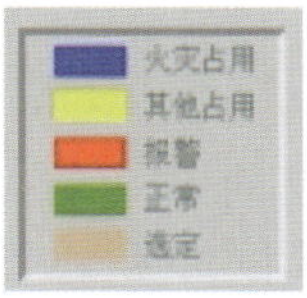

图5-38　广播设备状态

(5)监听。在车站广播主画面选择广播区域,单击“实时监听”区域

,单击“监听”按钮,打开实时监听选择界面,如图5-39所示。通过选择广播分区确定需要监听的范围。

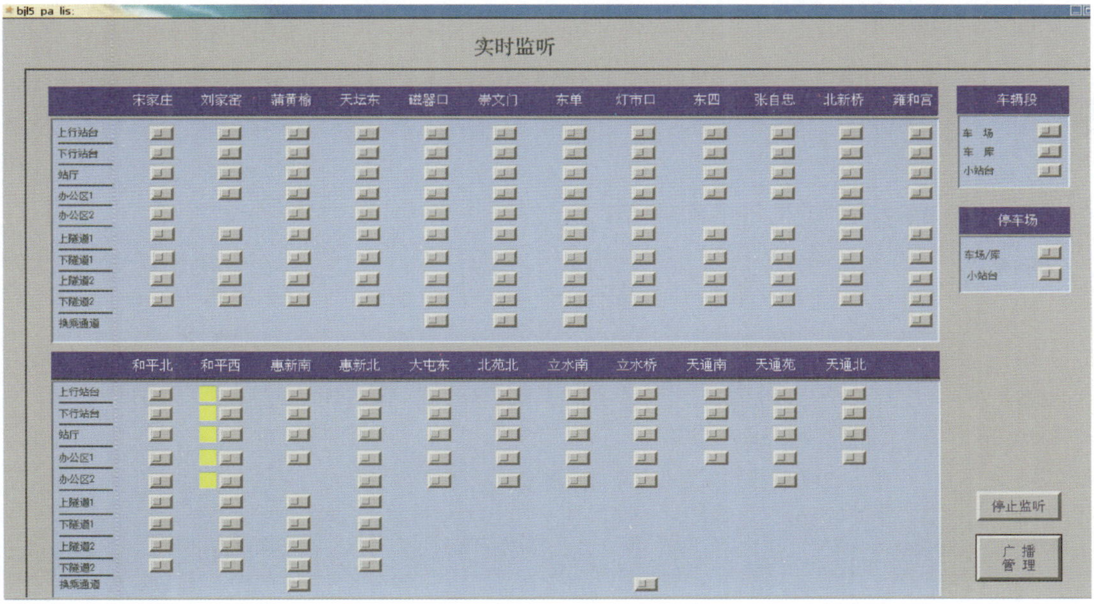

图5-39　广播监听

笔记栏

任务实施

任务工单见表5-8。

表5-8　任务工单

<table>
<tr><td colspan="2">任务四　认识与应用广播系统</td></tr>
<tr><td colspan="2">姓名：　　　　班级：　　　　日期：</td></tr>
<tr><td colspan="2">团队成员及分工：</td></tr>
<tr><td>任务目标</td><td>1. 掌握城市轨道交通广播系统的组成。
2. 能够通过广播系统完成各类广播播放</td></tr>
<tr><td>任务内容</td><td>学习城市轨道交通时钟系统的构成，以小组为单位深入实训中心识别城市轨道交通广播系统设备，并通过广播台进行广播</td></tr>
<tr><td>引导问题</td><td>城市轨道交通广播系统广播区域有哪些？
____
____
________________</td></tr>
<tr><td colspan="2">【训练】
通过车站广播操作台进行广播，完成表1内容。</td></tr>
</table>

表1

序号	训练任务	训练标准	训练结果	训练说明
1	进入广播主界面	能够快速切换到广播界面	□合格 □不合格	
2	选择广播区域	正确使用命令，流程正确	□合格 □不合格	
3	对选中区域进行人工广播	正确使用按键，广播词选择正确，发音清晰，表达熟练	□合格 □不合格	
4	选择区域进行广播监听	正确使用按键，操作熟练	□合格 □不合格	

任务评价

任务评价见表5-9。

表5-9　任务评价

任务四　认识与应用广播系统			日期：			
姓名：		班级：	学号：		教师签名：	
自评：□熟练　□不熟练		互评：□熟练　□不熟练	师评：□合格　□不合格			
日期：		日期：	日期：			
评分细则						
序号	评分项	得分条件	分值	自评	互评	师评
1	接受任务	明确工作任务，理解广播系统在未来工作中的作用	5			
2	知识评价	本次任务前需要掌握的知识程度	25			
3	能力评价	能够认识广播系统的设备和操控平台	20			
		能够根据要求通过广播系统人机界面完成不同区域广播播放	20			
4	素养评价	工作计划性强，小组活动组织安排得当	5			
		使用文明用语，具备良好的沟通能力	5			
		积极参与课堂活动，自主学习能力强	5			
		具备良好的服务意识	5			
5	评价反馈	学生能以小组评价方式组织客观评价	5			
		对学生在任务实施过程中发现问题，进行小组审议后及时反馈	5			
合　计			100			

巩固与练习

一、填空题

1. 广播系统按使用用户分为________和________。
2. 正线广播系统由________和________两级控制。

二、简单题

1. 广播系统有哪些作用？
2. 简述正线广播系统的组成。
3. 车辆段/停车场广播系统和正线广播系统有何异同？

知识拓展

城市轨道交通综合监控系统

综合监控系统（integrated supervisory control system，ISCS）面向的对象主要包括控制中心的各调度员（行车调度员、电力调度员、环控调度员、值班调度和值班主任助理）、车站控制室的值班人员和车辆段维修中心的系统维护人员等，主要目的是将分散孤立的自动化系统连接为一个有机的整体，实现地铁各专业相关系统间的信息互通、资源共享，提高各系统的协调配合能力，提高地铁全线的整体自动化水平。

ISCS 提供了数据收集、数据分析、决策支持功能和安全性能，为中心、车站等各级操作员提供了监视和控制城市轨道交通所有子系统设备的手段和工具。

例如，某城市地铁 ISCS 主系统集成的监控对象包括电力监控系统（PSCADA）、环境与机电设备监控系统（BAS）、站台门系统（PSD）、闭路电视系统（CCTV）、广播系统（PA）。主体系统互联的监控对象包括门禁系统（ACS）、乘客信息系统（PIS）、信号系统（SIG）、售检票系统（AFC）、时钟系统（CLK）、火灾自动报警系统（FAS）等，如图 5-40 所示。

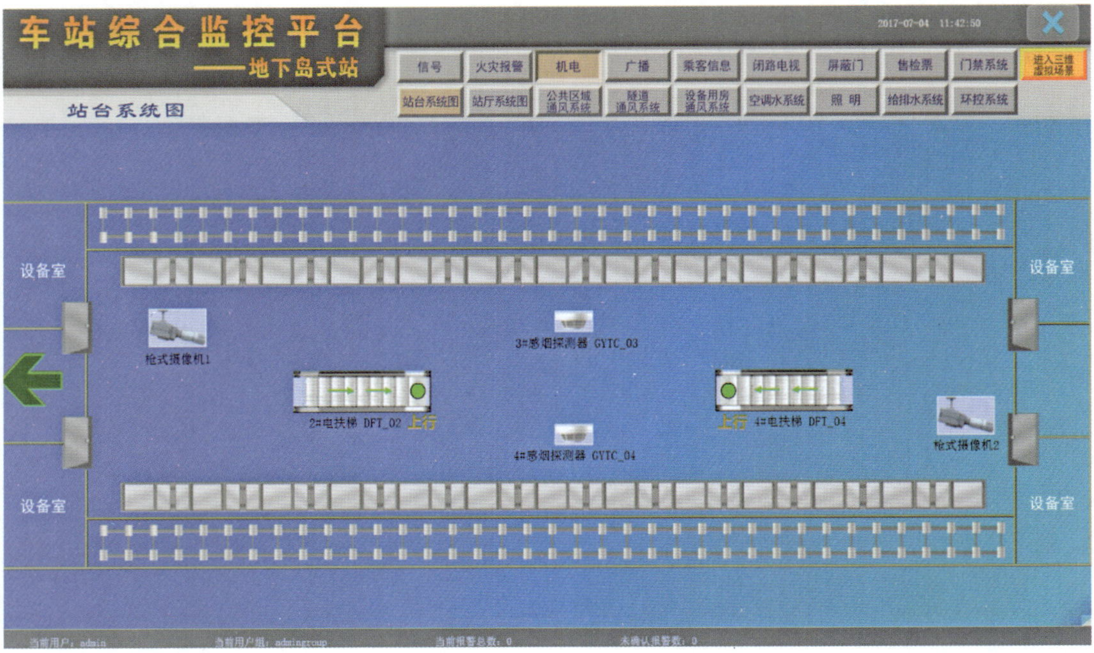

图 5-40　综合监控系统

任务五　认识与应用乘客信息系统

学习目标

知识目标

1. 掌握城市轨道交通乘客信息系统的构成。
2. 掌握城市轨道交通乘客信息系统的功能。

能力目标

能够通过乘客信息系统发布信息。

素质目标

理解轨道交通“以人为本”的服务理念，提升服务意识。

任务描述

现代城市轨道交通系统的运营管理越来越注重“以人为本”的服务主旨，地铁以车辆为中心的运营模式，正在向以乘客服务为中心的运营模式发展，乘客信息系统就是以为乘客提供服务信息为主要目的多媒体综合信息系统。通过学习本任务，学生可以掌握城市轨道交通乘客信息系统的结构和功能，能够对乘客信息系统进行简单的设置和应用。

相关知识

乘客信息系统（passenger information system，PIS）是城市轨道交通采用成熟、可靠的网络技术和多媒体传输、显示技术，在指定的时间，将指定的信息显示给指定的人群的系统。乘客信息系统可在正常情况下提供列车时间信息、政府公告、出行参考、广告等实时多媒体信息，在非常情况下提供动态紧急疏散指示，如图 5-41 所示。

图 5-41　乘客信息系统

一、乘客信息系统的作用

PIS 在正常情况下，提供乘车须知、服务时间、列车到/发时间、列车时刻表、换乘信息、管理者公告、政府公告、出行参考、股票信息、媒体新闻、天气预报、赛事直播、广告等实时动态的多媒体信息。在火灾、阻塞及恐怖袭击等非正常情况下，提供动态紧急疏散提示。通过采用 PIS 可为乘客提供全面、正确的服务信息引导，使乘客能安全、便捷地出行。

PIS 向乘客提供实时、多样的资讯信息，是帮助乘客便捷出行的需要，是提高城市轨道交通科技形象和整体服务水平及质量的需要，是提高应对突发事件能力的需要，是改善建设项目投资回报、增加社会经济收入的需要。

PIS 能实时、动态地显示各类资讯信息，能提供的资讯信息类型更加丰富（如多媒体信息电视直播等），支持所见即所得的编辑信息，能更加有效地处理各种紧急情况，具有丰富的接口，易于扩展。

PIS 兼有列车车厢乘客监视功能。通过摄像头采集乘客乘车情况的视频信息，在司机室记录、显示，并通过车-地之间双向信息传输手段，实时上传至控制中心。其上传信息可作为管理部门安全决策的支持信息，以提高运营管理水平及安全管理能力。

二、系统支持的信息类型

1. 紧急灾难信息

紧急灾难信息包括火灾警报、台风警报、洪水警报；逃逸、疏散方向指示，如紧急出口的指示；紧急站务警告信息，如停电、停止服务等；有关乘客人身安全的临时信息，如乘车安全须知，如图 5-42 所示。

图 5-42　紧急灾难信息

2. 列车服务信息

服务列车信息包括：列车时刻表；列车阻塞等异常信息；下班车以及下二、三班车的到站时间；列车组成（4 节、6 节或 8 节）；特别的列车服务安排信息。

3. 乘客引导信息

乘客引导信息包括:动态指示信息;逃逸、疏散方向指示;轨道交通服务终止通告;换乘站换乘信息;地面交通指示信息。

4. 一般站务信息和公共服务信息

一般站务信息和公共服务信息包括:日期和时钟信息;票务信息;公益广告信息;天气、新闻、股市等信息;地面公共交通汽车交通信息;公安提示(如当心扒窃)。

5. 商业信息

商业信息包括:视频商业广告;视频形象宣传片;图片商业广告;文字商业广告;各类分类广告。

三、乘客信息系统的构成

1. 从控制功能上

乘客信息系统从控制功能上分为四个层次:信息源、中心播出控制层、车站车载播出控制层和车站车载播出显示终端设备。

信息源主要设备为视频流和数据服务器,向整个系统发放网络视频和数据,能够同时提供多种视频标准的视频。

中心播出控制层主要负责信息的采集、编辑和播出,以及对系统内的播出设备进行集中的播出控制管理。通过对各个车站的播出设备进行集中控制,各个车站乘客信息系统实现无人值守的运行,降低了人为操作带来的失误和故障。

车站车载播出控制层,可以在此即时编辑指定的信息,并发布到指定的终端显示屏,提示乘客注意,可以进行整个车站的某一/某组的工作状态切换,对车站的所有播放设备的操作控制。

车站车载播出显示终端设备,站台显示器显示即将到来的列车的信息以及车站状况的信息,车厢显示器显示列车车厢状况、播放新闻、注意事项等,同时提供广播、磁带、CD、小影碟播放娱乐服务。乘客紧急报警通信装置,乘客遇到紧急情况,给乘客系统产生报警信息,有防止误操作功能。扬声器提供车内广播,为乘客提供语音信息。

2. 从结构上

PIS 采用控制中心和车站二级组网分布式结构,由中心子系统、车站子系统、网络子系统、车载子系统组成。

1) 中心子系统

中心子系统主要负责外部信息流的采集、播出版式的编辑、视频流的转换、播出控制和对整个 PIS 设备工作状态的监控以及网络的管理。中心子系统由中心数据服务器、视频流服务器、中心交换机、磁盘阵列、切换矩阵、直播数字电视编码器、接口服务器、操作员工作站、直播数字电视编码器、系统管理工作站及有关软件等组成,如图 5-43 所示。

中心数据服务器负责发布图文资讯信息、播表/版式信息、设备控制指令,负责收集设备状态信息、系统日志等信息,同时中心数据服务器对以上信息进行统一存储,存储的数据和信息能够通过中心各功能工作站进行查询和管理,操作员工作站将图文资讯信息和播表/版式信息存储到中心数据服务器。中心数据服务器负责向车站子系统和车载子系统发布相关信息;负责执行操作员工作站的设备控制指令;负责收集系统内全部设备的状态信息,并提交网管工作站进行监控;还负责存储系统每天生成的各种日志文件。

视频流服务器负责对视音频资讯信息进行存储和发布。视音频系统以视频流服务器为核心，构成了采集、存储、播出、编码一体化的系统。周边设备包括视音频矩阵和直播数字电视编码器，系统的控制由播控工作站来完成。视音频矩阵为信号在各设备间的输入和输出进行路由指派。所有的信号源的输出都进入音视频矩阵的输入端口，再由矩阵的输出口送出一路选定的信号源给直播数字电视编码器作为直播信号，同时视频流服务器的输入和输出通道口也都接入视音频矩阵。在运营时可以利用视频流服务器作为缓存进行延时（即流媒体）播出，提高系统播出的品质与安全性；在非运营时可以利用视频流服务器采集备播的音视频素材。

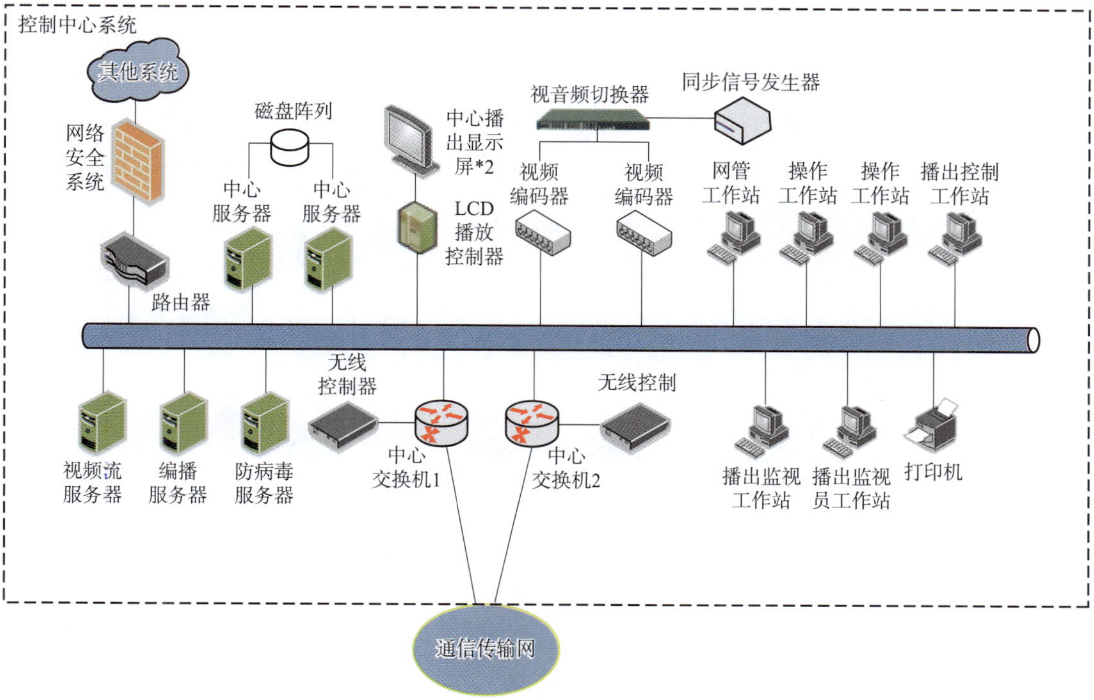

图 5-43　中心子系统结构

中心子系统通过中心交换机与主干网相连，中心子系统与节目制作系统的交互数据，包括广告视频节目、播表/版式信息等；中心子系统与车站子系统的交互数据包括中心组播视频流、图文资讯信息、播表/版式信息、设备控制指令、设备状态信息、系统日志；中心与车载子系统的交互数据包括（通过移动宽带传输系统）中心组播视频流、图文资讯信息、播表/版式信息、设备控制指令、设备状态信息、监控摄像头回传图像。

控制中心通过接口服务器与外部信息源接口以及与轨道交通内部各相关专业（通信系统、ATS 系统、ISCS 系统、供电系统等）接口。接口信息包括外部信息源：有线电视、天气预报、重要赛事等。

通过操作员工作站，具备超级管理员权限的操作员可以设置整个 PIS：各车站子系统的总体设置、各车站子系统工作站的设置、各车站子系统终端显示设备的设置、终端显示设备分组管理；创建预定义的中心公共信息，包括紧急灾难信息、紧急疏散信息、轨道交通公司公共公布信息等；控制 PIS 中的某一/某组/全部终端显示设备的实时信息窗口显示指定的信息内容。对于整个 PIS 系统中的某一/某组/全部终端显示设备的工作状态或工况（紧急告警状态或中心信息直播状态）的切换也可在中心操作员工作站上完成。通过该工作站，具备超级管理权限的操作员可以设置管理系统的用户账号。

数字电视可以直接播出,也可以通过网络播出。直播数字电视编码器是将视频服务器的视频进行 PP 封包,转换到可在标准 IP 网络上传输的数字信号设备,它支持多路复用,同时提供多个媒体流通道进行传输,可完全满足对单个车站和所有车站 IP 广播的需求。

系统管理工作站提供基于地理位置分布图的管理界面,动态显示各设备的工作状态,实时监控系统,实现智能声光报警,并自动生成网络故障统计报表,智能分析故障,以减少各个车站维护人员。

2)车站子系统

车站子系统通过传输通道转播来自控制中心的实时信息,并在其基础上叠加本站的信息,如列车运行信息和各类个性化信息等。车站子系统由车站服务器、车站交换机、车站操作员工作站、媒体播放控制器、显示屏、乘客交互式查询机等组成,如图 5-44 所示。

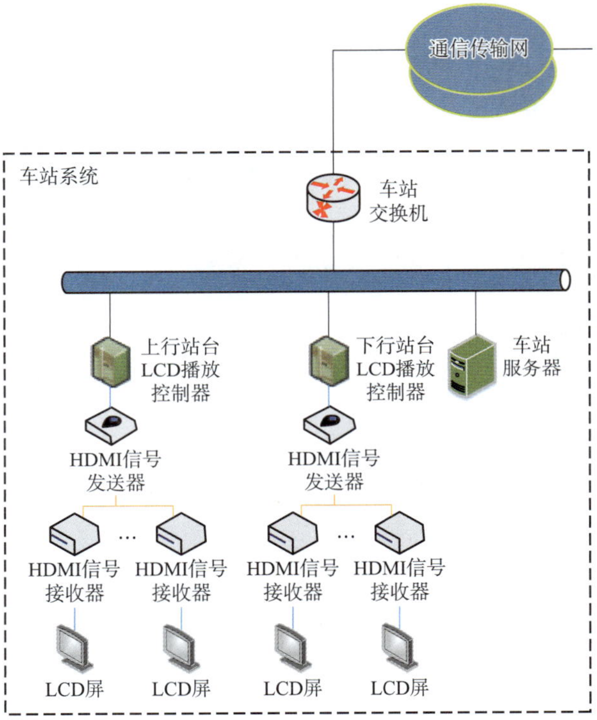

图 5-44　车站子系统结构

车站 PIS 子系统分为控制部分及现场显示部分。

(1)控制部分。控制部分放置在车站控制室,包括:

①车站服务器。在网络流媒体直播方式下,车站服务器解码从控制中心发送来的流媒体信号,经解码后视音频信号分配到车站各显示控制器的视音频信号输入端。

在非直播方式下,车站服务器将中心下发的视音频文件保存在本地硬盘上,通过 PDPICD 屏控制器调用播放车站服务器上的视音频文件播放。

车站服务器具有直接接收实时媒体流信号(如 DVB-T 等)的接口,实时流媒体能与控制中心发来的信息合成后,按统一标准进行播放。

车站服务器能从控制中心下载并保存包括该车站所有的播放列表、播放版式和播表等数据。版式和播表在控制中心统一编辑后存放在中心数据服务器的数据库中,各车站服务器自动和中心数据服务器同步，获得属于本车站的最新播放列表、版式和播表等数据。每个车站服务器同时又是该车站的数据服务器，统一保存本车站上所有显示屏控制器的版式和播表等信息。各车站的显示屏控制器自动和车站服务器同步，获得属于自己的最新版式和播表等数据。当车站和控制中心的通信中断后，可以在车站进行降级运行。车站 PIS 子系统通过车站服务器与 PA 系统连接，在 PA 系统进行广播时，车站 PIS 子系统将同步显示预定义的文字信息并降低或关闭 PIS 系统的声音。

车站服务器保存本车站的所有运行设备的运行状态数据、报警记录以及用户登录记录等运行数据，并上传至中心数据服务器。

②车站交换机。车站交换机负责车站子系统各设备间的数据传输以及与中心子系统的通信。

③车站操作员工作站。操作员可通过该工作站即时编辑指定的提示信息，并发布至指定的终端显示屏，提示乘客注意；可以进行整个车站的某一/某组/全部终端显示设备的工作状态或工况（紧急告警状或中心信息直播状态）的切换。车站操作员工作站对本系统内的播出设备进行控制管理。

通过本工作站，在紧急情况下可以根据现场情况编辑应急指示信息，以全屏模式在各个终端屏上显示，对乘客进行引导和疏散。

（2）现场显示部分。

现场显示部分包括 LCD 显示屏及其显示控制器、LED 显示屏及其显示控制器、PDP 显示屏及其显示控制器、乘客交互式查询机。LED 显示屏是由发光二极管排列组成的显示器件，具有耗电少、使用寿命长、成本低、亮度高、故障少、视角大、可视距离远等特点，但分辨率不高，不便于显示图像。可充分利用其特性，在车站的出入口宜采用 LED 显示屏。从需要较高对比度考虑，车站站厅和站台宜采 PDP 显示屏，当 LCD 对比度提高后也可采用 LCD 屏。

3）网络子系统

网络子系统分为有线子系统和无线子系统，如图 5-45 所示。

有线网络子系统是为 PIS 提供控制中心与车站间数据信号和控制信号传输的通道，主要提供车站设备与控制中心的服务器之间的通信。通过组建一个典型的 IP 网络来传输从控制中心到各车站的各种数据信号和控制信号。

无线网络子系统实现控制中心与车载子系统之间的数据信息传输，根据车载乘客信息系统的功能，要求移动的列车与地面之间具有实时双向数据传输的能力。无线网应充分考虑列车在高速情况下的切换问题，应采取有效措施减少切换时间和降低因切换带来的数据损失，在列车高速运行时，不应丢失连接和引起画面质量降低。正常情况下，列车能到达的地方都应进行全面的网络覆盖测试，并满足覆盖要求。以保证在车上的实时播放不中断（切换时间应不超过 50 ms），且播放质量不受影响。

4）车载子系统

PIS 车载子系统指车辆段、沿线、列车上的 PIS 设备，主要包括车辆段 PIS 监控站、车辆段和车站 PIS 数字视频发送设备、无线集群通信系统、车载 PIS 数字视频接收设备车载 LCD/LED 显示控制器，如图 5-46 所示。

PIS 车载系统获取信息的来源通常有三种方法：一是在列车上播放预先录制节目的 DVD 光盘，主要是广告信息；二是在固定的地点（如车辆段）通过有线或无线的方式向列车传输信息，行驶过程中列车 PIS 系统可播放这些信息；三是通过车载无线集群系统向列车传送信息，该方式可保证信息的实时性，如天气预报、新闻、其他信息等。

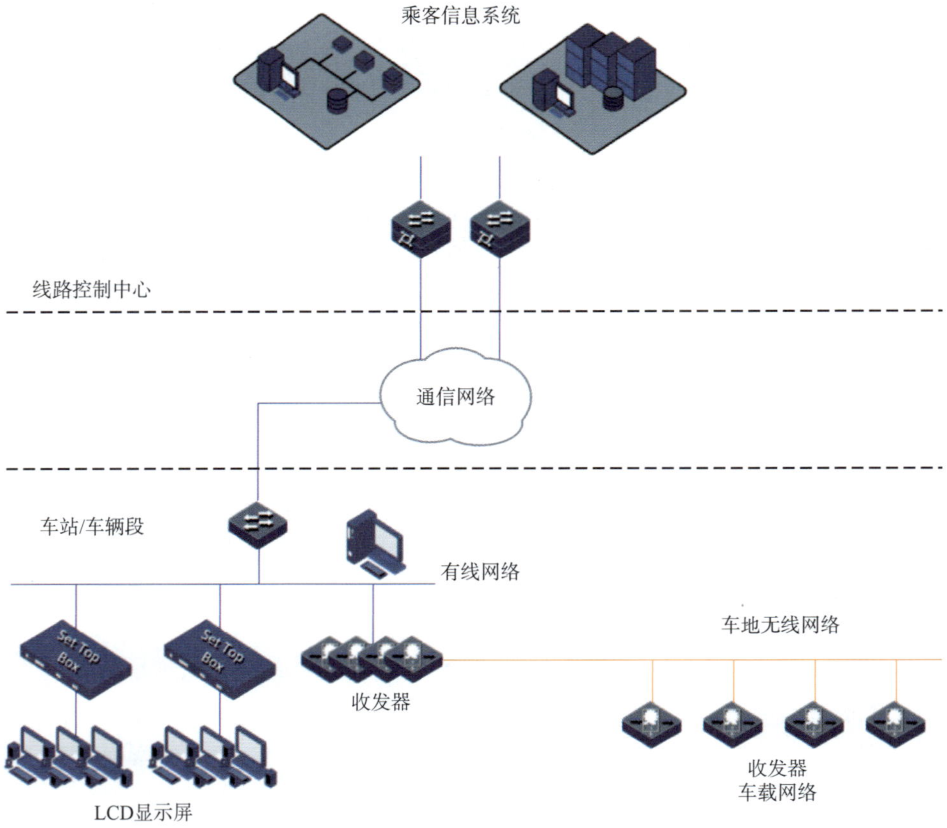

图 5-45　PIS 网络子系统

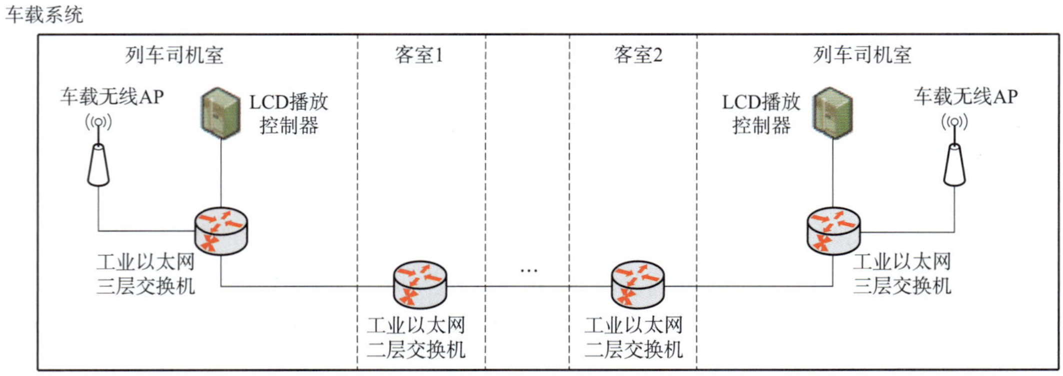

图 5-46　PIS 车载子系统

随着数字视频广播（DVB）的发展，采用移动数字电视技术进行数字化的视频图像接收成为可能，也可用于轨道交通的车载 PIS 系统。

四、乘客信息系统的功能

PIS 总体功能定位为平时为乘客提供乘客信息服务功能，紧急情况下为乘客提供疏散引导功能。PIS的功能包括显示信息功能、紧急信息功能、广告播出功能、定时自动播出功能、显示预览功能等。

1. 显示信息功能

（1）显示列车服务信息。从ATS接收列车服务信息，再控制指定的终端显示器显示相应的列车服务信息，包括首末班车时间、下几班车的到站时间、列车目的地、列车换乘、特别的列车服务安排等。

（2）显示紧急信息。紧急信息包括火警、列车阻塞、临时停车、疏散等信息。

（3）显示公共信息。屏幕上不同区域的信息可根据数据库信息的改变而随时更新。实时信息包括日期/时间、天气预报、新闻、公告、公益广告等。

（4）显示站务信息。站务信息包括注意事项、安全提示、周边交通指引等。

（5）显示节目信息。节目信息包括电视节目、宣传短片、娱乐短片等。

（6）显示商业信息。商业信息包括商业广告、商业宣传、财经资讯、实时股票等。

2. 紧急信息功能

（1）预先设定紧急信息发布功能。系统可预先设定多种紧急灾难告警模式，自动或人工触发进入告警模式。当发生预期的紧急情况时，将PIS控制进入紧急灾难告警模式。此时，相应的终端显示屏显示警告信息及人流疏导信息。

（2）即时编辑紧急信息发布功能。系统环境可能会发生非预期的灾难，并且需要PIS及时发布非预期的灾难警告信息，PIS软件可以即时编辑发布紧急信息。控制中心或者车站值班员可以根据现场情况编辑特定的发布模式，在各个终端屏上显示，对乘客进行引导和疏散。

3. 广告播出功能

系统在控制中心设置媒体编辑中心，可编辑播放列表，并指定广告节目的播放顺序及播放位置，将编辑好的播放列表和广告节目数据发布至指定的多媒体屏控制器，并显示于终端显示屏。广告播放方式支持动画效果播放、文本动画显示、图像动画显示、网页显示等。PIS为城市轨道交通引入一个多媒体广告的发布平台，通过广告的播出，可以为城市轨道交通带来更多的广告收入。广告可以分为图片广告、文字广告和视频广告。广告可以与其他各类信息同步播出，提高了系统的工作效率。

4. 定时自动播出功能

系统具备完整的定时播出功能。可以采用播出列表的方式，系统根据事先编辑设定好的播出列表自动进行信息播出。

5. 显示预览功能

系统在控制中心监视器上能预览各显示屏终端的整体显示效果，并能实时显示送往显示终端的画面和内容列表。

6. 播放显示功能

系统兼容PDP、LED、LCD等多种终端显示设备。各车站的显示屏控制器均具备单独的数字视频输入接口，能够在外部输入的视频上进行图文混叠，同时显示屏控制器能够对各窗口的实时缩放、移动进行处理。各车站的显示屏控制器在整个系统中都是相对独立的，控制中心和车站操作员可以直接设定每个车站的显示内容和显示版式效果（车站操作员仅限本站）。

7. 终端显示屏多区域分割功能

考虑存在不同类型信息同时发布的需求，系统终端显示屏设计采用多区域显示方式，即终端显示屏根据需求可划分为多个显示区，不同显示区可以采用不同的显示方式同时显示不同的信息内容，各显示区可根据运营需求独立制定时间表，并随时进行调整。

8. 信息实时更新功能

屏幕不同显示区的信息可根据服务器信息的改变而随时更新，实时信息的更新方式可采用自动方式、手动方式以及直播方式。

9. 信息优先级设定功能

系统对各种信息进行优先级定义（如引导疏散信息定义为第一优先级，运营信息定义为第二优先级，一般站务信息定义为第三优先级，广告商业信息定义为第四优先级），优先级别高的信息可以打断并插播优先级别低的信息，同级别信息采用"先进先出"的显示原则，从而满足不同情况的信息发布需求。紧急灾难信息的优先级别最高，然后依次是列车服务信息、乘客导向信息、站务信息、公共信息和商业信息。

10. 系统集中网管功能

为确保系统的正常运行，系统应提供完备的网管功能。控制中心能实时监控系统各设备的状态，包括控制中心和各车站、网络设备等。

中心系统管理工作站提供基于电子地图的管理界面，动态显示系统各设备的工作状态，实时监控系统，实现智能声光报警，并能智能分析故障，自动生成网络故障统计报表，以减轻维护人员的工作负担。

系统具备故障自诊断功能，对设备的运行状态故障信息进行集中监控。网络监控内容主要包括网络设备运行状态、网络数据传输状态等。同时，系统可修改网络设备参数、诊断网络设备故障，通过网络监控功能对系统网络状态及数据传输状态进行分析统计，生成系统网络运行报告，并通过下载各种安全补丁、防病毒软件的在线升级及其他安全设施和手段，实现系统网络安全。

五、乘客信息系统的运行

1. 车站子系统的运行

车站子系统根据系统各级设备是否能正常提供服务，可以分为正常模式、降级模式和单点故障模式。

（1）正常模式，乘客信息系统由运营控制中心直接组织信息播放，车站子系统接收实时节目内容，并按照接收到的播放列表和窗口框架播出。

（2）降级模式（应急模式），当运营控制中心故障或网络通信中断时，受到影响的车站子系统迅速自动转入降级模式，按已预先定义的应急播放列表和本地存储的节目内容自行组织播放。

（3）单点故障模式，当个别终端显示设备与系统通信中断时，通信中断的终端设备按预先定义的应急播放列表和本地存储的节目内容自行组织播放。其余设备按照原有模式运行。

2. 车载子系统的运行

车载子系统根据系统结构或者其他设备所提供信息等，可以分为实时模式、准实时模式、录播模式、单点故障模式。车载子系统的运行与乘客信息系统无线子系统所提供的信息密切相关。

（1）实时模式，车载子系统实时接收的视频和文本信息在车载子系统显示屏显示。

（2）准实时模式，当车载系统无法与地面进行不间断实时通信时，车载子系统在列车进站停靠期间或车辆回库期间，通过无线网络在非移动的情况下高速传输并预存显示信息、播放列表和窗口框架，供车载系统组织播出，以保证列车在整个运行期间播出节目不间断。

（3）录播模式，每天运营结束后，车载子系统车辆段集中接收并存储运营控制中心下发的次日播放列表及节目内容。车辆运营时,车载系统按照接收到的播放列表,自行播放预存的节目内容。

(4)单点故障模式,当个别列车车载显示设备与系统通信中断时,通信中断的列车按照预先定义的应急播放列表和本地存储的节目内容自行组织播放。其余设备按照原有模式运行。

六、乘客信息系统信息发布方式

1. 发布方式分类

(1)固定信息发布方式。根据系统功能需求,部分特定信息(车站名、时钟信息等)在终端显示屏上长时间显示。但由于在终端显示屏的固定位置长时间显示同一文字或静止图像,会造成对屏幕的灼伤损坏,出于对终端显示屏的保护,采用屏幕显示版式定时切换的方式,使固定信息轮流在终端显示屏的不同位置显示。

(2)节目表编排发布方式。不同区域的终端显示屏可以编辑不同的播放列表。系统根据播放列表的编排,可将不同类型的信息在指定的时间显示在指定的屏幕区域上。

(3)临时信息发布方式。控制中心和车站值班员根据情况可以编辑临时信息,经授权后采用人工触发的方式在终端显示屏指定的区域上显示。

(4)外部触发发布方式。系统可接收 ATS 等外部系统的触发信号,在指定区域自动显示特定的信息。

(5)故障情况发布方式。当系统设备或者传输线路故障时(此时系统屏控制器将无法得到更新的信息数据),系统屏控制器可根据事先下载的节目播出表进行循环播出,直至故障消除。

2. 信息发布基本操作

(1)进入信息发布界面。

选择 HMI 界面下方的“通信”按钮,单击“乘客信息系统”,弹出乘客信息系统管理主界面。

在主界面上可以单击子系统导航栏中的信息发报按钮,左下方出现车站信息、车载信息和信息状态三个按钮,再单击车站信息按钮进入图 5-47 所示界面。

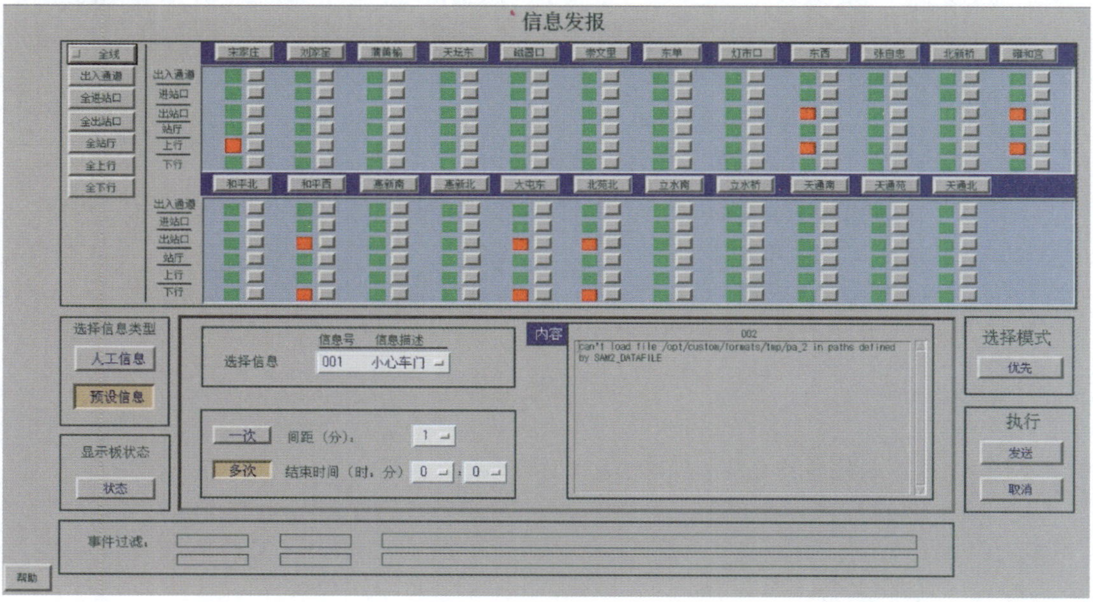

图 5-47 乘客信息系统管理界面

（2）选择信息发送区域。

特定区域选择：在左上方的特定区域中配置了“全线”“全上行”“全下行”“全站厅”“全进站口”“出入通道”。单击相应按钮，可实现对正线所有车站的相关区域显示区域选择。

车站区域选择：在车站列表中可对车站的信息发送区域进行选择，可对整个车站进行选择或对车站内的某个区域进行选择信息显示。

（3）选择信息类型。

预设信息：选择信息发送区域，在 HMI 上的选择信息类型区域中单击选择“预设信息”。在选择信息栏中选择 001 小心车门 10 ，在信息内容栏中显示信息的内容。选择播放方式为“一次”，单击“执行”按钮；若要执行多次播放，则在选择信息号后，将播放方式选择为“多次”。设置间距时间 1 和结束时间 1 : 0 ，最后单击“发送”按钮。

人工信息：选择信息发送区域，在 HMI 上的选择信息类型区域中单击选择“人工信息”。在信息内容栏中显示信息的内容。

（4）选择模式。选择信息发送区域，信息类型和发送方式后，单击选择模式栏中的“优先”按钮，最后单击“发送”按钮，发送的信息将标识最高优先级。

（5）显示板状态显示。在车站列表界面中，每个分区的 PIS 设备状态可以在图上予以显示，通过分区方框图的颜色显示设备的故障状态和正常状态等。在画面中单击显示板状态栏中的“状态”按钮，进入图 5-48 所示界面。

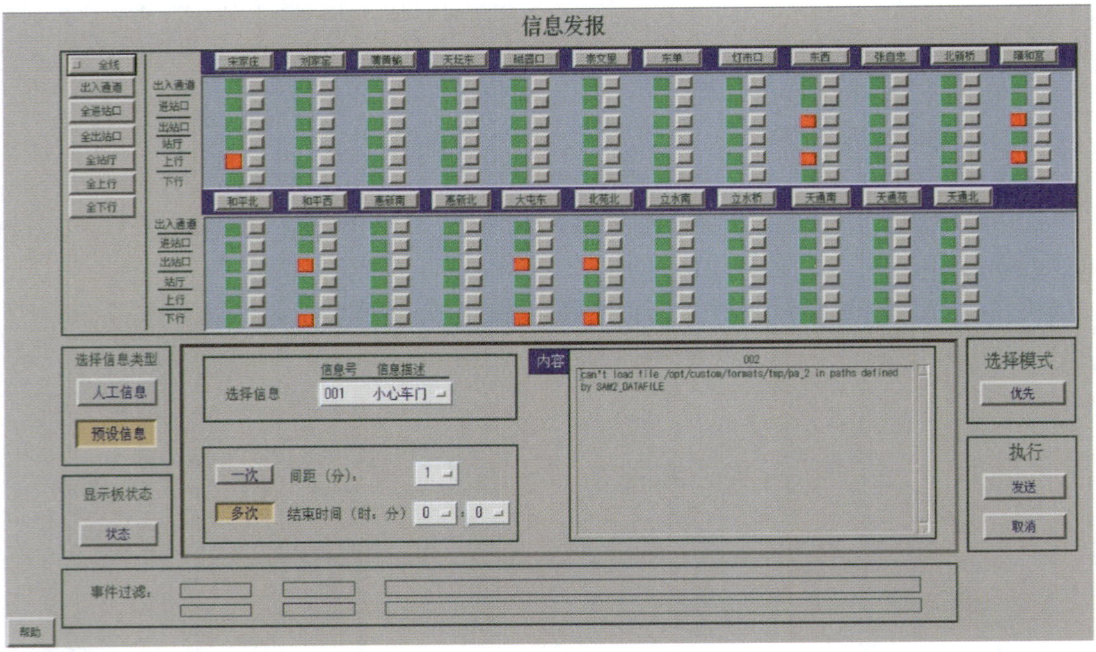

图 5-48 状态显示界面

思考：PIS 系统播放的列车到站信息来自外部什么系统？

任务实施

任务工单见表5-10。

表5-10　任务工单

任务五　认识与应用乘客信息系统			
姓名：	班级：		日期：
团队成员及分工：			
任务目标	1. 掌握城市轨道交通乘客信息系统的组成。 2. 能够利用乘客信息系统进行车站信息发送		
任务内容	学习城市轨道交通乘客系统的构成，以小组为单位深入实训中心识别城市轨道交通乘客系统设备，并通过HMI操作台发送消息		
引导问题	城市轨道交通乘客系统由哪些设备组成？ ______ ______ ______		

【训练】

完成表1内容。

表1

序号	训练任务	训练标准	训练结果	训练说明
1	登录乘客信息系统	能够快速切换到乘客信息系统界面	□合格 □不合格	
2	查看预存信息	正确使用命令，流程正确	□合格 □不合格	
3	编辑新消息——紧急信息	正确使用明，消息编写内容准确	□合格 □不合格	
4	完成信息全屏显示发布	正确使用按键，操作熟练	□合格 □不合格	

任务评价

任务评价见表5-11。

表5-11　任务评价

任务五　认识与应用乘客信息系统				日期:			
姓名:		班级:		学号:		教师签名:	
自评:□熟练　□不熟练		互评:□熟练　□不熟练		师评:□合格　□不合格			
日期:		日期:		日期:			
评分细则							
序号	评分项	得分条件		分值	自评	互评	师评
1	接受任务	明确工作任务,理解乘客信息系统在客运组织中的重要性		5			
2	知识评价	本次任务前需要掌握的知识程度		25			
3	能力评价	能正确识别乘客信息系统的设备		20			
		能根据要求完成信息的发布		20			
4	素养评价	工作计划性强,活动安排得当		5			
		具有一定的信息素养,善于沟通表达		5			
		积极参与课堂活动,自主学习能力强		5			
		具备良好的服务意识,理解"以人为本"的服务理念		5			
5	评价反馈	学生能以小组评价方式组织客观评价		5			
		对学生在任务实施过程中发现问题,进行小组审议后及时反馈		5			
合　计				100			

巩固与练习

一、填空题

1. 乘客信息系统从结构上可分为________、________、________和________四个部分。
2. 乘客信息系统信息中________的优先级最高。

二、简答题

1. PIS有哪些作用?
2. PIS有哪几种工作模式?
3. PIS有哪些信息发布方式?

知识拓展

透明OLED智慧车窗助力PIS系统升级

目前中国交通智慧化技术已经逐步成熟,公共交通智慧化系统正在逐步搭建,部分城市在城市轨道交通和公交系统已经初步完成智慧化升级。纵观地铁轨道的智慧发展历程,一直在如何实现列车与乘客的高效交互方面不断前行。此前,PIS系统虽然通过LED显示屏、条形屏等早已应用于列车车窗,方便乘客获取出行信息和轨交视讯服务等,但也无法与乘客形成交互,只是单项的信息展示,与真正的智慧交通愿景相距甚远。

透明 OLED 显示屏的出现，完美解决了这一问题。2023 年杭州亚运会期间，杭州地铁 19 号线亚运专列的透明 OLED 智慧车窗，凭借惊艳的视觉效果和超强的互动体验引起了大家关注，如图 5-49 所示。这次亚运专列搭载的透明 OLED 智慧车窗，打破了传统的乘客被动接收信息的 PIS 方案，以列车车窗为载体，提供科技感强、人性化高、曝光度多的新交互媒介。智慧车窗系统具有很多创新的功能和服务，不仅支持无限想象的创新服务和升级空间，而且可以演示每个站点的出入口、电梯、闸机等信息。此外，智慧车窗还可以显示列车实时运行信息、站台出入口及布局信息、轨道交通换乘信息、紧急服务信息等一系列资讯。

值得一提的是，智慧车窗还可以集中展示杭州著名景点和美食的照片以及地铁线网图等内容。这对于那些初到杭州的乘客来说，无疑提供了很大的便利。他们可以通过智慧车窗系统，了解到杭州的各个旅游景点、美食以及地铁线路等信息。同时，智慧车窗系统的应用也大幅提升了列车的科技感，为城市文化宣传提供了新的载体。

透明 OLED 智慧车窗已在北京、深圳、南通、重庆等多个城市的地铁列车上得到应用，为乘客提供更加便捷和舒适的服务。透明 OLED 智慧车窗系统，无疑为 PIS 系统的加速升级发展提供了有力的支持。相信在不久的将来，我们将会看到更多城市和交通工具上应用透明 OLED 智慧车窗系统，向乘客展示列车实时运行信息、站台出入口及布局信息、轨道交通换乘信息、紧急服务信息等一系列资讯，为人们带来更加便捷、舒适和智能的出行体验。

图 5-49　杭州地铁亚运专列 OLED 显示屏

任务六　认识与应用时钟系统

学习目标

知识目标

1. 掌握时钟系统的结构和作用。
2. 掌握时钟系统的控制模式。

能力目标

1. 能够通过面板判断时钟系统的运行状态。
2. 能够对时钟系统进行设置。

素质目标

1. 培养时间观念和自我管理意识。

2. 理解中国北斗卫星系统的重要性,对科技强国形成共识,激发自主创新意识。

任务描述

时钟系统为各线、各车站工作人员、乘客及相关系统设备提供统一的标准时间信息,为其他各系统提供统一的定时同步信号,使整个城市轨道交通执行统一的定时标准,确保各系统协调一致。通过学习本任务,学生可以掌握时钟的系统的结构和控制模式,能够对时钟系统进行设置和管理。

相关知识

视频

时钟系统

时钟系统是城市轨道交通的重要组成部分,是为保证轨道交通运营准时、服务乘客、统一全线设备标准时间而设置的。时钟系统为运营控制中心调度员、车站值班员、列车司机、各部门工作人员及乘客提供统一的标准时间信息,为城市轨道交通其他系统的中心设备提供统一的时间信号。时钟系统的设置对保证地铁运行计时准确、提高运营服务质量起到了重要作用。

一、时钟系统的构成

时钟系统由中心母钟(一级母钟)、车站和车辆段母钟(二级母钟)、时间显示单元(子钟)组成。一级母钟设置在控制中心,二级母钟设置在各车站和车辆段,子钟设置在控制中心调度室、车站综合控制室、牵引变电所值班室、站厅、站台层及其他与行车直接有关处所。

1. 时钟系统的组网

时钟系统按控制中心一级母钟和车站/车辆段二级母钟两级组网方式设置,系统主要包括:GPS 信号接收单元、控制中心主/备一级母钟系统、车站(车辆段)主/备二级母钟、子钟、时钟系统网管终端、电源、接口设备及传输通道等。控制中心设置一级母钟与位于控制中心的子钟,沿线各车站、车辆段/停车场设置二级母钟和本地子钟。

中心一级母钟接收并同步来自 GPS 卫星的时标信号,配置在控制中心的一级母钟为其他各机电系统提供统一的时间信号,使各子系统的定时设备与时钟系统同步,中心一级母钟通过城市轨道交通传输线路所提供的 RS-422/485 电路数据通道或 10/100 Mbit/s 以太网通道,向车站和车辆段的二级母钟传送时标信号,从而实现城市轨道交通全线执行统一的时间标准。

2. 时钟系统的结构

GPS 定时同步仪位于系统最前端,它接收 GPS 卫星信号,从中解出标准时间信号,用来同步一级母钟。一级母钟 A、B 两套,互为备份,并能自动倒换。一级母钟的时间码信号经不同的中心接口产生不同的信道编码,分别传往各线路,校准各个车站的二级母钟。二级母钟同步于中心一级母钟,控制本站内的所有子钟。城市轨道交通时钟系统的构成框图如图 5-50 所示。

1)GPS 定时同步仪

GPS 接收 GPS 卫星信号,从中解出标准时间信号,定时同步仪输出 2 048 kHz 标准频率信号,用于同步其他通信系统,这样既保证了整个城市轨道交通系统的时间是统一的,同时与国家标准时间相比也是准确的,极大地满足了各个系统的要求。

GPS 接收板具有 10 kHz 标准频率信号输出,用于通信系统的同步。通过 GPS 定时同步仪获得标准时间信号,用来同步城市轨道交通时钟系统,使城市轨道交通时间既是统一的,也是准确的，为行车指挥、列车运行、设备管理提供时间基准，确保了通信系统以及其他重要控制系统的协调同步。

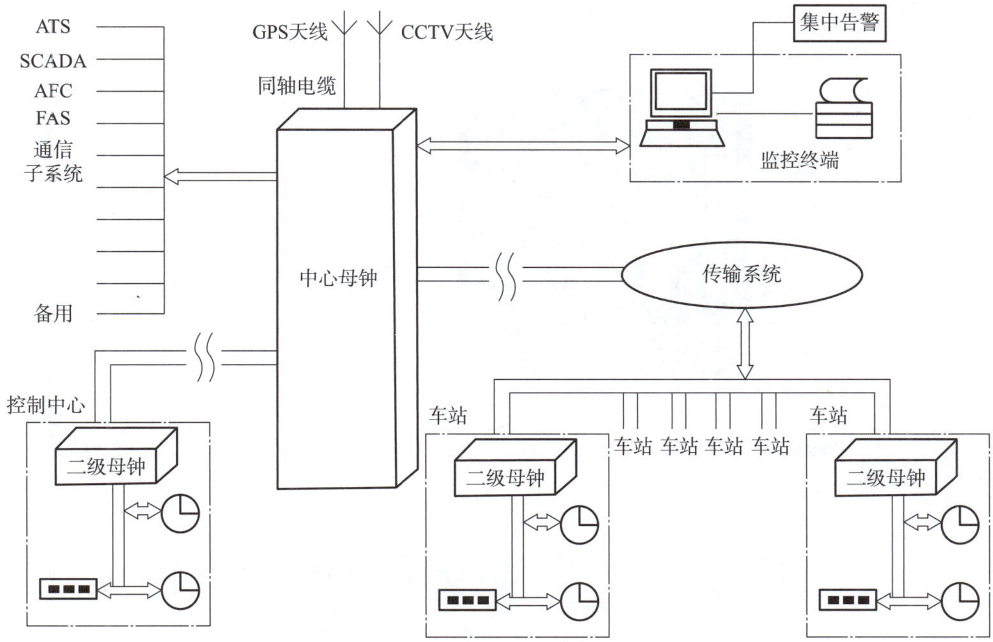

图 5-50　时钟系统构成框图

2）一级母钟

一级母钟的时间依靠接收外部同步时标信号来进行校准，以免产生累积误差，外部同步时标信号采用 GPS 接收机接收卫星时标信号，对自身时钟进行校准。一级母钟通过中心接口经过传输系统定时向二级母钟发送时间编码信号，以同步二级母钟。接收外部同步时标信号的装置出现故障时，一级母钟将利用自身的高稳定度晶振产生的时钟信号驱动二级母钟正常工作，并向时钟网管设备提供告警。当外部时间信号设备恢复时，一级母钟将自动跟随。

一级母钟提供严格同步的时码输出，能够在整秒时刻给城市轨道交通其他系统提供统一的时标信号（包括日期和时间信息）。一级母钟通过传输系统提供的数据通道向各车站/车辆段的二级母钟、系统网管以及其他机电系统提供时间信号。需要时标信号的其他系统包括 PIS、CCTV、传输系统、无线通信系统、专用电话系统、公务通信系统、安防系统、综合 UPS 系统，以及 AFC 系统。一级母钟设备单设两路时标输出接口，在整秒时刻给综合监控系统提供标准时间信号。一级母钟设备单设两路时标信号输出接口，提供时间信号给控制中心信号系统。

一级母钟包括 GPS 信号接收模块和一级母钟模块。

CPS 信号接收模块向时间系统提供高精度的时间基准，以实现时间系统的无累积误差运行。GPS 接收模块通过接收天线接收到 GPS 卫星信号，然后将卫星信号传送给微处理器计算出标准时钟，并将此时钟信息显示在液晶显示面板上；同时也可以通过外部接口如串口或以太网口传送给外部设备，为外部设备提供标准时钟信息，如图 5-51 所示。GPS 信号接收模块具有 4 ~ 8 个并行信道，即同时最多可以接收 4 ~ 8 个 GPS 卫星的信号。该模块从接收的 GPS 信号中分解出时标信息，用以同步一级母钟模块，使其输出的时钟信号精度达到 GPS 时钟信号的精度。

一级母钟模块为受 GPS 时标信号控制的高稳定度晶体振荡器。该模块采用主备冗余结构。

受控晶体振荡器通过传输链路将时标信号传送给其他系统，并通过传输系统同步各级母钟。当GPS 信号接收模块无法正常接收 GPS 信号时，由独立晶体振荡提供时标信号。一级母钟模块带有时钟驱动电路，用以驱动控制中心中的子钟；并带有时钟系统网管接口，用以连接网管终端，如图 5-52 所示。

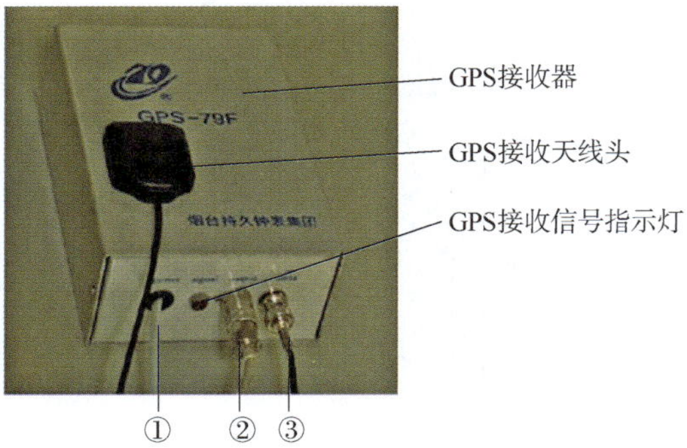

①电源输入；② GPS 信号输出（接一级母钟接线端子排）；③ GPS 天线输入。

图 5-51　GPS 接收装置

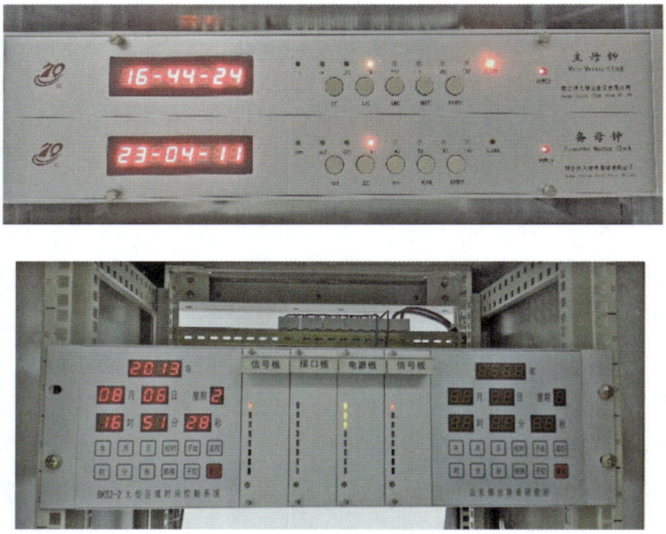

图 5-52　一级母钟

3）二级母钟

在各车站/车辆段的通信设备用房内设置车站接口和二级母钟（双机热备），通过传输通道接收中心母钟发出的时标信号，产生并输出时间控制信号，用于驱动本站所有的子钟。同时，二级母钟向一级母钟回送各站二级母钟及子钟的运行状态信息。二级母钟内部结构如图 5-53 所示。

二级母钟连接子钟的时标接口采用 RS-422 总线方式，也可采用点对点方式。提供通信设备基数据接口，以便接入便携式终端进行设备维护管理。准频率的同步时钟，采用公众通信网所使用 BIS 设备。为通信设备提供同步时钟信号，使各通信节点设备能同步运行。也可采用公众通信网所使用的 BIS 提供通信设备的同步时信号。

子钟（时间显示单元）接收二级母钟发出的时标驱动信号，进行时间信息显示。

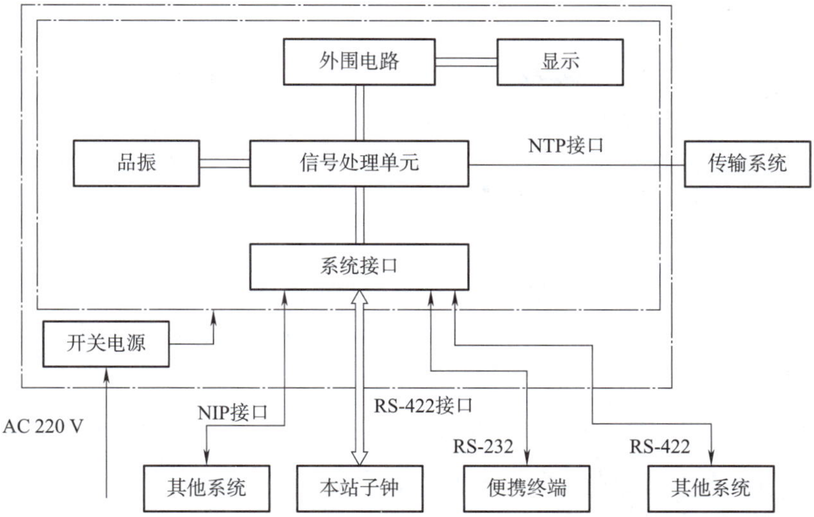

图 5-53　二级母钟内部结构

4）子钟

子钟能脱离二级母钟单独运行，子钟显示方式为指针或数显方式。乘客信息系统在站台、站厅区均有 PIS 显示屏，此设备上已显示了时间信息，故在车站站台、站厅区可少设子钟。子钟由母钟统一供电，如图 5-54 所示。

子钟分为指针式和数显式两大类；数显式子钟从显示方式上可分为日历数字式子钟和日历数字式子钟。从外观结构上子钟分为单面和双面两种类型；从安装方式上子钟分为悬挂式和壁挂式两种。

图 5-54　子钟

指针式钟的盘面应设置内置照明装置，其供电由设于站/段通信设备用房内的时钟系统设备提供。工作电源与照明电源的断电/通电分开控制。指针式子钟具有自动校时和自动追时功能。当接收到母钟发送来的标准时间信号时，应能快速调整指针的位置到标准时间。

双面指针式钟的机芯板应采用一套控制板。数显式子钟采用超高亮或高亮 LED 数码管显示，且显示清晰醒目，色泽均匀，视觉柔和显示字符边缘清晰。子钟均有时、分、秒显示，日历数显式子钟还带有年、月、日、星期等显示信息。电源开关亦可用作子钟死机时的重新启动。数显式子钟具有 12/24 制计时显示格式，也可以通过监控系统有选择地进行部分和全部子钟显示格式的定时切换。数显式子钟的运行是靠自身系统进行，通过定时接收二级母钟的标准时间信号，将时间指示刷新后与二级母钟一致。

5）传输通道

一级母钟至二级母钟的传输通道利用专用传输网提供的电路数据传输通道（亦可采用分组数据通道）实现。每站占用 2 路（一主一备）通道，接口标准为 RS-422，传输速率为 9 600 bit/s。中心母钟、车站（段）二级母钟至子钟间的传输通道，采用时钟屏蔽电缆。

6）网管系统

在控制中心的通信设备用房内的时钟系统网管终端，通过数据传输通道，实时监测全线时钟系统的运行状态，实施故障定位、报警，并通过网络接口设备向综合网管系统传输告警信息，实施集中管理与集中告警。

小贴士：目前部分城市设有城市轨道交通指挥中心（traffic command center，TCC），运营控制中心一级母钟不再从 GPS 接收单元获得时钟源，而是从 TCC 总母钟接收时钟源，TCC 总母钟从 GPS 接收单元获得时钟源，如图 5-55 所示。

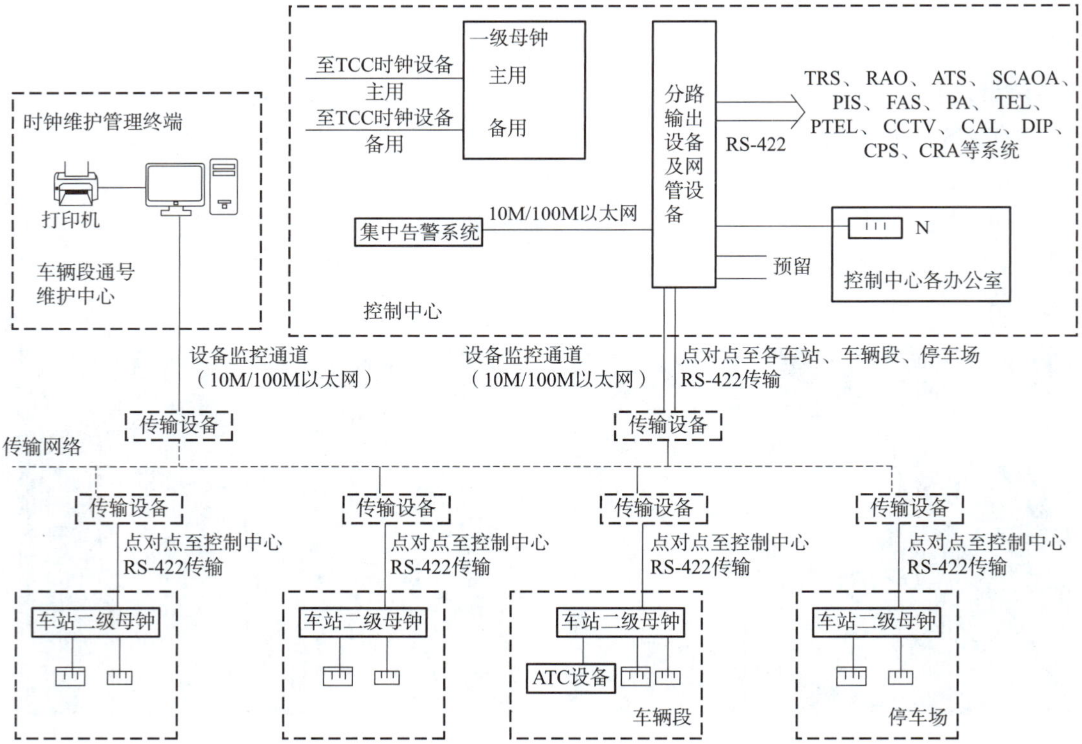

图 5-55　时钟系统的构成框图

二、时钟系统的功能

1. 基本功能

时钟系统按中心一级母钟和车站/车辆段二级母钟两级方式设置。

（1）同步校对。中心一级母钟设备接收 GPS 时标信号，产生精确的同步时间码，并通过传输通道向各转站和车辆段的二级母钟传送，统一校准二级母钟。

(2)失步工作。一级母钟设备在失去同步时标情况下,应能独立工作,统一校准二级母钟、产生控制中心各子钟的驱动信息。二级母钟在传输通道中断的情况下,应能独立工作,产生各子钟的驱动信息,使各子钟进行正常的时间显示。

(3)为其他系统提供标准时间信号。一级母钟设备设有多路标准时间码输出接口,能为传输、公务电话、专用电话、无线通信、CCTV、PIS、电源、集中网管、ATS、ISCS、AFC 系统制秒级标准时间信号。一级母钟和车站二级母钟能提供毫秒级标准时间信号,满足 SCADA 等系统的要求。

(4)设备冗余。一、二级母钟采用主、备母钟冗余配置,具有热备功能。当主母钟出现故障时,自动切换到备母钟,由备母钟全面代替主母钟工作。主母钟恢复正常后,备母钟自动切换回主母钟。

(5)系统扩容。系统扩容时无须增加控制模块,只需增加接口板即可。扩容时要求不影响已有设备的使用。

(6)可监控性。主要时钟设备应具有自检功能,并可由中心维护检测终端采集检测的结果,实时显示各设备的工作状态和故障状态。当系统出现故障时,维护检测终端能够进行声光报警,指示故障部位,对故障状态和时间进行打印和存储记录,并具有集中告警和联网告警功能。

2. 一级母钟的功能

(1)一级母钟接收 GPS 时标,并校准自身精度,以 GPS 时标为主,自身晶振作为备用,GPS 故障时能够自动/人工切换。

(2)一级母钟产生出精确的标准同步时间码,提供给各二级母钟。一级母钟具有信息显示器,显示标准全时标时间及各部分工作状态,并具有子钟驱动接口,用于驱动控制中心子钟。

(3)一级母钟具有时间码输出接口,给各相关系统提供时间同步信号,接口标准为以太网接口和 RS-422 接口。

(4)一级母钟各接口局部故障应不影响整个系统正常工作。

(5)一级母钟应能向网管设备提供时间及设备状态信息,并通过网管终端对时钟系统的主要设备及主要模块进行点对点监控。

3. 二级母钟的功能

(1)二级母钟通过传输系统的通道,接收一级母钟发出的时标信号,使二级母钟与一级母钟随时保持同步。二级母钟应具有信息显示器,用于显示时间和各部分工作状态,并输出时间驱动信号,用于驱动本站/段内所有的子钟。

(2)二级母钟具有独立的晶振,当一级母钟或传输通道出现故障时,二级母钟依靠自身晶振驱动子钟运行,系统网管设备应能做出相应的告警。

(3)二级母钟采用标准 RS-422 接口,通过屏蔽电缆连接本车站/段内各子钟。连接子钟的接口数量为 10 路。每路最多可带 20 个子钟。

(4)二级母钟能给各相关系统提供时间同步信号,接口标准为以太网(RJ-45)接口和 RS-422 接口。

(5)二级母钟各接口局部故障应不影响整个系统正常工作。

(6)各车站/段二级母钟设有系统监控数据接口,以便测试便携计算机的接入,可实施对全线设备的监测、管理。

4. 子钟的功能

需求所有子钟均具有独立的计时功能,平时跟踪二级母钟工作。当二级母钟出现故障或者因他原因接收不到时标信号时,子钟仍能依靠自身晶振工作,并向时钟系统管理中心发出告警。

三、时钟系统的控制模式

1. 中心控制运行模式

中心控制运行模式是时钟系统正常状况的控制模式，此时一级母钟系统正常接收 GPS 信号，传送标准时间给二级母钟及其他需要时间信号的设备；当一级母钟不能正常接收 GPS 信号时，则通过自身高稳晶振运作提供时间信号给二级母钟等终端用户，以满足地铁运营的要求。此时各设备所接收的信号仍然来自一级母钟，只是这个时间信号并不是来自 GPS，而是来自一级母钟的晶振。

2. 车站降级控制模式

当一级母钟不正常接收 GPS 信号且一级母钟故障不能向二级母钟传送时间信号时，则使用车站降级控制模式。此时由二级母钟自身的高稳晶振运作提供给子钟时间信号，但不给其他系统提供时间信号；当二级母钟出现故障时，子钟自行运作，继续向乘客提供时间显示。

笔记栏

任务实施

任务工单见表5-12。

表5-12　任务工单

任务六　认识与应用时钟系统			
姓名：		班级：	日期：
团队成员及分工：			
任务目标	1. 掌握城市轨道交通时钟系统的结构。 2. 掌握城市轨道交通时钟系统的设置方法		
任务内容	学习城市轨道交通时钟系统的构成，以小组为单位深入实训中心识别城市轨道交通时钟系统设备，认识GPS接收装置、中心母钟设备外观，识别母钟面板指示灯意义		
引导问题	城市轨道交通时钟系统由哪些设备组成？ ______ ______ ______		

【训练】

通过查阅网络资料和设备说明书等资源，识读以下型号时钟系统母钟面板指示灯表示意义，并记录在表1中。

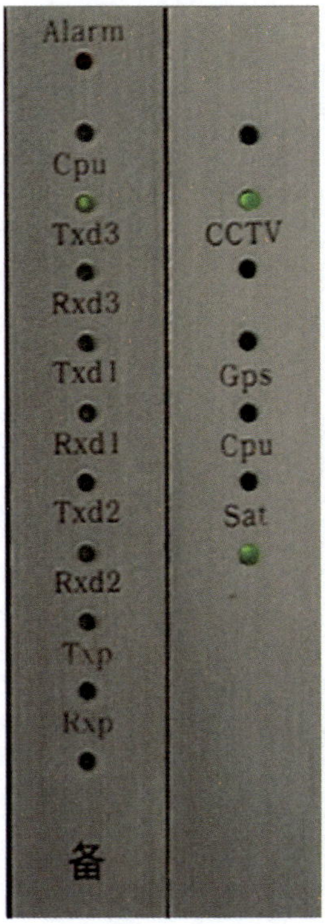

表 1

序号	指示灯	定义
1	Alarm	
2	CPU	
3	Txd3	
4	Rxd3	
5	Txd1	
6	Rxd1	
7	Txd2	
8	Rxd2	
9	Txp	
10	Rxp	
11	CCTV	
12	GPS	
13	CPU	
14	Sat	

任务评价

任务评价见表 5-13。

表 5-13　任务评价

任务六　认识与应用时钟系统				日期:			
姓名:		班级:		学号:		教师签名:	
自评:□熟练　□不熟练		互评:□熟练　□不熟练		师评:□合格　□不合格			
日期:		日期:		日期:			
评分细则							
序号	评分项	得分条件	分值	自评	互评	师评	
1	接受任务	明确工作任务,理解时钟系统在轨道交通运营中的重要性	5				
2	知识评价	本次任务前需要掌握的知识程度	25				
3	能力评价	能识别时钟系统的设备	20				
		能理解母钟面板指示灯的含义	20				
4	素养评价	工作计划性强,小组活动组织安排得当	5				
		团队合作能力强,善于沟通合作	5				
		积极参与课堂活动,自主学习能力强	5				
		时间观念和自我管理意识	5				
5	评价反馈	学生能以小组评价方式组织客观评价	5				
		对学生在任务实施过程中发现问题,进行小组审议后及时反馈	5				
合　计			100				

巩固与练习

一、填空题

1. 正常情况下时钟系统采用________信号。
2. 时钟系统的功能是________。

二、简单题

1. 一级母钟有哪些功能？
2. 时钟系统的控制模式有哪些？

知识拓展

北斗系统在智慧地铁中的应用

全球定位系统可以为人们提供精确的位置、时间和速度信息，让人们能够更方便地出行、交流和工作。北斗导航系统是中国自主研发、建设和运营的卫星导航系统，它不仅具有高精度和先进技术，还体现了中国在卫星导航领域的自主创新能力和国际合作精神。北斗导航系统的发展历史是一部中国自主创新的历史。从1983年陈芳允提出“双星计划”，到1994年开始研发北斗一代，到2000年完成北斗一代组网，到2004年开始研发北斗二代，再到2020年完成北斗三代组网，中国在卫星导航领域经历了从无到有、从有到强、从强到优的过程。中国以自己的实力和信心，实现了卫星导航领域的自力更生和自主创新。

全球范围内有四大卫星定位系统，分别是美国的GPS(全球卫星导航定位系统)、俄罗斯的GLONASS系统、欧洲的伽利略系统和中国的北斗系统。最近几年，中国的北斗导航系统却以惊人的速度和质量崛起，成为卫星定位领域中的一颗耀眼的明星。北斗导航系统的高精度是其最大的优势之一。具体来说，北斗系统的定位精度可以达到厘米级，而美国GPS系统的定位精度只能达到米级。这意味着北斗系统比美国GPS系统高出了10倍的精度。高精度定位不仅在民用领域有着广泛应用，如车辆导航、物流管理、智慧城市等，还在军事领域具有重要意义。

北斗卫星除了用来定位导航，还有一个关键的功能，那就是授时。北斗系统在时间测量上也有着惊人的表现。北斗三号系统所产生的时间基准可达到每300万年误差1 s，也就是纳秒级精度，如图5-56所示。在全球范围内，北斗系统的授时精度优于20 ns；在亚太地区，授时精度优于10 ns。北斗授时系统传递的是国家授时中心发播的标准时间信号，也就是目前国际通用的标准时间——协调世界时(universal time coordinated，UTC)。时间作为现代社会中不可或缺的要素，其精确测量对于各个领域都具有重要意义。北斗系统在时间测量上的高精度，将为金融、通信、科研等领域提供更为精确的数据支持。北斗卫星授时系统(见图5-57)由一组卫星、地面控制系统以及用户终端组成。

图5-56　纳秒高精度的北斗授时系统

在轨道交通领域，智慧地铁必须建设一套自主可控的时空体系网络。2022年3月20日，我国首个地铁北斗定位系统在北京地铁首都机场线开工建设，针对北斗系统导航定位在非暴露空间无法使用、高通量通信手段缺乏、全要素地理信息缺失等问题,综合应用“北斗 +5G + 空间数字化”技术,构建由高精度定位网、高精度时间同步网、高通量通信网和空间数字化平台组成的“三网一平台”时空体系网络,形成地铁交通时空基准信息网络。未来,北斗系统与智慧地铁具有广阔的融合空间和潜力,北斗系统的应用推广将为地铁的智慧化转型创造最优的基础条件。

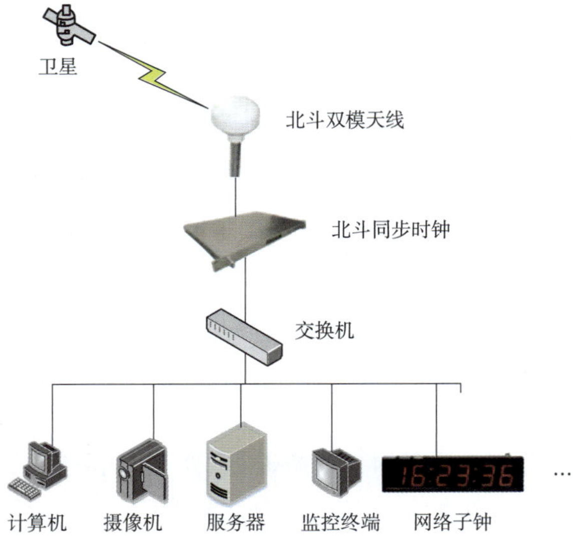

图 5-57　北斗卫星授时系统